METAMORFOSIS

LITERATURA

ESPASA CALPE

OVIDIO

METAMORFOSIS

Introducción
José Antonio Enríquez

Traducción y notas
Ely Leonetti Jungl

COLECCIÓN AUSTRAL

ESPASA CALPE

Primera edición: 5-I-1963

Decimosexta edición: 5-IX-1994

Título original: Metamorphosis

© *Espasa Calpe, S. A., 1994*

—

Maqueta de cubierta: Enric Satué

—

Depósito legal: M. 15.021—1994

ISBN 84—239—7354—9

Impreso en España/Printed in Spain

Impresión: Gaez, S. A.

Editorial Espasa Calpe, S. A.

Carretera de Irún, km. 12,200. 28049 Madrid

ÍNDICE

METAMORFOSIS

INTRODUCCIÓN

PUBLIO OVIDIO NASÓN

El hombre

Nació en Sulmona, una villa de territorio pelignio, en el centro de Italia, el día 20 de marzo del año 43 a.C. Todavía niño marchó a Roma para iniciar su formación escolar y con vistas a dedicarse a la carrera política. Fueron sus maestros los famosos retóricos A. Fusco y Porcio Latrón. Las *Controversias* de Séneca el Retórico nos han conservado algún ejercicio escolar del joven Ovidio y, al mismo tiempo, nos dan cuenta de sus preferencias por el género de las Suasorias, de tema mítico o histórico, y de su despego por las Controversias que tratan de cuestiones judiciarias [1].

Como era habitual en un joven romano de familia acomodada y con ambiciones, la última etapa de su formación la completó en Grecia, para lo cual emprendió en compañía de un amigo, el poeta Macro, un viaje a Oriente y a Grecia. Se detuvo temporalmente en Sicilia, y tras una larga temporada en Atenas regresó a Roma para iniciar, por obediencia a su padre, la carrera política.

Dos circunstancias ennegrecieron la vida del joven Ovidio: la muerte de su hermano con sólo diecinueve

---

[1]   Séneca el Retórico, *Controversias,* II, 2, 8.

años, del que Ovidio elogió su arraigada vocación oratoria, y la intransigencia de su padre en su empeño por exigir del poeta una total y decidida entrega a la política y el abandono de la poesía. Es famosa la anécdota en la que Ovidio se compromete ante su padre a no volver a coger la pluma: *Iuro, iuro, pater, nunquam componere versus,* pero con la circunstancia de que *quod temptabam scribere, versus erat* [2].

Fue un hombre enamoradizo y se casó tres veces. La primera, todavía muy joven, con una mujer «inepta e inútil», y el matrimonio duró muy poco. Pese a que la segunda esposa fuera, en opinión del poeta, «irreprochable», también su matrimonio duró poco tiempo. De esta segunda esposa Ovidio tuvo una hija, que dio al poeta dos nietos. Casó por tercera vez con una mujer de la familia Fabia, viuda, aunque todavía joven, y con una hija de su anterior matrimonio. Con ella vivió una vida de felicidad hasta el momento de su destierro, y siempre le confesó su amor y su agradecimiento en un tono de auténtica sinceridad. («Tú has sostenido mi derrumbamiento como una viga maestra, y es a ti a quien le debo el ser todavía algo» [3].)

Se inició en la carrera política y desempeñó el cargo de «triunviro capital» *(Triunviro capital),* con el cometido de inspeccionar las cárceles y vigilar el cumplimiento de las sentencias. Quizá alcanzara también el decenvirato *(Decenvir stlitibus iudicandis)* para cuestiones de libertad y derechos de ciudadanía, pero abandonó la política justo en el momento en que se le exigía su incorporación al ejército y su desplazamiento obligado fuera de Roma. Tras el abandono de la política, y ya definitivamente entregado a la literatura, ingresó en el círculo de Mesala Corvino, de quien afirmó: «Él fue el primero que me inspiró la osadía de ofrecer versos al

---

[2]   «Te lo juro, te lo juro, padre, nunca más compondré versos, y lo que intentaba, resultaba verso.» *(Tristes,* IV, 10, 17-19.)
[3]   *Tristes,* I, 6, 5-6.

público y fue el guía de mi talento»⁴. Él mismo nos informa de haber cultivado la amistad de los poetas más notables del momento:

> Con frecuencia Macro, que era mayor que yo, me leyó sus versos sobre las aves y sobre las serpientes venenosas. Con frecuencia Propercio, con quien me unía estrecha amistad, me recitaba sus poemas apasionados. Póntico, famoso por sus versos heroicos, y Baso, por sus yambos, fueron cariñosos compañeros de mi vida. También el armonioso Horacio cautivó mis oídos, cuando entonaba al son de la lira ausonia sus finas composiciones. A Virgilio sólo lo vi y el avaro destino no dio ocasión a mi amistad con Tíbulo...⁵.

Fue amigo también de uno de los hijos de Mesala Corvino, Máximo Mesalino, y compartió la amistad de sabios y eruditos de su época, como los directores de la biblioteca de Palacio, Julio Higinio y Pompeyo Macro.

Hijo de una familia acomodada perteneciente a la *equestris nobilitas,* en feliz expresión de Tácito⁶, podía vivir sin trabajar gracias a las propiedades paternas. Pero Ovidio nunca renunció a su condición de pelignio ni a su Sulmona natal. Lo hace notar repetidas veces en expresiones como *Gens mea Paeligni regioque domestica Sulmo*⁷, al tiempo que el testimonio de Marcial designa a Ovidio como *Paelignius poeta*⁸.

Sulmona, consciente de que su fama se la debe al poeta, ha acuñado, a imitación de las siglas S.P.Q.R. de

---

⁴ *Pónticas,* II, 3, 77-79.

⁵ *Tristes,* IV, 1.º, 43-52. La traducción es de V. Cristóbal en los *Amores, el Arte de amar,* que se cita en la bibliografía.

⁶ *Equestris nobilitas,* «la nobleza ecuestre», en Tácito, *Anales,* III, 30; XIV, 53.

⁷ «Mi etnia son los pelignios, y mi pueblo, Sulmona», así se expresa Ovidio en *Pónticas,* IV, 14, 49; *Amores,* II, 1, 1; III, 15, 300.

⁸ Marcial se refiere a Ovidio con el apodo de «pelignio» en I, 61, 6; II, 41, 2; VIII, 73, 9.

la Roma inmortal [9], las suyas propias S.M.P.E., que se
reproducen en la correspondencia oficial y que se encuentran en muchos edificios, civiles y religiosos, de la
ciudad [10]. Hay en Sulmona, además, un Corso Ovidio, y
en el palacio del Convitto, una estatua de Ovidio.

La tranquila placidez de una vida feliz se quebró para
el poeta en el otoño del año 9 d.C., a la edad de cincuenta
y dos años. Con ocasión de un viaje [11] en compañía de su
amigo Máximo Cotta, y cuando se encontraba en la isla
de Elba, recibió la orden terminante de Augusto de exi-
liarse desterrado a Tomis, al país de los getas, en la costa
del mar Negro (hoy la ciudad rumana de Constaz). Una
tierra con fama de inhóspita y expuesta constantemente a
las incursiones de las tribus bárbaras.

El castigo, que le fue impuesto bajo la forma de una
relegatio —simple destierro—, era más leve que la *de-
portatio,* que llevaba aparejada la pérdida de la ciudadanía y del patrimonio. Pero se trataba de un acto de
autoritarismo por parte de Augusto, sin refrendo judi-
cial y sin haber dado oportunidad al encausado para
realizar su propia defensa. Acto de autoritarismo que
Ovidio criticará muchas veces, al tiempo que lamentará
la injusticia del castigo.

Todavía hoy resulta un enigma inescrutable la realidad objetiva que se esconde bajo el término «error»
que Ovidio aduce como causa del destierro. En su
poema las *Tristes,* Ovidio señala las causas de su destierro: *Perdiderint cum me duo crimina, carmen et error* [12].
Observemos de pasada el matiz posiblemente irónico,
y hasta sarcástico, del término *crimina* en boca de Ovi-

---

[9]   Las siglas S.P.Q.R. se interpretan: Senatus Populusque Roma-
nus, en castellano «el Senado y el pueblo romano». Son los dos órganos que encarnan el ejercicio del poder en Roma.
[10]   Las siglas S.M.P.E. se interpretan: Sulmo Mihi Patria Est,
«Sulmo es mi patria», de lo que Ovidio se ufana en las *Tristes,* IV,
1.º, 3.
[11]   Nos lo cuenta Ovidio en las *Pónticas,* II, 3, 83.
[12]   «Como me perdieran dos delitos, un poema y una equivocación.» (*Tristes,* II, 20.)

dio, que poco después añadirá: *Heu mihi, quod didici, quod me docuere parentes, / Litteraque est oculos ulla morata meos* [13]. Para señalar en las *Pónticas: Infelix perii dotibus ipse meis* [14], después de haber advertido en las *Tristes: ingenio perii qui miser ipse meo* [15].

El poema causante de la condena está perfectamente identificado. Se trata sin ninguna duda del *Ars amandi*.

El propio Ovidio aludió muchas veces al poema como la causa de su destierro y criticó su condena por considerarla una censura moral de una obra literaria. Tras haber señalado que una tan acerba censura, que sólo en ese poema encontraba testimonio, habría cerrado los teatros y los museos y no dejaría sin castigo a poeta alguno, culminó sus críticas al redactar su propio epitafio:

> *Hic ego qui iaceo, tenerum lusor amorum,*
> *ingenio perii Naso poeta meo.*
> *At tibi qui transis ne sit grave, quisquis amasti,*
> *dicere: Nasonis molliter ossa cubent.*

El epitafio nos plantea el curioso enigma de por qué Ovidio olvidó, cara a la posteridad, sus obras más importantes, como las METAMORFOSIS y los *Fastos,* y pretendió ser conocido tan sólo como el poeta del amor, *tenerum lusor amorum* («galanteador de tiernos amores»). Se manifiesta aquí ese sentido de rebeldía siempre vivo en Ovidio y que le hizo gritar al final de las METAMORFOSIS:

> *Iamque opus exegi quod nec Iouis ira, nec ignis,*
> *nec poterit ferrum, nec edax abolere vetustas* [16].

---

[13]   «Ay de mí, qué cosas aprendí, qué cosas me enseñaron mis padres y la literatura.» *(Tristes,* II, 433.)
[14]   «Desdichado, he perecido por causa de mi particular valía.» *(Pónticas,* II, 7, 48.)
[15]   «Yo que me he desgraciado por mor de mi inteligencia.» *(Tristes,* II, 2, 2.)
[16]   Sin duda estos versos y la alusión a Augusto pertenecen a la co-

Esa alusión a la ira de Júpiter encubría la crítica al proceder de Augusto, y esa crítica se vio refrendada cuando reivindicó su propia inmortalidad, *Si quid habent igitur vatum praesagia veri / protinus ut moriar, non ero, terra, tuus* [17], y cuando agradeció a los lectores la deuda de haber alcanzado nombradía: *Iure tibi grates, condide lector, ago* [18]. Los lectores aparecían a los ojos de Ovidio «cándidos»; es decir, objetivos y justos, sin prejuicios, sin dobleces y sin mala voluntad alguna. Frente al lector se insinuaba en la sombra, no es necesario nombrarlo, la figura de Augusto y su actitud contra el poeta.

Muchas han sido las interpretaciones que han intentado sugerir una clave que pudiera descubrir el misterio del «error» del que el propio Ovidio no quiso hacer mención y por lo que repitió una y otra vez: *Alterius facti culpa silenda mihi* [19].

Tanto la posible relación con Julia, la nieta del emperador —también condenada al destierro por su vida licenciosa en el año 8 a.C.—, o la identificación de Corina con la otra Julia, la hija de Augusto (en cuyo caso la obra castigada no sería el *Arte de amar,* sino los *Amores,* hipótesis absolutamente inaceptable), como la po-

_____

pia revisada que Ovidio envía a Roma desde su destierro en Tomis: «He levantado una obra que ni la ira de Júpiter ni el fuego, ni el hierro, ni la voraz decrepitud, alcanzarán a destruir...» (*Tristes,* IV.)

La influencia de la última oda del libro III de Horacio es evidente: «He levantado un monumento más duradero que el bronce, ni la lluvia voraz, ni el amenguado Aquilón, puedan derruir, ni la incontable sucesión de los años, o la huida del tiempo. No moriré del todo. Y una gran parte de mí eludirá a la muerte...» (Horacio, *Odas,* III-30.)

[17]   «Pues si algo tienen de verdad los presagios de los poetas, cuando muera, no seré todo tierra.» (Met., XV, 879.)

[18]   «Con toda justicia te estoy agradecido, benévolo lector, parco y sin doblez.» (*Tristes,* III-132.)

[19]   «El pecado de mi otra actuación debe ser silenciado.» (*Tristes,* II-208).

sible participación de Ovidio en intrigas políticas palaciegas (el intento de liberación de Agripa Póstumo, nieto de Augusto, confinado en la isla de Planasia) o en círculos contrarios a la política imperial (como el de Paulo Fabio Máximo), no pasan de ser lucubraciones faltas de fundamento objetivo.

De otras suposiciones enormemente fantásticas, como la de haber sorprendido a Augusto en la intimidad víctima de un ataque de ira al recibir la noticia del desastre de Varo, o haber descubierto el incesto de Augusto con su hija Julia, casi ni valdría la pena hacer mención.

Recordemos, por último, la hipótesis de Carcopino, que supone que el *crimen* no fue otro que la pertenencia de Ovidio a una secta neopitagórica cuyos adeptos eran contrarios al régimen imperial, lo que explicaría la renuncia de Ovidio a la política, siguiendo el ejemplo de Mesala y de Asinio Polión. Los miembros de la secta participaban también en sesiones de adivinación, en una de las cuales se habría predicho la caída de Augusto. De manera que el auténtico delito de Ovidio habría sido su confesionalidad y participación en el pitagorismo, y el libro sólo un pretexto.

Fuera cual fuera el delito cometido por Ovidio, la única realidad es que no le fue otorgado nunca el perdón, pese a solicitarlo el poeta de manera insistente, poniendo a contribución todos los medios, y murió en Tomis el año 18 d.C.

El poeta

La tragedia *Medea*, que gozó de gran popularidad en vida de Ovidio, y aun después, y le valió al poeta fama de dramaturgo, nos es totalmente desconocida, y la *Gigantomaquia*, que se supone sería su primera obra, resulta de discutible autenticidad. Las noticias que el propio Ovidio nos da en *Amores* son la recreación de un tópico literario [20].

La producción poética ovidiana comprende los versos elegiacos a Corina, que, a imitación de Galo, Propercio y Tíbulo, publicó en el año 20 a.C., y constituyen la primera edición de los *Amores* en cinco libros (en el año 1 d.C. publicará una segunda edición revisada en tres libros). Entre los años 18 y 15 a.C. trabajó en su tragedia *Medea* y en la primera edición de las *Heroidas,* que contenían quince cartas. En el año 1 d.C. vio la luz el *Arte de amar,* primero los libros I y II y más tarde el libro III, y los *Remedios contra el amor.* Casi simultáneamente escribió *Sobre la cosmética del rostro femenino.*

En este momento se inicia una segunda etapa en la producción poética ovidiana, de un mayor alcance y de mayor envergadura.

Entre los años 1 y 4 d.C. escribió su obra maestra, un poema de corte épico, las METAMORFOSIS. Es un extenso poema mitológico que, a juicio de la crítica, representa la obra más fecunda de la antigüedad. Se ha convertido a lo largo de la Historia en la fuente más frecuentada por poetas y artistas plásticos.

También, dentro del campo de la poesía elegiaca, pero con un carácter narrativo, inició la composición de los *Fastos,* un poema sobre las fiestas romanas que no pudo terminar por su condena al destierro. Al mismo tiempo que preparaba los *Fastos* completó las *Heroidas* con las cartas 16 a 21.

Salió para el destierro el año 9 d.C., y ya en Tomis escribió los libros I y II de las *Tristes,* que envió a Roma el año 10 d.C. junto con una copia revisada y autorizada de las METAMORFOSIS. Entre los años 11 a 13 escribió y envió a Roma en remesa anual los libros III y IV de las *Tristes.*

---

[20]   *Amores*, I, 1; II, 1.

El año 14 terminó y envió sus cartas desde el Ponto (las *Pónticas*), y, por último, entre los años 15 a 19 —fecha probable de su muerte— revisó y dio fin a los *Fastos*, como lo prueba el hecho de que en ellos se aluda al triunfo de Germánico del año 17 [21].

En las *Pónticas* Ovidio hace una crítica acerba de los getas, a los que presenta como una gente feroz [22]. La lectura de la carta deja la impresión de que Ovidio no hubiera podido ser desterrado a un sitio peor. Por eso sorprende que, después de seis años de vivir en el destierro, escribiera un opúsculo en la lengua de los getas: *Pudet et getico scripsi sermone libellum!* [23]. Nada sabemos de tal opúsculo. Indudablemente, no podría ser otra cosa que una *laudatio*, y nos consta que tuvo éxito y fue muy aplaudida por los getas.

La obra poética de Ovidio se centra, pues, en dos campos bastante bien caracterizados. Fue un poeta elegiaco que cantó al amor en un tono didáctico y despersonalizado, para luego verse forzado a cantar y contar su propio dolor y su personal tragedia. Y en la cumbre de su producción fue un poeta épico que dio en las METAMORFOSIS una espléndida muestra mitográfica en un encuadramiento filosófico, y en los *Fastos*, una historia analítica de las fiestas romanas. Fue, o pudo haber sido, de habérselo propuesto, un formidable autor dramático, a juzgar por las críticas elogiosas que mereció su tragedia *Medea* y por la maestría con que maneja la ficción dramática en su obra poética, y de una manera especial en las METAMORFOSIS.

---

[21]   Poetas y artistas plásticos. Pueden consultarse con provecho la obra de J. Seznec *Los dioses de la antigüedad en la Edad Media y el Renacimiento*, Madrid, 1983, y el voluminoso libro de J. M.ª de Cossío *Fábulas mitológicas en España*, Madrid, 1952.

[22]   *Fastos*, I, 285.

[23]   *Pónticas*, IV, 13.

LAS «METAMORFOSIS»

El poema objeto de la traducción que ofrecemos es para la crítica la obra cumbre de Ovidio [24]. Representa, en palabras de V. Cristóbal, «una cantera durante siglos para artistas y literatos, tal vez la más fecunda obra de la antigüedad» [25]. Elogio que adquiere proporciones casi desmesuradas en boca de P. B. Marzolla [26].

Nuestro estudio del poema se fijará en tres aspectos fundamentales:

1) Estructura del poema.
2) Fuentes y modelos.
3) Pervivencia a lo largo de la Historia.

Estructura del poema

Integran el poema doscientas cincuenta historias, mitos y leyendas, distribuidas en quince libros y agrupadas en seis grandes periodos. En los libros I y II se cuentan los cambios y transformaciones de la era de los grandes cataclismos que van a suponer el nacimiento de la humanidad y la creación del mundo. Los libros III al IX encierran un periodo indeterminado, de muy difícil calificación y que termina con la aparición de los aedos. Viene a continuación la era de Orfeo, que abarca el libro X y comienzo del XI. La guerra de Troya ocupa el final del libro XI y el libro XII, cerrando ella sola el cuarto periodo. Los libros XIII y XIV nos acercan a Italia, siguiendo las huellas de Eneas. Y, por último, el sexto y último periodo, final del libro XIV y el libro XV con que termina el poema, que sobrevuela por encima de los siglos y abarca desde

---

[24]   «Siento vergüenza, incluso, he escrito un poema en la lengua de los getas.» *(Pónticas,* IV, 13.)
[25]   Vicente Cristóbal, o. c.
[26]   P. B. Marzolla: *Ovidio. Metamorfosi,* Introduzione, XIX.

el final de la guerra de Troya hasta la muerte y apoteosis de César.

Ya desde el principio de la obra confiesa Ovidio su intención de componer un poema en sucesión cronológica ininterrumpida y sin solución de continuidad. Para ello recurrió a una hábil estratagema: marcar en el poema un cierto número de «puntos cronológicos fijos» con relación a los cuales ordenar las leyendas. Estos «puntos fijos» constituyen las historias principales *(Hauptsage)*, en cuyo interior se insertan las «narraciones secundarias» *(Nebensage)*. Los episodios secundarios pueden aparecer en relaciones cronológicas muy relajadas, bien por tratarse de una evocación del pasado, bien de una profecía sobre el futuro, siempre posible haciendo intervenir algún oráculo. Sólo, pues, las leyendas o mitos principales pueden constituir el armazón cronológico de las METAMORFOSIS.

Al ordenar sus historias en ininterrumpida sucesión cronológica, Ovidio se desentendió de la tradición mitográfica que ordenaba los mitos de las metamorfosis o transformaciones bien temáticamente (de manera que se tenía en cuenta para la ordenación de las leyendas de los héroes que unos fueran transformados en piedras, otros en pájaros, otros en bestias salvajes y algunos en plantas), bien atendiendo a los lugares, teatro del acontecimiento, e incluso a la personalidad de los protagonistas, y se clasificaban temáticamente las historias a imitación de la *Ornitogenia* de Boeo o la *Lítica,* de un autor anónimo de la época alejandrina.

El prodigio, por otra parte, lo ejecutan distintas divinidades —Júpiter, Juno, Mercurio...—, lo que daba a Ovidio una segunda posibilidad en la ordenación de las historias: agruparlas en torno a las divinidades que provocan la transformación.

En tercer lugar, la mayoría se refieren o se relacionan con algún detalle del culto, y, contando con los precedentes de las «causas» o etiologías de Calímaco y de Nicandro, también este sistema podía haberle servido a Ovidio para la ordenación de sus historias.

Las metamorfosis tienen lugar, por último, en diversas ciudades del mundo griego, de manera que, siguiendo el ejemplo de las *Ctiseis,* poemas sobre los orígenes de las ciudades célebres, o de las *Acaeca,* las *Tesálica* o las *Bitiniaca,* también se podía haber elegido esta ordenación.

Pero Ovidio, insistimos, prefirió una ordenación en secuencia cronológica. El poema comienza con la evocación de la «era originaria y primera», con el Caos y las «cuatro edades» de la tradición hesiódica (oro, plata, bronce y hierro). Pero esta evocación, que termina con la *Gigantomaquia,* ocupa sólo un lugar muy pequeño en el libro I, concretamente los ciento sesenta primeros versos. Con el episodio de Licaón, que sigue inmediatamente, comienzan las leyendas que sacan a escena a los hombres, y, con la aparición del hombre, el tiempo legendario cambia de naturaleza.

Cuando se trata de familias de dioses, por largo que sea el periodo que se les asigna, el tiempo no constituye realmente una sucesión durable y mensurable, porque, por ser inmortales, los dioses no están sujetos al ritmo de cambio del tiempo. Los dioses, llegados a la existencia, viven un presente perpetuo.

Pero, al aparecer el hombre, ha de tenerse en cuenta ya no sólo su aparición sobre la tierra, sino la totalidad de su presencia, desde su comienzo hasta su fin. Nada importa cuánto tiempo después del nacimiento de Cronos ha nacido Júpiter, pero resulta esencial que las generaciones humanas se sucedan con un ritmo verosímil. La cronología se estrecha, y esta es la razón que había obligado a los mitógrafos a intentar otras ordenaciones. Pero frente a este peligro innegable de caer en casos de difícil verosimilitud, está el peligro cierto y mucho más grave de acusar falta de unidad y coherencia, algo ya inherente al tema. Esta falta de unidad se deja sentir menos en un poema didáctico —como es el caso de Boeo y de Nicandro—, o en un poema en que se exponen conocimientos generales y teóricos (por ejemplo, en el poema de Lucrecio). Pero en un poema de carácter narrativo y extenso, la unidad y la coherencia son indispensables. Incluso en el supuesto de que Ovidio hubiera concebido su poema como un poema didáctico, si tenemos en cuenta que lo que narra son hechos, se le hacía preciso lograr una ordenación de los mismos, de suerte que su exposición resultase clara e interesante.

Así las cosas, y dado que las fábulas se encadenan en un orden histórico, constituyéndose en el objeto principal del relato, sin prestarnos a resolver cuestiones eruditas, el único plan posible era la ordenación cronológica.

Se ha discutido acerca de los precedentes con que habría podido contar Ovidio, y no aparece claro, ni en la literatura griega ni en la latina anterior a Ovidio, un precedente seguro.

Las METAMORFOSIS no pueden compararse a las epopeyas homéricas ni a la *Eneida* de Virgilio, donde el tema es uno, y único el protagonismo. Tampoco a la *Hecalé* de Calímaco, un poema de aproximadamente quinientos versos en el que todo el interés se centra sobre el único episodio de la vida de Teseo, elegido de entre muchos.

Los precedentes de Ovidio pudieron haber sido, de una parte, los poetas cíclicos, que recogían, organizándolas, las leyendas épicas que habían quedado fuera de la *Ilíada* y de la *Odisea*. Y de otra, los hesiodas, que intentaron fijar las cronologías de los dioses y de los héroes. Unos y otros fueron el antecedente inmediato de los logógrafos y buscaban dar vida y animación a poemas didácticos.

Con respecto a la catalogación como género literario, todo parece indicar que las METAMORFOSIS han de entenderse como un poema épico. Ovidio debió tomar la idea primera del poema, como ya antes sugeríamos, de los poetas cíclicos. Como ellos, el poema gira en torno a Homero. Hasta el libro XII, por ejemplo, no se hace mención de la guerra de Troya y, olvidando los diez años largos de guerra, sólo, y en muy pocos versos, se cuentan las muertes de Aquiles y de Héctor (L. XII, 575-614) [27]. Pero en el libro XIV cuenta Ovidio los acontecimientos posteriores a la huida de Ulises y el comportamiento de Polifemo. El episodio se corresponde con la *Odisea,* pero sólo una vez, al contar la llegada de Ulises a la isla de Circe, copia a la *Odisea* (L. XIV, 180-223) [28]. Quizá hasta la aparición de Eneas, casi al final del libro XIII, Ovidio se sirvió documentalmente de los poemas cíclicos, pero sin elegir un guía único, sino recorriendo el ciclo todo entero.

Tampoco se plegó a la tradición hesiódica. Falta en Ovidio una ordenación de los hechos tan regular como la que encontramos en la *Teogonía* o en los catálogos, en los que, por ejemplo, cuando se cantaba a las mortales amadas por los dioses se reducía la historia de cada una de ellas a su simple nominación.

Lo que indudablemente debe Ovidio a los alejandrinos es el arte de aglutinar por un hábil enhebrado las partes inconexas de las enumeraciones. Es la obra de la literatura latina que ofrece más ejemplos de tan significado sistema de narración. Los principales problemas que presenta el tema elegido por Ovidio para su poema son su extraordinaria prolijidad, su monotonía y su desconexión, sobre todo si es tratado de una manera puramente didáctica. La monotonía se debe al hecho de que muchos de los mitos que se cuentan tienen un desarrollo similar y el desenlace es casi idéntico en todos;

---

[27]   Como modelos y fuentes pueden citarse los *Cantos Ciprios* de Stasimo para el periodo anterior al tema de la *Ilíada,* y la *Etiópida* de Arctinio y la *Pequeña Ilíada* de Lesches para el periodo posterior.

[28]   El acontecimiento se corresponde con el que se cuenta en la *Odisea,* IX, 536. Pero sólo una vez copia a la *Odisea. Metamorfosis,* XIV, 180-307, es un calco de la *Odisea,* X, 1, 3 y sigs. En ambos fragmentos se cuenta el episodio de la detención de Ulises en la isla de Circe.

la desconexión a que los escenarios de la acción cambian de manera constante en cada momento y a que entre la abigarrada muchedumbre de personajes hay muchos entre los que no existe la menor relación.

La máxima preocupación de Ovidio debió ser el establecer unidad entre los diferentes episodios que componían el tema, pero respetando al mismo tiempo la variedad. Las fábulas del comienzo en torno al origen del mundo se agrupan y organizan fácilmente y no presentan problema cronológico alguno. Son anteriores al tiempo y, al referirse a los dioses, que son inmortales, no exigen ni verosimilitud ni coherencia. No existe medida para el ante-tiempo. Tampoco a partir del libro IX, que inicia la época de Orfeo y la guerra de Troya, se presentan problemas que impidan trazar una cronología verosímil. Los problemas realmente serios surgen al intentar fijar la cronología en los acontecimientos que se narran entre los libros II y X, desde la muerte de Faetón hasta la de Orfeo. Por otra parte, Ovidio fue ensamblando los ciclos que se referían ya a un mismo país, ya a un mismo héroe. Por ejemplo, en los libros III y IV se agrupan las leyendas de Tebas; en los VI y VII, las del Ática; la figura de Perseo centra en buena medida los libros IV y V; a Hércules se le dedica el libro IX.

Las dos dificultades con que Ovidio se encontró al fijar la cronología resultan de la necesidad de concatenar los ciclos entre sí y, ya dentro de cada ciclo, los diversos acontecimientos que lo integran. Se han señalado algunos fallos en la sucesión hipotética de los diversos episodios establecida por el propio Ovidio. Estos fallos se tildan de anacronismos. Por ejemplo, la aparición de Atlas en el libro II como simple mención, cuando su historia y transformación se contarán después en el libro IV. Pero P. Grimal ha hecho notar que se trata en principio de dos mitos diferentes o con diferente tratamiento, y, además, la primera mención de Atlas en el libro II es un simple dato cronológico.

Donde Ovidio se muestra extraordinariamente hábil es en las transiciones. Para provocar la curiosidad del lector en el paso de un libro a otro procura que la narración quede interrumpida para continuarse en el libro siguiente. En el final del libro I la lógica narrativa aboga por establecer el límite en el episodio de Io (L. I, 747), pero Ovidio añadió unos pocos versos que iniciasen el mito de Faetón, cuya continuidad aplazó para el libro siguiente. De una manera parecida el final del libro XII podía haberse fijado en los funerales de Aquiles, pero Ovidio nos anuncia en unos pocos versos la disputa de las armas que va a contar en el libro XIII. El procedimiento se repite en todos los libros, con excepción del paso del libro XIV al XV.

La transición entre los episodios que componen cada libro resulta mucho más sutil y en ocasiones excesivamente erudita. Podemos señalar, como ejemplo, la ilación entre el mito de Cadmo y el de Acteón. A la historia de Cadmo (L. III, 135-142) que nos cuenta la muerte del dragón y el nacimiento de los guerreros sigue el mito de Acteón, porque es nieto de Cadmo. Éste vive feliz en Tebas, recién fundada, hasta que su felicidad se ve perturbada por las desgracias de su nieto. Otras veces las metamorfosis son agrupadas atendiendo a una ordenación geográfica [29]. En otras ocasiones los comensales que comparten la misma mesa, o los asistentes a una reunión entre hombres, o las mujeres reunidas en tareas domésticas, cuentan historias de manera que unas provocan las otras, tal como el propio Ovidio nos hace saber: *ut fitque fit, a facto propiore priora renarrantur* [30]. En ocasiones las metamorfosis son un castigo infligido por los dioses a la impie-

---

[29]   Ejemplo de una ordenación geográfica tenemos en VI, 146.
[30]   Los múltiples ejemplos que registran las *Metamorfosis* pueden encontrarse en VI, 316 (282); VI, 5, 146-150; I, 450, 750; II, 367-405, 533-623, 676-680, 711; III, 253-256, 316; IX, 98; X, 86-106, 243.

dad o a la soberbia de los hombres. Esto supone un sentido de la moral que permite enlazar entre sí unas narraciones con otras. Los ejemplos se multiplican.

De manera que Ovidio, aun respetando el orden cronológico, no descuidó cualquier otro procedimiento para agrupar las diversas leyendas. Si no existía relación en el tiempo recurría a buscarla en cualquier otro pretexto: los personajes, o incluso las ideas.

Quintiliano, que criticó el procedimiento como un feo recurso escolar, disculpó a Ovidio y las METAMOR-FOSIS por tener la necesidad como excusa [31]. Ovidio necesitaba dar la apariencia de totalidad a un conjunto de materiales extraordinariamente dispares. A juicio de Quintiliano estas habilidades no eran sino *praestigiae,* preciosismos que en Ovidio fueron absolutamente necesarios y, por eso, dignos del aplauso que merecieron en las escuelas en su época. Por otra parte, el procedimiento parece original de Ovidio y se correspondería con lo que Quintiliano calificó como su *lascivia,* fantasías de su rica imaginación.

Sus mentores han de buscarse entre los maestros de retórica, como señala Quintiliano, y los poetas alejandrinos. Hay paralelos claros entre Ovidio y Teócrito. Nos referimos a la intervención de la fama en el engarce de las leyendas de Acteón y Sémele (L. III, 253), una fama que divulga de pueblo en pueblo y hace llegar hasta el cielo las noticias y novedades del mundo de los héroes y el episodio que nos cuenta Teócrito sobre el león de Nemea [32]. En honor a la verdad hay que señalar que la transición resulta más verosímil en Teócrito por ser más lenta y estar mejor dibujada.

Otro enlace muy frecuente entre los mitos en Ovidio es el encuadramiento de unas leyendas en otras. En todos los libros de las METAMORFOSIS hay al menos un

---

[31] La referencia de Quintiliano en *Instituciones Oratorias,* IV, I, 77.

[32] Aparece en XXV, 106-186.

ejemplo de este procedimiento. En ocasiones el encuadramiento responde a la precisión de una comparación. Pero habitualmente se provoca con ocasión de la
presencia de muchos personajes en la escena principal,
incluso de desconocidos, pero que son testigos de algún
acontecimiento excepcional. El episodio que cuentan
parece destinado a conmover a la concurrencia. Otras
veces es la descripción de una obra de arte lo que da
pie para insertar mitos secundarios en un mito principal [33].

Se da incluso el caso de que los mitos secundarios
dan lugar a la inserción de nuevos mitos, lo que provoca una especie de gran mosaico que varía por su extensión o por su complejidad. Unas veces los mitos secundarios se cuentan muy rápidamente, en forma de
praeteritio [34], dando cortejo al mito principal. Otras veces todos los mitos presentan la misma extensión. El
mejor ejemplo de este procedimiento lo tenemos en el
libro IV, en el que al amparo de un mito principal se insertan hasta doce mitos secundarios, repartidos en tres
grupos, con un mito dominante en cada grupo. En el
primer grupo, el mito de Píramo y Tisbe; en el segundo, el de Leucótoe, y en el tercero, el de Sálmacis.
Encontramos ejemplos también en los libros VI y X [35].

Llama la atención en el libro V el alarde de sabiduría
mitológica: Minerva llega al monte Helicón para visitar
a las musas. Las musas cuentan a la diosa su enfrentamiento con las Piérides y le dan a conocer el tema de la
actuación de unas y otras, pero con desarrollos desiguales. Un resumen de la *Gigantomaquia* fue el tema

---

[33]   Mitos secundarios incrustados en uno principal los podemos
ver en VI, 70-128; XIII, 618-701.
[34]   La *praeteritio* es una figura retórica que consiste en aparentar
que se quiere pasar por alto aquello mismo que se manifiesta expresa
o encarecidamente. En castellano se denomina preterición.
[35]   Ejemplos de mitos insertados tenemos en IX, 273-293, cuando
se nos refieren las historias de Alcmena y de Yole; en X, 148-173,
que nos cuenta el mito de Orfeo.

de las Piérides, y el rapto de Prosérpina la elección de Calíope en representación de las musas. El rapto, a su vez, engloba otros seis mitos.

Los procedimientos para cerrar el círculo de los encuadramientos de mitos son múltiples. En el canto V en primer lugar la metamorfosis de Linco que pone fin a la historia de Triptólemo y el canto de Calíope; en segundo lugar, la metamorfosis de las Piérides tras su enfrentamiento con las musas, episodio que cierra la intervención de las musas; en tercer lugar, la marcha de Prosérpina. Pero para evitar el mal efecto que podría producir la acumulación de desenlaces, Ovidio nos la cuenta al comienzo del libro VI, de manera que el verso primero de este libro es en realidad un final diferido.

El defecto mayor de tales procedimientos narrativos es el confusionismo a que dan lugar en el lector, hasta el punto de que cuando al final de un discurso se lee «había acabado», «se había alejado», se siente la necesidad de recapacitar sobre el personaje al que se hace referencia.

Al estudiar los posibles modelos de Ovidio hemos de reconocer que en la épica clásica se presentaron ejemplos de episodios incrustados, a modo de cuentecillos en boca de los personajes, o en descripciones de obras de arte imaginarias, en las que se representaban episodios distintos al de la acción principal. El procedimiento no llegó nunca a sistematizarse ni a aparecer como una fórmula regularizada en cada libro.

El antecedente hay que buscarlo una vez más en los alejandrinos. Nicandro agrupó frecuentemente metamorfosis secundarias en torno a una principal en busca de efectismos de estilo [36]. Teócrito, Calímaco y el propio Nicandro emplearon, al igual que Ovidio, el discurso como medio para ilustrar o enseñar a un audito-

---

[36]   La referencia en A. Liberal, *Nicandro,* 10.

rio imaginado, con el fin de introducir episodios secundarios en nada relacionados con el episodio principal [37]. En los fragmentos de la *Hecalé* de Calímaco, cuyo episodio principal es la leyenda de Teseo, se incluyen temas diversos, como el castigo de la corneja, que cuenta la propia corneja, y la historia del cuervo que la corneja añade a la propia historia. Dos leyendas que mantienen entre sí un aire de familia pero sin relación alguna con el episodio principal. Calímaco las insertó la una en la otra y las presentó en forma de discurso. Ovidio, por su parte, sacó las dos leyendas del marco en que Calímaco las había insertado y las encuadró en el suyo propio, invirtiendo la sucesión de las historias y encerrando la historia de Nictimene entre las del cuervo y la corneja (L. III, 521-597 y 589-595)

Ovidio consiguió dar variedad a su relato combinando con arte los distintos tipos de metamorfosis que andaban diseminados al azar o estaban clasificados de acuerdo con una ordenación demasiado didáctica en los tratados de mitología y en los poemas mitológicos de sus predecesores. El único medio de no aburrir al lector era espaciar lo que se parecía demasiado y entremezclar los temas en un sabio desorden. Entre sus metamorfosis se repite hasta treinta veces el cambio de hombre en pájaro y hasta tres veces el de un héroe en cisne. Pero unas veces describe el prodigio en dos versos, otras en ocho... En el libro IV hay un magnífico testimonio de cómo Ovidio sabe entrecruzar los mitos relativos a bestias, plantas y piedras, de suerte que cada transformación sugiere una descripción distinta.

Las METAMORFOSIS participan además de todos los géneros literarios, y no sólo porque Ovidio tomara prestados de todos ideas y desarrollos, sino porque incluso en los aspectos formales parece haberse propuesto dar una muestra de cada uno de ellos. Si se

---

[37] En Teócrito se lee en XXV, 160-182, Calímaco nos lo presenta en los *Himnos,* V, 55-133. En A. Liberal, *ibíd.,* 22-24.

tiene en cuenta el metro, es una epopeya; a la vista del
fondo, una obra didáctica. Pero también encontramos en
el poema un himno a Baco (L. IV, 17-30); un himno a
Ceres (L. V, 341-361); el temple poético de la oda (L. VII,
433-450, y X, 17-39); los monólogos de Ayax y de
Ulises nos sugieren la tragedia (L. XII, 1-398); en la
narración de los amores de Polifemo por Galatea encontramos una muestra de elegía; la poesía pastoral se manifiesta en la historia de Filemón y de Baucis; una heroida
la tendríamos en la carta de Biblis a Cauno (L. IX,
530-563); el canto de Ifis en honor de Anaxáretes nos
ofrece una muestra de paraclausidio; e incluso existen
muestras de los llamados versos ecoicos, en los que por
repetición de palabras o de sílabas artísticamente dispuestas se pretende imitar los efectos del eco. El modelo es Calímaco; por último, los epitafios de Faetón y
de Cayetes son una muestra del epigrama (L. II, 307-
308, y XIV, 453-454) [38].

Esta misma necesidad de variación obligó a Ovidio a
dar una extensión desigual a los distintos mitos y a establecer entre ellos una especie de jerarquía que les hiciera aparecer en el lugar en que cada uno produjera
un mayor efecto poético. Aunque todas las metamorfosis alcancen el mismo rango, no sucede lo mismo con
las historias que las preceden. El drama de las hermanas de Faetón transformadas en encinas se nos cuenta
en cuarenta versos (L. II, 305-366), pero la leyenda del
hermano que no sufre transformación alguna se alarga
hasta trescientos cincuenta versos.

Un ejemplo muy significativo del procedimiento lo
encontramos en la historia de Medea (L. VII, 355-394).
Cuando, después de la muerte de Pelias, huye de Yolcos por los aires rumbo a Corinto, se nos cuentan hasta
quince transformaciones en cuarenta versos; todo es
una preparación para su llegada a Corinto y la matanza

---

[38]   También encontramos versos icónicos en III, 380-391 y 494-501.

de sus hijos, que se cuenta sólo en tres versos, quizá por ser un tema que ya había tratado Ovidio en su tragedia *Medea*. Con referencia a otros temas, simplemente insinuados en las METAMORFOSIS, se podría alegar también el haber sido ya tratados en las *Heroidas*.

Cuando las historias presentan unas mismas características y comparten idénticas peripecias con nombres distintos, como, por ejemplo, el castigo de un sacrílego o la violación de una ninfa que se siente abocada al suicidio, y el furor de un amante despreciado al que la venganza empuja al crimen, Ovidio recurre a la *praeteritio* o al resumen en estilo indirecto. Cuando una historia se repite en forma reiterada, como, por ejemplo, la del cambio de sexo de Escitón, ya contada en las leyendas de Tiresias, Hermafrodito, Ifis y Ceneo, Ovidio le presta muy poca atención (L. IV, 379-380).

Pero frente a esta apreciación de eliminar o reducir historias muy similares, tenemos testimonios de todo lo contrario. Sin embargo, al examinar de cerca y con atención los pasajes en que Ovidio parece repetirse, se observa que el poeta, a imitación de los alejandrinos, establece oposiciones simétricas entre los elementos semejantes, de manera que su proximidad resulta calculada para producir efectos de contraste.

Veamos un ejemplo: tres heroínas se ven perseguidas por tres dioses prendados de sus encantos: Dafne por Apolo, Io por Júpiter y Siringa * por Pan. Las tres huyen de la persecución y se resisten a las propuestas de amor, y las tres sufren metamorfosis en absoluto merecidas. Cuando Ovidio reúne las tres historias, lo hace buscando efectos literarios diferentes y efectismos de estilo. En la historia de Dafne (L. I, 460-467), Ovidio pone de relieve el hecho de la persecución, de manera que nuestros ojos deben clavarse exclusivamente

---

* Respetamos la diversidad de criterios entre la Introducción y la Traducción para la transcripción al castellano de las formas originales griegas o latinas de algunos nombres de personajes mitológicos. *(N. del E.)*

en la ninfa que huye. Nos encarnamos en la visión del dios que la persigue. Cuando la ninfa cae, la historia se cierra. En la historia de Io (L. I, 566-760) es la metamorfosis lo que de improviso nos salta a la vista, de manera que sólo nos interesa el dolor de su padre, la muerte de Argos y la ira de Juno. Nuestro punto de vista es la propia visión de la ninfa. La historia de Siringa (L. I, 689-712) se presenta como contada por Mercurio a Argos, a quien trata de adormilar. La historia se interrumpe bruscamente cuando el monstruo se queda dormido. Es el punto de vista de un narrador objetivo, y la historia asume un papel instrumental. Se cuenta el mito en unos pocos versos, como en estilo indirecto, y queda interrumpida la historia en el preciso momento en que se nos va a contar la declaración de Pan.

En resumen, las METAMORFOSIS resultan ser como una antología que abarca una larga serie de epilios, de cantos épicos comparables a los de la época alejandrina. Cada uno de ellos puede desgajarse del conjunto sin comprometer su solidez.

Los grandes defectos de las METAMORFOSIS bien pudieran ser la fragilidad en el ensamblaje de las diferentes partes que forman su conjunto, la falta de auténtica secuencia en el devenir de los hechos, y la falta de proporción entre la importancia real que los hechos tienen en la acción y la extensión de su desarrollo. Su mejor mérito, el que en su conjunto responden a una vivencia del poeta que siente sus vibraciones más que nadie. El esfuerzo del poeta al componer su obra tiene poco que ver con la famosa facilidad natural de Ovidio. Su vena poética le proporcionó una rara agilidad para forjar ideas y rebatirlas en la forma más viva, más galana y más brillante. Aparece para matizar una cierta simplicidad, noble y siempre equilibrada, y se plasma en la rapidez y claridad de su fraseología. Pero el tratamiento de los episodios, el engarce entre los diferentes desarrollos, la variación y contraste de los coloridos, la multiplicación de aspectos y facetas, y la luminosidad del conjunto suponen y exigen un enorme esfuerzo y una intensa dedicación.

El contraste más significativo en las METAMORFOSIS lo representa la desenvoltura y facilidad del estilo frente a la regularidad muy estudiada de la composición.

Fuentes y modelos

La fecha *ante quam* para establecer las fuentes griegas es el año 9, fecha en que Ovidio marcha al destierro y las METAMORFOSIS, ya terminadas, andan divulgadas por Roma, aunque sin la autorización de Ovidio.

El problema de las fuentes puede plantearse en dos aspectos distintos. Podemos preguntarnos, primero, si entre los autores griegos hubo alguno que fuera para Ovidio fuente y modelo único, de manera que sacara de él sus leyendas, siguiera su misma ordenación y tratara de emular su estilo, la gracia de su composición y el patetismo de sus discursos. Así planteado, del problema quedaría automáticamente fuera Boeo, autora de leyendas con referencia exclusiva a los pájaros.

De los otros tres, Pártenio tenía a su favor que sus *Metamorfosis* eran de reciente publicación en la Roma de Ovidio, en la que había vivido y enseñado y donde tenía discípulos famosos. La obra debía ser muy del agrado de Ovidio por los tintes eróticos de sus historias. Pero el poema de Pártenio estaba escrito en dísticos elegiacos, y al examinar los fragmentos de Pártenio con rigor se descubren entre él y Ovidio muchas más diferencias que analogías. Hay que descartar también la vinculación entre los cuentos en prosa de Pártenio y las metamorfosis latinas, porque no es seguro que hubiera incluido entre sus cuentos las historias de las metamorfosis, adoptando la misma versión. El fragmento en que se cuentan los amores del río Cidno no tiene ninguna correspondencia con el poema de Ovidio. En otro pasaje de Pártenio que cuenta las aventuras de Escila transformada en ave marina, hay un punto esencial en que difieren las versiones de Pártenio y Ovidio. En Pártenio, Minos, indignado por la traición de Escila, piensa que una hija capaz de traicionar a su padre es capaz de todo y la castiga personalmente atándola a la quilla de su barco. En Ovidio, por el contrario, es la propia Escila quien, al verse despreciada, se lanza al mar y sigue a nado a Minos. Este único testimonio seguro de Pártenio contradice la hipótesis de haber sido él la fuente única de las METAMORFOSIS. También entre Nicandro y Ovidio abundan las diferencias, por lo que no ha podido probarse que Ovidio eligiera como modelo y fuente única a alguno de los poetas que antes que él habían escrito metamorfosis.

Existen, además, pruebas que apoyan lo contrario. En el libro XII se nos cuenta cómo Alcione, desolada por la muerte de su esposo, Ceyx, en un naufragio, es transformada, como él, en un ave marina (L. XII, 270-748). Pero en el libro VII se lee que el nombre del alción, ave marina en que fueron convertidos ambos esposos, proviene de la transformación en ave marina de una mujer del mismo nombre, hija de Escirón, quien la había arrojado al mar (L. VII, 401). La primera versión procede de Nicandro; la segunda, de Teodoro. La noticia nos la confirma Valerio Probo en términos claros [39], y esta puede haber sido la forma habitual del proceder de Ovidio. Aunque no nos sea posible probarlo con testimonios muy precisos, sí son muchas las diferentes versiones que recogen las METAMORFOSIS [40].

---

[39]   Nos lo certifica Valerio Probo en «Sobre Virgilio», *Geórgicas*, I, 899: *«Varia est opinio horum volocrum originis. Itaque in altera sequitur Ovidius Nicandrum, in altera Theodorum.»* («La opinión sobre el origen de estas aves es variada, y así Ovidio sigue en un momento a Nicandro y en otro a Teodoro.»)

[40]   Los testimonios de versiones diferentes abundan en las *Metamorfosis*, IV, 4; XIII, 674, en ambos se alude al origen de la paloma. El de la flor del jacinto se nos cuenta en X, 216; XIII, 197. La metamorfosis de Escila, en VIII, 148; XIV, 59 a 74. El episodio del cisne, en II, 367-380, y XII, 39 a 145.

No parece aceptable, pues, la tesis de un modelo único ni es aceptable concebir el poema como una traducción o una adaptación libre de un solo texto. Al contrario, Ovidio fue inculpado en la antigüedad de ser demasiado exuberante en fantasías, de complacerse en exceso en las propias invenciones. Lo señaló Séneca el Retórico [41], lo testimonió Séneca el Filósofo [42] y lo confirmó Quintiliano [43]. Además, Quintiliano criticó en las METAMORFOSIS el abuso de transiciones demasiado fáciles que enlazaban entre sí historias muy dispares.

· Pero ¿sentía Ovidio predilección por algún poeta griego autor de metamorfosis? Difícil la respuesta. Porque lo que sabemos de Pártenio y de Teodoro se reduce a muy poca cosa. Conocemos mejor las obras de Boeo y las de Nicandro gracias a Antonio Liberal, un personaje enigmático del que no sabemos absolutamente nada. Se le supone un liberto de la casa imperial, que vivió en torno al siglo III d.C. y que nos dejó un libro en prosa, escrito en griego, que es un compendio de metamorfosis recopiladas por él. Se trata de cuarenta y tres historias sacadas de autores más antiguos y presentadas en forma de resúmenes muy áridos, y sin relación alguna entre unos y otros. El único manuscrito que conservamos lleva en los márgenes y en la cabecera de los capítulos la indicación de las fuentes. Todos los autores citados son poetas griegos anteriores a la época de Augusto y, aunque las anotaciones no son de propia mano del poeta, no resultan menos precisas y fiables. Más de la mitad de estas historias están en Ovidio.

Del libro de A. Liberal puede deducirse la innegable influencia de Boeo en Ovidio. En el libro III se nos cuenta la aventura de la reina de los pigmeos, que, ensoberbecida por su belleza, había osado compararse a Juno. La diosa, enfadada, la transforma en grulla. El

---

[41]   Las referencias en Séneca el Retórico, *Controversias,* II, 2 (10).
[42]   Séneca el Filósofo, *Cuestiones Naturales,* III, 17, 18.
[43]   Quintiliano, *Instituciones Oratorias,* XII, 88-98; *ibíd.,* IV, 1-77.

ave vuela en torno a la casa para ver a sus hijos, pero sus antiguos súbditos, instigados por Juno, se obstinan en darle caza. La versión más antigua de la fábula está en Boeo, y las versiones de ambos poetas coinciden de una manera total. Más aún, el sumario de Liberal aclara la versión latina y la completa añadiendo los nombres de los personajes. La reina se llama Oenoe y su hijo Mopso. La historia del combate entre las grullas y los pigmeos ya está en Homero, pero no conoce la leyenda de la reina [44].

La historia de Eumelo de Tebas, que da muerte a su hijo por haber faltado al ritual en un sacrificio, sólo aparece en Boeo y en Ovidio [45]. Otras leyendas que parecen comunes son la historia de Perifás, a quien Júpiter transforma en águila por haber pretendido sobrepasar su condición humana [46]; la historia de Múnicos y su familia, convertidos en pájaros, y la lucha que sostuvieron con los Brigands [47]. A pesar de todo, la relación directa entre un poeta del siglo III a.C. y otro del siglo I a/d.C. ni resulta probable, ni parece verosímil. Por un lado es probable que Euforión haya hablado también de la reina de los pigmeos, y por otro, las metamorfosis que se atribuyen a Boeo son historias de carácter general a las que Ovidio ha dado una forma muy breve y muy rápida. La historia de la reina de los pigmeos se cuenta en tres versos; la de Eumelo, sólo en uno; y las de Perifás y Múnicos, en dos cada una.

Se ha supuesto que las historias de las METAMORFOSIS de origen desconocido las debe Ovidio también a Boeo. Se trata, desde luego, de historias indicadas,

---

[44] La metamorfosis de la reina de los pigmeos la cuenta Ovidio en VI, 90-93. El fragmento de Boeo está en A. Liberal, 16. Y la guerra de los pigmeos, en Homero, *Ilíada*, III, 6.

[45] La historia de Eumelo, en A. Liberal, Boeo, 18. Ovidio la refiere en VII, 890.

[46] El mito de Perifás, en Ovidio, en XII, 449; en A. Liberal, 6.

[47] Para la historia de Múnicos, véase A. Liberal, 14; Ovidio, XII, 498.

pero no desarrolladas. La más larga no sobrepasa los
cinco versos, por lo que parece muy claro que Boeo fue
una poetisa no muy apreciada por Ovidio. Sólo cuatro
de las doce historias que le son atribuidas aparecen en
Ovidio, y, como hemos señalado, en forma de simple
mención.

Una observación similar puede hacerse con respecto
a Teodoro. Ovidio habría tomado de él, según Valerio
Probo, la historia de los Alciones, pero condensándola
en un solo verso [48]. Parece haber hecho más caso a Nicandro. La preferencia por él parece bastante natural.
Se trata de una figura de mucho mayor valor que Teodoro o la pseudo-Boeo en el marco de la historia literaria. Aunque no tan valorado en nuestros días como
lo fue en su tiempo, todavía se puede constatar que ha
dejado una huella duradera en la poesía didáctica. Fue
uno de los poetas más fecundos y más apreciados de la
corte de Pérgamo. Se le estimó e imitó después de su
muerte. Lo elogió Cicerón. Emilio Macro, el amigo de
Ovidio, tradujo al latín uno de sus poemas (también
tradujo a Boeo). Lo imitó Virgilio en las *Geórgicas,* según confirma Quintiliano. Y lo menciona Lucano [49].

En Ovidio aparecen un cierto número de historias
que son comunes con las de Nicandro y que no aparecen en otros autores. Pero pese a todo, y fieles a nuestra línea de pensamiento, el haber transcurrido casi un
siglo entre ambos poetas hace un poco arriesgado afir-
mar entre ellos una relación directa; sobre todo si se
tiene en cuenta la posible mediación de Pártenio, del
que lo ignoramos prácticamente todo.

La historia de Ascálabo sólo la encontramos con
idéntica visión en Ovidio y en Nicandro. Lo mismo sucede con la metamorfosis de Galatea, castigada por

---

[48]   La referencia en Valerio Probo, o.c. *Geórgicas,* I, 399.
[49]   Cicerón, *De Oratore,* I, 16, 69; Quintiliano, *Inst. Orat.* X, 1, 56;
Lucano, *Farsalia,* IX, 281, 323.

Juno por haber facilitado el parto de Alcmena [50]. La historia del falso muchacho transformado en hombre la víspera de su boda es quizá la leyenda en que las coincidencias son más evidentes [51]. El tratamiento que Ovidio da a estas historias, extenso y brillante, dista mucho del que ofrecen los otros poetas.

Por otra parte, de las veintiséis historias atribuidas por A. Liberal a Nicandro, tan sólo cinco no aparecen en las METAMORFOSIS (Liberal, 8, 13, 26, 36, 40). Esto supone que, pese a la admiración y al respeto de Ovidio por Nicandro, el poeta latino se sigue mostrando celoso de su independencia. Otras muchas historias referidas por Nicandro habían dado lugar antes y después de él a numerosas obras en prosa y en verso, algunas de las cuales alcanzaron notoriedad. Es natural que Ovidio las tuviera en cuenta, y de ahí las numerosas divergencias entre ambos poetas, como en la historia de las musas y las piérides, o en la de las miniadas, o las de Cicno, Appulo y Dríope. Otras veces las diferencias se reducen a la supresión del nombre del personaje (Ascálabo), o a su reemplazamiento por otro distinto (Ifis y Galantis); en el caso de la historia de Galantis, Ovidio cambia también la condición de la mujer, que no se presenta como una amiga de la infancia de Alcmena, sino como una simple sirvienta de la casa.

Se han señalado también como fuentes de las METAMORFOSIS los manuales en prosa, resúmenes de leyendas, destinados a la enseñanza, en los que las historias mitológicas aparecían agrupadas y clasificadas por familias. Se han sugerido dos grupos diferentes de manuales:

1) Compilaciones que recogen únicamente historias de metamorfosis con una ordenación determinada y con una intención de práctica.

---

[50] El castigo de Galatea en A. Liberal, 29; Ovidio, IX, 281-323.
[51] La muchacha transformada en hombre es una historia que aparece en A. Liberal, 17, y en Ovidio, IX, 665-795.

2) Tratados de un carácter más general que abarcan la mitología en su totalidad.

Un ejemplo de los primeros lo tenemos en la recopilación de Antonio Liberal. De los segundos hay numerosas menciones y mucha información indirecta, de manera que, aunque se desconozca la existencia anterior a Ovidio de un posible autor de una obra en prosa del mismo género, no puede desecharse la idea de su existencia. Existen manuales de mitología anteriores a nuestra era, como los de Conon y Palefate, e incluso más antiguos, como un anónimo que posiblemente fue la fuente del manual de Conon. Aunque hoy se rechaza la atribución al famoso gramático Apolodoro de Atenas del manual que nos ha llegado con su nombre, obra que se supone redactada en la época de los Antoninos o quizá después, en él tenemos una muestra del tipo de resúmenes mitográficos que sirvieron de fuente a los poetas de la época augustea.

Además, los manuales, en su condición de obras escolares, constituían la base de las enseñanzas del gramático[52]. De los once a los dieciséis años, los niños llenaban sus cabezas de fábulas en las que figuraban dioses y héroes. Era la tarea diaria para la explicación de los autores antiguos y la base de los deberes escolares, tanto en las redacciones escritas como, especialmente, en las narraciones, en las que el alumno debía desarrollar alguna escena famosa de la historia mítica.

Por tanto, entre los años 32 y 27 a.C., Ovidio se vería obligado a estudiar las etopeyas y las metamorfosis e incluso a aprender de memoria infinidad de leyendas. No es raro entonces que, habiendo sido un brillante escolar, hubiera conservado sus apuntes de clase y los resúmenes escolares y se hubiera ayudado de los repertorios puestos en sus manos por los maestros, dando vida, treinta años después, a un trabajo escolar más serio en sus METAMORFOSIS.

---

[52] E. Jillien, *Les Prefesseurs de Littérature dans l'anciene Rome*, págs. 134-139; 256-325.

Un contemporáneo de Ovidio, brillante bibliotecario y sabio ilustre, Higinio, que había publicado un tratado de agricultura y que fue la fuente de Virgilio para sus *Geórgicas,* mantenía estrecha amistad con Ovidio [53]. Se conserva un compendio de leyendas con el nombre de Higinio, pero la crítica ha demostrado que la obra es de la época de Marco Aurelio o de Commodo, de manera que no es posible identificarlo con el Higinio contemporáneo de Ovidio. Sin embargo, el compendio de Higinio está en la línea de los manuales largo tiempo empleados en la enseñanza. Es un libro intencionalmente dedicado al servicio de la escuela, y nos muestra cómo el maestro articulaba la mitología como materia escolar.

El compendio se divide en tres partes: en la primera aparecen las genealogías de los dioses; la segunda nos presenta una serie de historias míticas contadas con sobriedad, pero con algún estilo; en la tercera se agrupan las leyendas, manteniendo entre ellas alguna analogía con el fin de facilitar al alumno la materia de sus etopeyas. En una serie aparecen los héroes que han dado muerte a sus hijos; en otra, las madres asesinas de su propia descendencia; luego, las heroínas asesinas de sus esposos; los suicidas... Sorprende la relación entre la tercera parte del manual y las METAMORFOSIS, que bien puede explicarse por la educación escolar de Ovidio. La facilidad de Ovidio para poner en boca de Orfeo el elogio de los muchachos amados por los dioses, por ejemplo, se la facilitaba el capítulo de las fábulas, dedicado a los bellos efebos [54].

Se han propuesto también, como fuente de las METAMORFOSIS, los escolios y los resúmenes comentados

---

[53] Columelas, I, 1, 13. Suetonio Grammaticos, 20, es quien nos testimonia la amistad de Ovidio, *Furi familiarissimus Ovidio poetae.* («Fue amigo íntimo del poeta Ovidio.») También Suetonio lo presenta como fuente de Virgilio, *ibíd.*
[54] *Fábulas,* 271.

en cabeza o en los márgenes de los capítulos de las obras clásicas. Se da como ejemplo significativo la historia de Medea. Cuando la heroína llega a Yolcos con Jasón, después de la conquista del vellocino de oro, devuelve mágicamente la juventud a Esón, el padre de su esposo. El argumento de la *Medea* de Eurípides nos da la noticia de que el tema apareció ya en el siglo VII a.C. en una epopeya titulada así. Ovidio se sirvió de dicho argumento sin haber consultado el poema. En el argumento se citan tres versos del poema que hacen referencia al rejuvenecimiento de Esón y que le sirvieron a Ovidio para realizar un ejercicio escolar al estilo de sus años mozos sobre una materia asignada por el maestro: Ovidio cuenta en tres versos el rejuvenecimiento de las nodrizas de Baco, luego convertidas en las Hyades y que Esquilo presentó en una tragedia. Es una leyenda que está en el argumento de *Medea,* por lo que M. Robert deduce que es el argumento, y no el poema, la fuente de Ovidio, ya que establece una relación entre ambos rejuvenecimientos que no aparece por parte alguna en él y que resulta, además, inverosímil [55].

Se aduce también como ejemplo la leyenda de Faetón (L. II, 1-400). Ovidio cuenta que las hermanas de Faetón, las Heliades, fueron transformadas en árboles y Cycno en cisne. Los antecedentes son múltiples: un poema épico hesiódico, una tragedia de Esquilo, otra de Eurípides, un poema lírico de Filoxeno, un epilio alejandrino anónimo y varios opúsculos de menor interés. Las diferencias entre el relato de Ovidio y las otras versiones son múltiples, pero, sin embargo, en su conjunto ofrece notables analogías con un sumario de los escolios de la *Odisea* [56]. El hecho ha sugerido que Ovidio podía no haber leído a los poetas clásicos ni aun

---

[55]   M. Robert, «Bild und Lied», en *Philologische Untersuchugen,* Berlín, 1888, t. V.

[56]   *Scol. Hom. Odys.,* pág. 208, Dindorf.

a Eurípides, y que su fuente pudiera ser un mitógrafo que hubiera amalgamado los distintos elementos de la leyenda.

De manera que cada vez se está más de acuerdo en admitir que fueron los manuales mitográficos y los sumarios de los escoliastas las auténticas fuentes de las METAMORFOSIS. Es este un punto de vista que sólo cabe admitir sin caer en exageraciones y con ciertos reparos. No es posible aceptar que la norma de conducta habitual de Ovidio y el objeto de sus preferencias fuera acudir a los mitógrafos y a los escoliastas, con descuido de los poetas clásicos. Sí es admisible, en cambio, que para una mayor facilidad y en episodios de segundo orden lo hiciera.

Sí es realmente cierto que la comparación de las METAMORFOSIS con algunas de las obras clásicas que tratan los mismos mitos y que se han conservado en su totalidad dejan ver múltiples y notables divergencias, y, en cambio, los textos de los gramáticos resisten mejor la comparación. La razón es muy simple. Los textos de los gramáticos eran muy cortos y no daban más que lo esencial, de modo que la comparación se reduce a las líneas maestras de la leyenda, que revelan mejor las analogías que las diferencias.

En resumen, no cabe pensar que Ovidio desconociera los poemas alejandrinos que cuentan metamorfosis, y quizá fueron ellos los que le sugirieron la idea del poema. De ellos extrajo a su vez algunas leyendas raras para demostrar que los conocía, pero los sobrepasó con mucho. Es cierto que los imitó, sobre todo en el barroquismo minucioso y exuberante con que describe los cambios de criaturas humanas en bestias salvajes, o en pájaros, o en árboles, pero el fervor que inspira el poema y el sabor poético que transpira deben más a los grandes clásicos, tanto griegos como latinos. De los alejandrinos refleja los formalismos retóricos (ya presentes en los poetas latinos).

También se sirvió de los manuales escolares de mitografía y de los comentarios de los escoliastas. Esta influencia puede datar incluso de sus años escolares y pudo marcarle con una huella indeleble. Efectivamente, ciertos hábitos de comportamiento, una determinada manera de concebir los temas, pueden derivar de la impronta escolar. Los manuales de mitología y los de retórica contenían los lugares comunes de la mitología y los de la retórica.

Por otra parte, no conviene olvidar que Ovidio, un poeta con grandes ambiciones —como lo refleja el final del poema—, que se entregó a la tarea de escribir las METAMORFOSIS en seis años de su vida, y quizá los mejores, cuando gozaba de tranquilidad, de una fama bien ganada; cuando se sentía apreciado por todos y en la cumbre de la sociedad elegante de su tiempo, consideró su poema como el bastión de su gloria poética, al igual que la *Eneida* lo fuera para Virgilio y las *Odas* para Horacio, al que, por cierto, imitó y emuló en los versos finales.

Como los maestros latinos, trató de acercarse a los poetas griegos, pero no en la materialidad del entramado de las leyendas, sino en el arte de reflejar las múltiples variedades de las pasiones humanas, de alcanzar como poeta la gloria de los mejores clásicos. Así es como Ovidio se nos muestra y así es como quiere ser entendido.

Para Ovidio, la necesidad de establecer una selección del material mitográfico era fundamental. El número de leyendas de metamorfosis era incontable, más cuando vinieron a añadirse los cambios y las transformaciones que les infligieron cada pueblo y cada civilización, y después, en la época de Augusto, la transformación del emperador, mediante la apoteosis, en divinidad y en figura estelar.

La selección de las leyendas por parte de Ovidio sigue pautas bastante claras. Ovidio centró su atención en lo maravilloso, le interesaba sobremanera el mundo de lo extraordinario y, centrado en ese mundo, se fijó nuevos criterios de selección.

Una de las características de los poetas alejandrinos era su predilección por las leyendas nuevas, novedades que casi siempre eran sólo aparentes, porque las historias se forjaban sobre modelos antiguos con tan sólo un cambio de nombre en los personajes, o con la introducción de algún episodio sorprendente o la elaboración de nuevas complicaciones en el desarrollo de la trama.

Esta moda literaria, que ya había seducido a Catulo y a los neotéricos, sedujo también a Ovidio. Cuando las hijas de Minos (L. IV, 43-51), afanadas en hilar la lana, se cuentan historias de metamorfosis, desdeñan las historias de Derceto y de Nais por demasiado conocidas. Tampoco le interesa a Ovidio la historia de los amores de Dafnis transformado en roca [57]. En el poema no se hablará tampoco de Sitón, ni de Celmis, ni de la lluvia que engendra a los Curetes, ni de Esmílax, y a cambio nos cuenta la historia de Hermafrodito (L. IV, 285-388), una historia que por su novedad encantará a quien la escuche. El personaje no era desconocido en el mundo romano, pero Ovidio reduce su historia a un único episodio. La ninfa Sálmacis se enamora de Hermafrodito, lo seduce, y después de hacerlo entrar en sus escondrijos húmedos, forma con él un solo cuerpo que reúne los dos sexos. Por ello, en adelante, los hombres que cometan la imprudencia de bañarse en el río Sálmacis verán menguada su potencia viril. Estrabón, que registró el fenómeno [58], se esforzó en explicarlo por causas naturales. Pero Ovidio buscó la causa del

---

[57]   La única referencia a Dafnis en IV, 276:

> *Vulgatos taceo pastoris amores*
> *Dafnis Idaei, quem ninphe pellicis ira*
> *contulit in saxum...*

(«Silencio los amores muy conocidos del pastor de Ida Dafnis, al que la ira de la ninfa, su amante, convirtió en piedra.»)

[58]   Estrabón alude a ella en XIV, pág. 656.

extraño fenómeno del río Sálmacis en la historia de amor entre dos semidioses. El tema parece que había sido ya recogido en una tragedia perdida de Ennio [59].

Otros ejemplos seleccionados por Ovidio por su novedad —*quia volgaris fabula non est*— fueron los amores trágicos de Tisbe y Píramo (L. IV, 53-166); la fundación de Crotona (L. XV, 9-59), y la historia de Filemón y Baucis (L. VIII, 719-924). Eran temas dignos de un poeta erudito. La novedad la atestiguó el propio Ovidio, quien los señaló como novedosos y trató de atraer la atención del lector. La historia de Filemón y Baucis, por ejemplo, la cuenta un personaje que conoce los lugares en los que la historia se desarrolló, *ipse locum vidit*. Había escuchado la historia de labios de los viejos del lugar. No era, por tanto, una leyenda con tradición literaria, sino popular y anónima, o al menos así nos la presenta Ovidio. Realmente no podía ser anterior al culto local, y debió ser ideada precisamente para explicar dicho culto.

Para recabar materiales para sus nuevas leyendas, Ovidio, a imitación una vez más de los alejandrinos, recurrió a historiadores y geógrafos, especialmente a los que escribieron sobre países lejanos. El cuento de Filemón y Baucis pudo haberlo encontrado en una historia de Licia, obra de Menecrates de Jante, escritor contemporáneo de Ptolomeo I. De manera que las leyendas que Ovidio cuenta son nuevas en el sentido de que no aparecen en una larga tradición literaria, pero suelen tener como fuente algún escritor en prosa, historiador o geógrafo poco conocido. El poeta no se las inventó ni tampoco las recogió personalmente de boca del pueblo. Fue un poeta erudito y las encontró en los libros de los griegos, pero en los poco conocidos, con lo que creció su fama de poeta curioso y refinado.

---

[59]   Ribbeck, *Tragicorum Romanorum fragmenta: Ennius, incerti nominis reliquiae*, pág. 73, frag. 11.

Hay que señalar, además, las peripecias que parece haber introducido Ovidio en las historias ya conocidas. Las de Ino, de Orfeo y de Ceneo habían inspirado antes que a él a muchos poetas, pero quizá ninguno había contado la metamorfosis de Ceneo en pájaro, o la de las compañeras de Ino en rocas, o la transformación de las bacantes en árboles tras la muerte de Orfeo, su víctima. En el caso de la historia de Ceneo, primero mujer y luego soldado que tomó parte en el combate de los Centauros y los Lapitas, la sola metamorfosis del comienzo no parece suficiente para justificar tanta extensión (Ovidio le dedica trescientos versos). Pero, por otra parte, la historia es merecedora de figurar en el poema tanto por lo maravilloso del prodigio del paso de mujer a hombre como por el alcance épico de la lucha de Centauros y Lapitas. Por eso, Ovidio añadió por su cuenta una segunda metamorfosis para dar a cuanto precedía la apariencia de una preparación necesaria. Igualmente, la historia de Orfeo, pese a la nombradía del personaje, no encaja bien en una historia de transformaciones de no mezclar alguna metamorfosis, y al no proporcionársela la tradición, Ovidio se vio obligado a inventarla.

Cuando la mitología griega ofrecía varias versiones a propósito de una leyenda, Ovidio, a imitación de los alejandrinos y al contrario que el autor del Ciris, acumuló las distintas versiones. El autor del Ciris cuenta la metamorfosis de Escila, eligiéndola entre las muchas versiones, después de haberlas consignado todas. En cambio, Ovidio cuenta en el libro VIII (1-250) la transformación de Escila en pájaro, y en el libro XIV (1-74) Escila se transforma en monstruo marino. No hay dos Escilas, son una y la misma, pero ha sufrido doble metamorfosis. La doble mención de Atlas en los libros I y IV puede tener la misma respuesta.

En ocasiones, un mismo animal o una misma planta encubren personajes diferentes. El cisne, por ejemplo, es una vez Cicno, el hijo de Esténelo; otra el hijo de

Apolo, y en una tercera resulta hijo de Neptuno [60]. Otro ejemplo muy significativo nos lo proporciona la flor del jacinto. La flor lleva grabadas en el cáliz las letras A e Y. Para unos se trata de la exclamación de dolor que lanza Apolo al metamorfosearse en flor el joven Jacinto («Ay, helas»); para otros la flor del jacinto ha sido coloreada con la sangre de Ayax, y son sus iniciales las que figuran en el cáliz de la flor. Ovidio recogió ambas leyendas, y en la primera se profetiza que llegará un tiempo en que, para realzar la fama del jacinto, un gran héroe escribirá su nombre sobre los pétalos de la flor (L. X, 207; cef. XIII, 397). Y en la segunda hace notar que la flor de Ayax había nacido de la sangre de Jacinto y que a partir de ahora las letras grabadas en su cáliz recordarán a la vez al guerrero y al muchacho. Son un nombre y a la vez un grito de dolor [61].

Ovidio, preocupado tan sólo por agradar, olvidó el precepto de Horacio: *aut famam sequere, aut sibi convenientia finge* [62].

Pero, aun reconociendo en Ovidio un cierto regusto por la novedad y la invención, lo nuevo representa la excepción. Por ello podemos señalar, con toda razón, que los sentimientos que animaron las METAMORFOSIS fueron un fuerte sentido de la medida y un colosal aprecio de la variedad, sin resultar Ovidio ni más moderado ni más moralizante que sus predecesores. Él estaba convencido de que unas mismas impresiones, repetidas con excesiva frecuencia, repugnaban incluso a los lectores mejor dispuestos a dejarse seducir.

La historia de la ninfa Polyfonte, que cohabita con un oso, no es ni más ni menos escandalosa que las de

---

[60] Las variadas historietas del cisne en II, 367-380; VII, 371-380; XII, 64-145.
[61] Las dos interpretaciones a la flor del jacinto en X, 195-219, y XIII, 391-398.
[62] Horacio, *Arte poética*, 119: «O acomódate a la tradición, o pergeña algo coherente.»

Europa o de Pasifae. El incesto de Esmirna con su padre se equipara al de Egipio con su madre. Si Ovidio recogió unas leyendas y despreció otras fue sencillamente por evitar la reiterada monotonía y, con ella, la saciedad.

La auténtica originalidad de Ovidio hay que buscarla no en la invención de historias, sino en el arte de ajustar las leyendas antiguas y más comunes según las reglas del gusto alejandrino, y la capacidad de adaptar a su propio diseño las diferentes versiones desarrolladas antes de él en obras de todo género.

Ideas y personajes: en busca de la unidad del poema

A falta de una unidad secuencial en el discurrir cronológico de los episodios, y sin el aglutinante de un protagonista único, son las ideas y los sentimientos los que pueden proporcionar unidad a un poema demasiado extenso como las METAMORFOSIS. Una idea central que inspira al poeta de principio a fin, y un sentimiento noble y profundo que al comunicarlo al lector lo arrastra a lo largo de los múltiples episodios y frente a los más variados personajes. Un ejemplo de sana unción, de unidad de ideas y fervor de sentimiento nos lo proporciona, sin lugar a dudas, el poema de Lucrecio.

En las METAMORFOSIS, al tratarse de un poema que cuenta historias de dioses y de héroes, parecería lógico que fuera el sentimiento religioso el que centrara la unidad del poema. Pero el sentimiento religioso está totalmente ausente de la obra de Ovidio. No tiene ni la fe de Homero ni el fervor de Lucrecio. Incluso podría censurársele un cierto regusto de burla y ridiculización jocosa del Olimpo.

Pero Ovidio no era un escéptico, aunque así se le haya considerado, ni mucho menos un ateo, ni tampoco un Luciano que pretendiera con su poema satirizar la religión y a los dioses. Cuando se le reprocha ha-

ber cantado las aventuras de los dioses y de los héroes
sin sentimiento alguno religioso, se confunden dos rea-
lidades completamente distintas: la religión y la mitología. Nunca los mitos han sido entendidos como dog-
mas que se impongan a la fe oficial. Ovidio confesó
explícitamente su fe en los dioses y en la necesidad del
culto oficial:

> *Expedit esse deos et, ut expedit, esse putemus*
> *dentur in antiquos tura merumque focos,*
> *nec secura quies illos similisque sopori*
> *detinet inocue vivite; numen adest* [63].

En consecuencia, no cabe contra él la acusación de
ateísmo. Ovidio puede, sin embargo, ser acusado de in-
consecuencia y de temeridad. Las leyendas eran a los
ojos de los antiguos la esencia de lo poético, hasta tal
punto que no concebían que pudieran desaparecer. De
modo que, cuando un poeta manifestaba sus dudas sobre las leyendas que constituían su poema, las juzgaba
y las sometía a una especie de refrendo público que ga-
rantizara su autenticidad. Es decir, cuando, en nombre
de la lógica, puso en tela de juicio la mitología, se inició
un proceso, ya irreversible, en cuyo final podía pasar de
todo. Fue un acto temerario e inconsecuente. El pre-
cursor, o uno de los precursores, de una actitud semejante fue Calímaco. En sus himnos discutió la leyenda
del nacimiento de Júpiter en Creta, y la negó por ser
sus garantes los cretenses, que eran mentirosos y hasta se
habían atrevido a edificar una tumba para un dios
inmortal.

Es verdad que en Ovidio no aparecen explícitamente
críticas semejantes, pero su testimonio de desprecio de
las leyendas populares de las que se nutre su poema

---

[63]   Ovidio en *Arte de amar*, I, 637-640. «Es procedente que existan
los dioses y, como es procedente, convengamos en que los hay, ofréz-
canse en los tradicionales altares inciensos y vino, no los maniata (a
los dioses) un tranquilo reposo, semejante al sueño. Vivid sin pecado, la divinidad acecha.»

proviene de la misma causa y produce los mismos efectos. Al exponer la doctrina pitagórica insinúa que el rayo podría ser un fenómeno natural sin relación alguna con Júpiter (L. XV, 69-70).

Algunas veces, los personajes que cuentan o escuchan las historias de las metamorfosis expresan sus dudas sobre la realidad de las mismas. Cuando Aquelao cuenta su historia, Piritoo, el hijo de Ixión, niega que sea verdadera y critica el pretendido poder de los dioses (L. VIII, 611-619). Es verdad que Piritoo es presentado como un descreído cuyas palabras escandalizan a cuantos las escuchan, provocando su indignación, pero Piritoo encarna la figura de un romano de la época de Augusto que ha leído a Lucrecio y que bien pudiera ser el propio Ovidio.

Una escena similar tiene lugar en casa de las Meniadas (L. IV, 271-273). Estamos ya muy lejos no sólo del mundo heroico, sino de la época en que los poetas creían en las leyendas. Ovidio encontraba en ellas demasiada fantasía y muchas contradicciones. Su espíritu había perdido toda la ingenuidad. Por eso algunas veces hace ver que él no se presenta como garantía de la veracidad de sus historias: *Desit in hac mihi parte fides, nec credite factum, / vel si creditis, facti quoque credite poenam* [64]. De esta manera aclara que la fe en la leyenda es proporcional al crédito personal del que la cuenta. Sin embargo, nunca se preocupó mucho de asegurar sus creencias sobre una base sólida y, como asegura su Pitágoras, una conducta semejante arrancaría la fe en los poetas: ... *nisi vatibus omnis / eripienda fides...* [65].

Una característica de este momento de transición es el empleo de la alegoría. Se ha demostrado que los poetas empleaban la alegoría tanto más cuanto menos

---

[64]   «Me falta fiabilidad en esto. No creáis la historia, y si le dais crédito, creed también en el castigo de tal conducta», en X, 301-303.

[65]   «Si no hay que despojar de crédito a los "poetas".»

fácilmente aceptaban las leyendas tradicionales. Esto
no quiere decir que la alegoría no apareciese en la poesía antigua. La comedia hizo un uso frecuente de ella y
en Hesiodo se atestigua un buen número de alegorías.
Algunas de ellas se repiten en Ovidio: el retrato de la
envidia de Ovidio (L. II, 760-782) recuerda al de la tristeza en Hesiodo. En ambos poetas se intenta, mediante
la acumulación de imágenes, hacer patente el efecto
que produce en el hombre un sentimiento moral. Por la
precisión y la fuerza de los trazos, la alegoría de Ovidio
está muy cerca de la de Hesiodo.

La preferencia de Ovidio por la alegoría (fue el primero que la empleó con una gran profusión en la epopeya) se justifica por ser algo muy poco definido,
donde cabían todas las libertades. No comprometía en
absoluto al poeta. Al pintar el hambre o la envidia,
Ovidio no corría el riesgo de pasar por un hombre demasiado crédulo. De manera que la alegoría se convirtió en una cómoda ficción para los poetas, que sólo tenían una fe muy pequeña en las leyendas comunes.

Una última característica de las METAMORFOSIS es
que todos sus personajes son presa del amor y rebosan
galantería. En este aspecto, el poema es un fiel reflejo
de toda la literatura erótica, en prosa y en verso, de la
que sus contemporáneos fueron muy apasionados, y de
manera concreta de obras especiales como las de Boeo
y Nicandro.

Se ha acusado a Ovidio, a este respecto, de pecar de
mal gusto. El ejemplo que se aduce como más significativo de este mal gusto se refiere a los amores adúlte-
ros de Marte y Venus y a la venganza de Vulcano (L. IV,
169-189). La historia tiene un precedente en Homero
en un largo pasaje de la *Odisea* (VIII, 266-366). Entre
Homero y Ovidio se dan algunas diferencias. En primer lugar, Ovidio reduce la extensión del mito de cien
versos a veinte, y, además, suaviza la actitud de los dioses al sustituir la expresión *rire inextinguibile* del texto
hómerico por la mucho más simple *superi risere*. Pero

se ha criticado de una manera concreta en Ovidio y se ha señalado como una manifiesta muestra de mal gusto el verso en que se dice: *aliquis de diis non tristibus optat/ sic fieri turpis...* [66].

El texto estaba ya en Homero y es una réplica de Hermes a una pregunta de Apolo, concebidas pregunta y respuesta como una alegre travesura. Muy al contrario de lo que se piensa, Ovidio se comportó con mucha discreción y ni siquiera se atrevió a imitar las ingenuas libertades de Homero. Muy probablemente porque en la época de Augusto la educación de formas, ya que no la moral, exigía un mayor recato en una epopeya.

Es realmente cierto que no somos capaces de mantener la debida seriedad y compostura ante el comportamiento de unos dioses que parecen ocuparse exclusivamente de satisfacer sus pasiones, comprometiendo en cada momento su dignidad. Pero fue el propio Ovidio quien mejor vio tal lacra en su poema, y quien la expresó de forma más precisa: *Non bene conveniunt, nec in una sede morantur / maiestas et amor...* [67]. Esta es la advertencia que se nos hace en el libro II.

También fue consciente Ovidio de que los galanteos amorosos que frecuentemente nos hacen sonreír pueden abocar a la monotonía. Los celos de Juno, aunque muy justificados, llegan a producir hastío: *Prefeci quid enim totiens per iurgia?, dixit* [68]. Pero sabía también que estos adulterios, estos pecados celestes, *furta, caelestia crimina,* no tenían nada que ver con la moral.

Como sabemos, antes de comenzar las METAMOR-FOSIS, Ovidio había escrito los *Amores,* las *Heroidas* y el *Arte de amar,* de manera que había vivido inmerso en la poesía erótica por espacio de quince años. Cuando

---

[66] «Alguno de los dioses, nada tristes, anhela convertirse a ese precio en un libertino.»

[67] «No se aúnan fácilmente ni conviven en una misma morada la majestad y el amor.»

[68] Los celos de Juno en II, 262: «Mas ¿qué he conseguido en tan repetidas contiendas?, dijo.»

inicia las METAMORFOSIS, Ovidio advierte que va a dar comienzo a una obra diferente y completamente nueva para él: *Di coeptis, nam vos mutastis et illa / adspirate meis* .... [69]. Pero aunque sus intenciones cambiaran, se mantuvieron su temperamento y sus hábitos. Sus dioses son los de Calímaco, los de Filetas, los de Fanocles y los de Euforión. Para Quintiliano, Ovidio se mostró en las METAMORFOSIS retozón y demasiado poseído de sí mismo: *Lascivus in herois quoque Ovidius et nimirum amator ingenii sui* [70].

En la poesía alejandrina el galanteo y las historias de amor corrían parejos con la erudición. También Ovidio, aunque no abunden en él las historias raras, puso empeño en aparecer como un erudito. Podemos citar como ejemplo los treinta y tres nombres de perros en la historia de Acteón (L. III, 206-225) y la advertencia «sería demasiado largo nombrar los otros». También los cuarenta y siete combatientes en la lucha entre Fineo y Perseo (L. V, 1-48) y los sobrenombres de Baco (L. V, 149-206).

Sus fuentes de inspiración debieron ser las *aitiae* de Calímaco y quizá Boeo y Nicandro. Influencia clara de Calímaco es la pregunta que se hace Ovidio, cuando enumera los animales, plantas o piedras que antes fueron criaturas humanas, de cuál es la causa del cambio, convencido de que toda metamorfosis debe tener una causa. La causa se explica mediante una historia que parece escrita para un lector curioso que, desde el estado actual de la naturaleza, pretende remontarse a los orígenes de los tiempos y quiere saber por qué los seres se han metamorfoseado. Este es precisamente el método de Calímaco. A veces Ovidio emplea incluso el

---

[69] «Dioses, pues también metamorfoseasteis, mostraos favorables a mis proyectos.»

[70] La referencia en Quintiliano, *Instituciones Oratorias*, X, 1: «Juguetón también Ovidio en la epopeya, y demasiado poseído de su talento.»

término *causae*. Por ejemplo, al contar la historia de Medusa, o a propósito de Aqueloo, cuando dice: *Accipe quaesiti causa / quae gemitus truncaeque deo neptunius heros / causa rogat frontis* [71].

En la poesía alejandrina encontramos también con asiduidad, agrupados en torno a un nombre célebre de la mitología, detalles arrancados del entorno de la vida familiar. De esta forma, un acto heroico se convertía en un pretexto para una o varias descripciones con ese carácter de cosas familiares. Aparece entonces un contraste entre la grandeza del personaje y el realismo del marco que encuadra la pintura.

No hay un solo libro de Ovidio en que no aparezcan ejemplos. Apolo en persecución de Dafne reproduce la imagen de un pastor y una pastora habituales en los campos de Sulmona, de los que Ovidio recoge y poetiza el lenguaje; Perseo, cuando lava sus manos teñidas de sangre, tras su triunfo sobre la Gorgona, encarna a un cazador después de una cansada faena en el campo. El conjunto de ninfas representa un grupo de alegres muchachas disfrutando de un esparcimiento campestre.

Pero los dioses y los héroes de las METAMORFOSIS son también romanos del tiempo de Augusto. La casa de los tiempos heroicos es una casa romana. El vestido es romano. Las ceremonias de boda y entierro son romanas. Los ritos del culto se celebran a la romana. Los soldados combaten como los legionarios. Los niños van a la escuela, llevan la bulla al cuello y aprenden a escribir. Los dioses de las METAMORFOSIS reflejan la imagen de los césares. El Olimpo se ve agitado por intrigas en que se mezclan el amor, los celos, la ambición y la envidia. El mayor de los crímenes es el de lesa majestad. Y aunque Ovidio no descendió a incluir en las ME-

---

[71] «Escucha la causa de lo investigado.» (IV, 794.) «El hijo de Neptuno pregunta al dios la causa del llanto y de la frente truncada.» (IX, 1.)

TAMORFOSIS alusiones o diatribas políticas disfrazadas, reflejó los sentimientos que provocaban en él y en sus contemporáneos los acontecimientos de su época. Cuando Ovidio escribe: «Examinad en un juicio justo; el azar os parecerá más culpable que yo. Pues ¿qué crimen puede imputarse al error?» *(Met.* III 141), o bien resulta profeta y está anticipando sus propias palabras con ocasión de su castigo, o el pasaje está escrito en la revisión a que sometió el poema ya en el destierro y es una velada protesta por su propia condición.

Es significativo que algunas veces se escape del mundo de los héroes y se traslade a Roma. El atentado de Licaón contra Júpiter le sugiere el asesinato de Julio César, y Augusto recibe de los romanos las mismas muestras de agradecimiento por haber castigado a los culpables que recibe Júpiter de los dioses. Los guerreros que nacen de la tierra en la leyenda de Cadmo, al aparecer asemejan actores al comienzo de una representación teatral cuando se eleva el telón (L. III, 111-114). Por otro lado, a Dafne convertida en laurel le consuela el hecho de que el laurel servirá para coronar a los generales romanos triunfadores y su sombra cubrirá el pórtico del palacio imperial en el Palatino.

El marco filosófico de las «Metamorfosis»

Ovidio condensó los principales elementos de doctrina filosófica al comienzo y al final de las METAMORFOSIS. El libro I comienza con la descripción de la creación del mundo, y la mitad del libro XV es una exposición de la doctrina de Pitágoras sobre las evoluciones de la naturaleza y la transmigración de las almas. De esta forma, un poema en que se cantan tantas cosas livianas se engloba entre dos relatos en los que se resumen los resultados de las más altas especulaciones de la época. Debemos preguntarnos por la significación de tales relatos y por las fuentes y modelos que pueden haberlos inspirado.

El relato del libro XV parte de un error cronológico grave: considera a Numa coetáneo y discípulo de Pitágoras. Pero según los cálculos más verosímiles, Pitágoras vivió hacia el año 580 a.C., un siglo después, por tanto, de la muerte de Numa. La leyenda que revive Ovidio debió forjarse a comienzos del s. II a.C., cuando los griegos intentaban convencer a los romanos de que las mejores instituciones romanas eran de origen griego. Eran los tiempos en que Ennio, en los *Anales* y en el *Epicarmo,* se inspiraba en las doctrinas de Pitágoras. Coincide también con el momento (año 181 a.C.) en que se descubre en el Janículo la pretendida tumba de Numa y los siete libros en que se decía que el sabio monarca había resumido las doctrinas de su maestro.

Los principales analistas del siglo II, Casio Hemina, Calpurnio Pisón, Sempronio Tuditano, reprodujeron la leyenda sin ningún reparo. También la recogió sin recelo Valerio Ancias, cuya obra corresponde probablemente a los tiempos de Sila. La leyenda era aceptada por todo el mundo. Cicerón nos dijo: *Saepe hoc de maioribus natu audivimus et ita intellegimos volgo existimari* [72]. Varrón rectificó la cronología con referencia a Pitágoras y lo convirtió en contemporáneo de Tarquinio el Viejo. Para Cicerón, Pitágoras vivió en la época de Tarquinio el Soberbio y Bruto [73]. A partir de entonces ya nadie sostuvo que Numa hubiera conocido a Pitágoras. Sólo Ovidio aparece como excepción.

No es lógico suponer que el poeta ignorase las teorías de los historiadores. Muy al contrario, en los *Fas-*

---

[72] Nos lo indica Cicerón en *De re publica:* «Muchas veces lo escuchamos de labios de nuestros mayores y pensamos que así se piensa por lo común.»

[73] Varrón, págs. 22-27, en «De ovidiana Pythagoreae doctrinae adumbratione», Schmokel, Greitswald, 18; Cicerón, *De re publica,* II, 13: *De Oratore,* II, 37, 154; *Tusdulanas,* I, 16; IV, 1.

tos [74] demuestra que las conoció. Por tanto, cabe suponer que Ovidio siguió intencionadamente a algún
viejo autor en el que la leyenda se mantuvo en plenitud. Este autor podría muy bien haber sido Ennio. Se
nos escapa la razón del mantenimiento de este anacro-
nismo. Se ha sugerido que la intención de Ovidio al
relacionar a Numa con Pitágoras no fue otra que la de
sugerir una segunda relación entre Numa y Augusto,
para presentarse el propio poeta como un segundo Pitágoras, consejero de Augusto [75]. Para ello se estable-
cen analogías múltiples entre los reinados y las políticas de Numa y Augusto. Se ha supuesto también que
Ovidio trató de colocar la figura de Pitágoras en los comienzos de la Historia para darle a él y a su doctrina un
carácter fabuloso, que resultase parejo con el diseño
general del poema. En la pretensión de Ovidio, Pitágoras no era sólo un filósofo, era también un profeta
con más de un rasgo común con Orfeo. Considérese
la facilidad con que el pitagorismo penetró en el or-
fismo [76].

Ovidio supuso que Pitágoras profetizaba la futura
grandeza de Roma: completó y precisó las predicciones que había hecho Heleno a Eneas y anunció los
triunfos de los grandes generales romanos y la apoteosis de Augusto. Esta predicción sería la única causa del
interés de Ovidio por Pitágoras, y representaría el
nudo y la razón de ser del episodio entero.

Pero Ovidio supo introducir el elogio de Augusto al
final del libro por procedimientos muy diferentes. El
único punto de razón que pudo tener el mantenimiento
de la vieja cronología es que al predecir Pitágoras la futura grandeza de Roma tuviera que situarlo en una
época cercana a los orígenes y al lado de Egeria, la

---

[74]   *Fastos,* III, 153.
[75]   R. Crahay-J. Hubaux, «Soux la masque de Pythagore», en *Ovidiana,* París, 1958.
[76]   Schmekel, o. c.

ninfa consejera de Numa. No es válido sugerir que de las dos tradiciones, la histórica y la poética, que fijan la cronología de Pitágoras, Ovidio reprodujera la tradición poética sin razón alguna. Es preferible pensar que de las dos tradiciones, la cronología poética le permitió dar a la figura de Pitágoras el prestigio misterioso con que la imaginación popular rodeaba a los fundadores de las sectas religiosas.

Al resumir la doctrina pitagórica, comienza Ovidio por esquematizar la física del maestro en cinco versos de clara inspiración lucreciana. Luego, el propio Pitágoras defiende la parte de su doctrina en que asegura que los hombres deben abstenerse de comer carne de animales. El discurso abarca cuatrocientos versos y es uno de los relatos más extensos del poema. Presenta una cierta unidad y su tema está bien definido. La primera parte se abre con la proposición: «Es abominable matar seres inocentes para alimentarse con su carne.» En la edad de oro la humanidad se contentaba con una alimentación vegetal, por lo que había que volver a las costumbres primitivas, porque, además, en los animales pueden andar encerradas almas humanas. Aquí Pitágoras, poseído por el dios que le inspira, se apresta a revelar el misterio de la metempsicosis.

En la segunda parte establece el principio de que todo pasa, todo se transforma sin cesar. Una serie de ejemplos, sacados de la propia vida del hombre y de las alternativas de la naturaleza, lo confirman. Añade luego las perturbaciones y transformaciones imprevistas que tienen lugar en nuestro entorno. Los sabios las estudian con curiosidad, pero no alcanzan a descubrir las causas. Estos fenómenos, que la antigüedad catalogaba y describía en las *paradoxa,* constituyen el objeto de la tercera parte del discurso.

En la parte cuarta, el poeta pasa revista a las revoluciones que han tenido lugar en las sociedades humanas, hasta llegar al principado de Augusto, que había predicho un oráculo en tiempos de la guerra de Troya.

Y, por último, se vuelve al punto de partida. Si todo cambia, si al término de nuestras vidas nuestras almas van a pasar a otros cuerpos, respetemos la vida de los animales para respetar quizá la sangre de nuestros padres.

De las cuatro partes que componen el discurso de Pitágoras, sólo la cuarta puede haber sido de elaboración personal de Ovidio. En realidad es un resumen que repite la doctrina precedente. Pero las otras tres reúnen ideas heterogéneas, recogidas de la literatura filosófica y agrupadas mediante relaciones de carácter práctico.

Para la primera y segunda partes, cuando Ovidio habla de la incesante huida de todas las cosas, se ha pensado como fuente en Heráclito. Una relación directa entre Ovidio y Heráclito parece imposible, ya que, aunque los poetas de la época clásica le fueran familiares, incluido Homero, no parece verosímil que hubiera leído a los presocráticos. Su pitagorismo fue el de los neopitagóricos de los últimos años de la República romana, entremezclado con otras doctrinas, especialmente el estoicismo más reciente.

Cuenta Ovidio cómo la humanidad, después de haber vivido de una alimentación vegetal durante la edad de oro, al degenerar sus costumbres comenzó a nutrirse con la carne de los animales. Este comentario aparece ya en los *Fastos* [77]. La idea de la degeneración de la humanidad a medida que los hombres se alejan de los usos y costumbres de la época patriarcal es un tópico estoico que se pone de moda en la época de Cicerón. La necesidad de abstenerse de comer carne animal comienza a extenderse sólo a partir de esta época. Los pitagóricos concebían el mundo como un ser eterno, y Ovidio así nos lo presenta. No hay contradicción, sin embargo, con la afirmación de que todos los seres nacen y mueren, porque nacer y morir es sencillamente

---

[77]   *Fastos,* I, 335; IV, 395.

cambiar de forma. El total de los seres que componen el mundo permanece inalterable.

La teoría de la transmigración de las almas, la metempsicosis, no aparece en el relato como un elemento auténticamente pitagórico, por lo que se ha pensado que Ovidio lo toma de alguna fuente de carácter ecléctico. La verdadera fuente del pasaje es, en opinión de M. Graf, el alejandrino Soción, del que fue discípulo Séneca en tiempos de Tiberio, hacia los años 18 a 20 d.C. Soción puso un gran empeño en restablecer las doctrinas de Pitágoras. Parece ser que enseñaba ya en Roma en el año 12 a.C. M. Graf sostiene que Ovidio pudo haberle escuchado incluso antes. Sin embargo, no hay pruebas seguras de que Soción estuviera en Roma en el año 9 a.C., fecha en que Ovidio, ya escritas las METAMORFOSIS, partió para el destierro. Se sabe que Alejandro Polyhistor y Nigidio Fígulo escribieron en época de Cicerón. Remontan también a esa época los resúmenes que figuran con los nombres de los viejos pitagóricos Ocelo de Lucania y Arquitas de Tarento, pero no puede afirmarse que en Ovidio haya algún interés por esta literatura mística. Varrón conocía perfectamente la doctrina de Pitágoras y quizá la expusiera en *Antigüedades divinas*. Por ello, bien pudo haber sido Varrón la fuente de Ovidio [78].

Hay que destacar la importancia que en el pitagorismo de Ovidio tuvo el estoicismo. La mezcla estoicismo-pitagorismo fue anterior a Varrón: se encuentra ya consumada en Nigidio Fígulo, pero Varrón siente una gran atracción por el estoicismo mitigado [79]. El libro I de las *Antigüedades divinas* es muy posible que

---

[78] Varrón (*De Ovidiana*, pág. 76). *Appendix Varronis Pythagoreae doctrinae fragmenta continens*, M. Schmekel (Aghad, Varronis Antiquitatum rerum divinarum libri XIV, XV, XVI), Jahrbücher für Class. *Philologie XXIV*, Suplementsend, 1889, pág. 5.

[79] Hülsen, *Varronianae doctrinae quantenus in Ovidii Fastis vestigia existent*, Berlín, 1880.

contuviera un resumen de las doctrinas pitagóricas sobre la metempsicosis, la dieta vegetal y quizá sobre el mundo primitivo. Es verdad que puede objetarse que Ovidio no siguió la cronología de Varrón con referencia a la vida de Pitágoras, pero hay que advertir que Ovidio hizo un uso libérrimo de sus fuentes, por lo que la objeción pierde fuerza. La relación de los *Fastos* con las *Antigüedades divinas* es innegable y aceptada comúnmente. Por tanto, no es tan inverosímil que al preparar Ovidio sus METAMORFOSIS consultara la obra de Varrón y aprovechara únicamente los capítulos que le interesasen.

La tercera parte del discurso de Pitágoras la integran dos relatos distintos: en el primero se enumeran los cambios que se producen en los cuerpos inorgánicos y particularmente en las aguas. Vienen a continuación los cambios que se observan en los seres orgánicos. Las estrechas analogías entre el libro II de Plinio y la primera parte del relato de Ovidio hacen pensar en una fuente común para ambos, y se señala como tal a Papirio Fabiano, a quien cita el propio Plinio [80].

Fabiano fue discípulo de Sexto, un estoico que había asumido la doctrina pitagórica. Sus obras están especialmente dedicadas a estudios de historia natural inspirados en ideas y trabajos estoicos. Para la segunda parte se da como fuente a Nigidio Fígulo, gran sabio neopitagórico, autor de un trabajo de zoología en cuatro libros por lo menos, que también figura en la lista de los autores consultados por Plinio. La hipótesis que da a Fabiano como posible fuente de Ovidio presenta muchos reparos. En primer lugar se pone en duda que Fabiano, algunos años menor que Ovidio, hubiera publicado ya su obra de historia natural cuando Ovidio preparaba las METAMORFOSIS. En segundo lugar, ni el

---

[80]   Plinio, *Naturalis Historia,* index, csp. 85 a 110: «Las maravillas de las tierras, del mar, de las fuentes y de los ríos.» *Ibídem,* «Las maravillas de los animales», 356-417. Plinio, II, 87-96, y 101-106.

temperamento ni las pautas de comportamiento de Ovidio se prestan a justificar que se sirviera de un divulgador para la parte fundamental del pitagorismo y recurriese a los naturalistas de la secta para cuestiones de detalle.

Por último, conviene señalar que el relato de Ovidio parece proceder más de una obra en la que los hechos maravillosos relativos a los distintos reinos de la naturaleza hubieran sido condensados, por simple curiosidad o por interés especulativo, que de un tratado general de historia natural. Es sabido que los cambios maravillosos de la naturaleza habían sido estudiados y consignados en época alejandrina por los autores de *paradoxa*. La exposición temática de Ovidio coincide en líneas generales con la de los autores de Paradojas y, aunque los capítulos y los parágrafos no se suceden en el mismo orden, el plan general presenta la misma organización [81].

Comienza la exposición con las maravillas de los cuerpos inorgánicos y a continuación se describen las maravillas de los cuerpos orgánicos. Se incluyen en el primer grupo la tierra, los mares y las aguas dulces, y se establece una separación entre las aguas corrientes y las aguas estancadas. En Ovidio se describen las transformaciones que produce en la superficie de la tierra la lucha incesante del agua, de la tierra y del aire. El modelo del relato debe ser muy moderno. Pitágoras refiere la catástrofe de las ciudades de Acaya, Hélice y Buris, engullidas por el mar. El hecho fue consecuencia del terremoto del año 373, un siglo después de la muerte de Pitágoras, o tres siglos después, según la cronología que acepta Ovidio. La obra utilizada ha de ser forzosamente posterior al año 373.

---

[81] *Scriptores rerum mirabilium graeci,* ed. Wastermann, Brunswick, 1839, vol. I; O. Feller, *Paradoxographi,* Leipzig, 1877 (Teubner).

Encontramos una descripción muy semejante a la de Ovidio en Estrabón [82]. Se preguntaba el geógrafo cuáles pudieron haber sido las causas de los fenómenos que tuvieron lugar sobre la superficie de la tierra y que cambiaron su aspecto. La cuestión ya había preocupado, según él, a un gran número de sabios. Estrabón discutió la opinión de Eratóstenes. En su descripción dio muchos más ejemplos que Ovidio, pero todos los ejemplos de Ovidio estaban en Estrabón, con la excepción del de los ríos. La fuente de Estrabón fue Posidonio, como confirma el propio Estrabón. También lo cita Plinio como fuente. M. Rusch sostiene que Estrabón, Plinio, y también Séneca, se inspiraron en Posidonio. Deja de lado a Ovidio, pero sus razonamientos no son convincentes. Ovidio se sintió obligado a encerrarse entre límites mucho más estrechos que un geógrafo, un naturalista o un filósofo. Lo esencial es que en su conjunto hay total coincidencia entre los tres. Estrabón [83] y Plinio dieron más ejemplos, pero Ovidio refirió uno que ellos desconocían: cuenta Ovidio que cerca de Trecén surgió de improviso una colina, a impulsos de la fuerza de los vientos encerrados en el fondo de la tierra. Fue una teoría aceptada por los estoicos y, de manera especial, por Posidonio.

Los versos en que expone las maravillas de los ríos nos remiten de nuevo a los autores de Paradojas. Calíaco había reunido un gran número de tradiciones, verdaderas o falsas, en torno a los fenómenos de las aguas. Filostéfanos de Cirene, un discípulo de Calímaco, compuso un libro sobre los ríos y las fuentes maravillosas. Isógono de Nicea, contemporáneo de Cicerón, añadió nuevos datos. De todo ello no nos queda más que extractos en los fragmentos de los paradoxógrafos, pero no cabe duda de que los escritores de la época imperial se aprovecharon de estas investigaciones de

---

[82]   Estrabón, I, 3-21.
[83]   Estrabón, II, III, 5-6; Plinio, III, 85.

manera más o menos directa. La mayor parte de las leyendas citadas por Ovidio estaban en las paradojas. Parece que conoció la obra de Isógono de Nicea, fuente de Plinio, pero en algunos puntos Ovidio difiere notablemente de las paradojas.

En la tercera parte de la exposición, en la que cuenta la generación de los animales, Ovidio presenta estrechas relaciones también con las Paradojas, y con Plinio el Viejo, pero no en la totalidad de la materia. Por eso se ha pensado en alguna otra fuente complementaria. El filósofo Sexto Empírico da los mismos ejemplos que Ovidio y en el mismo orden, de manera que él puede haber sido fuente del poeta. Posidonio sería, por tanto, fuente indirecta.

Cicerón, con su obra *Admiranda,* y Varrón con *Gallus,* de *Admirandis,* pueden haber servido de fuente y de modelo para Ovidio y para Plinio, pero lo fragmentario de lo conservado no permite establecer conclusiones definitivas, aunque es más estrecha sin duda la relación entre Ovidio y Varrón.

La descripción de los orígenes del mundo con que se abre el poema tiene en común con el largo discurso de Pitágoras el que resume todo un conjunto de especulaciones sobre la formación del universo y el pasado más lejano de la humanidad. La diferencia radica en que en el primer canto Ovidio reconstruye un pasado perdido en la noche de los tiempos y en el discurso la evolución de la naturaleza y de la sociedad en tiempos históricos. Es, pues, natural verlos como el preámbulo y el epílogo de las metamorfosis de los héroes.

Podemos notar una manifiesta contradicción entre el libro I y el XV. El libro XV, de acuerdo con la doctrina neopitagórica, enseña que el mundo es eterno: *quattuor aeternus genitalia corpora mundus / continet...,* revela que siempre hubo hombres sobre la tierra. Ideas absolutamente contrarias a las expuestas en el libro I. El discurso de Pitágoras nos asegura que la agricultura es una necesidad para la felicidad del hombre y que en la edad de oro el hombre trabajaba la tierra. En el libro I se nos cuenta que en la edad de oro el hombre vivía ocioso, y la tierra, de forma espontánea, le proporcionaba toda clase de alimentos [84]. Para el canto I el trabajo es una degeneración, y para el XV, es un progreso. Contradicciones que obligan a suponer que si el libro XV tiene como fuente a Posidonio, por intermedio de Varrón, el libro I ha de tener otra fuente. Diodoro contó una historia del mundo primitivo análoga a la de Ovidio. Cita también unos versos de Eurípides y señala como su modelo a Anaxágoras, pero no parece verosímil pensar en Anaxágoras como fuente directa de Ovidio, mucho más cuando Anaxágoras fue patrimonio común de los estoicos.

Con respecto a las contradicciones entre los libros I y XV hay que señalar que la eternidad del mundo que afirma Pitágoras no había conseguido un consenso entre los estoicos. Panecio admitía que el mundo fuera eterno, pero Posidonio lo negaba. Los orígenes del mundo y las edades de la humanidad respondían a dos tradiciones, una poética y la otra religiosa. Ovidio hermanó las dos. Por último, la cuestión del demiurgo, autor del mundo, se presenta en Ovidio como una simbiosis entre la divinidad y la naturaleza: *Hanc deus et melior natura disecuit.*

PERVIVENCIA DE OVIDIO

La gloria poética de Ovidio ha conocido a lo largo de la Historia múltiples alternativas y más de una metamorfosis. Elevado en vida a la altura de los mejores y convertido en modelo para los poetas de su generación y para los de la época imperial, incluso para los poetas cristianos, la Edad Media lo veneró como el poeta por excelencia, a la altura de Virgilio y muy por encima de

---

[84] También en *Fastos,* I, 335-458; IV, 339-416.

Horacio. Fue aplaudido como el lírico cortesano perfecto. El amor cortés y trovadoresco se lo debe casi todo. Se le consideró un poeta didáctico de gran sutileza y sabiduría, y sus poemas elegiacos le convirtieron en modelo del género. De su fama hablan bien a las claras los centenares de manuscritos de sus obras, las innumerables citas, resúmenes y alusiones que aparecen en casi todas las obras de la literatura medieval culta y vulgar.

En el Renacimiento su fama no decreció, pero no fue ya tan firme.

Los siglos XVII y XVIII convirtieron a Ovidio en el poeta del amor, preferencia que el propio Ovidio había reflejado en su epitafio: *Hic ego qui iaceo, tenerum luxor amorum.* Se le veía como un maestro del galanteo. Ovidio, por anticipado, había rendido gracias a estos siglos y a toda la posteridad: *Iure tibi grates, candide lector, ago.*

En la época romántica fueron sus *Tristes* y sus *Pónticas* la parte preferida de su obra, pero ya, más que su sutileza y maestría de estilo, lo que atrajo a los amantes de la retórica y del verbalismo fue precisamente su verbosidad y exuberancia. En la actualidad ha caído víctima de nuestra óptica moderna y de nuestra sensibilidad, orientadas hacia una poesía menos consciente y más sentida. También de nuestras preocupaciones, que no sienten aprecio por una sociedad en la que la elegante ociosidad lo era todo, y, por último, de nuestra tendencia a reservar la poesía para cantar la vida interior más profunda.

Por otra parte, Ovidio ha estado preso en un texto mal establecido. El estudio de su obra adolece de un falso conocimiento de su biografía que se nos antoja demasiado vago. Es verdad que el propio Ovidio nos ha dejado muchísimos datos y noticias sobre su vida, pero no pasan de ser detalles externos. Quedan por aclarar muchos puntos oscuros. Se nos escapan los motivos y las circunstancias de la composición de muchas de sus obras. Nos falta especialmente información sobre la psicología del poeta, y, con respecto a su obra poética, se han estudiado las fuentes, los modelos, sus aficiones literarias, la sociedad en que se desenvolvía y a la que iba dirigida su poesía. Pero el misterio Ovidio permanece sin resolver.

En una obra notable, *Ovidio, poeta del amor, de los dioses y del destierro,* E. Ripert ha tratado de sintetizar la diversidad temática del *corpus* ovidiano, pero no ha logrado dar cuenta completa de tal diversidad.

La faceta más conocida es sin duda su poesía, como cantor del amor, de la que no queda lejos el Ovidio epistolar de las *Heroidas,* en magnífico contraste con su amor a la naturaleza, que aparece en sus evocaciones del campo de su Sulmona natal, en su invocación a Palas con el disfraz de pastor o en la pintura del invierno en Tomis.

Su poesía didáctica, su vena poética heroica, su profundo sentido elegiaco hacen de Ovidio el poeta inmortal que él mismo presagió siempre que la poesía sea portadora de verdad.

JOSÉ ANTONIO ENRÍQUEZ.

Madrid-Zaragoza, septiembre de 1993.

BIBLIOGRAFÍA

Ediciones y comentario

Antonius Liberalis: *Les Metamorfos,* ed. Papathomopoulus, París, 1968. Con traducción francesa y notas.

Ovidius Naso, P.: *Metamorposes*, ed. R. Ehwald, Leipzig, 1915.

Ovidii Nasonis, P.: *Metamorphoseon*, ed. D. E. Boselaar, 4.ª ed., D. A. van Proosdij, Leiden, 1959.

Ovidio Nasón, P.: *Metamorfosis*, texto revisado y traducido por A. Ruiz de Elvira, Barcelona, 1964.

Ovidius Naso, P.: *Metamorposes,* ed. M. Haupt, O. Korn, H. J. Muller y R. Ehwald: revisado por M. von Albrecht, Zurich/Dublín, 1966.

Ovidio: *Metamorfosi*, ed. P. B. Marzolla, Turín, 1979.

Ovidio: *Las Metamorfosis*, edición, introducción y notas de J. F. Alsina, Madrid, 1990.

Anderson, W. E.: *Ovid's Metamorphoses*, libros 6-10, Norman, 1972.

Bömer, F.-Ovidius Naso, P.: *Metamorphosen*, libros I-III, Heidelberg, 1969.

Bonifaz Nuño, R.: *Ovidio: «Metamorfosis»*, libros I al VII, 2 vols., México, 1979-80.

Hollis, A. S.: *Ovid, Metamorphoses*, libro VIII, Oxford, 1970.

LEE, A. G.: *Ovidii Metamorphoseonliber*, I, Cambridge, 1951.

MURPHY, G. M. H.: *Ovid, Metamorphoses*, libro IX, Oxford, 1972.

OVIDIO: *Les Metamorphoses* (I-IV), Les Belles Letres, París, 1961.

COLECCIONES DE ARTÍCULOS Y ENSAYOS

ATTI = *Atti del Convegno Internazionale Ovidiano*, 2 vols., Roma, 1959.

OVID = M. von Albrecht y E. Zinn, eds. *Ovid (Wege der Forschung 92)*, Darmstadt, 1968.

OVIDIANA = N. I. Herescu, ed. *Ovidiana. Recherches sur Ovide, publiés à l'ocasion du bimillénarie de la naissance du poète*, París, 1958.

LIBROS Y ARTÍCULOS

ANDERSON, B. TERESA: *The Grotesque in Ovid's Metamorphoses*, 1986, tesis.

ARNAUD, D. L.: *Aspect of Wit and Humor in Ovid's Metamorphoses*, 1968, tesis.

BERNBECK, E. J.: *Boebachtungen zur Darstellungsrt in Ovids Metamorphosen*, Munich, 1967.

BOOTH, F. JOSEPH: *Ovidid and Pound: Myth and Metamorphosis*, 1983, tesis.

CASTIGLIONE, L.: *Studi intorno alle fonti e alla composizione delle Metamorfosi di Ovidio*, Roma, 1964.

CRUMP, M. M.: *The Epyllion from Theocritus to Ovid*, Oxford, 1931.

COLEMAN, R.: «Structure and Intention in the Metamorphoses», en *C. Q.*, n.s. 21, 1971, págs. 461-477.

CHARLES, HENRY E.: *The Desing and Arrangement of the Episodes in Ovid's Metamorphoses*, 1936, tesis.

D'ELIA, S.: *Ovidio*, Nápoles, 1959.

FRÄENKEL, H.: *Ovid: A Poet between two Worlds,* Berkeley y Los Ángeles, 1945.

FRÉCAUT, J. M.: *L'esprit et l'humor chez Ovide,* Grenoble, 1972.

GUTHMÜLLER, H. B.: *Beobachtungen zum Aufbau der Metamorphosen Ovidids,* 1964, tesis.

HEINZE, R.: *Ovids elegische Erzählung,* reimpreso en *Vom Geist der Römertums,* Stuttgart, 1972, páginas 338-403.

GALINSKY, G. K.: *Ovid's Metamorphoses. An Introduction to the Basic Aspects,* Oxford, 1975.

KLIMMER, W.: *Die Anordnung des Stoffes in den ersten vier Büchern der Metamorphosen,* 1932, tesis.

LAFAYE, G.: *Les Métamorphoses d'Ovide et leurs modèles gres,* París, 1904; reimpreso en 1971, Hildesheim-New York.

LENZ, F. W.: «Betrachtungen zu einer neuen Unterschung über die Struktur und Einheit der Metamorphosen Ovidis», en *Heelikon,* 7, 1967; reimpreso en *Opuscula Selecta,* Amsterdam, 1972, págs. 682-695.

LITTLE, D. A.: *The Structural Character of Ovid's Metamorphoses,* 1972, tesis.

LUDWING, W.: *Structur und Einheit der Metamorphosen Ovids,* Berlín, 1965.

MARTINI, E.: *Ovid und seine Bedeutung für die römische Poesie en Epitymbion Heinrich Swoboda dargebracht,* Praga, 1927, págs. 165-194.

— *Einkeitung zu Ovid,* Praga, 1933; reimpreso en 1970 (Darmstadt).

OTIS, B.: *Ovid as an Epic poet,* 2.ª ed. Cambridge, 1970.

PECILLO, MARILYN: *Ovid's Epullia: Genres within a Genre,* 1985, tesis.

RAND, E. K.: «Ovid and the Spirit of Metamorphosis», en *Harvard Essays on Classical Sujects,* Cambridge, Mass., 1912, págs. 209-238.

— *Ovid and His Influence,* Boston, 1925; reimpreso en New York, 1963.

SEGAL, C. P.: «Myth and Philosophy in the Metamor-phoses: Ovid's Augustanism and the Augustan Con-clusion of Book XV», en *AJP,* 90, 1969, págs. 257-292.

STEINER, G.: «Ovid's Carmen Perpetuum», en *TAPA,* 89, 1985, págs. 218-236.

STIT, M.: *Ovidid and Vergils Aeneis,* 1962, tesis.

VON ALBRECHT, M.: «Ovidist Humor und die Rinheit der Metamorphosen», en *Ovid,* págs. 405-437.

WILKINSON, L. P.: *Ovid Recalled,* Cambridge, 1955.

CRISTÓBAL, V.: *Amores. Arte de amar. Sobre la cosmé-tica del rostro femenino. Remedios contra el amor,* Madrid, 1989.

METAMORFOSIS

LIBRO PRIMERO

La inspiración me impulsa a hablar de formas transformadas en cuerpos nuevos. Oh dioses —puesto que
estas transformaciones también fueron obra vuestra—,
favoreced mi intento y conducid mi canto sin interrup-
ción desde el origen del mundo hasta mi propio
tiempo.

Antes del mar, de la tierra, y del cielo que todo lo cubre, la naturaleza tenía en todo el universo un mismo
aspecto indistinto, al que llamaron Caos: una mole informe y desordenada, no más que un peso inerte, una
masa de embriones dispares de cosas mal mezcladas.
Ningún Titán [1] daba todavía luz al mundo, Febe [2] no
regeneraba nuevos cuernos en su fase de crecimiento,
la tierra no flotaba en el aire circunstante, equilibrada
por su propio peso, y Anfítrite [3] no rodeaba con sus
brazos el largo margen de la tierra firme. Y aunque allí
había tierra, mar y aire, la tierra era inestable, las aguas
innavegables, y el aire carecía de luz. Nada conservaba
su forma, y unas cosas obstaculizaban a las otras, por-

---

[1] El nombre Titán indica frecuentemente en la poesía romana al
Sol o Helios, hijo del titán Hiperión. Los Titanes eran hijos de Urano
(el Cielo) y Gea (la Tierra), y fueron la primera generación divina.

[2] Febe es la titánida que simboliza la Luna, identificada más
tarde con la diosa Diana (su nieta), de la misma forma que Febo-
Apolo, hermano de Diana, fue identificado con el Sol.

[3] El océano, personificado en la nereida Anfítrite, esposa de
Neptuno, dios del mar.

que dentro de un mismo cuerpo lo frío se oponía a lo
caliente, lo húmedo a lo seco, lo duro a lo blando, y lo
que no tenía peso a lo pesado. Un dios, junto con una
mejor disposición de la naturaleza, fue quien dirimió
esta contienda, pues separó el cielo de la tierra y la tierra de las aguas, y dividió el cielo puro del aire espeso.
Cuando hubo desenredado estas cosas substrayéndolas
al informe amasijo, y las hubo separado en lugares distintos, las entrelazó en pacífica concordia. El fuego,
etérea energía de la bóveda celeste, surgió resplandeciente y ocupó su lugar en la región más alta; próximo
a él, por ligereza y por el lugar que ocupa, está el aire;
la tierra, más densa que los anteriores, absorbió los elementos más gruesos, y quedó comprimida por su
propio peso; el agua, fluyendo alrededor, ocupó los últimos lugares y rodeó la parte sólida del mundo.

Una vez que hubo ordenado y dividido así dicha con-
gerie, y que tras dividirla la hubo organizado en partes,
ese dios, quienquiera que fuera, en primer lugar aglo-
meró la tierra en forma de un gran globo, para que
fuera igual por todas partes; después ordenó a los mares que se expandieran, hinchados por los veloces vientos, y rodearan las costas que ciñen la tierra. Añadió
también fuentes, estanques inmensos y lagos, y contuvo
entre tortuosas orillas a los ríos que fluyen en declive y
que, con distintos recorridos, en parte son absorbidos
por la misma tierra y en parte llegan hasta el mar,
donde, acogidos en una extensión de aguas más libres,
chocan contra las playas y no ya contra las orillas. También ordenó que se extendieran los campos, se hundie-
ran los valles, se cubrieran de hojas los bosques y se ele-
varan las montañas de piedra.

Así como el cielo está dividido en dos zonas en la
parte derecha y otras tantas en la parte izquierda, y en
una quinta que es más caliente que las demás, el dios se
cuidó de distinguir igual número de zonas en la masa
cercada por el cielo, y así otras tantas franjas quedaron
grabadas en la tierra. De ellas, la que está en el medio

no es habitable a causa del calor, y otras dos están re-
cubiertas de nieve alta; a las dos restantes las colocó
entremedias de las anteriores y les dio una temperatura
en que se mezclan el hielo y el fuego. Sobre todas ellas
incumbe el aire, que es más pesado que el fuego en la
misma proporción en que el agua es más ligera que la
tierra. Allí ordenó condensarse a las nieblas y a las nubes, a los truenos que un día asustarían a los hombres,
y a los vientos, que junto con los rayos originan los relámpagos. Tampoco a los vientos les permitió el cons-
tructor del orbe que reinaran en el aire a sus anchas;
aún hoy, a pesar de que dirigen su soplo hacia regiones
distintas, a duras penas se les puede impedir que des-
trocen el mundo, tanta es la discordia que reina entre
ellos, aunque son hermanos. El Euro [4] se retiró hacia la
Aurora, hacia los reinos de los nabateos y de los persas,
y las montañas que reciben los primeros rayos de la
mañana [5]; el planeta Venus y las costas que calienta el
sol del ocaso están próximos al Céfiro [6]; Escitia [7] y los
Siete Triones [8] fueron invadidos por Bóreas [9], portador
del frío; la región opuesta a ésta siempre está hume-
decida por las asiduas nubes del lluvioso Austro [10]. Por
encima de ellos situó al éter puro y sin peso, que nada
tiene de la hez de la tierra.

Apenas había acabado de dividir todas estas cosas
con límites bien definidos, cuando las estrellas, que durante largo tiempo habían permanecido apresadas en
una ciega oscuridad, empezaron a encenderse y a cen-

---

[4]   El viento del Este.
[5]   Es decir, hacia el Oriente. El reino Nabateo corresponde aproximadamente a la actual Jordania, y el de Persia, a Irán.
[6]   El viento del Oeste.
[7]   Región de confines poco definidos al norte del mar Caspio.
Representa los países fríos del Norte.
[8]   Los Triones son los bueyes de labor, transformados en la constelación de la Osa Mayor.
[9]   El viento del Norte.
[10]   El viento del Sur.

tellear por todo el firmamento. Y para que ninguna región se viese privada de sus propios seres animados, las estrellas y las formas de los dioses ocuparon la superficie celeste, las olas se adaptaron a ser habitadas por los brillantes peces, la tierra acogió a las bestias y el blando aire a los pájaros.

Pero todavía faltaba un animal más noble, más capacitado por su alto intelecto, y que pudiera dominar a los demás. Y así nació el hombre, bien porque aquel artífice de las cosas, principio de un mundo mejor, lo fabricara con simiente divina, o bien porque la tierra que, recién formada y recién separada del alto éter aún conservaba en su interior algunas semillas del cielo junto al que había sido creada, fuera mezclada con agua de lluvia por el hijo de Iápeto, que plasmó con ello una imagen a semejanza de los dioses que todo lo regulan [11]. Y mientras los demás animales miran al suelo cabizbajos, al hombre le dio un rostro levantado y le ordenó que mirara al cielo y que, erguido, alzara los ojos a las estrellas. De esta manera la tierra, que poco antes era tosca e informe, asumió, transformándose, desconocidas figuras de hombre.

Primero surgió la edad del oro, en la que de forma espontánea, sin defensores y sin leyes, se respetaban la rectitud y la lealtad. No existían el castigo y el miedo, no se leían palabras de amenaza grabadas en tablas de bronce, no temía las palabras del juez una muchedumbre de suplicantes: sin que nadie los defendiera estaban protegidos. El pino, talado en sus altas montañas, todavía no había descendido a las líquidas olas para recorrer y explorar el mundo, y los mortales no conocían más costas que las suyas. Las ciudadelas todavía no estaban rodeadas por profundos fosos, y no existían ni la recta trompeta ni el corvo cuerno de bronce, ni el casco ni la espada: las gentes vivían seguras sumidas en el

---

[11] Ovidio alude aquí al mito griego de la creación del hombre, que fue moldeado con barro por Prometeo, hijo del titán Iápeto.

blando ocio, sin tener que recurrir a los soldados. Y la
misma tierra también, sin que el rastrillo la tocara ni la
hiriera el arado, producía por sí misma todas las cosas;
y contentándose con los alimentos que nacían sin que
nadie los forzara, recogían los frutos del madroño y las
fresas de monte, las ciruelas del cornejo y las moras ad-
heridas a las zarzas espinosas, y las bellotas que caían
del gran árbol de Júpiter [12]. Era una eterna primavera,
y plácidos céfiros mecían suavemente con su tibio soplo
flores nacidas sin semilla; además, la tierra producía
sus frutos sin ser arada, y los campos estaban rubios de
espigas cargadas de trigo sin que hubiera que alternar
los cultivos. Corrían ríos de leche y de néctar, y la miel
dorada goteaba de la verde carrasca.

Cuando Saturno fue enviado al tenebroso Tártaro y
el mundo quedó bajo el poder de Júpiter [13], nacieron
los hijos de la edad de la plata, inferior a la del oro,
pero más valiosa que la del rojo bronce. Júpiter redujo
la duración de la antigua primavera, y con inviernos,
veranos, irregulares otoños y breves primaveras dividió
el año en cuatro estaciones. Por primera vez, entonces,
el aire se volvió incandescente, abrasado por secas bo-
canadas de calor, y témpanos de hielo colgaron condensados por el viento. Por primera vez los hombres se
refugiaron en casas: fueron sus casas cuevas, arbustos
espesos y ramas entrelazadas con cortezas; por primera
vez se sembraron en largos surcos los frutos de Ceres [14],
y los novillos mugieron oprimidos por el yugo.

---

[12] La encina.

[13] Saturno, que en la mitología griega corresponde al titán Cronos, había destronado del dominio del mundo a su padre, Urano.
Luego fue destronado a su vez por su hijo Júpiter, ayudado por algunos de los titanes, que lo envió al Tártaro, en los abismos del
mundo subterráneo. El Tártaro, que en principio representaba el lugar más hondo en el centro de la tierra, por debajo de la sede infernal, aparece luego identificado con el mismo Infierno o reino de los
muertos.

[14] Las semillas de los cereales. Ceres, la griega Deméter, es diosa
de la fecundidad, de la tierra y de las mieses.

La tercera, después de ésta, fue la edad del bronce, de índole más violenta y más proclive al uso de las salvajes armas, pero sin llegar a la depravación. La última es la del duro hierro. En esta época de peor talante irrumpieron desde el principio todo tipo de delitos: desaparecieron la vergüenza, la sinceridad y la lealtad, y en su lugar surgieron el fraude, el engaño y las insidias, y el insano deseo de poseer. Desplegaban las velas a los vientos, que los navegantes aún no conocían bien; las quillas de madera, que tanto tiempo habían permanecido en las altas montañas, desafiaban mares desconocidos, y el prudente agrimensor marcaba con largas líneas la tierra que antes había sido común, como el aire y la luz del Sol. Y no sólo se le exigían al rico suelo alimentos y mieses en abundancia, sino que se penetró en las vísceras de la tierra y se excavaron las riquezas, estímulo de todo crimen, que ésta guardaba cerca de las sombras estigias [15]. Y apareció el peligroso hierro, y el oro, más nocivo que el hierro. Apareció la guerra, que con ambos se combate, y manos ensangrentadas blandieron armas estridentes. Se vivía del robo: no hay huésped a salvo de su anfitrión ni suegro a salvo de su yerno, e incluso entre hermanos es raro el perdón. El hombre busca la muerte de su esposa y ésta la de su marido, horribles madrastras mezclan inmundos venenos, y el hijo echa cuentas de los años del padre antes de tiempo. La piedad yace vencida, y la virgen Astrea [16] abandona, última de los inmortales, la tierra empapada de sangre.

Y para que el éter sublime no estuviera más a salvo que la tierra, cuentan que los Gigantes [17] anhelaron po-

---

[15]   Las tinieblas que rodean la laguna Estigia, en el mundo infernal.

[16]   Hija de Zeus y Temis, representa la justicia y la virtud. Tras abandonar la tierra se convirtió en la constelación de Virgo.

[17]   Alusión al mito de la Gigantomaquia, el combate entre los Gigantes y los dioses. Los Gigantes, hijos de Gea, habían nacido de la sangre de Urano cuando éste fue mutilado por Cronos.

seer el reino celeste, y que apilaron las montañas para
alcanzar las estrellas. Entonces el padre omnipotente
lanzó un rayo con el que quebrantó el Olimpo y derribó
al Pelio del monte Osa [18]. Cuando aquellos feroces
cuerpos yacían destrozados, arrollados por la caída de
la mole que ellos mismos habían construido, dicen que
la Tierra, bañada por la mucha sangre de sus hijos, se
empapó de ella y le dio vida mientras estaba aún caliente, y para que quedara algún testimonio de su progenie, le dio forma humana. Pero también ésta fue una
estirpe irrespetuosa con los dioses, avidísima de crueldad y de matanzas, y violenta: se veía que había nacido
de la sangre.

Cuando el padre Saturnio [19] vio todo esto desde lo
alto de su fortaleza emitió un gemido, y recordando el
sacrílego banquete de la mesa de Licaón (hecho que
por ser reciente era aún desconocido), concibió en su
corazón una profunda ira, digna de Júpiter, y convocó
un concilio. Nada demoró a los convocados.

Hay un camino en las alturas que se ve cuando el
cielo está sereno: recibe el nombre de Vía Láctea, y
destaca por su misma blancura. Este es el camino que
recorren los dioses para dirigirse a la mansión del gran
Tronante [20], al palacio del rey de los dioses. A derecha
e izquierda los templos de los dioses más ilustres reciben culto con las puertas abiertas de par en par. La
plebe habita dispersa en otros lugares, y delante han
establecido sus penates los más nobles y poderosos de
los dioses. Se trata de un lugar al que, si me atreviera a
utilizar palabras audaces, no dudaría en llamar el Palatino [21] del gran cielo. Así pues, cuando los dioses se

---

[18] El Olimpo, el Pelio y el Osa son tres de las mayores montañas
de Tesalia. Al primero se le consideraba habitualmente morada de
los dioses.

[19] Júpiter, hijo de Saturno.

[20] Uno de los epítetos de Júpiter, dios del trueno y del rayo.

[21] La más importante de las siete colinas de Roma, en la que se
establecieron las primeras colonias. Allí se construyeron luego los
palacios de los emperadores.

hubieron sentado en el marmóreo aposento, el propio
Júpiter, desde un lugar encumbrado y apoyándose en
su cetro de marfil, sacudió tres y cuatro veces su terrible cabellera, haciendo temblar la tierra, el cielo y las
estrellas. Después, indignado, rompió a hablar de esta
manera: «Nunca estuve más preocupado por el dominio del mundo, ni siquiera cuando todos los seres de
piernas serpentiformes [22] se disponían a apoderarse del
cielo apresándolo con sus cien brazos. De hecho, por
muy fiero que fuese el enemigo, aquella guerra venía
de un solo grupo y tenía un solo origen. Ahora, en cambio, me veo obligado a destruir a todo el género humano, a lo largo y ancho de toda la tierra que rodea el
fragoroso Nereo [23]. Lo juro por los ríos del infierno que
fluyen bajo tierra en el bosque estigio: antes lo hemos
intentado todo. Pero cuando un miembro del cuerpo
no se puede curar hay que amputarlo con la espada,
para que no afecte a la parte sana. Hay bajo mi autoridad semidioses, divinidades rurales, Ninfas, Faunos,
Sátiros y montaraces Silvanos [24] a los que, aunque todavía no les hemos concedido el honor de habitar en el
cielo, por lo menos debemos permitirles que habiten
las tierras que les hemos dado. Y, ¿acaso creéis, oh dioses, que iban a estar seguros cuando a mí mismo, señor
del rayo y de todos vosotros, Licaón, cuya crueldad es
de todos conocida, me ha tendido sus insidias?» Todos
se estremecieron, y con el ánimo encendido pedían la
muerte del que tanto había osado; de igual manera,

---

[22]   Raza particular de gigantes, los Hecatonquiros, que tenían
cien brazos y colas de serpiente en lugar de piernas.
[23]   El mar, personificado en Nereo, anciano dios del mar, que
tiene la facultad de transformarse y de prever el futuro. Es el padre
de las Nereidas o ninfas del mar.
[24]   Faunos, Sátiros y Silvanos son divinidades menores de los
montes, de aspecto semianimal, con cuernos, orejas, cola y pezuñas
de cabra, o de caballo en el caso de los silvanos. Encarnan la sexua-
lidad y los instintos primitivos del hombre, y formaban parte del cortejo de Baco.

cuando una mano impía se ensañó para extinguir el
nombre de Roma con la sangre del César [25], el género
humano se quedó aturdido ante el profundo terror de
aquella súbita desgracia, y el mundo entero se llenó de
horror; y no fue menos grata para ti, oh Augusto, la devoción de los tuyos, de lo que lo fue aquélla para Júpiter. Cuando aquél hubo acallado los murmullos con la
voz y con un gesto de la mano, todos guardaron silencio. Una vez que el clamor se hubo apagado, reprimido
por la autoridad del rey, Júpiter volvió a romper el silencio con estas palabras: «No os preocupéis por eso,
aquél ya ha pagado su culpa. No obstante, os explicaré
qué maldad cometió y cuál fue mi venganza.

»La infamia de estos tiempos había llegado a mis oídos; con la esperanza de que no fuera verdad des-
ciendo del Olimpo y, dios con semblanza humana, re-
corro la tierra. Sería demasiado largo enumerar la cantidad de delitos que encontré por todas partes: la
realidad superaba a las infamias que se contaban. Había atravesado el Ménalo, espantoso escondrijo de fieras, y junto con el Cilene también los pinares del gélido
Liceo [26]; tras ello entré en la sede, en la inhóspita morada del tirano de Arcadia, cuando ya el crepúsculo
daba paso a la noche. Di señales de que había llegado
un dios, por lo que el pueblo empezó a rezar. Entonces,
Licaón primero se rió de las devotas oraciones, y luego
dijo: "Voy a demostraros con una prueba evidente si
éste es un dios o un mortal, y no quedarán dudas sobre
la verdad." Planea darme muerte por la noche, cogién-
dome por sorpresa cuando me halle vencido por el
sueño (tal es la prueba de la verdad que quiere poner
en acto), y, no contento con eso, le corta el cuello con
una espada a un rehén que le había enviado el pueblo

---

[25]   Se refiere al asesinato de Julio César, a cuyos asesinos persi-
guió luego Augusto.
[26]   El Ménalo, el Cilene y el Liceo son tres montes de Arcadia, región del centro del Peloponeso.

de los molosos, y mientras cuece una parte de sus miembros todavía palpitantes en agua hirviendo, asa otra parte sobre el fuego. Tan pronto como los puso sobre la mesa, con un rayo vengador hice que la casa se derrumbara sobre aquel lugar digno de su dueño. Éste huye aterrado, y una vez en el silencio de los campos aúlla, e inútilmente intenta hablar; la rabia se refleja en su rostro desde lo más profundo de su ser, el deseo de matar que ya solía demostrar lo dirige ahora hacia los rebaños, y también ahora sigue disfrutando con la sangre. Sus ropas se transforman en pelo, los brazos en patas: se convierte en un lobo. Pero conserva rastros de su antigua forma: tiene el mismo pelo canoso, la misma violencia en el rostro, el mismo brillo en la mirada y la misma ferocidad en su aspecto. Una casa ha caído, pero más de una tenía que haber sido destruida: allá por donde se extiende la tierra reina la feroz Erinis [27]. Se diría que hay una conjura del delito: ¡que reciban todos, pues, al punto el castigo que merecen! ¡Esa es mi sentencia!»

Algunos aprueban abiertamente las palabras de Júpiter, alimentando aún más su ira, mientras que otros se limitan a asentir. A todos les duele, sin embargo, la pérdida de la raza humana, e inquieren cuál será en el futuro el aspecto de la tierra cuando esté privada de los mortales, quién llevará incienso a los altares, y si piensa dejar que sean las fieras las que pueblen el mundo. Ante tales preguntas el supremo rey, puesto que él se va a encargar de todo, les dice que no teman y les promete el milagroso nacimiento de una estirpe distinta de la anterior.

Y ya estaba a punto de lanzar sus rayos por toda la tierra cuando tuvo miedo de que con todo ese fuego el

---

[27]   Las Erinies eran tres hermanas, Alecto, Tisífone y Mégera, nacidas de la sangre de Urano. Terribles divinidades vengadoras, habitaban en el Infierno y perseguían a quienes habían cometido sacrilegios o delitos de sangre. También aparecen con el nombre latino de Furias.

éter sagrado se incendiara y el eje del mundo ardiera
en toda su longitud. Recordó que en el destino también
está escrito que llegará un tiempo en que arderán el
mar, la tierra y el reino celeste, arrasado por las llamas,
y se agitará convulsa la mole del mundo. Depone las armas fabricadas por los Cíclopes [28] y decide aplicar un
castigo diferente: exterminar a los mortales bajo las
olas, dejando caer un diluvio desde todo el cielo. Inmediatamente encierra en las cavernas de Eolo [29] a
Aquilón [30] y a todos los vientos que podrían dispersar
las nubes condensadas, y deja salir a Noto [31]. Sale Noto
de su prisión con las alas empapadas de lluvia, el rostro
terrible envuelto en negra bruma: la barba está cargada
de nubes, el agua fluye de sus blancos cabellos, en la
frente se asientan las nieblas, chorrean sus ropas y sus
plumas. Y cuando con un amplio gesto de las manos
Júpiter comprimió las nubes suspendidas en el aire,
sonó un trueno, y los densos nubarrones derramaron
su contenido desde el cielo. Con su vestido de diferentes colores, Iris [32], la mensajera de Juno [33], reúne las
aguas y lleva alimento a las nubes: las mieses se doblan
abatidas, el campesino ve con desesperación cómo se
pierden sus esperanzas, y el trabajo de todo un largo
año se vuelve vano. Pero la ira de Júpiter no se conforma con el cielo, su reino, y Neptuno [34], su azul her-

---

[28] Hijos de Urano y de Gea, estos Cíclopes no son los mismos
que aparecen en la *Odisea* de Ulises. Dotados como aquéllos de un
solo ojo, éstos eran tres: Brontes, Estéropes y Arges. Fabricaban los
rayos para Júpiter, y eran los ayudantes de Vulcano.

[29] Dios de los vientos, hijo de Hipotas.

[30] Nombre latino del viento del Norte, correspondiente al griego
Bóreas.

[31] Nombre griego del viento del Sur, equivalente al latín Austro.

[32] Hija del titán Taumante, es la personificación del arco iris. Al
unir el cielo con la tierra, se la considera portadora de los mensajes
de los dioses, especialmente de Juno.

[33] Hermana y esposa de Júpiter, reina de los dioses.

[34] Hijo de Cronos y hermano de Júpiter, cuando el primero fue
destronado recibió en suerte el reino de las aguas. Es, pues, el dios
del mar, así como de los terremotos.

mano, le ayuda proporcionándole más agua. Convoca
éste a los ríos, y una vez que se han congregado bajo el
techo de su señor, les dice: «No es momento de oír una
larga exhortación: liberad vuestras fuerzas, pues así
debe ser. Abrid vuestras moradas, retirad los diques y
dad rienda suelta a vuestra corriente.» Así lo ordenó.
Aquéllos regresan, abren las fuentes de los manantiales y se precipitan hacia el mar en desenfrenada carrera. El dios, por su parte, sacudió la tierra con su tridente, y ésta tembló, y con la sacudida abrió el camino
a las aguas. Los ríos corren desbordados por el campo
abierto, arrollan en gran cantidad plantas, ganado,
hombres y casas, y arrastran los templos con sus objetos sagrados. Y si quedó en pie alguna casa que pudo
resistir a la catástrofe, las olas la recubrieron supe-
rando su altura, y las torres desaparecieron oprimidas
bajo los remolinos.
    Y ya no había diferencia entre el mar y la tierra: todo
era un océano, un océano sin costas. Uno alcanza la
cumbre de un monte, otro, sentado en una barca de
curvada proa, rema allí donde poco antes araba; aquél
navega sobre las mieses o sobre el tejado de una villa
sumergida, éste captura un pez en la cima de un olmo;
según los casos, el ancla agarra en un verde prado o las
combadas quillas rozan viñedos sumergidos, y donde
poco antes pacían gráciles cabritillas descansan ahora
las focas sus deformes cuerpos. Se asombran las Nereidas [35] al ver bosques, ciudades y casas bajo el agua, y los
delfines nadan por los bosques, chocando con las ramas más altas y sacudiendo los robles con sus golpes.
Nada el lobo entre las ovejas, las olas arrastran a los rubios leones, arrastran a los tigres, y de nada le sirve al
jabalí tener la fuerza del rayo ni al ciervo arrastrado
por las aguas la velocidad de sus patas; también los pájaros, tras haber vagado largamente en busca de un lu-

---

[35] Ninfas del mar, hijas de Nereo.

gar en que posarse, caen al mar con las alas exhaustas.
El océano en su desenfreno sumerge las alturas, y las
olas chocan, cosa nunca vista, contra las cumbres de las
montañas. A la mayoría se los llevan las olas, y a los
que son perdonados por las aguas los doma el largo
ayuno por falta de alimentos.

La Fócide [36] separa a los Aonios de las tierras de los
Eteos; fue una tierra feraz mientras fue tierra, pero en
aquel tiempo era una parte de mar, una vasta extensión
de aguas surgidas de repente. Un escarpado monte,
que recibe el nombre de Parnaso [37], dirige allí sus dos
picos hacia las estrellas, y sus cumbres se elevan por encima de las nubes. Fue aquí, pues el agua había sumergido todo lo demás, donde Deucalión atracó en una pequeña embarcación junto con su compañera de lecho, y
allí dirigieron ambos sus oraciones a las ninfas corici-
das [38], a las divinidades del monte y a la profética Temis [39], que era entonces la diosa de los oráculos. No
hubo hombre mejor ni más amante de la justicia que él,
ni mujer más respetuosa con los dioses. Al ver Júpiter
que el mundo estaba inundado de cenagosos pantanos,
que de todos los miles de hombres que había poco antes sólo quedaba uno, y que de todas las miles de mujeres sólo quedaba una, ambos inocentes y devotos con
las divinidades, dispersó las nubes, y apartándolas con
el Aquilón, mostró al cielo la tierra y a la tierra el cielo.

También se aplacó la ira del mar: el dios de los océanos depone su arma de tres puntas y calma las aguas.
Luego llama al azul Tritón [40], quien emerge de las pro-

---

[36] Región de Grecia situada entre Beocia (Aonia) y el sur de Tesalia (donde se encuentra el monte Eta).

[37] Monte de la Fócide, donde residen las Musas.

[38] De la gruta de Coricia, en el monte Parnaso.

[39] Titánida, hija de Gea y de Urano. Diosa de la Justicia, tenía el
don de la profecía, que ejerció en el Parnaso antes de que allí se es-
tableciera el oráculo de Apolo.

[40] Divinidad marina, hijo de Neptuno y de Anfítrite. Se le representaba con torso de hombre y una cola de pez en lugar de las
piernas.

fundidades con los hombros cubiertos de múrices que crecen sobre su piel, y le ordena que sople en su sonora caracola para que, dada la señal, haga regresar ya a las olas y a los ríos. Coge aquél su hueca y enroscada caracola que se ensancha en espiral desde el extremo, caracola que, cuando recibe su soplo en medio del mar, inunda con su voz las costas a uno y otro lado del Sol. También entonces, cuando el dios se la llevó a los labios rociados de gotas de agua que fluían de su barba, y soplando en ella emitió la señal de retirada según lo ordenado, todas las aguas de la tierra y del mar la escucharon, y cuando la hubieron escuchado, se retiraron. Baja el nivel de los ríos y se ven surgir las montañas: el mar ya vuelve a tener costas, los lechos vuelven a acoger a los hinchados caudales, y la tierra vuelve a emerger. Crecen los lugares a medida que decrecen las aguas, y al final de un largo día se vuelven a ver las despojadas cimas de los bosques, que aún conservan en sus ramas restos de barro.

El mundo había vuelto a ser como antes. Y al ver que estaba desierto y que un profundo silencio reinaba sobre las tierras desoladas, Deucalión, con lágrimas en los ojos, le dijo así a Pirra: «Hermana, esposa, única mujer superviviente, a la que me han unido primero la estirpe común y el origen paterno, luego el matrimonio, y ahora los peligros que ambos corremos: de todas las tierras que se extienden desde el ocaso hasta el amanecer, nosotros somos los únicos habitantes, pues el mar ha engullido a todos los demás. Además, todavía no podemos confiar del todo en la salvación de nuestras vidas: los nubarrones aún aterran mi mente. ¿Cómo te sentirías ahora, desdichada, si hubieses escapado a la muerte sin mí? ¿Cómo podrías soportar el miedo tú sola? ¿Quién te consolaría en tu dolor? Yo, créeme, si el mar te hubiese engullido a ti también, te seguiría, esposa mía, para que también a mí me tragase. ¡Ojalá pudiera volver a dar vida a los pueblos utilizando las artes de mi padre, infundiéndole un alma a una figura de barro! [41]. Ahora todo el género mortal se reduce a nosotros dos: así lo han querido los dioses, y somos los únicos supervivientes.»

Así habló, y lloraban. Decidieron rezar a los dioses celestes y buscar auxilio en el oráculo sagrado. No se demoraron: juntos se dirigieron a las aguas del Cefiso [42] que, aunque todavía estaban turbias, ya describían orillas bien definidas. Después, tras haber bebido de ese agua y haberse rociado las ropas y la cabeza, se dirigieron a las ruinas del templo de la sagrada diosa, cuyo frontón palidecía cubierto de sucio musgo, y el fuego del altar estaba apagado. Tan pronto como llegaron a la escalinata del templo, los dos cayeron de rodillas y se inclinaron hasta el frío suelo y, llenos de temor, besaron la piedra y hablaron así: «Si las oraciones justas ablandan la voluntad de los dioses, si calman la ira divina, dinos, oh Temis, cómo podemos reparar el daño sufrido por nuestra raza, y presta tu ayuda, oh piadosísima, al mundo sumergido.»

La diosa se conmovió y pronunció el siguiente oráculo: «Abandonad el templo, cubríos las cabezas y soltaos las ceñidas ropas, y arrojad a vuestra espalda los huesos de la gran madre.» Largo rato permanecieron mudos de asombro; luego, Pirra fue la primera en romper el silencio con sus palabras, y se negó a obedecer las órdenes de la diosa, rogándole con voz temblorosa que la perdonara, pues temía ofender el alma de su madre si arrojaba sus huesos. No obstante, siguieron repitiéndose las oscuras palabras del oráculo, de incomprensible ambigüedad, y dándole vueltas en sus cabezas. Por fin, el hijo de Prometeo tranquilizó con suaves palabras a la hija de Epimeteo [43], diciéndole: «O yo me equivoco, o el oráculo es justo y lo que nos ordena no es ninguna impiedad. La gran madre es la Tierra. Creo

[41] Deucalión es hijo de Prometeo.
[42] Río de Fócide y de Beocia.
[43] Pirra.

que lo que llama huesos son las piedras que están en el cuerpo de la tierra: ésas son las que debemos tirar detrás de nosotros.» Aunque la Titania [44] se quedó impresionada por la interpretación de su esposo, aún no se atrevían a tener esperanzas; hasta ese punto desconfiaban del consejo divino. Pero ¿qué perdían con intentarlo? Se alejaron y cubrieron sus cabezas, desataron sus túnicas y arrojaron las piedras tras sus pasos como les había sido ordenado. Las piedras (¿quién lo creería si no diera fe la antigüedad del testimonio?) empezaron a perder su dureza y su rigidez, a ablandarse lentamente, y blandas ya, a tomar forma. Luego crecieron y su naturaleza se hizo más tierna, de forma que empezaba a verse una figura humana, aunque no del todo exacta, como si estuviese a medio tallar en el mármol, semejante a una estatua apenas esbozada. Pero luego las partes terrosas y humedecidas por algún jugo se convirtieron en cuerpo, lo que era sólido y no se podía doblar se transformó en hueso, y las que antes eran venas conservaron el mismo nombre. Y en poco tiempo, por voluntad de los dioses, las piedras que había arrojado la mano del hombre tomaron la forma de hombres, y las que había arrojado la mujer se convirtieron en mujeres. Por esta razón somos una raza dura, que conoce la fatiga, y damos fe de cuál es nuestro origen.

A los demás animales los generó espontáneamente la tierra con distintas formas, cuando los antiguos humores se recalentaron bajo el ardor del sol y el cieno y el barro de los pantanos empezaron a hincharse con el calor, y las fértiles semillas de las cosas, alimentadas por el vigoroso suelo como en el vientre de una madre, crecieron y adoptaron poco a poco una u otra forma. De la misma manera, cuando el Nilo de siete brazos abandona los campos empapados y retorna a su viejo

---

[44] Pirra, hija del titán Epimeteo.

lecho, y el limo reciente se seca al calor del astro celeste, los campesinos encuentran numerosos animales al remover los terrones, y entre ellos ven a algunos que apenas han empezado a formarse y están en trance de nacer, a otros todavía imperfectos y carentes de armonía, y a otros en cuyo cuerpo una parte está viva, mientras que otra es tosca tierra. En efecto, la vida se concibe allí donde se combinan la humedad y el calor, y de ellos nacen todas las cosas; y aunque el agua combate al fuego, el vapor húmedo es el origen de todo, y esta discorde concordia es propicia para la fecundación.

Así pues, cuando la tierra cubierta de barro tras el reciente diluvio se hubo calentado bajo los benéficos rayos del astro celeste, generó numerosas especies de animales, en parte reproduciendo antiguas formas y en parte creando nuevos monstruos. Y seguramente no quiso hacerlo, pero entonces también te generó a ti, enorme Pitón, serpiente hasta entonces desconocida, que sembrabas el terror entre los pueblos recién nacidos, tanto era el espacio que cubría tu cuerpo. Fue el dios arquero [45], que hasta entonces no había usado sus armas sino con los gamos y las cabras, quien lo exterminó sepultándolo bajo mil flechas, con el carcaj ya casi vacío, haciendo que la sangre manara de sus negras heridas. Y para que el paso del tiempo no pudiera borrar la fama de su hazaña instituyó los Juegos Píticos, célebre competición que recibe su nombre de la vencida serpiente. Cualquier joven que venciera en ellos con sus manos, sus pies o su carro era premiado con una corona de encina; todavía no existía el laurel, y Febo se ceñía las sienes adornadas de largos cabellos con las hojas de cualquier árbol.

El primer amor de Febo fue Dafne, hija del Peneo [46], y no nació de la ciega casualidad, sino de la impetuosa

---

[45] Febo.
[46] Río de Tesalia.

ira de Cupido [47]. El dios de Delos [48], lleno de soberbia por su reciente victoria sobre la serpiente, había visto a Cupido doblar su arco para tensar la cuerda, y le había dicho: «¿Qué haces tú, pequeño insolente, manejando armas tan poderosas? Ésas son armas para que yo las lleve en mis hombros, yo que soy capaz de herir con un tiro certero a las bestias salvajes y a los enemigos, y que hace poco abatí con una lluvia de saetas al hinchado Pitón, que tanta tierra oprimía con su vientre pestilente. Tú confórmate con encender pequeños amores con tu antorcha, y no trates de adjudicarte mis triunfos.» A lo que el hijo de Venus le respondió: «Puede que tu arco atraviese todas las cosas, oh Febo, pero el mío te atravesará a ti; y en la misma medida en que los animales son inferiores a los dioses, tu gloria será inferior a la mía.» Así dijo, y surcando el aire con un batir de las alas se posó, resuelto, en la umbrosa cumbre del Parnaso, y extrajo de su carcaj dos flechas de efecto contrario: una que pone en fuga al amor, y otra que lo hace nacer. La que crea el amor está hecha de oro y su punta reluce afilada, mientras que la que lo ahuyenta está despuntada y lleva plomo tras el asta. Con ésta fue con la que atravesó el dios a la ninfa peneide, mientras que con la otra hirió a Apolo atravesándole los huesos hasta la médula.

Al punto se enamora él y rehúye ella el nombre del amor, y deleitándose con la oscuridad de los bosques y con los despojos de los animales que captura emula a la casta Febe [49]; una sencilla venda recoge su cabello despeinado. Muchos buscan su amor; pero ella, insensible, rechaza a sus pretendientes, sin conocer marido recorre los lugares más inaccesibles del bosque, y no le preocupa saber qué son las nupcias, qué es el amor o

---

[47]   Dios del amor, hijo de Venus.
[48]   Febo, que había nacido en la isla de Delos.
[49]   Diana, diosa de los bosques y de la caza, hermana de Febo.
Cfr. nota 2.

qué el matrimonio. Muchas veces le dice su padre: «Hija, me debes un yerno»; muchas veces le repite: «Hija, me debes unos nietos.» Aborreciendo el matrimonio como si fuera un crimen, su bello rostro se ruboriza avergonzado, y rodeando el cuello de su padre con sus tiernos brazos le dice: «Permíteme gozar, padre queridísimo, de una perpetua virginidad. Así se lo concedió Júpiter a Diana.» Él la complacería sin duda: pero es tu misma belleza la que te impide obtener lo que anhelas, y tu aspecto se opone a tu deseo.

Febo está enamorado, y al ver a Dafne desea unirse a ella, y puesto que lo desea lo espera, y le fallan sus propias predicciones. Como arde el frágil rastrojo una vez recogidas las espigas, como se queman muchas veces las mieses cuando algún viajero les acerca demasiado su antorcha o la arroja al despuntar el día, así el dios se consume en las llamas, así se abrasa todo su pecho, y nutre la esperanza de un amor vano. Observa los cabellos que caen en desorden sobre el cuello y piensa: «¡Imagínate, si se los peinara!»; ve sus ojos como estrellas que brillan como el fuego, ve sus labios, y no le basta con verlos; alaba sus dedos, sus manos, sus antebrazos y sus brazos, desnudos casi por entero; lo que queda oculto, lo imagina aún mejor. Ella escapa, más veloz que la leve brisa, y no se detiene ni aun cuando él la llama con estas palabras: «¡Te lo ruego, ninfa, detente, hija de Peneo! No te persigo como enemigo: ¡detente, ninfa! Así huyen los corderos del lobo, los ciervos del león, y las palomas del águila sobre alas temblorosas: cada uno huye de su enemigo. ¡Pero es el amor lo que a mí me hace seguirte! ¡Desdichado de mí! Temo que te caigas y que las zarzas arañen tus miembros, indignos de tales heridas, y que yo sea la causa de tu dolor. Son muy abruptos los lugares por los que tanto te apresuras: te ruego que no corras tan deprisa y que detengas tu fuga. Yo mismo te seguiré más despacio. Sin embargo, párate a pensar en quién es el que te desea: yo no soy un montaraz ni un rudo pastor que en estos lugares cuide su ganado y sus rebaños. ¡No sabes, imprudente, no sabes de quién huyes, y por eso precisamente huyes! La región de Delfos, Claros, Ténedos, y el reino de Pátara [50] me honran como a su señor; Júpiter es mi padre. Yo revelo lo que ha sido, es y será; yo hago armonizar los versos y la música [51]. Mis flechas son certeras, sin duda, pero una más certera que las mías me ha herido en el pecho, antes insensible. La medicina es un invento mío, en todo el mundo me llaman sanador, y conozco el poder de las hierbas: y, sin embargo, ¡ay de mí!, no hay hierbas que puedan curar el amor, y las artes que a todos benefician no benefician a su amo.» Él querría seguir hablando, pero la hija de Peneo corre temerosa y lo deja con las palabras en la boca. También así parecía hermosa: el viento desnudaba sus miembros, sus ropas temblaban agitadas por la brisa, y un aire suave echaba hacia atrás sus cabellos. La misma huida aumentaba su belleza.

Pero el joven dios ya no soporta perder más tiempo en halagos, e incitado por el propio amor persigue su rastro con paso más veloz. Como cuando un perro de la Galia ve una liebre en campo abierto y ambos corren, aquél tras su presa y ésta tras su salvación, y parece que éste está a punto de atraparla y espera alcanzarla en un momento, y roza las huellas con el hocico tendido hacia adelante, mientras que aquélla ya se ve alcanzada, y escapa a los mordiscos dejando atrás la boca que ya la tocaba, así corren raudos el dios y la muchacha, llevado él por la esperanza y ella por el miedo. Pero el perseguidor, impulsado por las alas del amor, es más veloz, y no le da tregua, y ya se pega a su espalda y respira sobre

---

[50]   En Delfos, Claros, Ténedos y Pátara se encontraban otros tantos santuarios dedicados a Apolo. El de Delfos era el más famoso, y estaba en la Fócide, en la Grecia continental. Los demás pertenecen a Jonia: Claros y Pátara están en la costa de Asia Menor, y Ténedos es una isla frente a la misma.

[51]   Apolo es, además de dios de los oráculos, dios de la música y de la poesía.

los cabellos que caen sobre su cuello. Ella palidece, ya sin fuerzas, y vencida por el cansancio de la veloz fuga exclama al ver las aguas del Peneo: «¡Ayúdame, padre! ¡Si los ríos tenéis algún poder, haz que, transformándose, desaparezca esta figura por la que he sido demasiado amada!» Apenas ha terminado su ruego cuando un pesado torpor invade sus miembros, una fina corteza recubre su tierno pecho, los cabellos se convierten en hojas y los brazos en ramas; los pies, antes tan veloces, quedan clavados al suelo con perezosas raíces; el rostro desaparece en la copa; todo lo que queda de ella es su brillo[52]. También así Febo la ama: posando su mano sobre el tronco siente palpitar el corazón bajo la nueva corteza, abraza sus ramas como si fueran miembros vivos y besa la madera, pero la madera rehúye sus besos. Y el dios dijo: «Entonces, ya que no puedes ser mi esposa, serás mi árbol. Siempre te llevarán, oh laurel, mi cabello, mi cítara y mi carcaj. Tú estarás cerca de los generales latinos cuando con alegría se celebren sus triunfos y suban al Capitolio los largos cortejos. Allí serás también leal guardián ante las puertas de la morada de Augusto, y guardarás las coronas de encina; y al igual que mi cabeza conserva juvenil su larga cabellera, también tú llevarás siempre el perenne adorno de tus hojas.» Así puso fin a sus palabras Peán[53], y el laurel asintió con las ramas recién formadas, y pareció agitar su copa como si se tratase de la cabeza.

Hay un bosque en Hemonia[54] rodeado por todas partes por una selva escarpada: lo llaman Tempe. Por allí el Peneo, nacido en las laderas del Pindo, fluye con aguas espumeantes, y cayendo pesadamente genera nieblas que se agitan en tenues volutas, salpica de fina lluvia las cimas de los árboles y ensordece con su fragor algo más que los alrededores. Esta es la morada, la

---

[52] Dafne significa en griego «laurel».
[53] Apolo.
[54] Otro nombre de Tesalia.

sede, el santuario del gran río, en donde, sentado en
una cueva excavada en la roca, Peneo impartía sus dic-
tados a las aguas y a las ninfas que las habitan. Allí se
congregaron en primer lugar, sin saber si debían con-
gratular o compadecer al padre de Dafne, los ríos de la
región: el Esperquío, de orillas pobladas de álamos; el
inquieto Enipeo, el viejo Apídano, el tranquilo Anfriso
y el Eante, y después todos los demás ríos que, allí por
donde los arrastra su ímpetu, conducen hasta el mar
sus corrientes fatigadas por el tortuoso camino.

Tan sólo falta el Ínaco que, retirado en lo más profundo de su cueva, acrece con sus lágrimas el caudal de
sus aguas y llora la pérdida de su hija Io; no sabe si está
viva o si se encuentra entre los muertos, pero al no en-
contrarla en ningún sitio piensa que no está en ninguna
parte, y en su corazón teme lo peor.

Júpiter la había visto cuando regresaba desde el río
de su padre, y le había dicho: «Oh virgen digna de Júpiter, que harás dichoso con tus nupcias a no sé qué
mortal, busca la sombra de aquellos profundos bosques
(y le había mostrado las sombras de los bosques) ahora
que el calor aprieta y el sol se encuentra en su punto
más alto, en mitad de su recorrido. Y si acaso temes en-
caminarte tú sola entre las guaridas de las fieras, piensa
que cuando penetres en los lugares recónditos del bosque estarás a salvo, protegida por un dios; y no un dios
plebeyo, sino yo, que llevo en mi poderosa mano el cetro del cielo y arrojo los errantes rayos. ¡No huyas de
mí!» En efecto, ella huía. Y ya había dejado atrás los
pastos de Lerna [55] y los campos del Lirceo [56] plantados
de árboles, cuando el dios, extendiendo un vasto manto
de niebla que recubrió la región, puso fin a su fuga y le
robó la virginidad.

Entre tanto, Juno había dirigido su mirada hacia el
centro de la Argólida, y sorprendiéndose de que una

---

[55]   Localidad de la Argólida, en el Peloponeso.
[56]   Montaña y ciudad de la Argólida.

niebla voladora hubiese traído en pleno día la oscuridad de la noche, comprendió que no se trataba de la
niebla de un río ni de la humedad que se desprende del
suelo. Así que miró a su alrededor buscando a su esposo, puesto que conocía bien las tretas de su marido,
al que tantas veces había sorprendido ya. Y cuando no
pudo encontrarle en el cielo, dijo: «O me equivoco, o
estoy siendo traicionada», y descendiendo de las altas
regiones del éter se posó en la tierra y ordenó disiparse
a las nieblas. Pero él había presentido la llegada de su
esposa y había transformado el aspecto de la hija del
Ínaco en el de una hermosa novilla. Aun así era bella.
La Saturnia [57] alaba, aunque de mala gana, la belleza
de la vaca, y no sólo pregunta de quién es y de dónde
viene, sino también a qué hato pertenece, casi como si
supiera la verdad. Júpiter miente y le dice que ha nacido de la tierra, para evitar así que indague su origen;
Juno le pide que se la regale.

¿Qué hacer? Cruel sería entregar a su amada, pero
no hacerlo sería sospechoso; el pudor le impulsa hacia
lo primero, pero el amor se lo impide. Y el amor habría
vencido al pudor, pero si le hubiese negado la vaca, un
regalo tan insignificante, a su hermana y compañera de
lecho, habría podido entenderse que no era una vaca.
Así que la diosa obtuvo a su rival; pero no por eso
abandonó inmediatamente su miedo, y siguió desconfiando de Júpiter y temiendo que pudiera volver a raptarla, hasta que se la entregó para su custodia a Argos,
hijo de Aréstor.

Cien ojos tenía Argos en su cabeza: descansaban por
turnos, de dos en dos, mientras los otros permanecían
abiertos y se mantenían alerta. Se pusiera como se pusiera, siempre miraba a Io; la tenía ante sus ojos aunque estuviera de espaldas. Durante el día le permitía
pacer, pero cuando el sol se había ocultado en las pro-

---

[57] Juno, hija de Saturno.

fundidades de la tierra la encerraba y rodeaba su cuello de una indigna soga. La pobre infeliz se alimentaba de las hojas de los árboles y de amargos pastos, se acostaba sobre la tierra, no siempre cubierta de paja, y bebía en arroyos fangosos. Cuando intentaba, suplicante, tender sus brazos hacia Argos, no tenía brazos que tenderle, y cuando intentaba hablar, de su boca salía un mugido, y atemorizada por ese sonido se asustaba de su propia voz.

Un día llegó a las orillas en las que antes acostumbraba a jugar, a las orillas del Ínaco: cuando vio el rostro y los cuernos de su nueva figura reflejados en las olas se asustó, y huyó turbada por su propia imagen. Las Náyades no saben quién es, el propio Ínaco no la reconoce; pero ella sigue a su padre y a sus hermanas, deja que la acaricien y se ofrece ante sus ojos. El viejo Ínaco recogió unas hierbas para dárselas: ella lame las manos de su padre y besa sus palmas, y no puede contener las lágrimas; y si pudiera hablar, le pediría ayuda y le revelaría su nombre y su desgracia. En lugar de palabras empleó letras, que trazó con su pezuña sobre la arena para dar triste razón de la transformación de su cuerpo.

«¡Desdichado de mí!», exclama Ínaco, el padre, y abrazándose a los cuernos y a la cerviz de la novilla blanca como la nieve, que gemía, repite: «¡Desdichado de mí! ¿Eres tú mi hija, a la que he buscado por todas partes? ¡Menor era el dolor de no encontrarte que el de haberte hallado! Callas, y no respondes a mis palabras; tan sólo emites hondos suspiros, pues no puedes hacer otra cosa, y muges en respuesta a lo que digo. Y yo, sin saberlo, preparaba para ti el lecho y las antorchas nupciales, y tenía la esperanza de que primero me darías un yerno, y luego unos nietos: ahora tu esposo saldrá de la manada, de la manada vendrán tus hijos. Y ni siquiera se me permite poner fin a tanto dolor con la muerte: ser un dios me perjudica, y al estar cerradas para mí las puertas de la Parca [58], mi llanto se prolongará eternamente.» Entonces el estrellado Argos [59] le echa a un lado mientras así se lamenta, y separando a la hija de su padre la arrastra hacia otros pastos; él, por su parte, sube a la cima de un cerro, y allí sentado vigila en todas las direcciones.

Pero el rey de los dioses no puede soportar más que la Forónida [60] padezca tantos males, así que llama a su hijo Mercurio, engendrado por la brillante Pléyade [61], y le ordena dar muerte a Argos. En un momento Mercurio se había calzado las alas en los pies, había tomado en su poderosa mano el somnífero caduceo [62], y se había ceñido los cabellos con el casco. Una vez dispuesto esto, el hijo de Júpiter se dejó caer desde su hogar en las alturas hacia la tierra. Allí se quitó el casco y las alas, y se quedó tan sólo con el bastón; con él, como si fuera un pastor, va guiando por senderos apartados a las cabras que va robando cuando tiene ocasión, y va tocando un instrumento hecho de cañas.

El guardián de Juno es cautivado por el encanto de ese son desconocido, y dice: «Podrías, quienquiera que seas, sentarte junto a mí en esta roca, pues no hay lugar más rico que éste en hierba para las ovejas, y, como puedes ver, hay buena sombra para los pastores.» Se sienta el Atlantíada [63], y discurriendo de muchas cosas llena las horas del día que va pasando, y con la música

---

[58]   La muerte. Las Parcas eran tres hermanas que tejían los hilos del destino de los hombres y decidían su muerte.

[59]   Sus cien ojos repartidos por todo el cuerpo le asemejan al cielo estrellado.

[60]   Io, hermana de Foroneo.

[61]   Mercurio era hijo de Zeus y de Maya, una de las hijas de Atlas, que fueron transformadas en estrellas, en la constelación de las Pléyades. Dotado de casco y sandalias aladas, es el mensajero de su padre.

[62]   El caduceo era una vara de oro con dos serpientes enroscadas, que Mercurio había recibido de Apolo. Tenía el poder de infundir el sueño.

[63]   Mercurio, nieto de Atlas.

de su instrumento de cañas ligadas intenta dormir aquellos ojos vigilantes. Pero el otro lucha por vencer el dulce sueño, y aunque el sopor se apodera de una parte de sus ojos, la otra parte sigue en guardia. Es más, puesto que la flauta era un invento reciente, le pregunta cómo había sido inventada. Entonces el dios dijo:

«En los gélidos montes de Arcadia había entre las hamadríadas de Nonacris [64] una náyade famosísima, a quien las ninfas llamaban Siringe. Más de una vez había tenido que eludir el acoso de los sátiros o de cualquiera de los otros dioses que habitan el sombrío bosque o la fértil campiña; practicaba las mismas ocupaciones que la diosa de Ortigia [65], e igual que ella guardaba su virginidad. Vestida también a la manera de Diana, su aspecto se prestaba a confusión, y habrías podido pensar que se trataba de la hija de Latona [66] si no fuera porque llevaba un arco de cuerno, mientras que el de la diosa es de oro. Aun así su aspecto engañaba. Un día, Pan [67] la vio cuando regresaba del monte Liceo, y con la cabeza coronada de punzantes hojas de pino dijo las siguientes palabras...»; y quedaban por relatar sus palabras, y cómo la ninfa, despreciando los halagos del dios, había huido por lugares inaccesibles hasta que había llegado a la plácida corriente del arenoso Ladón; allí, al ver que las aguas le cerraban el paso, suplicó a sus hermanas, las ninfas del río, que la transformaran, de forma que Pan, cuando ya creía estrechar a Siringe, tenía entre sus brazos en vez del cuerpo de la ninfa una mata de cañas palustres; al sus-

---

[64]   Nonacris es una localidad de la Arcadia, en el centro del Peloponeso. Las hamadríadas eran ninfas de los árboles.

[65]   Diana, que había nacido en la isla de Ortigia, identificada unas veces con la isla de Delos, pero también con Éfeso y con la ciudad de Siracusa.

[66]   Diana, hija de Latona y de Júpiter.

[67]   Hijo de Mercurio, es una antigua divinidad de Arcadia, de aspecto semicabrío, dios de los pastos y de los montes.

pirar el dios sobre ellas el aire produjo al atravesarlas
un suave sonido, parecido a un lamento. Cautivado por
este nuevo invento y por la dulzura del son, el dios había dicho: «¡Esta será mi forma de hablar contigo!»; y
así, el instrumento hecho de cañas desiguales unidas
con cera conservó el nombre de la muchacha.

Todo esto iba a relatar el dios de Cilene [68] cuando
vio que todos los ojos se habían cerrado vencidos por el
sueño. Al punto deja de hablar y hace más profundo su
sopor acariciando los párpados cerrados con su mágica
vara; luego, sin esperar, le golpea mientras se tambalea
adormecido con una espada de curvado filo, en el
punto en que la cabeza se une al cuello, y arroja de la
roca su cuerpo ensangrentado, manchando de sangre
el abrupto peñasco.

Yaces muerto, Argos, y toda la luz que había en tus
pupilas está ahora apagada, pues una misma oscuridad
reina sobre tus cien ojos. Juno los tomó y los colocó en
las plumas de su ave [69], llenando su cola de gemas centelleantes. Luego dio rienda suelta a su furia, y el
tiempo no sirvió para apagar su ira: arrojó ante los ojos
y la mente de su rival argólida a la espantosa Erinis, y
encerró en su pecho un ciego tormento, haciéndola
huir despavorida por todo el mundo.

En su inmensa tortura, a Io sólo le quedaba llegar
hasta ti, oh Nilo; cuando llegó cayó de rodillas en la orilla, y echando el cuello hacia atrás, pues era todo lo que
podía hacer, y alzando el rostro hacia las estrellas, pareció que con sus gemidos, sus lágrimas y sus lastimeros
mugidos se lamentaba ante Júpiter y le pedía que pusiera fin a sus males. Entonces el dios, rodeando con
sus brazos el cuello de su esposa, le rogó que pusiera
término por fin a sus penas, y añadió: «Olvida tus mie-
dos en el futuro: ella nunca volverá a causarte ningún

---

[68] Mercurio, nacido en el monte Cilene.
[69] El pavo real.

dolor», y ordenó a la laguna Estigia [70] que escuchara su promesa.

Una vez apaciguada la diosa, Io recupera su aspecto anterior y vuelve a convertirse en lo que era: las cerdas desaparecen de su cuerpo, los cuernos van disminuyendo de tamaño, la cuenca del ojo se vuelve más pequeña, el hocico se retrae, vuelven los hombros y las manos, y las pezuñas se desvanecen, abriéndose en cinco dedos. Nada queda en ella de su forma bovina salvo el candor: la ninfa se levanta, feliz de poder utilizar de nuevo sus dos pies, y tiene miedo de hablar, pues teme mugir como una novilla, pero tímidamente vuelve a usar las palabras que por un tiempo había perdido. Ahora es una diosa famosísima a quien adoran las muchedumbres vestidas de lino [71].

Según se cree, de la simiente del gran Júpiter ella engendró por fin a Épafo [72], que junto a su madre tiene templos en todas las ciudades. Igual a él por edad y por carácter era Faetón, hijo del Sol. Una vez que éste estaba hablando con soberbia, jactándose de que era superior y enorgulleciéndose de que Febo fuera su padre, el Ináquida [73] no pudo soportarlo y le dijo: «¡Necio! Crees todo lo que te dice tu madre, y te vas jactando de un padre imaginario.» Faetón se ruborizó, pero la vergüenza contuvo su furor, y fue a contarle a su madre, Clímene, las calumnias de Épafo. Y le dijo: «Y lo más doloroso, madre, es que yo, normalmente tan franco, yo que soy tan orgulloso, tuve que callar. Esta ofensa me llena de vergüenza, pero él pudo decirla y yo no le pude contestar. Así que tú, si es cierto que he nacido de estirpe divina, ¡dame algún indicio de tan ilustre padre y demuéstrame que mi puesto está en el cielo!» Luego

---

[70]   Laguna formada por el principal río de los infiernos, que garantizaba la inviolabilidad de los juramentos.

[71]   La diosa egipcia Isis.

[72]   Identificado en Egipto con Osiris.

[73]   Épafo, nieto del Ínaco.

rodeó con sus brazos el cuello de su madre, y le suplicó que por su vida y la de Mérope [74], y por las futuras nupcias de sus hermanas, le mostrase una señal de su verdadero padre.

Clímene, no se sabe si más airada por los ruegos de Faetón o por la acusación que se le imputaba, alzó los dos brazos hacia el cielo, y mirando al astro del sol exclamó: «Por el espléndido fulgor de estos rayos resplandecientes que ahora nos observa y nos escucha, yo te juro, hijo, que has nacido de este Sol al que miras, de este Sol que calienta el mundo. ¡Que él mismo me niegue la facultad de verlo y que sea esta la última luz que llegue a mis ojos, si es que miento! Además, no te costará mucho ir a conocer la región en que habita: su morada, de donde nace, limita con nuestro país. Si realmente lo deseas, ve y pregúntaselo a él mismo.» En seguida se enciende Faetón con las palabras de su madre y ya piensa en el cielo, y tras cruzar Etiopía y la India que yace bajo el fuego celeste, se dirige lleno de brío hacia el lugar de donde nace su progenitor.

---

[74] Esposo de Clímene y rey de los etíopes.

LIBRO SEGUNDO

El palacio del Sol se alzaba sobre elevadas columnas, y resplandecía con el fulgor del oro y del pyropo [1], que brillaba como el fuego; su altísimo frontón estaba recubierto de claro marfil, y los dos batientes de la puerta irradiaban destellos de plata. Pero el arte superaba a la materia. En efecto, Múlciber [2] había cincelado en ellos los mares que rodean la tierra firme, el globo terráqueo, y el cielo que incumbe sobre la tierra. Las olas tienen a sus dioses azules: Tritón, que hace sonar la caracola; el cambiante Proteo [3], Egeón [4], que estrecha entre sus brazos los enormes dorsos de las ballenas, y Dóride [5] con sus hijas, de las que se ve a unas nadar, a otras secarse los verdes cabellos sentadas sobre una roca, y a otras cabalgar a lomos de los peces; sus caras no son iguales, pero tampoco diferentes, como debe ser tratándose de hermanas. La tierra lleva hombres y ciudades, bosques, animales y ríos, y a las ninfas y demás divinidades del campo. Encima de ella está la imagen del cielo resplan-

---

[1] Aleación compuesta de cuatro partes de cobre y una de oro.
[2] Múlciber es un nombre latino de Vulcano, dios del fuego y herrero de los dioses.
[3] Divinidad marina menor, que tenía la facultad de transformarse en lo que quisiera. También se le representa como pastor de las focas de Anfítrite.
[4] Uno de los Hecatonquiros (ver pág. 82, n. 22).
[5] Ninfa madre de las Nereidas, esposa de Nereo.

deciente, con seis constelaciones en el batiente de la derecha y otras tantas en el de la izquierda.

Tan pronto como el hijo de Clímene llegó allí, subiendo por un empinado sendero, y penetró en la morada de su discutido progenitor, dirigió sus pasos hacia
la figura de su padre, deteniéndose a cierta distancia: en
efecto, no habría podido soportar su luz desde más
cerca. Febo vestía un manto purpúreo y estaba sentado
en un trono que relucía con los destellos de brillantes es-
meraldas. A su izquierda y a su derecha se encontraban
el Día, el Mes, el Año y los Siglos, y también las Horas,
colocadas a intervalos regulares; estaba también la joven
Primavera, ceñida de una corona de flores; estaba el Verano, desnudo, que llevaba una guirnalda de espigas; estaba también el Otoño, manchado de uvas pisadas, y el
glacial Invierno, de hirsuta cabellera canosa.

Con los ojos con los que mira todas las cosas, el Sol
en persona, desde su lugar en el centro, vio al joven
asustado por todas esas cosas nuevas y preguntó:
«¿Cuál es la causa de tu venida? ¿Qué has venido a
buscar a esta fortaleza, Faetón, hijo de quien un padre
nunca renegaría?» Él respondió: «¡Oh luz común al inmenso mundo, padre Febo, si es que me permites emplear esta palabra y Clímene no ha ocultado alguna
culpa bajo una mentira: dame una prueba con la que
pueda demostrar que soy realmente tu hijo, y borra
esta duda de mi corazón!» Esas fueron sus palabras.
Entonces su padre se quitó los rayos que centelleaban
alrededor de su cabeza y le ordenó que se acercara, y
después de abrazarle le dijo: «Ni tú mereces que yo re-
niegue de ti, ni Clímene mintió respecto a tu nacimiento. Y para que no te queden dudas, pídeme el regalo que desees y yo te lo daré. Pongo por testigo de mi
promesa a la laguna por la que juran los dioses, que mis
ojos nunca han visto» [6].

---

[6]   La laguna Estigia, que se encuentra en el mundo subterráneo,
en el reino de los muertos, donde nunca llega la luz del día.

Apenas había acabado de hablar cuando Faetón le pidió su carro, y poder guiar y dirigir durante un día los caballos de pies alados [7]. Se arrepintió entonces su padre de haber jurado, y sacudiendo tres y cuatro veces su noble cabeza le dijo: «Tus palabras hacen imprudentes a las mías. ¡Ojalá se pudiera no dar lo que se ha prometido! Te confieso, hijo, que esa es precisamente la única cosa que te negaría. Pero, por lo menos, sí puedo intentar disuadirte. Tu deseo es peligroso: me pides, Faetón, algo muy grande, una carga que no es apropiada ni para tus fuerzas ni para tu tierna edad. Tu destino es mortal, y no es propio de mortales lo que pides. Sin saberlo, ansías más de lo que pueden alcanzar los mismos dioses; que cada uno se conforme con lo que le está permitido: nadie, salvo yo, es capaz de guiar el carro de fuego. Ni siquiera el rey del vasto Olimpo, que lanza con su poderosa diestra los fieros rayos, podría conducir este carro: ¿y quién hay más grande que Júpiter? La primera parte del camino es una cuesta tan empinada que los mismos caballos la suben con esfuerzo, a pesar de que están aún frescos por la mañana; la parte intermedia está muy alta en el cielo, tanto que muchas veces a mí mismo me da miedo mirar hacia el mar y hacia la tierra, y el temor agita mi corazón; la última parte es una abrupta pendiente en la que es necesario guiar a los caballos con mano firme: de hecho, la misma Tetis [8], que allí me acoge entre las aguas que se extienden debajo de mí, teme muchas veces que me precipite al abismo. Añádele también a esto que el cielo es arrastrado en un perpetuo vórtice, y gira en veloz espiral llevando consigo a las estrellas en las alturas.

---

[7]   Según la tradición mitológica, el Sol recorría el cielo cada día, desde el orto hasta el ocaso, en un carro de oro tirado por cuatro caballos alados, y durante la noche regresaba a su palacio en Oriente navegando por el océano que recubre la cara oculta de la tierra.

[8]   Hija de Urano y de Gea, hermana y esposa de Océano, diosa del mar.

Yo me abro camino contra esa fuerza que a todos supera menos a mí, y avanzo en dirección contraria a su
rápida rotación. Supongamos que te he dado el carro:
¿qué harás? ¿Podrás avanzar contra la rotación de los
polos y no te arrastrará el eje de la Tierra en su velocidad? ¿O es que crees que allí hay bosques y ciudades
habitadas por los dioses, y templos repletos de ofrendas? El camino discurre entre insidias y espectros de
animales feroces; aunque no te salgas del camino y no
cometas ningún error, tendrás que pasar entre los cuernos del hostil Toro, entre el arco del Hemonio y las terribles fauces del feroz León; entre el Escorpión, que
tiende sus pinzas en amplia curva en una dirección, y el
Cangrejo [9], que lo hace en la otra. Tampoco te será fácil controlar a los fogosos caballos, enardecidos por las
llamas que llevan en el pecho y que exhalan por la boca
y por los ollares: apenas me toleran a mí cuando su
ánimo impetuoso está excitado, y su cuello se rebela a
las riendas. Así que, hijo, ¡sé cauto! ¡No me obligues a
hacerte un regalo mortal, y cambia tu deseo mientras
todavía estamos a tiempo! ¿Acaso lo que me pides no
es precisamente una prueba segura que te demuestre
que desciendes de mi sangre? La prueba evidente es mi
miedo, mi temor paternal demuestra que soy tu padre.
¡Mira mi rostro! ¡Ojalá pudieras entrar con tus ojos
también en mi pecho y ver la paterna ansiedad que lo
ocupa! Y, por fin, observa a tu alrededor todas las riquezas que hay en el mundo, y pídeme cualquiera de
los bienes de la tierra, del mar y del cielo: nada te negaré. Esto es lo único que te suplico, pues en realidad
habría que llamarlo una condena, y no un honor: una
condena es, Faetón, lo que me pides como regalo. ¿Por
qué rodeas mi cuello con tus tiernos brazos, insensato?
No lo dudes, yo te concederé lo que me pidas, pues lo

---

[9] Las constelaciones de Tauro, Sagitario, Leo, Escorpio y
Cáncer.

he jurado por las aguas estigias. ¡Pero tú sé más juicioso en tu elección!»

Ese fue su consejo; pero Faetón ignora sus palabras, insiste en su propósito y arde en deseos de guiar el carro. Entonces su padre, tras haber retrasado el momento todo lo posible, condujo al muchacho hasta el carro, que había sido forjado por Vulcano. El eje era de oro, de oro eran la lanza y los discos de las ruedas, y los radios eran de plata; en el yugo, los topacios y las gemas dispuestas en filas devolvían el brillante reflejo de Febo.

Y mientras el audaz Faetón lo observa asombrado y examina el elaborado trabajo, la vigilante Aurora abre desde el luminoso Oriente sus puertas purpúreas y los atrios llenos de rosas: las estrellas se retiran y el Lucífero [10] cierra sus filas, último en abandonar el campo del cielo. En cuanto Titán [11] vio que éste descendía hacia la tierra, que el mundo se teñía de rojo y los cuernos de la luna desaparecían como desvaneciéndose, ordenó a las Horas que uncieran al yugo los veloces caballos. Las diosas obedecen rápidamente su mandato y traen de los altos pesebres a los caballos que escupen fuego, saciados de jugo de ambrosía, y les colocan los frenos tintineantes. Entonces el Sol untó un ungüento sagrado en la cara de su hijo para que pudiera tolerar las ardientes llamas, puso los rayos sobre sus cabellos y, suspirando una y otra vez desde el fondo de su atormentado pecho, presintiendo la desgracia, le dijo: «Si puedes obedecer por lo menos a estos consejos paternos, hijo, modera el uso del látigo y utiliza más bien las riendas. Corren por su propia voluntad: lo difícil es contener su ímpetu. Y no quieras cruzar las cinco zonas siguiendo una línea recta: hay un camino que corta en

---

[10]   Lucífero, o Lucifer, «el que lleva la luz», corresponde al Lucero del Alba o planeta Venus.
[11]   El Sol, hijo del titán Hiperión.

diagonal describiendo una amplia curva, que queda contenido en tres zonas y se aparta tanto del polo austral como de la Osa [12] cercana al Aquilón; sigue ese camino: podrás ver claramente el rastro de las ruedas. Y para que el cielo y la tierra reciban el mismo calor, no hagas descender el carro ni lo eleves hasta la parte más alta del firmamento: si te desplazas demasiado hacia arriba quemarás las moradas celestes, demasiado abajo quemarás la tierra. Por el medio irás completamente seguro. Y no dejes que las ruedas te desvíen demasiado a la derecha, hacia la enroscada Serpiente, ni demasiado a la izquierda, hacia el hundido Altar [13]: manténte entre los dos. Por lo demás, te encomiendo a la Fortuna, que seguramente te ayudará y mirará por ti mejor que tú mismo. Pero, mientras hablamos, la húmeda noche va cubriendo las metas situadas en las costas hesperias [14]. No podemos demorarnos: ¡nos reclaman! Las tinieblas ya se han retirado y la Aurora resplandece. ¡Coge las riendas! O, si todavía puedes cambiar tu decisión, haz uso de mis consejos y no del carro, ahora que todavía estás a tiempo y pisas terreno firme, y no el eje de ese carro que por desgracia has elegido en tu inexperiencia. ¡Permite que sea yo quien dé luz a la tierra, mientras tú observas desde un lugar seguro!»

Pero Faetón salta con su joven cuerpo al veloz carro y se yergue sobre él, feliz de estrechar en sus manos las riendas que le han sido entregadas, y luego da las gracias a su reacio padre. Mientras tanto, los alados caballos del Sol, Piroente, Eoos y Eton, y Flegonte, el cuarto [15], llenan el aire con sus llameantes relinchos y

---

[12] La constelación de la Osa Mayor.
[13] La constelación del Dragón o Serpiente está cerca del polo austral. El Altar es una constelación del hemisferio boreal.
[14] Las costas de Occidente.
[15] Los nombres griegos de los caballos del Sol significan, respectivamente, Fogoso, De la Aurora, Llameante y Ardiente.

golpean con sus pezuñas las barreras. Cuando Tetis las abrió, ignorando el destino de su nieto, y tuvieron vía libre hacia el cielo inmenso, se lanzan al camino y agitando las patas en el aire desgarran la cortina de niebla, y elevándose con la ayuda de sus alas salen por delante de los Euros, que nacen en aquel mismo lugar. Pero el carro tiene poco peso, no es el que conocen los caballos del Sol, y el yugo no les pesa como de costumbre; así como las cóncavas naves van dando bandazos cuando carecen del lastre necesario, y son arrastradas por las olas a causa de su excesiva ligereza, el carro, sin el peso habitual, va dando saltos en el aire, zarandeado de un lado para otro como si estuviera vacío. Al darse cuenta, los cuatro corceles se lanzan a la carrera y abandonan la pista conocida, y dejan de correr ordenadamente como antes. Faetón se asusta, y ya no sabe cómo manejar las riendas que le han sido encomendadas ni sabe cuál es el camino, y aunque lo supiera no sería capaz de dominarlos. Por primera vez, entonces, la gélida Osa sintió el calor de los rayos y en vano intentó sumergirse en el mar, que le está vetado, y la Serpiente, a la que antes el frío hacía inofensiva por su proximidad a los hielos del polo, y que a nadie asustaba, recibió el calor y tomó de las llamas nueva furia. Según cuentan, también tú, Bootes [16], huiste, aunque eras lento y tu carro entorpecía tu huida.

Entonces, cuando el infeliz Faetón miró desde lo alto del cielo hacia la tierra, que yacía allá abajo, cada vez más lejos, palideció y le invadió un súbito miedo: sus rodillas empezaron a temblar, y en medio de tanta luz un velo de oscuridad nubló sus ojos. Y ya preferiría no haber tocado nunca los caballos de su padre, ya se arrepiente de haber conocido a su progenitor y de haberle convencido con sus ruegos, ya desea que le llamen hijo de Mérope, y es arrastrado igual que un barco

---

[16] Bootes, que en griego significa «boyero», constelación próxima a la Osa Mayor.

empujado por el impetuoso Bóreas cuando su gobernante, abandonando el control, lo ha encomendado a
los dioses y a sus oraciones. ¿Qué hacer? Ya ha dejado
un gran tramo de cielo a sus espaldas, pero aún más
queda ante sus ojos. Mide mentalmente ambas distan-
cias, y ya mira hacia el ocaso, que el destino le impide
alcanzar, ya mira hacia Oriente, y, aturdido, sin saber
qué hacer, ni afloja las riendas ni es capaz de aguantar-
las, y tampoco conoce los nombres de los caballos.
Además, por todas partes observa atemorizado cosas
asombrosas e imágenes de enormes fieras diseminadas
por un cielo heterogéneo.

Hay un lugar en que el Escorpión curva sus brazos
describiendo dos arcos iguales, y extiende su cola y sus
pinzas, vueltas a uno y otro lado, ocupando el espacio
de dos constelaciones. Cuando el muchacho lo vio,
exudando negro veneno y amenazando con herirle con
el curvado aguijón, un gélido terror paralizó su mente,
y soltó las riendas. Al notar que las riendas caen flojas
sobre sus grupas, los caballos abandonan el camino: sin
nadie que los frene, se encaminan por el aire a regiones
desconocidas y corren descontrolados allá por donde
los conduce su fogosidad, chocando contra las estrellas
enclavadas en las capas más altas y arrastrando el carro
por sendas extraviadas. Y tan pronto se dirigen hacia
las alturas como se lanzan por abruptas pendientes
acercándose a la tierra: la Luna se sorprende de que los
caballos de su hermano corran por debajo de los suyos,
y las nubes arden desprendiendo humo. Las llamas se
apoderan de las partes más altas de la tierra, que se
seca y se agrieta, y se vuelve árida, perdiendo su humedad. Los prados se vuelven amarillos, los árboles arden con todo su follaje y las mieses resecas ofrecen fácil
pasto a su propia destrucción. Pero me estoy lamen-
tando de los daños menores: grandes ciudades desaparecen con sus murallas, y los incendios convierten en
cenizas regiones enteras con todos sus pueblos. Arden
el bosque y el monte, arden el Atos y el Tauro, el Cilix

y el Tmolo, el Eta, el Ida antes rico en manantiales y entonces reseco, el Helicón donde habitan las musas y el Hemo, en el que aún no reinaba Eagro [17]; arde el inmenso Etna con dos fuegos, y el Parnaso bicúspide junto con el Érix, el Cinto y el Otris, y el Ródope, que por fin iba a verse sin nieve, y el Mimas y el Díndima, el Mícale y el Citerón, nacido para los ritos sagrados. De nada le sirve a la Escitia su frío clima; arde el Cáucaso, arden el Osa y el Pindo, el Olimpo, mayor que ambos; los altos Alpes y el nuboso Apenino.

Faetón ve entonces el mundo incendiado por todas partes, y no puede soportar tanto calor; un viento ardiente, como si saliera de las profundidades de un horno, sopla en su rostro, y siente que el carro se vuelve incandescente; ya no puede soportar los chorros de brasa y la ceniza, y por todas partes le envuelve un humo abrasador, de forma que, rodeado de una negra cortina de niebla, no sabe adónde va ni dónde se encuentra, y los caballos alados lo arrastran por donde quieren. Se cree que fue entonces cuando los pueblos de Etiopía, al ser atraída la sangre a la superficie del cuerpo, tomaron su color negro; entonces fue cuando la Libia, cuando el calor absorbió la humedad, se volvió una tierra árida; entonces lloraron las ninfas, con el cabello alborotado, por las fuentes y los lagos. Beocia ya no encuentra la fuente de Dirce, Argos la de Amimones y Éfira las aguas de la de Pirene [18]. Tampoco se salvan los ríos de orillas apartadas: las aguas del Tanais echaban humo [19], así como las del viejo Peneo y las del

---

[17] Eagro fue un rey de Tracia, región en la que se encuentra el Hemo.

[18] Tres de las fuentes más famosas de Grecia, respectivamente en Tebas, la Argólida y Corinto.

[19] Sigue una enumeración de ríos que no guarda orden geográfico alguno: Tanais es el antiguo nombre del Don; el Caíco es un río de Misia, en Anatolia; el Xanto es el río de la Tróade, que ardió por segunda vez cuando Aquiles se enfrentó a él en la guerra de Troya; el Histro es el actual Danubio.

Caíco, en el reino de Teutrante; las del veloz Ismeno, las del Erimanto, en el reino de Fegeo, y las del Xanto, que habían de arder por segunda vez; las del rubio Licormas, las del Meandro, que juega en las olas de su sinuoso cauce; las del Melas de Migdonia y las del Eurotas del Ténaro. Arden también el Éufrates de Babilonia, el Orontes, el rápido Termodonte, el Ganges, el Fasis y el Histro. Hierve el Alfeo, arden las orillas del Esperquío, el oro que el Tajo transporta en su corriente fluye líquido junto con las llamas, y las aves que llenaban con sus cantos las riberas de los ríos de Meonia se abrasan en medio del Caístro. El Nilo, atemorizado, huyó a los confines de la tierra y escondió la cabeza, que aún no ha sido encontrada; los siete brazos del delta están vacíos y cubiertos de polvo, siete cauces sin río. La misma suerte corren el Hebro de Ismara y el Estrimón, secos, y también los ríos occidentales: el Rin, el Ródano y el Po, junto con el Tíber, al que le estaba prometido el dominio del mundo.

Por todo el suelo se abren grietas, y a través de las hendiduras la luz penetra hasta el Tártaro, acongojando al rey de los infiernos [20] y a su esposa. El mar se encoge, y donde antes se extendían las aguas ahora hay campos de secas arenas; los montes que antes recubría el mar afloran ahora en la superficie, y aumentan el número de las dispersas Cícladas. Los peces se refugian en las profundidades, y los delfines de arqueado lomo ya no se atreven a saltar en el aire como solían; los cuerpos de las focas flotan exánimes mostrando su vientre, y se dice que el mismo Nereo, al igual que Dóride y sus hijas, buscó refugio en las cuevas, a las que también llegaba el calor. Tres veces se atrevió Neptuno a asomar su cuerpo sobre las aguas con rostro sombrío, y las tres veces no pudo soportar el aire abrasador.

Por fin, la madre Tierra, que se hallaba completamente rodeada por el mar, entre las aguas del Ponto y

---

[20]   Dis, el dios de los muertos, también llamado Plutón o Hades.

las fuentes que habían recogido su caudal ocultándose en las oscuras entrañas de la madre, levantó fatigosamente su rostro hasta el cuello, reseca, se llevó una mano a la frente, y sacudiéndolo todo con un profundo temblor, se hundió un poco y, más baja de lo que solía estar, dijo con su voz venerable: «Si así te place y así lo he merecido, ¿por qué retienes tus rayos, oh Júpiter, el más alto entre los dioses? ¡Permite, si he de morir bajo el fuego, que sea tu fuego el que me haga perecer, para que la derrota, viniendo de ti, sea más llevadera! A duras penas puedo ya despegar los labios para decir estas palabras —el vapor atenazaba su garganta—: ¡Mira mis cabellos chamuscados, y mira cuántas brasas arden en mis ojos y en mi boca! ¿Es esta la recompensa que recibo? ¿Así me pagas por servirte con mi fertilidad, cuando he de soportar las heridas que me infligen el rastrillo y el corvo arado, y me esfuerzo todo el año, y produzco hierbas para el ganado, pacífico alimento, y mieses para el género humano, y también para vosotros produzco el incienso? Pero aun así, suponiendo que yo merezca la destrucción, ¿por qué la merece el mar, por qué tu hermano? ¿Por qué decrecen las aguas que le fueron adjudicadas y se alejan aún más del cielo? Y si no te importa ni la suerte de tu hermano ni la mía, ¡compadécete al menos del cielo en el que habitas! Mira a tu alrededor: ¡los dos polos echan humo! ¡Si el fuego los destruye vuestras moradas se derrumbarán! El mismo Atlas [21] está fatigado y a duras penas puede sostener sobre sus hombros el eje incandescente. Si se queman el mar, la tierra, y el reino celeste, todo volverá a confundirse en el caos primigenio. ¡Apaga las llamas, si es que todavía queda algo que salvar! ¡Piensa en el destino del mundo!» La Tierra terminó con estas palabras, pues no habría podido soportar el vapor por más tiempo ni habría podido decir nada más, y recogió

---

[21] Atlas es un titán hijo de Iápeto, condenado a soportar sobre sus hombros toda la bóveda celeste.

su rostro en sí misma, acercándolo a la morada de los muertos.

Entonces el padre omnipotente, tras haber declarado ante los dioses, incluido aquel que había prestado el carro a Faetón, que si él no ponía remedio todo perecería en una terrible calamidad, subió a la cumbre desde la que solía enviar las nubes a la tierra, desde donde hacía vibrar el trueno y lanzaba los rayos fulgurantes. Pero aquella vez no tenía ni lluvias que mandar a la tierra ni relámpagos que lanzar desde el cielo: tronó, y alzando su diestra hasta la altura del oído, arrojó un rayo que a la vez despidió al auriga fuera del carro y de la vida, y contuvo el fuego con fuego cruel. Los caballos se espantan y con un súbito arranque libran sus cuellos del yugo, y escapan rompiendo las riendas. Allí quedan los bocados, allí yace el eje separado de la lanza, aquí están los radios de las ruedas quebrantadas, y los restos del carro despedazado quedan esparcidos en una vasta extensión. En cuanto a Faetón, con los cabellos encendidos de llamas devastadoras, cae volteando al abismo y deja en el aire una larga estela, como cuando a veces una estrella parece caer del cielo sereno, aunque en realidad no ha caído. El largo Erídano [22] lo recibe en sus aguas, en un país lejos de su patria, y lava su rostro humeante; las Náyades [23] de Occidente dan sepultura a su cuerpo abrasado por la llama de tres puntas, y graban estos versos en su lápida:

Aquí yace Faetón, auriga del carro de su padre,
y, aunque no supo guiarlo, cayó en un grandioso intento.

Su padre, por su parte, afligido, había escondido su rostro crispado por el amargo dolor, y si hemos de

---

[22] Río de localización imprecisa, se le suele identificar con el actual Po, en el norte de Italia.
[23] Las Náyades son las ninfas de ríos, fuentes y lagos.

creer lo que dicen, transcurrió todo un día sin sol. La
luz la daban los incendios: para eso, por lo menos, sirvió tan magna catástrofe. En cuanto a Clímene, cuando
hubo dicho todas las palabras propias de tan gran desgracia, vagó abatida y enloquecida por el dolor, arañándose el pecho, buscando primero los miembros
exánimes y luego los huesos de su hijo, hasta que los
encontró enterrados en una lejana orilla. Allí cayó de
rodillas, y tras leer su nombre en el mármol inundó la
tumba con sus lágrimas y la arropó con el calor de su
pecho descubierto.

No menos lloran las Helíades [24] e, inútil tributo para
un muerto, vierten sus lágrimas y se golpean el pecho,
invocan día y noche a Faetón, que no puede oír sus tristes lamentos, y permanecen postradas ante el sepulcro.
Cuatro veces la Luna había llenado su disco, reuniendo
sus cuernos; ellas, según su costumbre, y la costumbre
se había convertido en rutina, estaban entregadas al
llanto; entonces Faetusa, la mayor de las hermanas,
cuando intentó postrarse en el suelo se quejó de que
sus pies se habían vuelto rígidos; la cándida Lampecie
intentó acercársele, pero unas repentinas raíces se lo
impidieron; la tercera de ellas, al intentar desgarrarse
el cabello con las manos arrancó hojas y ramas. Una se
lamenta de que un tronco apresa sus piernas, otra se
duele de que sus brazos se han convertido en largas ramas, y mientras ven todo esto con asombro, la corteza
va envolviendo sus ingles, y luego va ciñéndoles el vientre, el pecho, los hombros y los brazos, hasta que sólo
afloran las bocas que llaman a su madre. ¿Qué otra
cosa puede hacer ella, sino ir de una a la otra, siguiendo
sus impulsos, y besarlas mientras todavía es posible?
Pero no es suficiente: intenta arrancar la corteza de sus
cuerpos, pero con las manos rompe las tiernas ramas,
de las que, como de una herida, empieza a gotear san-

---

[24]   Las Helíades son las hermanas de Faetón, hijas, como él, del
Sol o Helios.

gre. «¡Detente, madre, te lo ruego!», gritan cuando las hiere. «¡Detente, te lo ruego! Es nuestro cuerpo lo que se desgarra con el árbol. ¡Ya es el fin, adiós!» La corteza vino a cubrir sus últimas palabras. Y de la corteza cayeron lágrimas, que goteando desde las ramas recién nacidas se endurecieron al sol convirtiéndose en ámbar, y fueron recogidas por las aguas cristalinas del río, que las transporta para que las lleven las mujeres latinas.

Presente ante este extraordinario prodigio se hallaba también Cigno, hijo de Esténelo, que por parte de madre estaba ligado a ti, Faetón, por lazos de sangre, pero aún más lo estaba por la afinidad de vuestro espíritu. Habiendo abandonado el mando, pues gobernaba los pueblos y las grandes ciudades de los Lígures [25], llenaba con sus lamentos las verdes orillas y las aguas del Erídano, así como el bosque, acrecido ahora por la transformación de las hermanas. Entonces su voz se hizo más débil y blancas plumas cubrieron su cabello: el cuello se alarga alejándose del pecho, una membrana liga los dedos rojizos, alas recubren sus costados, y un pico de punta redondeada oculta su rostro. Cigno se transforma en una nueva ave [26], y desconfiando del cielo y de Júpiter, como si recordara los rayos injustamente arrojados por el dios, habita en los estanques y en los grandes lagos, y puesto que detesta el fuego purificador, elige los ríos, que son lo opuesto a las llamas.

Mientras tanto, el padre de Faetón, dolorido y privado de su esplendor, tal como suele mostrarse cuando se eclipsa del mundo, odia la luz, se odia a sí mismo y a la claridad del día, abandona su ánimo a la tristeza y a la tristeza añade la ira, y rehúsa prestar su servicio a la tierra. «Desde el principio de los tiempos el mío ha sido un destino fatigoso, y estoy cansado de trabajar sin descanso y de esforzarme sin recompensa. ¡Que conduzca otro el carro portador de la luz! Y si no hay nadie

---

[25]   Pueblo del norte de Italia.
[26]   Cigno significa, en efecto, cisne.

que se preste, si todos los dioses se confiesan incapaces, ¡que sea él mismo quien lo conduzca! ¡Así, por lo menos, mientras intenta manejar mis riendas depondrá durante un tiempo los rayos con los que nos arrebata a nuestros hijos! Entonces, cuando haya experimentado la fuerza de los caballos de pies de fuego, se dará cuenta de que no merecía morir aquel que no fue capaz de guiarlos bien.» Mientras así habla los demás dioses se agolpan a su alrededor y le ruegan con voz suplicante que no deje al mundo sumido en las tinieblas; el mismo Júpiter le pide perdón por haber arrojado sus rayos, y, como es propio de todo rey, a sus ruegos añade también amenazas. Febo reagrupa a los caballos enloquecidos por el miedo, y lleno de dolor los maltrata con las espuelas y con la fusta: en efecto, está furioso, los acusa, y les reprocha la muerte de su hijo.

Entre tanto, el padre omnipotente recorre las ingentes murallas del cielo y comprueba que ninguna parte haya sido demolida por la fuerza del fuego y pueda derrumbarse. Tras verificar que están firmes y sólidas, dirige su mirada hacia los hombres y sus quehaceres. Pero es su Arcadia la que le preocupa más vivamente: le devuelve sus fuentes y los ríos que todavía no se atrevían a fluir, da plantas a la tierra y hojas a los árboles, y ordena a los bosques que sean verdes otra vez.

Mientras iba y venía una y otra vez se quedó prendado de una joven de Nonacris, y el fuego de la pasión le consumía los huesos. No se entretenía ella en hilar lana o en cambiar el peinado de su cabello; cuando se había prendido el vestido con una fíbula y se había recogido la revuelta cabellera con una cinta blanca, tomando en su mano a veces un ligero venablo y a veces un arco, era una amazona de Febe, y en todo el Ménalo[27] no había otra más querida para Diana Trivia[28]. Pero ninguna supremacía dura mucho.

---

[27] Monte de Arcadia, en el Peloponeso.
[28] Trivia es uno de los epítetos de Diana, como diosa de las encrucijadas.

El sol, alto en el cielo, ya había recorrido más de la mitad de su camino cuando ella entró en un bosque que nunca había sido talado. Allí se quitó el carcaj del hombro y destensó el arco, y se echó en el suelo cubierto de hierba, reposando su cabeza sobre el pintado carcaj. Cuando Júpiter la vio, cansada e indefensa, se dijo: «Desde luego, mi esposa no se enterará de este engaño; y de todas formas, aunque lo viniese a saber, ¡son tantas las peleas!» Acto seguido, se reviste con la figura y los atavíos de Diana, y le dice: «Oh virgen, la mejor entre mis compañeras, ¿en qué montes has estado cazando?» La muchacha, mientras tanto, se había levantado del suelo, y exclama: «¡Salve, oh diosa, a mi parecer (y aunque él me oiga) más grande que Júpiter!» Él se ríe al escucharla y le divierte saberse preferido a sí mismo, y la besa sin demasiada moderación, de forma algo impropia para una virgen. Cuando ella se disponía a relatarle en qué selva había estado de caza él se lo impidió con un abrazo, y, no sin culpa, se reveló a ella. Ella, desde luego, se resiste hasta donde puede hacerlo una mujer (¡si pudieras verla, saturnia Juno, serías más condescendiente!), y lucha; pero ¿qué muchacha, qué mortal podría superar al gran Júpiter? Éste regresa al cielo victorioso; ella, por su parte, aborrece el bosque y aborrece los árboles que saben lo ocurrido, tanto que al marcharse casi olvida recoger su carcaj con la flechas y el arco que había dejado colgando.

Cuando he aquí que Dictina[29], acompañada por su séquito, avanza por el alto Ménalo orgullosa de las piezas que ha cazado, y ve a Calisto y la llama. En el primer momento ella rehuyó la llamada, temerosa de que fuera Júpiter el que se escondía bajo esa apariencia; pero cuando vio que avanzaba acompañada de las nin-

---

[29]   Otro epíteto de Diana.

fas se dio cuenta de que no había ningún engaño, y se
unió al cortejo. Pero, ¡ay!, ¡qué difícil es que el rostro
no traicione nuestras culpas! Casi no despega los ojos
del suelo, y ya no camina, como solía, al lado de la
diosa, a la cabeza de la comitiva, sino que permanece
en silencio, y con su rubor da prueba de que su pudor
ha sido ofendido. Y si no fuera porque es una virgen, la
misma Diana habría podido notar mil señales de su
culpabilidad; en efecto, dicen que las ninfas lo notaron.

Los cuernos de la Luna habían renacido comple-
tando su disco por novena vez cuando la diosa, fatigada
por las llamas de su hermano, fue a dar durante una cacería con un fresco lugar en el bosque, por el que bajaba un torrente que fluía murmurando y arrastrando
guijarros de pulida superficie. Elogió el lugar, rozó con
su pie la superficie del agua, que también le agradó, y
dijo: «No hay nadie que pueda vernos: ¡vamos a des-
nudarnos y a bañarnos, salpicándonos con el agua!» La
joven de Parrasia [30] se ruborizó; todas se despojan de
sus velos: sólo ella vacila. Al ver que titubea le quitan
sus ropas, y al desnudarla a la vez descubren su cuerpo
y su culpa. Mientras ella, turbada, intenta cubrir su
vientre con las manos, Cintia [31] exclama: «¡Aléjate de
aquí, no contamines la pureza de la aguas!», y le ordena que abandone su séquito.

Hacía tiempo que la esposa del gran Tronante se había dado cuenta de esto, pero había aplazado el momento de darle un serio castigo a la espera de una ocasión más oportuna. Llegado aquel momento, ya no
había motivos para demorarlo; la concubina ya había
dado a luz a un niño, Arcas, lo que fue un duro golpe
para Juno. Tan pronto como volvió hacia ella sus ojos y
su mente cruel, dijo: «¡Esto es lo último que faltaba, ra-

---

[30]   Calisto, que era de Arcadia, donde se encuentra la ciudad de
Parrasia.
[31]   Sobrenombre de Diana, a la que se veneraba en el monte Cin-
tio, en la isla de Delos.

mera, que parieras y con la afrenta de tu parto dieras a
conocer el entuerto de mi Júpiter! ¡Pero vas a recibir tu
merecido, porque te voy a quitar esa figura por la que
tanto te gustas a ti misma y le gustas a mi esposo, desvergonzada!» Así habló, y encarándose con ella la agarró por el cabello y la obligó a postrarse en el suelo.
Ella, suplicando, le tendía los brazos: entonces los brazos empezaron a erizarse de vello negro, las manos se
curvaron, les salieron afiladas garras y tomaron la función de pies, y el rostro que una vez había sido alabado
por Júpiter se deformó en unas grandes fauces. Y para
que sus ruegos y sus palabras implorantes no pudieran
enternecer los corazones, Juno le arrebató la capacidad de hablar: de su ronca garganta sale una voz ira-
cunda y amenazante, que infunde pavor. Sin embargo,
aun convertida en osa conserva su antigua mente, y ma-
nifestando su dolor con constantes gemidos alza hacia
el cielo sus manos, cualquiera que sea su forma actual,
y parece acusar a Júpiter de ingrato, aunque no puede
decirlo. ¡Ah, cuántas veces, sin atreverse a dormir sola
en el bosque, vagó errante ante las que habían sido su
casa y sus tierras! ¡Cuántas veces se vio acosada entre
las rocas por los ladridos de los perros, y aterrorizada,
ella, la cazadora, tuvo que huir de quien le daba caza!
Muchas veces se escondía de las bestias salvajes, olvidando lo que ella misma era, y aun siendo osa temblaba a la vista de otros osos y se asustaba de los lobos,
a pesar de que su mismo padre, Licaón, era uno de
ellos.

Y he aquí que llega el hijo de la Licaonia [32], Arcas, ya
próximo a cumplir los quince años, que ignoraba quién
era su madre. Estaba siguiendo el rastro de los animales salvajes, eligiendo las gargantas más adecuadas y
rodeando con nudosas redes la espesura en los bosques
del Erimanto [33], cuando se encontró con ella, que al

[32]   Calisto, hija de Licaón.
[33]   Monte de Arcadia, en el Peloponeso.

verle se detuvo y pareció reconocerle. Él retrocedió, asustándose, en su ignorancia, de aquella que le observaba sin pausa con esos ojos inmóviles, y al ver que ansiaba acercarse se disponía a atravesarle el pecho con una flecha mortal. Entonces el omnipotente lo impidió, paralizando a la vez sus cuerpos y el crimen que iba a cometerse, y elevándolos por el aire en alas de un veloz viento, los colocó en el cielo, transformándolos en dos constelaciones vecinas [34].

Cuando vio que su rival brillaba entre las estrellas, Juno se enfureció y descendió a las profundidades en busca de la canosa Tetis y del anciano Océano, cuyo respeto tanta veces conmueve a los dioses. Interrogada sobre la razón de su visita, empezó: «¿Queréis saber por qué yo, la reina de los dioses, he descendido hasta aquí desde las moradas celestes? ¡Otra ocupa el cielo en mi lugar! Que digan que miento si, cuando la noche traiga la oscuridad al mundo, no veréis allí unas estrellas, estrellas que me duelen como heridas, a las que acaban de conceder el honor de estar en el alto cielo, en el lugar donde el último círculo, el más estrecho, ciñe en su extremo el eje de la tierra. ¿Habrá ya alguna razón por la que alguien se vaya a abstener de ultrajar a Juno, o vaya a temblar si la ha ofendido, puesto que, única entre todos, hago el bien cuando quiero hacer el mal? ¡Oh, qué grande ha sido mi venganza! ¡Qué grande es mi poder! Le impedí que fuera humana: ¡pues ahora es una diosa! ¡Así castigo yo a los culpables, así demuestro mi gran autoridad! ¡Que le devuelva su antiguo aspecto y le quite su rostro animal, como ya hizo antes con la Forónida [35], la de la Argólida! ¿Por qué no la conduce a su lado, expulsando a Juno, y la coloca en su lecho, tomando a Licaón como suegro? Por eso vosotros, que me habéis criado, si sen-

---

[34]   La Osa Mayor y la estrella Arturo (= el guardián de la Osa), en la constelación de Bootes.
[35]   Io, hermana de Foroneo.

tís la afrenta que me han hecho, vetad vuestros azules
vórtices a la Osa Mayor, rechazad a esa constelación
que ha sido admitida en el cielo gracias a un adulterio,
para que no se sumerja una meretriz en vuestras aguas
puras.»

Los dioses del mar asintieron, y la hija de Saturno regresó al límpido éter en su ágil carro tirado por variopintos pavos reales. En realidad, los pavos reales eran
variopintos sólo desde hacía poco, desde la muerte de
Argos, así como tú, cuervo parlanchín, hacía poco que
inesperadamente te habías recubierto de alas negras,
mientras que antes eras blanco.

En efecto, éste había sido en tiempos un pájaro de
reflejos plateados y alas blancas como la nieve, igual a
las palomas completamente inmaculadas, y al que en
nada aventajaban las ocas que un día habían de salvar
el Capitolio dando la alarma con sus voces [36] ni el cisne
que ama los ríos. Fue la lengua lo que le perdió: la lengua charlatana hizo que el que antes era blanco sea
ahora del color opuesto al blanco.

No había en toda Hemonia mujer más bella que Coronis de Larisa: fue de tu agrado, Apolo Délfico, mientras fue casta, o, por lo menos, mientras nadie la espió.
Pero el ave de Febo se dio cuenta del adulterio, y para
desenmascarar su secreto delito partió, implacable
acusador, en busca de su dueño; entonces la lenguaraz
corneja lo alcanzó en vuelo para enterarse de todo, y
cuando supo la razón de su viaje le dijo: «El camino
que llevas no te traerá ningún bien; no te burles de mis
predicciones. Mira lo que fui y lo que soy ahora, y pre-
gúntate cuál fue la razón: descubrirás que fue la lealtad
la que provocó mi ruina. En efecto, un día Palas [37] en-

---

[36]   Ovidio se refiere a un episodio de la historia de Roma, cuando,
en el año 387 a.C., las ocas del Capitolio despertaron con sus graznidos a los guardias, descubriendo así el ataque de los galos.
[37]   Palas Atenea o Minerva, hija de Júpiter y diosa de la guerra y
de la sabiduría.

cerró en un cesto de mimbre ático a Erictonio, un niño
que había sido generado sin madre, y se lo entregó a las
tres vírgenes hijas del biforme Cécrope [38] con la orden
de que no miraran en su interior. Escondida tras leves
hojas yo espiaba sus actos desde un frondoso olmo.
Dos de ellas, Pándrosos y Herse, cumplen lo ordenado
sin engaños; sólo Aglauros llama cobardes a sus hermanas y desata los nudos con sus propias manos: dentro ven a un recién nacido tendido junto a una serpiente. Le conté a la diosa lo ocurrido; a cambio recibí
este favor: que ahora digan de mí que Minerva me ha
quitado su protección y que ha puesto en mi sitio a un
ave nocturna [39]. Mi castigo podría servir de advertencia
a los pájaros, para que no se busquen problemas por
hablar. Y además, ¿me equivoco o fue ella la que me
vino a buscar, sin que yo se lo pidiera? Pero puedes
preguntárselo a Palas tú mismo: por muy enfadada que
esté, no lo negará en su ira.

»En efecto, yo nací en Focea, hija del ilustre Coro-
neo (como todos saben), y siendo una muchacha de estirpe real, no me faltaban (no te burles) ricos pretendientes. Fue mi belleza lo que me perjudicó. De hecho,
una vez, cuando paseaba lentamente por la playa,
como todavía suelo hacer, el dios del mar me vio y se
encendió de pasión, y al ver que suplicándome con dulces palabras perdía el tiempo inútilmente, decidió emplear la fuerza y se lanzó en pos de mí. Yo salí huyendo,
dejando atrás la zona más compacta de la playa, y en
vano me esforzaba por correr sobre la blanda arena.
Entonces invoqué a los dioses y a los hombres: ningún
mortal pudo oír mi voz, pero la diosa virgen [40] se
apiadó de mí, virgen también, y me prestó su ayuda. Yo
tendía mis brazos al cielo: entonces mis brazos empe-

---

[38]   Según algunos, el primer rey de Atenas, representado habitualmente como un ser medio hombre y medio serpiente.
[39]   La lechuza, ave sagrada de Minerva.
[40]   Diana.

zaron a ennegrecerse con una capa de lisas plumas; intentaba quitarme el manto que cubría mis hombros, pero el manto eran plumas que hundían sus raíces bajo la piel; quería golpear con mis manos mi pecho desnudo, pero ya no tenía ni manos ni pecho; corría, y la arena ya no retenía mis pies como antes, y yo me elevaba en el aire, alejándome del suelo. Luego ascendí por el cielo y fui asignada como compañera, libre de toda culpa, a Minerva. ¿Y de qué me ha servido todo eso, si luego me ha sucedido en mi cargo Nictímene, que fue convertida en pájaro por un horrible delito? ¿O es que no te has enterado, como bien se sabe en toda Lesbos, que Nictímene deshonró el lecho de su padre? Ella ahora es un ave, sí, pero consciente de su culpa rehúye la luz y la vista de los demás, oculta su vergüenza en la oscuridad, y en todas partes es expulsada del cielo.»

El cuervo contestó así a sus palabras: «¡Así tus advertencias se vuelvan contra ti, corneja! ¡Yo me río de tus estúpidos presagios!», y sin abandonar su viaje fue a contarle a su amo cómo había visto a Coronis yacer con un joven hemonio.

Cuando el dios se enteró del engaño de su amante, se le cayó la corona de laurel, y a la vez se le perdió la mirada, el color y el plectro. Con el corazón inflamado de creciente ira, aferró las armas que siempre le acompañaban, y tras tensar la cuerda tendió el arco y atravesó con un dardo, al que ella no pudo escapar, ese pecho que tantas veces había estrechado contra el suyo. Ella gimió al ser alcanzada, y arrancándose el hierro del cuerpo, cuyos miembros se cubrieron de purpúrea sangre, exclamó: «¡Habría podido pagar mi culpa hacia ti, oh Febo, pero después de dar a luz! ¡Ahora dos moriremos en una!» Estas fueron sus últimas palabras, y junto con la sangre se le fue la vida; el cuerpo, ya sin alma, fue invadido por el frío de la muerte.

Se arrepiente Febo, ¡demasiado tarde, ay!, del cruel castigo, y se odia a sí mismo por haber escuchado y por haberse enfurecido; odia al pájaro, por el que se ha

visto obligado a conocer el delito, y, por tanto, la causa
de su cólera, y odia la mano, y el arco, y junto con la
mano odia las flechas, armas temerarias; trata de dar
calor al cuerpo exánime, lucha con vanos artificios por
vencer a la muerte e inútilmente emplea sus artes mé-
dicas. Tras haberlas puesto en práctica sin éxito, al ver
que preparaban la pira funeraria, último fuego en el
que habían de arder los miembros de ella, entonces
desde lo más profundo de su pecho emitió un gemido
de dolor (pues a los dioses no se les permite bañar su
rostro en lágrimas), como una novilla cuando ve que el
martillo, con un sonoro golpe vibrado desde la altura
del oído derecho, quebranta la hueca sien del ternero
lactante.

Después de haber vertido sobre su pecho perfumes
que ella ya no iba a agradecer, después de haber abrazado su cuerpo y de haber cumplido los ritos que, injustamente, ahora le debía, Febo no permitió, sin embargo, que su propia simiente pereciera en el fuego.
Arrebatando el niño [41] al útero de su madre y a las
llamas, lo llevó a la cueva del biforme Quirón [42]. En
cuanto al cuervo, que esperaba una recompensa por
haberle revelado la verdad, le negó la permanencia entre las aves blancas.

El Centauro, mientras tanto, se sentía feliz de tener a
ese nuevo pupilo de estirpe divina, y se alegraba de ese
honor, que era a la vez una carga. Y he aquí que, con
los rojos cabellos sueltos sobre sus hombros, llegó la
hija de Quirón, a la que tiempo atrás había dado a luz
la ninfa Cariclo a orillas de un río de rápida corriente,
por lo que la habían llamado Ocírroe [43]. Ocírroe no se
había conformado con aprender las artes de su padre:

---

[41]   Esculapio.
[42]   Quirón era un centauro de gran sabiduría, a quien le fue en-
comendada la educación, entre otros, de Esculapio, de Jasón y de
Aquiles.
[43]   Ocírroe significa en griego «corriente veloz».

también predecía el futuro. Entonces, al sentir su mente invadida por el espíritu de la adivinación, enardeciéndose con la presencia del dios que albergaba en su pecho, miró al pequeño y dijo: «¡Crece, niño, tú que has de llevar la salud a todo el mundo! Muchas veces te deberán la vida los cuerpos de los mortales; tendrás la facultad de hacer regresar a los cuerpos las almas que ya han partido, pero cuando lo hayas hecho una vez, despertando la indignación de los dioses, el poder de tu abuelo te prohibirá hacerlo de nuevo, y de dios te convertirás en cuerpo mortal, y morirás, y otra vez de cuerpo serás hecho dios, y revivirás tu destino dos veces [44]. También tú, querido padre, que ahora eres inmortal y que fuiste creado para sobrevivir a todos los tiempos, según se decretó cuando naciste, desearás poder morir cuando te atormente la sangre de una terrible serpiente que habrá invadido tus miembros doloridos [45]. Entonces los dioses te harán, de eterno, vulnerable a la muerte, y las tres diosas hermanas [46] cortarán los hilos de tu vida.» Todavía le quedaba algo por predecir, pero desde lo más hondo de su pecho emitió un suspiro, y de sus ojos nacieron lágrimas que corrieron por sus mejillas. Dijo: «El destino se adelanta a mí; se me prohíbe seguir hablando, y se me priva del uso de la voz. ¡No valían tanto las artes que han atraído sobre mí la cólera de los dioses! ¡Habría preferido no conocer el futuro! Ya parece que abandono la forma humana, ya quiero alimentarme de hierba, y siento el impulso de correr por los campos: me estoy convirtiendo en una yegua, en un cuerpo afín al de mi padre. Pero ¿por qué toda entera? Porque mi padre es un cuerpo biforme.»

A medida que hablaba, la última parte de su discurso se hizo poco inteligible, apenas unas palabras confusas.

---

[44]   Se refiere al catasterismo de Esculapio, es decir, a su transformación en la constelación del Serpentario.

[45]   Quirón fue herido involuntariamente por Hércules con una de sus flechas, impregnadas con el veneno mortal de la Hidra de Lerna.

[46]   Las Parcas.

Después ya no parecían ni siquiera palabras, pero tampoco parecía una yegua, sino alguien que imitara a una yegua; tras breves instantes emitió verdaderos relinchos, y sus brazos se movieron sobre la hierba. Entonces sus dedos se unen y una única pezuña córnea y lisa enlaza las cinco uñas; la cara y el cuello se estiran, la mayor parte de su manto se transforma en cola, y donde los cabellos sueltos se esparcían sobre su cuerpo, una mata de crines cae sobre el lado derecho. Así se transformaron a la vez su voz y su aspecto, y el prodigio le dio también un nuevo nombre.

Lloraba Quirón, el semidiós hijo de Fílira, y en vano invocaba tu ayuda, oh Febo. En efecto, no habrías podido deshacer lo que había sido ordenado por Júpiter, y aunque hubieses podido no te encontrabas allí, pues en aquellos tiempos habitabas los campos de la Élide y de Mesenia [47].

Era aquella la época en que te vestías con pieles, como los pastores, y llevabas en tu mano izquierda un tosco cayado y en la derecha una flauta hecha de siete cañas desiguales. Y dicen que mientras te ocupaban los cuidados del amor y te aliviaba el sonido de tu flauta, tus vacas, sin guardián, entraron en los campos de Pilos [48]. Las vio el hijo de la atlántide Maya, y se las llevó, utilizando sus poderes para ocultarlas. Nadie se dio cuenta del robo, salvo un anciano bien conocido en aquellos parajes: en toda la región le conocían como Bato. Era el guardián de las tierras y de los herbosos pastos del rico Neleo, así como de sus manadas de caballos de raza. Mercurio temió que le delatara, y apartándolo con amable ademán le dijo: «Quienquiera que seas, buen hombre, si por casualidad alguien te preguntara por este hato, no digas que lo has visto; como recompensa, toma esta vaca bien cebada», y se la dio.

---

[47] Regiones que ocupan la costa occidental del Peloponeso.
[48] Ciudad costera de la Élide.

Aceptándola, Bato le contestó con estas palabras:
«Vete tranquilo, extranjero. Antes de que yo hable de
tu robo, hablará esta piedra», y señaló la piedra. El hijo
de Júpiter fingió irse, y luego regresó con una nueva
voz y un nuevo aspecto, y le dijo: «Anciano, si has visto
pasar unas vacas por este lugar, ayúdame y no guardes
silencio sobre el robo. Te daré una hembra con su
toro.» Entonces el anciano, al ver que el premio se du-
plicaba, respondió: «Deben estar bajo esos montes»; y
allí estaban. Rió el Atlantíada, y dijo: «¡Ah, pérfido!
¿Me traicionas conmigo mismo? ¿Conmigo mismo me
traicionas?», y transformó su corazón perjuro en duro
pedernal, al que todavía hoy llaman piedra de toque [49],
y así persiste la vieja infamia en la piedra que nada ha
merecido.

Desde allí Mercurio había alzado el vuelo batiendo
sus alas, y observaba desde el aire los campos de Muniquia, los arbustos de los jardines del Liceo y las tierras queridas a Minerva [50]. Casualmente, ese era el día
en que, según la costumbre, jóvenes castas llevaban a la
ciudadela de Palas, adornada para la fiesta, los incon-
taminados paramentos sagrados, en cestos coronados
de flores que llevaban sobre sus cabezas [51]. El dios
alado las vio cuando regresaban, y, abandonando la
trayectoria recta, empezó a volar en redondo. Como un
gavilán, ave rapidísima, que ha avistado las vísceras de
un sacrificio y vuela en círculos, receloso, mientras los
sacerdotes se agolpan alrededor del altar, pero no se
atreve a alejarse y voltea agitando las alas, lleno de avi-
dez y de esperanza, así el veloz dios de Cilene curva su
vuelo sobre las cumbres del Ática y una y otra vez surca
los aires.

---

[49]   La piedra de toque era en latín el *silex index,* literalmente «piedra chivata».
[50]   Muniquia era un puerto cercano a Atenas. Toda la región era
especialmente querida para Minerva, de cuyo nombre griego, Atenea, deriva el nombre de la ciudad.
[51]   La procesión de las Panateneas.

De cuanto supera el fulgor del Lucífero al de las otras estrellas, y el de la Luna al del Lucífero, así Herse superaba con su prestancia a las demás vírgenes, y era el broche de la procesión y de sus compañeras. El hijo de Júpiter se quedó extasiado ante su belleza, y suspendido en el cielo arde de pasión, como ocurre cuando una honda de las Baleares lanza una bala de plomo: ésta vuela, y en su vuelo se calienta, encontrando bajo las nubes el fuego que no tenía. Mercurio invierte su camino, abandona el cielo y se dirige hacia la tierra, y ni siquiera disfraza su figura: tanta es su confianza en su belleza. Una belleza a la que, sin embargo, aunque grande, no le desmerecen algunos retoques: se alisa el cabello y se coloca la clámide para que caiga bien y para que se vea todo el oro de la cenefa; se cuida de que la vara, con la que induce y aleja el sueño, se vea tersa y pulida en su mano derecha, y de que las sandalias aladas brillen en sus pies.

En la parte interior de la casa había tres habitaciones decoradas con marfil y concha de tortuga, de las que tú, Pándrosos, ocupabas la de la derecha, Aglauros la de la izquierda y Herse la del centro. La que ocupaba la habitación de la izquierda fue la primera en darse cuenta de que Mercurio se acercaba, y tuvo la osadía de preguntarle cuál era su nombre y la causa de su venida, a lo que el nieto de Atlas y de Pléyone le contestó: «Yo soy aquel que lleva por el aire las órdenes de mi padre, y mi padre es el mismo Júpiter. No inventaré ninguna excusa falsa: tú, simplemente, acepta de buen grado ser fiel a tu hermana y llamarte tía de mis hijos. Herse es la causa de mi venida: te lo ruego, ¡ayuda a este enamorado!» Aglauros le miró con los mismos ojos con los que poco antes había visto el secreto que ocultaba la rubia Minerva, y a cambio de sus servicios le pidió una gran cantidad de oro; mientras tanto, le ordenó que saliera de la casa.

Entonces Minerva, la diosa guerrera, volvió su fiera mirada hacia esa parte del mundo, y mandó un suspiro

tan profundo que a la vez sacudió su pecho y la égida [52]
que sobre su fuerte pecho reposaba. Le volvió a la memoria cómo ésta había descubierto su secreto con
mano sacrílega, cuando había visto, en contra del juramento prestado, al hijo que el dios de Lemnos [53] había
generado sin madre, y vio cómo iba a ganarse el agradecimiento del dios y de su hermana, y cómo iba a en-
riquecerse cuando recibiese el oro que llena de codicia
había exigido.

Entonces se encaminó inmediatamente hacia la morada de la Envidia, cubierta de negra podredumbre. Es
una casa oculta en el fondo de un valle, una casa donde
nunca da el sol ni sopla el viento, invadida por la tristeza y la inercia del frío, en la que siempre falta el fuego
y abunda la niebla espesa. Al llegar allí, la joven diosa,
temible en la guerra, se para ante la puerta, pues no se
le permite cruzar el umbral, y golpea los batientes con
el extremo de su lanza. La puerta se abre a sus golpes:
dentro ve a la Envidia comiendo carne de víboras, con
la que alimenta su vicio, y al verla aparta la mirada.
Aquélla, indolente, se levanta del suelo; soltando los
cuerpos medio devorados de las serpientes avanza con
flojo andar, y al ver a la diosa, ornada por sus armas y
su belleza, emite un gemido y su rostro contrae el gesto
al lanzar un suspiro. La palidez ocupa su semblante y la
escualidez todo su cuerpo demacrado; nunca una mirada franca; los dientes están lívidos de sarro, su pecho
verde de hiel, su lengua hinchada de veneno. No conoce la risa, salvo la que despierta la vista del dolor, ni
tampoco goza del sueño, siempre desvelada por su vigilante ansiedad, sino que ve con desagrado los éxitos
de la gente y al verlos se aflige, y se corroe por dentro y
corroe a los demás, y ese es su tormento.

---

[52] La égida es el escudo de Minerva, bordeado de serpientes y
con la cabeza de Medusa en el centro.
[53] Vulcano, que cayó sobre la isla de Lemnos cuando fue arrojado desde el cielo por Júpiter.

Aunque le resultaba odiosa, la Tritonia [54] se dirigió a ella brevemente con estas palabras: «Impregna con tu ponzoña a una de las hijas de Cécrope. Es necesario. Se trata de Aglauros», y sin decir nada más se marchó, despegándose del suelo con un golpe de su lanza.

La Envidia, siguiendo a la diosa con una mirada de soslayo, murmura algo entre dientes y se duele del futuro éxito de Minerva; luego coge su bastón, todo recubierto de espinos, y envuelta en una nube negra allí por donde pasa pisotea los campos en flor, abrasa la hierba y arranca las erguidas amapolas, contaminando con su aliento pueblos, ciudades y casas; por fin avista la ciudad de la Tritonia, que florecía llena de ingenios, de riquezas y de festiva paz, y casi no puede contener las lágrimas, al ver que nada provoca el llanto.

No obstante, una vez que hubo entrado en la habitación de la hija de Cécrope ejecutó lo que le había sido ordenado, y tocando el pecho de Aglauros con su mano teñida de herrumbre llenó su corazón de congojas que se clavaron como anzuelos, le insufló una ponzoña nefasta y negra como la pez y la disolvió en sus huesos, y esparció veneno en sus pulmones; y para que los gérmenes del mal no vagaran dispersos, colocó frente a ella la imagen de su hermana y de sus felices nupcias, y la bella figura del dios, y todo lo engrandeció ante sus ojos. Instigada por todo ello, la hija de Cécrope siente la mordedura de un dolor oculto, y roída por la ansiedad noche y día, gime y se consume lentamente en la triste ponzoña, igual que se deshace el hielo bajo un sol incierto, y la venturosa felicidad de Herse la abrasa con la lentitud con la que el fuego quema unas zarzas aún verdes, que, aunque no hacen llama, se consumen con un tibio calor. Muchas veces desea morir para no ver aquello, muchas veces querría contárselo a su severo padre como si se tratara de un delito; por fin, se sienta

---

[54] Nombre de Palas Atenea.

en el umbral decidida a cerrarle el paso al dios cuando
venga, y ante sus halagos, sus ruegos y sus palabras
amables responde: «¡Basta ya! No me moveré de aquí
hasta que te hayas ido.» «¡Trato hecho!», contesta el
veloz Mercurio, y con su vara abre la puerta cerrada.
Ella intenta levantarse, pero las partes del cuerpo que
flexionamos al sentarnos se niegan a moverse, invadi-
das por una torpe pesadumbre. Lucha por ponerse en
pie y enderezar el tronco, pero las articulaciones de las
rodillas están rígidas, el frío invade sus dedos, y las venas palidecen vacías de sangre. Igual que el cáncer, enfermedad incurable, se extiende reptando y va pasando
a las partes sanas desde las enfermas, así un frío mortal
va ocupando su pecho y cierra las vías vitales y las res-
piratorias. Ni siquiera intentó hablar, pero aunque lo
hubiese intentado la voz ya no tenía por dónde salir: la
piedra ya atenazaba su garganta, su rostro se había endurecido, y permanecía sentada convertida en una estatua exangüe. Pero no era una piedra blanca: su mente
la había teñido de oscuro.

Tras haber vengado la impiedad de las palabras y de
la mente de Aglauros, el Atlantíada abandona las tierras que toman su nombre de Palas, y agitando las alas
se dirige hacia el cielo. Y he aquí que su padre lo llama
a su lado, y sin decirle que la razón es que está enamorado, exclama: «Fiel mensajero de mis mandatos,
hijo mío, aparta cualquier demora y desciende veloz
con tu habitual celeridad. Dirígete al país que mira a tu
madre desde la parte izquierda del cielo (sus habitantes lo llaman Sidón) [55]; una vez allí, conduce hacia la
playa a una manada de vacas del rey que verás pa-
ciendo en los prados del monte.» Así dijo, y ya los novillos eran conducidos desde el monte, según lo orde-

---

[55]   Fenicia, donde se encuentra la ciudad de Sidón, que queda a la
izquierda respecto a Grecia si se mira hacia las Pléyades; es decir, hacia el Sur.

nado, hacia la playa, a la que la hija del poderoso rey [56] solía ir a jugar acompañada de un séquito de muchachas de Tiro.

No casan bien la majestad y el amor, no pueden convivir en la misma sede; por tanto, abandonando la solemnidad del cetro, Júpiter, padre y soberano de los dioses, que empuña en su diestra los rayos de tres puntas, que sacude el mundo con un movimiento de su cabeza, adopta la forma de un toro, y mezclándose entre los novillos, muge y pasea su belleza sobre la hierba tierna. Su color es exactamente como el de la nieve cuando no lleva las huellas de duros pies ni ha sido derretida por el lluvioso Austro; el cuello se yergue poderoso, entre las patas cuelga la papada, y los cuernos son pequeños, sí, pero tales que se diría que están hechos a mano, y más diáfanos que una gema transparente. No hay amenaza en su rostro ni fiereza en su mirada: su semblante es pacífico. La hija de Agénor se asombra de su belleza y de que no presente batalla, pero, a pesar de su mansedumbre, al principio no se atreve a tocarle; luego se le acerca y tiende unas flores hacia su blanco hocico. Se regocija el enamorado, y mientras llega el esperado placer colma de besos sus manos; apenas, apenas puede ya diferir el resto, y tan pronto juguetea brincando sobre la verde hierba, como reposa su níveo costado sobre la arena dorada. Poco a poco, a medida que Europa abandona su miedo, unas veces le presenta su pecho para que lo acaricie con su virginal mano, y otras le ofrece sus cuernos para que los enlace con guirnaldas recién trenzadas. También se atrevió la regia princesa, sin saber a quién oprimía con su cuerpo, a sentarse sobre el lomo del toro: el dios, sin que se note, se va alejando de la tierra y de la parte seca de la playa, luego moja sus falsos pies en las olas de la orilla, se aleja un poco más, y por fin se lleva a su presa

---

[56] Europa, hija del rey Agénor.

por las aguas del mar abierto. Ella está llena de miedo, y mientras se la lleva se vuelve a mirar hacia la costa que va quedando atrás, con su mano derecha se agarra a un cuerno, y la izquierda reposa sobre el lomo. Sus ropas tiemblan agitadas por la brisa.

LIBRO TERCERO

Y ya el dios, despojándose de su falsa apariencia de toro, se había revelado tal como era y se encontraba en los campos dicteos [1] cuando el padre de Europa, que todo lo ignoraba, ordena a Cadmo que salga en busca de la raptada, y mostrándose piadoso y cruel en un mismo acto, le condena además al destierro si no la encuentra. Tras haber recorrido todo el mundo (pues ¿quién podría descubrir los amores clandestinos de Júpiter?), el Agenórida [2], desterrado, se mantiene lejos de su patria y de la ira paterna, y dirige sus súplicas al oráculo de Apolo, a quien pregunta cuál es la tierra que habrá de habitar. «En un prado solitario», dice Febo, «encontrarás una vaca que nunca ha soportado el yugo ni ha tirado del corvo arado: sigue el camino por el que ella te guíe, y allí donde se recueste sobre la hierba construye las murallas de una ciudad y dales el nombre de "beocias" [3]».

Cadmo no había hecho más que descender de la cueva de Castalia [4] cuando vio a una novilla que cami-

---

[1]   En la isla de Creta, donde se encuentra el monte Dicte. Era una región especialmente grata a Júpiter, pues tras su nacimiento había sido criado por las ninfas en una cueva de dicho monte.

[2]   Cadmo, hijo de Agénor y hermano de Europa.

[3]   La palabra «beocias» en griego está ligada etimológicamente a «vaca».

[4]   Cueva del monte Parnaso, en la que manaba una fuente consagrada a Apolo y a las Musas.

naba lentamente, sin que nadie la guardara, y cuya cerviz no mostraba ninguna señal de haber servido al yugo. Se puso tras ella, siguiendo sus huellas paso a paso, y agradeciéndole a Febo en sus adentros que le hubiese mostrado el camino. Ya había dejado atrás los vados del Cefiso y los campos de Pánope: la novilla se detuvo, y volviendo al cielo su frente adornada de largos cuernos hizo estremecer el aire con sus mugidos; luego se volvió a mirar a los que la seguían y se echó en el suelo, tendiendo su costado sobre la blanda hierba. Cadmo dio las gracias y llenó de besos esa tierra extranjera, y saludó a los montes y a los campos desconocidos. Había que ofrecer un sacrificio a Júpiter: Cadmo ordena a sus sirvientes que vayan a buscar agua para las libaciones a un fresco manantial.

Había un viejo bosque que nunca había sido profanado por el hacha, y en medio del bosque había una gruta. Cubierta de espesa maleza y de mimbres, estaba formada por un amasijo de rocas que dibujaban un arco de poca altura, del que fluía un copioso torrente: en ese antro tenía su guarida una serpiente coronada por una cresta de oro, que había sido generada por Marte. El fuego ardía en sus ojos, todo su cuerpo estaba hinchado de veneno, en su boca vibraban tres lenguas, y sus dientes se disponían en tres filas. Cuando los proscritos del pueblo de Tiro [5] hubieron penetrado en el bosque con infausto paso y las vasijas se sumergieron con estrépito en el agua, la serpiente de piel azulada sacó la cabeza desde el fondo de la cueva y emitió un terrorífico silbido. Entonces las vasijas se les cayeron de las manos, la sangre abandonó sus cuerpos y un súbito temblor se apoderó de sus miembros paralizados. Enroscando en flexibles nudos sus espirales de escamas, se comba con un salto dibujando un arco inmenso, e irguiendo en el aire leve más de la mitad de su

---

[5]   Los compañeros de Cadmo, que como él proceden de Fenicia.

cuerpo contempla desde arriba todo el bosque, y su cuerpo, si pudieses verlo entero, es tan largo como el de la serpiente que separa la Osa Mayor de la Osa Menor. Sin tardanza se abalanza sobre los fenicios, tanto si preparaban las armas, si preparaban la huida o si el terror les impedía ambas cosas, y a unos los mata de un mordisco, a otros apresándolos entre sus largas espirales, y a otros con la mortal ponzoña de su aliento venenoso.

El sol, en el punto más alto de su camino, ya había reducido las sombras a un punto cuando el hijo de Agénor salió a buscar a sus compañeros, extrañado por su tardanza. Su cuerpo iba envuelto en una piel de león, y llevaba como armas una lanza de hierro reluciente y un dardo, pero por encima de cualquier arma llevaba su valor. Cuando entró en el bosque y vio los cuerpos sin vida, y al enemigo victorioso que, recubriéndolos con su enorme mole, lamía las funestas heridas con su lengua ensangrentada, exclamó: «Yo vengaré vuestra muerte, oh lealísimos compañeros, u os acompañaré en ella.» Y diciendo esto levantó con su diestra una pesada piedra y la arrojó con gran fuerza. El ímpetu de su lanzamiento habría hecho temblar una sólida muralla coronada de altas torres, pero la serpiente permaneció ilesa: protegida por sus escamas, como si se tratase de una coraza, y por la dureza de su recubrimiento, su piel repelió el tremendo golpe. Pero su dureza no pudo repeler también el dardo de Cadmo, que se quedó clavado en mitad de su flexible espina dorsal, penetrando hasta sus entrañas con la punta de hierro. Enloquecida por el dolor, la serpiente torció la cabeza sobre su espalda, se miró la herida y mordió el asta, y tras tirar con fuerza en todas las direcciones consiguió arrancársela del lomo; pero el hierro permaneció clavado en el hueso.

Entonces, cuando a su ira habitual se añadió esta última herida, se enfureció de verdad: las venas se hincharon de sangre en su garganta, y una espuma blan-

cuzca se formó alrededor de sus fauces pestilentes; la
tierra resonó barrida por sus escamas, y el aire empon-
zoñado se impregnó del aliento envenenado que salía
de su boca infernal. Y unas veces se retuerce formando
inmensos círculos con sus anillos, otras se yergue más
derecha que una larga viga o embiste impetuosa con la
violencia de un río crecido por las lluvias, derribando
con su pecho los árboles cercanos. El Agenórida retrocede un poco, parando los golpes con la piel de león, y
rechaza el ataque de las fauces con la punta de su
lanza; entonces la serpiente se enfurece y arremete sin
fruto contra el duro hierro, clavando los dientes en la
punta. La sangre había empezado a manar de su paladar infecto y derramándose había teñido la verde
hierba, pero era una herida leve, porque la serpiente
retrocedía ante el empuje de Cadmo apartando hacia
atrás el cuello lastimado, y al retroceder impedía que la
herida se hiciese más profunda. Por fin, el Agenórida
avanzó hundiendo el hierro clavado en su garganta,
hasta que una encina se interpuso en la retirada de la
serpiente y la lanza atravesó a la vez el cuello y la madera. El árbol se dobló bajo el peso del animal y gimió
azotado por el extremo de su cola.

Mientras Cadmo, victorioso, observaba el tamaño
del enemigo derrotado, de repente se oyó una voz (no
se entendía de dónde venía, pero se oyó): «¿Qué haces
ahí, hijo de Agénor, mirando a la serpiente muerta?
También a ti te verán como a una serpiente.» Él, aterrado, permaneció largo rato con la mente ausente, ausente el color de su cara, los cabellos erizados por el terror que le helaba la sangre. Y he aquí que Palas, su
protectora, llegó descendiendo por el aire desde las alturas, y le ordenó que removiese la tierra y enterrara
los dientes de la serpiente, semillas de una generación
aún por nacer. Cadmo obedece, y tras abrir un surco
con el arado, según lo ordenado, esparce los dientes,
semillas humanas, sobre la tierra. Entonces —cuesta
creerlo— la tierra empezó a moverse: primero apare-

ció en el surco una fila de lanzas, luego los ondeantes penachos y las decoradas cimeras de los yelmos, y luego fueron brotando los hombros, el pecho, los brazos cargados de armas, y así fue creciendo toda una cosecha de hombres armados de escudos. De la misma forma, cuando se levanta el telón en los teatros en fiesta las figuras van surgiendo desde abajo, y primero muestran la cara, y luego, poco a poco, a medida que los van levantando lentamente, van mostrando lo demás, y en el margen inferior están los pies [6].

Alarmado por este nuevo enemigo, Cadmo se disponía a empuñar sus armas cuando uno de los nacidos de la tierra exclamó: «¡No lo hagas, y no te entrometas en nuestra guerra civil!» Y diciendo así hirió de cerca con la dura espada a uno de sus hermanos terrígenas; luego, él mismo cayó alcanzado por un dardo lanzado desde lejos. Tampoco el que había dado muerte a éste vivió mucho más tiempo que él, y exhaló su último aliento, el mismo que acababa de recibir. Toda la fila, embravecida, siguió el mismo ejemplo, y así los improvisados hermanos caían, en su propia guerra, por las heridas que se infligían mutuamente. Y ya esa juventud destinada a vivir poco tiempo golpeaba con su pecho a la madre tierra tibia de sangre, y sólo quedaban cinco supervivientes, uno de los cuales era Equión. Éste, por consejo de Minerva, tiró al suelo su espada y ofreció y recibió de sus hermanos una promesa de paz. Ellos compartieron los trabajos del extranjero de Sidón cuando éste fundó la ciudad que el oráculo de Apolo le había ordenado.

Por fin Tebas estaba en pie, por fin parecía, Cadmo, que podías considerarte feliz en el exilio: tenías como suegros a Marte y a Venus [7], y a esto añádele la descen-

---

[6] En los teatros romanos el telón se bajaba al comenzar el espectáculo y se subía desde el suelo al terminar, de forma que las figuras dibujadas en él iban surgiendo de la forma descrita.

[7] Pues Cadmo se había casado con Harmonía, hija de ambos.

dencia que te había dado tu esposa, tus numerosos hijos e hijas y, la prenda más querida, unos nietos que también eran ya adolescentes. Pero, sin duda, siempre hay que esperar hasta el último día de la vida de un hombre, y nadie debe llamarse feliz antes de la muerte y de los funerales. El primer motivo de luto, Cadmo, entre tantas cosas venturosas, te lo dio uno de tus nietos [8], con los cuernos que impropiamente crecieron en su frente y los perros que se saciaron de la sangre de su amo. Pero, si lo piensas bien, verás que fue el destino el que forjó la tragedia, y no la maldad: ¿qué maldad podría haber en un error?

Había un monte teñido por la sangre de animales de todas las especies, y ya el día, en su mitad, había contraído las sombras de las cosas y el sol se encontraba a la misma distancia de los dos extremos de su recorrido; entonces el joven hiantio [9] se dirigió con palabras sosegadas a sus compañeros de caza, que erraban por cuencas apartadas: «Las redes y las armas están empapadas de sangre de las fieras, compañeros, y la caza de hoy ha sido suficientemente afortunada. Cuando la próxima Aurora vuelva a traernos el día en su carro dorado, reemprenderemos nuestra tarea; ahora Febo se encuentra a igual distancia de las dos metas y resquebraja los campos con su calor: dejad lo que estéis haciendo y retirad las nudosas redes.» Los hombres obedecieron e interrumpieron su actividad.

Había un valle poblado de piceas y de puntiagudos cipreses llamado Gargafia, lugar consagrado a Diana, la diosa del vestido remangado [10]; al final de ese valle, en un recóndito lugar del bosque, había una gruta que no había sido tallada con ningún artificio: la misma na-

---

[8]   Acteón.
[9]   Beocio.
[10]   Diana, al ser diosa de la caza, se representa siempre con la túnica remangada hasta la rodilla, para que no le estorbe al andar por los bosques.

turaleza, con su genio, había imitado al arte. En efecto, con viva piedra pómez y toba ligera había formado un arco natural, a cuya derecha gorgoteaba una límpida fuente de aguas tranquilas que formaba un amplio estanque rodeado de orillas herbosas. Allí solía rociar de agua sus virginales miembros la diosa Diana cuando estaba fatigada de la caza.

Tras haber penetrado en la cueva, la diosa había entregado su jabalina, su aljaba y su arco destensado a una de las ninfas, que le llevaba las armas, y había depositado su túnica en los brazos de otra; otras dos sueltan las ataduras de sus sandalias, y Crócale, hija del Ismeno, la más hábil de todas, le recoge en un moño los cabellos que le caen sobre el cuello, aunque ella misma los lleva sueltos. Nefele, Hiale, Ránide, Psécade y Fiale sacan el agua, y la vierten sobre ella con grandes vasijas.

Así pues, mientras la Titania [11] se bañaba en la fuente, como acostumbraba, he aquí que el nieto de Cadmo, que había diferido la fatiga de la caza y vagaba sin rumbo fijo por esa parte desconocida del bosque, llegó al rincón sagrado de la diosa: así le guiaron los hados. Tan pronto como entró en la cueva en la que brotaba el manantial, las ninfas, desnudas, al ver entrar a un hombre empezaron a golpearse el pecho, y de repente todo el bosque resonó con sus chillidos mientras rodeaban a Diana para taparla con sus propios cuerpos. Pero la diosa era más alta, y sobresalía por encima de todas ellas del cuello para arriba.

El mismo color de que suelen teñirse las nubes cuando reflejan los rayos del sol, el mismo color que tiene la rosada Aurora, fue el que recubrió el rostro de la diosa al ser vista sin sus ropas; aunque protegida por la turba de sus compañeras que se agolpaban a su alrededor, se colocó de costado y volvió el rostro hacia

---

[11]   Diana, nieta de Titanes.

atrás. Puesto que no tenía listas sus flechas, tal como hubiese querido, lo que le arrojó fue el agua, que tenía más a mano, bañando el joven rostro de él; y mientras así inundaba sus cabellos, le dijo en venganza estas palabras que presagiaban la inminente tragedia: «Y ahora ve a contar por ahí que me has visto sin velos, si es que puedes.» Sin añadir otras amenazas hace que en su cabeza, chorreante aún de agua, crezcan unos cuernos de ciervo adulto; hace más largo su cuello y afila la punta de sus orejas, a la vez que convierte sus manos en pezuñas y sus brazos en largas patas, y recubre su cuerpo de una piel moteada. A todo esto le añade también una innata timidez.

Huye el héroe hijo de Autónoe [12], y en su propia carrera se sorprende de ser tan veloz. Cuando vio sus cuernos y su hocico reflejados en el agua, quiso decir: «¡Pobre de mí!», pero la voz no salió de su boca. Emitió un gemido: eso fue todo lo que pudo decir, y las lágrimas cayeron por un rostro que ya no era el suyo; sólo su mente permaneció como antes. ¿Qué hacer? ¿Volver a casa, al palacio del rey, o permanecer escondido en el bosque?: el pudor le impide lo primero, el miedo lo último. Mientras dudaba, los perros le vieron. Melampo e Ignóbates, de fino olfato, fueron los primeros en dar la señal con sus ladridos: Ignóbates de Cnoso, Melampo de raza espartana. Después, más veloces que la rápida brisa, salieron corriendo todos los demás: Pánfago, Dorceo y Oríbaso, todos de Arcadia; el valiente Nebrófono y el cruel Terón, junto con Lélaps, Ptérelas, apreciada por sus pies, y Agre, apreciada por su olfato; Nape, hija de un lobo; Pémenis, guardiana de ganado, y Harpía, acompañada de sus dos hijos, y Ladón de Sición, de delgados flancos, y Drómade y Cánaque, y Esticte, y Tigre y Alce, y Leucón, de nívea piel, y Asbolo, de piel negra, y el poderosísimo Lacón, y Aelo, resis-

---

[12]   Acteón.

tente en la carrera, y Too y la veloz Licisca con su hermano Ciprio, y Hárpalo, con una mancha blanca en su negra frente, y Melaneo y Lacne, de cuerpo hirsuto, y Labro y Agriodonte, nacidos de padre cretense pero de madre laconia, e Hiláctor, de aguda voz, y otros que sería largo recordar. La manada entera le persigue por rocas, peñascos y riscos inaccesibles, allí por donde el camino es difícil y allí por donde no existe camino, ansiosa por capturar a la presa. Él huye por los mismos lugares por los que tantas veces ha sido perseguidor, huye, ¡ay!, de sus propios criados. Querría gritar: «¡Soy Acteón! ¿No reconocéis a vuestro amo?», pero le faltan las palabras, y el aire retumba con los ladridos.

La primera herida se la hizo en la espalda Melanquetes, luego Terodamante, y luego Orestíforo, que se aferró a su hombro: habían salido más tarde que los demás, pero habían atajado por un monte. Mientras éstos retienen a su amo, el resto de la manada se le echa encima y le clava los dientes por todo el cuerpo. Ya ni siquiera queda sitio para más heridas. Él gime, y su quejido, aunque no es el de un hombre, tampoco es el que podría emitir un ciervo; llena con sus tristes lamentos las conocidas cumbres, y postrado de rodillas, suplicante, dirige alrededor su muda mirada, como si implorara, como si pidiera ayuda con los brazos tendidos.

Pero sus compañeros, que no lo saben, azuzan con los gritos habituales a la veloz manada, y mientras tanto buscan a Acteón con la mirada, llaman a Acteón una y otra vez, como si estuviera ausente (él vuelve la cabeza al oír su nombre), y se lamentan de que no esté allí y de que, por pereza, se pierda el espectáculo de la muerte de la presa. Y él querría no estar allí, pero está, y querría poder ver, y no sentir, las heridas que le hacen sus perros. Éstos le rodean por todas partes, y hundiendo el hocico en sus carnes, destrozan bajo la falsa figura de ciervo a su propio amo. Y dicen que la cólera de Diana, la diosa de la aljaba, no quedó satisfecha hasta que las numerosas heridas acabaron con su vida.

Los comentarios son discordes: algunos piensan que la diosa fue más cruel de lo necesario, mientras que otros la elogian y consideran que actuó de acuerdo con su estricta castidad; unos y otros aducen sus razones. La esposa de Júpiter es la única que no se pronuncia ni para condenar ni para aprobar el castigo. Sencillamente, se complace de la desgracia que ha caído sobre la casa de Agénor, y hace recaer el odio que siente hacia su rival de Tiro [13] sobre todos los de su estirpe. Y he aquí que al primer motivo se le añade otro: ahora se duele de que Sémele [14] esté embarazada de la semilla del poderoso Júpiter. Así que afila su lengua para la pelea, pero luego exclama: «¿De qué me ha servido discutir tantas otras veces? Lo que tengo que hacer es buscarla a ella: yo la destruiré, como es verdad que soy invocada como la máxima Juno, que me corresponde llevar en la diestra el cetro adornado de gemas, y que soy reina, hermana y esposa de Júpiter (¡hermana sí, por lo menos!). Aunque tal vez ella se conforme con una aventura, y la ofensa que se le hace a mi lecho sea breve. Pero no, ¡está embarazada! ¡Justo lo que faltaba! Y con su vientre hinchado hace patente mi ultraje, y sólo con Júpiter quiere ser madre, cosa que a duras penas yo he conseguido: tan segura está de su belleza. Pero yo evitaré que lo consiga. ¡Que deje de llamarme Saturnia si no hago que se sumerja en las aguas estigias, hundida por su querido Júpiter!»

Se levantó de su trono y se dirigió a casa de Sémele, envuelta en una nube rojiza. No disipó la nube antes de haber tomado la figura de una anciana: cubrió sus sienes de cabellos blancos, surcó de arrugas su piel, y arrastró su cuerpo encorvado con un andar tembloroso. Adoptó también una voz senil, y he aquí que era la mismísima Béroe, la nodriza epidauria [15] de Sémele.

---

[13]   Europa.
[14]   Hija de Cadmo.
[15]   De Epidauro, ciudad de la Argólida, en el Peloponeso.

Así que entablaron conversación, y cuando después de una larga charla llegaron a hablar de Júpiter, suspiró y dijo: «Espero que se trate realmente de Júpiter, pero nunca me fío en estos casos: muchos se han metido en lechos castos haciéndose pasar por dioses. Y además, tampoco basta con que sea Júpiter: ¡que te dé una señal de su amor, si es que es amor de verdad! Pídele que se funda contigo en el abrazo amoroso tal cual le recibe la ilustre Juno, y que antes se revista de sus insignias.» Con estas palabras convenció Juno a la ingenua hija de Cadmo. Sémele pidió a Júpiter que le concediese un regalo, sin especificar cuál, a lo que el dios le respondió: «Elige lo que quieras: no te negaré nada, y pongo por testigo al divino poder de las aguas estigias, que infunden sagrado temor incluso a los dioses.» Feliz en su desgracia, demasiado poderosa en su elección, destinada a morir por la complacencia de su amante, Sémele contestó: «Como sueles abrazar a Juno cuando os unís en el amor, así quiero que te entregues a mí.»

Júpiter habría querido taparle la boca mientras aún estaba hablando, pero sus palabras ya habían huido veloces por el aire. Exhaló un gemido: ya no podía borrar ni la petición de ella ni su propio juramento. Entonces, tristísimo, asciende muy alto en el cielo y con la mirada recoge los cúmulos de nubes, a los que añade los nimbos, los relámpagos mezclados con los vientos, los truenos y los rayos, de los que no se puede huir. Intenta disminuir sus fuerzas todo lo posible, y no se arma del fuego con el que derribó a Tifeo el de los cien brazos [16], pues hay demasiada potencia en él. Hay otra clase de rayo, más débil, al que la mano de los cíclopes infunde menos crueldad en sus llamas, y menos ira: los dioses lo llaman «la segunda arma». Se arma con él y entra en la casa de Agénor.

---

[16] Uno de los Hecatonquiros, al que Zeus derribó y sepultó bajo el volcán Etna, en Sicilia.

El cuerpo mortal de Sémele no pudo soportar la tu-
multuosa potencia de los elementos celestes y pereció
abrasada por la ofrenda conyugal. Del vientre de la madre fue extraído un niño todavía imperfecto y, si hemos
de dar crédito a lo que se dice, el cuerpo aún tierno fue
cosido dentro del muslo de su padre, donde acabó de
cumplir su período de desarrollo. Su tía Ino [17] lo crió a
escondidas durante sus primeros días de cuna, y luego
se lo entregó a las ninfas del Nisa [18], que lo ocultaron
en sus cuevas y lo criaron con su leche.

Mientras en la tierra se verificaban estos acontecimientos, según las leyes del destino, y la primera infancia de Baco, dos veces nacido, se desarrollaba en lugar
seguro, cuentan que un día Júpiter, eufórico por el néctar, había olvidado sus graves preocupaciones y discu-
tía jocosamente con Juno, también ella ociosa y des-
preocupada, y le dijo: «Sin duda vuestro placer es
mayor que el que alcanzan los hombres.» Ella lo negó.
Entonces decidieron preguntarle su parecer al experimentado Tiresias, pues él conocía ambos aspectos del
amor.

Un día, en efecto, en un frondoso bosque, Tiresias
había interrumpido con un golpe de su bastón la unión
de dos grandes serpientes, y, cosa asombrosa, de hombre se había convertido en mujer, y así había vivido
siete años. Al octavo año volvió a ver a las serpientes, y
dijo: «Si el poder de vuestras heridas es tan grande que
transforma el sexo de quien os las inflige en el sexo
opuesto, entonces os heriré otra vez.» Y golpeando a
las serpientes volvió a la forma de antes, y recuperó su
imagen natural.

Elegido, pues, como árbitro de la amistosa disputa,
confirmó la opinión de Júpiter. Juno, según dicen, se
dolió más de lo debido y más de lo que el asunto merecía, y condenó a los ojos del que había sido su juez a

[17]   Otra hija de Cadmo.
[18]   Monte de Beocia.

una eterna oscuridad. Pero el padre omnipotente (puesto que ningún dios puede anular lo que otro ha hecho), a cambio de la vista perdida le concedió la facultad de conocer el futuro, aliviando así su pena con ese honor. Así que Tiresias se hizo famosísimo en las ciudades de Aonia, y daba su responso infalible a quienes iban a consultarle.

La primera en recibir una prueba fiel de la veracidad de sus palabras fue la azulada Liríope, a quien tiempo atrás había atrapado el Cefiso entre los meandros de su río, y apresándola entre sus olas la había violado. La bellísima ninfa había dado a luz un bebé que ya entonces era digno de ser amado, al que llamó Narciso. Al ser consultado sobre si el niño llegaría a ver los años de una avanzada vejez, Tiresias el adivino respondió: «Sólo si no se conocerá a sí mismo.» Las palabras del augur parecieron no tener sentido durante mucho tiempo, hasta que el desenlace de los acontecimientos, la forma de la muerte y la novedad de la pasión probaron su certeza.

En efecto, el hijo del Cefiso ya sumaba un año a los quince y podía parecer tanto un adolescente cuanto un joven. Muchos jóvenes y muchas muchachas lo desearon, pero era tan dura la soberbia que había en su tierna belleza que ningún joven, ninguna muchacha lo pudo tocar nunca. Un día, mientras espantaba a los asustados ciervos hacia las redes, le vio una ninfa habladora, que, sin embargo, ni podía estar callada mientras otro hablaba, ni podía hablar ella en primer lugar: era la resonante Eco. Hasta entonces, Eco no había sido sólo voz, sino también un cuerpo; sin embargo, el uso que podía hacer de su parlanchina boca no era distinto del que tiene ahora, puesto que lo único que podía hacer era repetir, de entre muchas palabras, sólo las últimas.

Aquello había sido obra de Juno, porque en numerosas ocasiones en que había estado a punto de sorprender a alguna ninfa yaciendo con su Júpiter en un

monte, Eco, que lo sabía, había entretenido a la diosa
con sus largas pláticas, dando tiempo a las ninfas para
huir. Cuando la Saturnia se dio cuenta, dijo: «Poco poder tendrás sobre esta lengua que se ha burlado de mí,
y muy escaso uso de la voz», y confirmó sus amenazas
con hechos: Eco ya sólo duplica los sonidos cuando
alguien termina de hablar, y reproduce las palabras
que oye.

Así pues, cuando Eco vio a Narciso que vagaba por
tierras apartadas y se enamoró de él, empezó a seguirle
furtivamente, y cuanto más le seguía, más se abrasaba
en la llama de su amor, como se incendia el fogoso azufre que se unta en la punta de las antorchas cuando se
le acerca el fuego. ¡Ah, cuántas veces quiso acercársele
con dulces palabras y dirigirle tiernas súplicas! Su naturaleza se opone a ello, y no le permite tomar la inicia-
tiva; pero lo que sí le permite es esperar atentamente
los sonidos, a los que responde con sus palabras.

Casualmente el joven, que se había separado del
grupo de sus fieles compañeros, exclama: «¿Hay alguien?»; Eco responde: «¡Alguien!» Él se asombra, y
volviendo la mirada a todas partes, grita con voz po-
tente: «¡Ven!»; ella le llama a él que la llama. Él mira
tras de sí, y al ver que sigue sin venir nadie, pregunta:
«¿Por qué huyes de mí?», y todas sus palabras vuelven
a él. Él insiste y, defraudado, al no poder ver la imagen
de esa voz, dice: «¡Aquí reunámonos!», y Eco, que
nunca había respondido a un sonido con más placer,
repite: «¡Unámonos!», y secundando sus propias palabras, sale del bosque y se dirige hacia él para rodear
con sus brazos el ansiado cuello. Él huye, y huyendo le
dice: «¡Quita tus manos, no intentes abrazarme! ¡Antes
moriría que entregarme a ti!»; ella no contesta sino:
«¡Entregarme a ti!» Despreciada, se oculta en los bosques, y avergonzada esconde su rostro tras las ramas, y
desde entonces habita en cavernas solitarias. No obstante, el amor permanece clavado en ella, y el dolor por
el rechazo sigue creciendo: la angustia que no la aban-

dona va consumiendo sus miembros demacrados, la delgadez arruga su piel, y los humores vitales de su cuerpo se pierden en el aire; sólo quedan de ella la voz y los huesos. La voz permaneció, pero dicen que sus huesos se convirtieron en piedras. Desde entonces se oculta en los bosques, pero no se la ve en ningún monte, aunque todos la oyen: es el sonido, que vive en ella.

Así había burlado Narciso el amor de Eco, así el de otras ninfas nacidas de las olas o de los montes, y así también el de un sinfín de hombres. Hasta que un día, uno de los que él había despreciado exclamó alzando las manos al cielo: «¡Ojalá él también se enamore y no pueda poseer a su amado!» Así dijo, y la diosa ramnusia [19] accedió a sus justos ruegos.

Había un estanque sin barro, de aguas plateadas y cristalinas, hasta el que nunca habían llegado ni pastores, ni cabras que se llevan a pastar al monte, ni ningún otro tipo de ganado; ni pájaros, ni animales salvajes, ni ramas caídas habían agitado nunca sus aguas. Estaba rodeado de hierba que crecía vigorosa por la proximidad del agua, y de un bosque que impedía que los rayos del sol penetraran y llevaran calor a aquel lugar. El joven, fatigado por la caza y por el calor, se dejó caer allí, atraído por el aspecto del lugar y por el estanque, y mientras intentaba calmar su sed, otra sed fue creciendo dentro de él. Mientras bebe, seducido por la visión de la belleza que tiene ante sus ojos, se enamora de una esperanza sin cuerpo, y cree que es un cuerpo lo que no es sino agua. Con asombro se admira a sí mismo, y permanece inmóvil con la mirada clavada en su propio reflejo, como si fuera una estatua de mármol de Paros [20]. Tumbado en el suelo, observa las estrellas

---

[19]   Némesis, diosa de la venganza, a la que se veneraba en el templo de Ramnunte, en el Ática.

[20]   El mármol de la isla de Paros era muy apreciado en los tiempos antiguos por su blancura.

gemelas que son sus ojos, los cabellos dignos de Baco,
dignos de Apolo, las mejillas imberbes, el cuello blanco
como el marfil y la belleza de la boca; admira, en fin,
todo aquello por lo que él mismo es digno de admiración. Se desea a sí mismo sin saberlo, y el que alaba es
a la vez alabado, a la vez busca y es buscado, al mismo
tiempo enciende la pasión y arde en ella. ¡Cuántas veces besó en vano el mentiroso estanque! ¡Cuántas veces hundió sus brazos en el agua para rodear el ansiado
cuello, sin conseguir abrazarse! No sabe qué es lo que
ve, pero lo que ve le abrasa, y él mismo se engaña, a la
vez que incita a sus ojos a caer en el error. ¿Por qué in-
tentas aferrar, ingenuo, una imagen fugaz? Lo que buscas, no está en ninguna parte; lo que amas, lo pierdes
en cuanto te vuelves de espaldas. Esta imagen que ves
reflejada no es más que una sombra, no es nada por sí
misma; contigo vino, contigo se queda y contigo se iría,
si tú pudieras irte.

Ni la necesidad de comer ni la necesidad de descansar pueden apartarle de allí; por el contrario, tendido
sobre la hierba umbrosa, observa con ojos insaciables
esa belleza mendaz, y se consume de amor por sus propios ojos. Incorporándose un poco, tiende sus brazos
hacia los árboles que le rodean y exclama: «¿Acaso algún amante, oh bosques, ha sufrido más cruelmente
que yo? Sin duda lo sabéis, ya que habéis sido para muchos un oportuno escondrijo. ¿Acaso recordáis, en
toda vuestra larga vida, una vida de tantos siglos, que
alguien haya sufrido tanto como yo? Me gusta y le veo,
y sin embargo, aunque le veo y me gusta, no le encuentro, ¡tanta es la ceguera del que ama! Y lo que más me
duele es que no es un inmenso océano ni un largo camino, ni las montañas, ni una muralla con sus puertas
cerradas lo que nos separa: ¡nuestro obstáculo es un
poco de agua! Y él también desea que lo alcance: cuantas veces me acerco a besar las líquidas aguas él trata
de acercarse con el rostro tendido hacia mí. Parece
como si le pudiera tocar, es muy poco lo que se inter-

pone entre nosotros. ¡Sal, quienquiera que seas! ¿Por qué me rehúyes, muchacho incomparable? ¿Adónde vas, cuando yo te busco? En verdad, ni mi edad ni mi belleza merecen que me rehúyas: ¡hasta las ninfas se enamoran de mí! Con tu rostro amistoso me das esperanzas y me prometes algo que ni yo mismo sé qué es, y todas las veces que he tendido mis brazos hacia ti, tú los has tendido también; también he notado lágrimas en tu cara cuando yo lloro; si hago un gesto con la cabeza tú me lo devuelves, y, por lo que sospecho del movimiento de tus bellos labios, pronuncias palabras que no llegan a mis oídos. Pero ¡si es que soy yo! ¡Ahora me he dado cuenta y ya no me engaña mi reflejo! ¡Ardo de amor por mí, a la vez despierto la pasión y soy arrastrado por ella! ¿Qué hago? ¿Le suplico o dejo que me suplique a mí? ¿Pero suplicar qué? Lo que deseo está conmigo: mi propia riqueza me hace pobre. ¡Ojalá pudiera separarme de mi cuerpo! ¡Un deseo inaudito para un enamorado, querer que lo que amamos se aleje de nosotros! El dolor ya está acabando con mis fuerzas, no me queda mucho tiempo de vida, y muero cuando aún estoy en mi primera juventud. Pero no me pesa la muerte, porque así terminará mi dolor: sólo quisiera que él, el que deseo, viviera más tiempo. Ahora, dos pereceremos juntos en una sola alma.»

Así dijo, y presa ya del delirio, volvió a mirar la imagen y sus lágrimas agitaron la superficie del agua, y con el temblor la figura reflejada desapareció. Al ver que se iba gritó: «¿Adónde huyes? ¡No abandones, cruel, a quien te ama! ¡Deja por lo menos que te mire, ya que no puedo tocarte, y que alimente así mi desdichada pasión!» Y mientras se lamenta, tira hacia abajo de su túnica y golpea su pecho desnudo con las palmas de sus manos, blancas como el mármol. Entonces, por efecto de los golpes, su pecho se coloreó de un tenue rubor, igual que las manzanas se quedan blancas por un lado y se ponen rojas por otro, o como los racimos variopintos

de la uva todavía inmadura, que adquieren un color
purpúreo.

Al ver esto en el agua, que estaba otra vez clara, no
puede soportarlo más: como se derrite la cera dorada
al calor de una leve llama, como se disuelve el rocío de
la mañana cuando lo calienta el sol, así, desgastado por
el amor, se consume y es devorado poco a poco por un
fuego oculto. En su tez ya no se mezclan la candidez y
el rubor, ya no tiene ese vigor y esa fuerza que hace
poco despertaban admiración, ni tampoco queda ya el
cuerpo del que Eco se había enamorado. Ésta, no obstante, se afligió al verle así, aunque aún recordaba, airada, lo sucedido, y cuantas veces el desgraciado joven
exclamaba «¡Ay!», «¡Ay!» repetía ella una y otra vez, y
cuando Narciso golpeaba su cuerpo con sus manos ella
reproducía el sonido de sus golpes.

Las últimas palabras las dijo Narciso mirando al
agua una vez más: «¡Ay, muchacho vanamente
amado!», y el lugar le devolvió todas las palabras; y
cuando le dijo: «¡Adiós!», Eco lo repitió. Extenuado,
dejó caer su cabeza sobre la verde hierba, y la noche se
cerró sobre sus ojos, que aún admiraban la belleza de
su propio dueño; y aun después de haber llegado al
mundo infernal, siguió mirándose en las aguas estigias.
Lloraron por él sus hermanas las Náyades, que se cor-
taron el cabello como ofrenda funeraria, le lloraron las
Dríades [21], y Eco repitió sus lloros. Y ya estaban preparando la pira, las antorchas parpadeantes y el féretro, cuando vieron que su cuerpo ya no estaba: en su lugar encontraron una flor con el centro amarillo, rodeado de pétalos blancos.

Cuando este suceso se vino a saber, proporcionó al
adivino Tiresias merecida fama en todas las ciudades
de Acaya, y su prestigio se hizo grande. Sólo había un
hombre que, a pesar de todo, le menospreciaba: Pen-

---

[21]   Las Dríades eran ninfas de los bosques, especialmente ligadas
a las encinas.

teo, hijo de Equión, que despreciaba a los dioses y se reía de los vaticinios del anciano, burlándose de la desgracia que le había hecho perder la vista. Entonces Tiresias, sacudiendo las canas que cubrían de blanco sus sienes: «¡Qué bueno sería para ti que también te vieras privado de la vista», dijo, «y que no pudieras contemplar los ritos báquicos! Porque vendrá un día, no muy lejano según puedo augurar, en que llegará aquí un nuevo dios, Líber [22], hijo de Sémele; y si no le veneraras construyendo templos en su honor, tu cuerpo desgarrado será esparcido en mil pedazos, y tu sangre manchará los bosques y manchará a tu madre y a sus hermanas. Eso es lo que ocurrirá, porque, en efecto, no honrarás a la divinidad, y entonces sentirás que yo, desde esta oscuridad, haya podido ver tanto.»

Penteo hizo que le echaran sin dejarle terminar. Pero la realidad siguió a las palabras, y la predicción de Tiresias se cumplió. Baco llegó, y los campos resonaron con los aullidos de sus rituales; la muchedumbre corre, y todos, hombres, madres y jóvenes esposas, nobles y plebeyos, se unen a los nuevos ritos.

«¿Qué locura, oh hijos de la serpiente de Marte [23], ha ofuscado vuestras mentes?», les dice Penteo; «¿tanto poder tiene sobre vosotros el sonido del bronce golpeado con el bronce [24], las flautas de retorcido cuerno y las ilusiones de la magia, como para que aquellos que nunca han temido ni a las espadas guerreras, ni a las trompetas que anuncian la batalla ni a los ejércitos cargados de armas, caigan ahora vencidos por voces de mujeres, por el delirio del vino, las bandas obscenas y el sonido de huecos tambores? ¿Debería sorprenderme más de vosotros, ancianos, que después de haber navegado tanto tiempo por el océano y haber

---

22   Nombre latino de Baco.
23   Los tebanos, nacidos de los dientes de la serpiente exterminada por Cadmo.
24   Se refiere a los címbalos, una especie de platillos.

fundado esta segunda Tiro, estableciendo aquí la patria de vuestros penates [25], ahora os rendís sin ni siquiera tomar las armas? ¿O acaso de vosotros, jóvenes
de la nueva generación, más cercana a la mía, para
quienes sería más propio empuñar un arma, y no un
tirso [26], y cubrirse la cabeza con un yelmo y no con guirnaldas? Yo os pido que recordéis de qué raza descen-
déis, y que retoméis el valor de aquella serpiente que,
sola frente a muchos, dio muerte a sus adversarios. Ella
murió por su fuente y su lago: vosotros venced por
vuestra gloria; ella dio muerte a los fuertes: ¡expulsad
vosotros a los débiles y salvad el honor de vuestra patria! Y si es que los hados prohíben que Tebas sobre-
viva por más tiempo, ¡ojalá fuesen hombres y máquinas
de guerra los que derribasen sus murallas, y resonaran
el hierro y el fuego! De esa forma estaríamos acabados,
pero sin deshonor; nuestra suerte sería digna de lástima, pero no tendríamos que ocultarla, y nuestras
lágrimas no serían de vergüenza. Ahora, en cambio,
Tebas es conquistada por un muchacho desarmado que
no se interesa ni por las guerras ni por las armas, ni por
el manejo de los caballos, sino sólo por llevar el pelo
impregnado de mirra y recubrirse de delicadas guirnaldas, de púrpuras y de ropas variopintas entretejidas
de oro.

»Pero a ése voy a cogerle yo muy pronto (¡vosotros,
apartaos!), y confesará que se atribuye un padre falso y
que sus ritos son pura invención. Es que, ¿acaso mientras que Acrisio [27] ha tenido el valor de despreciar a
este falso dios y de cerrar las puertas de Argos ante su
llegada, Penteo va a morirse de miedo ante este extranjero, junto con toda Tebas? ¡Marchaos, deprisa!», or-

---

[25]   Los penates eran las divinidades tutelares de la familia.
[26]   El tirso era una vara recubierta de hiedra que las Ménades Bacantes, seguidoras de Baco, agitaban durante los ritos sagrados.
[27]   Rey de Argos.

dena a sus criados. «¡Marchaos y traedme encadenado al cabecilla! ¡Haced lo que os ordeno, y no tardéis!»

Su abuelo Cadmo, Atamante [28] y todo el resto de los suyos condenan su actitud y en vano se esfuerzan por contenerle; pero ante las amonestaciones Penteo se irrita todavía más, su rabia reprimida se aviva y crece, y al intentar frenarlo consiguen precisamente lo contrario. De igual manera yo he visto cómo un torrente fluía apacible y con poco estrépito mientras nada impedía su camino, pero cuando algún tronco o una piedra atravesada frenaban su corriente, corría espumoso y burbujeante, enfurecido por el obstáculo.

Y he aquí que los siervos regresan todos ensangrentados, y al preguntarles su amo dónde estaba Baco dicen que no le han visto. «Pero», dicen, «hemos capturado a este hombre que es su acompañante y servidor durante los ritos»; y le presentan a un hombre con las manos atadas a la espalda, un tirreno [29] que se había unido al cortejo sagrado del dios. Penteo le mira con ojos que la ira hace terribles, y a duras penas puede ya diferir el momento de castigarle. Entonces le dice: «Tú, que vas a morir y que con tu muerte servirás de escarmiento a los demás, dinos cuál es tu nombre, el nombre de tu padre y el de tu patria, y por qué asistes a estos ritos de reciente nacimiento.»

Él, sin ningún miedo, respondió: «Mi nombre es Acetes, soy de Meonia [30], y mis padres eran humildes gentes del pueblo. Mi padre no me dejó campos que labrar con robustos bueyes ni rebaños de lanudas ovejas, ni ningún otro tipo de ganado: él mismo era pobre, y solía atrapar peces con un sedal y un anzuelo, y sacarlos del agua, palpitantes, con la caña. Su oficio era toda su

---

[28]   Atamante era hijo de Eolo y rey de Orcómeno, otra ciudad beocia. Se había casado con Ino, hija de Cadmo, en segundas nupcias.
[29]   Etrusco.
[30]   Etruria, región del norte de Italia.

riqueza: cuando me lo traspasó me dijo: "Recibe, tú
que eres mi heredero y mi sucesor en el trabajo, toda
mi fortuna", y al morir no me dejó sino el agua del mar.
Esa es la única posesión que puedo llamar paterna.
Después, yo, para no quedarme pegado siempre a los
mismos escollos, aprendí a gobernar con mi mano el timón de una nave, y a reconocer la estrella de la Cabra
Olenia [31], anunciadora de la lluvia, y también a Taíge-
te [32], a las Híadas [33] y a la Osa, y aprendí cuáles eran las
casas de los vientos y los puertos más seguros para los
barcos.

»Una vez que me dirigía hacía Delos arribé casualmente a las costas de la isla de Quíos. Me acerqué a la
playa maniobrando con los remos del flanco derecho, y
con un pequeño salto descendí sobre la húmeda arena;
allí pasamos la noche. Apenas comenzaba a clarear la
rosada Aurora cuando me levanté y ordené a mis compañeros que fueran a traer agua fresca, y les indiqué el
camino que les conduciría hasta ella. Yo subí a la cima
de un cerro para ver qué me deparaban los vientos, y
luego llamé a los compañeros y regresé al barco.
"¡Aquí estamos!", gritó Ofeltes, que venía a la cabeza
del grupo, trayendo por la playa, como si se tratara de
un botín, a un muchacho de delicada belleza que habían encontrado en un campo desierto. El niño parecía
adormecido por el sueño y por el vino, y seguía a los
hombres con dificultad. Observé su atuendo, su rostro
y su forma de andar: no veía en él nada que pudiera
considerarse mortal. Eso pensé y así se lo dije a mis
compañeros: "No sé qué dios hay en este cuerpo, pero
en este cuerpo hay un dios. Quienquiera que seas,

---

[31]   La cabra Amaltea, una de las nodrizas de Júpiter, que éste convirtió en la constelación de Capella, que se consideraba portadora de
lluvia.
[32]   Una de las Pléyades.
[33]   Las ninfas del monte Nisa, que criaron a Baco, transformadas
por Júpiter en las Híadas o hacedoras de lluvia, constelación cercana
a las Pléyades.

¡muéstrate propicio y asístenos en nuestras fatigas, y perdona también a éstos!" "¡No te molestes en rezar por nosotros!", dijo Dictis, que era el más rápido en trepar hasta la cima de los mástiles y volver a bajar descolgándose por una cuerda. Libis, el rubio, aprueba sus palabras, y también Melanto, el vigía de proa, y también las aprueba Alcimedonte, y Epopeo, que con su voz marcaba el ritmo de los remos y alentaba los ánimos de los remeros; tal era su ciego afán de botín. Yo les dije: "Pues no voy a permitir que profanéis esta nave cargando indebidamente a una divinidad. Yo soy quien manda aquí", y me coloqué para cerrarles el paso. El que más se enfureció fue el temerario Lícabas, que, expulsado de una ciudad tirrena, pagaba con el exilio la pena por un funesto crimen; éste, mientras yo me mantenía firme en mi sitio, me asestó un puñetazo en la garganta con el que seguramente me habría tirado al agua si no fuera porque yo, aunque casi sin conocimiento, me agarré a una cuerda. La infame tripulación alabó al unísono su acción. Entonces, por fin, Baco (pues era Baco de quien se trataba), como si el alboroto hubiera despejado su somnolencia y volviera en sí tras los efectos del vino, dijo: "¿Qué hacéis? ¿Qué son estos gritos? Decidme, marineros, ¿cómo he llegado hasta aquí? ¿Adónde pensáis llevarme?" "No tengas miedo", dijo Proreo, "y dinos a qué puerto quieres dirigirte. Te llevaremos a donde nos digas." "Entonces", dijo Líber, "poned rumbo a Naxos. Esa es mi tierra, y os acogerá hospitalariamente." Engañándole, juran por el mar y por todos los dioses que así será, y a mí me ordenan que despliegue las velas de la nave de pintada quilla. Naxos quedaba a la derecha, y a la derecha estaba dirigiendo yo las velas cuando Ofeltes me dijo: "¿Pero qué haces, estúpido? ¿Qué locura...?" Cada uno temía por sí mismo: la mayoría intentaba decirme con sus gestos: "¡Ve hacia la izquierda!", mientras que otros me susurraban al oído lo que querían. Me quedé atónito, y les dije: "¡Que se encargue otro de

gobernar el barco!", y abandoné mi cargo y mi responsabilidad en el delito. Todos me increparon y un murmullo recorrió a los tripulantes, entre los cuales Eta-
lión dijo: "¿Es que crees que nuestra salvación depende sólo de ti?", y adelantándose, él mismo se hizo
cargo de mis funciones y cambió la ruta, abandonando
Naxos. Entonces el dios, burlándose de ellos, como si
sólo entonces se hubiese dado cuenta del engaño, los
miró desde lo alto de la curvada popa y, como si llorara, les dijo: "No son estas, marineros, las costas a las
que me prometisteis llevarme, no es esta la tierra que
os pedí. ¿Por qué razón merezco este castigo? ¿Qué
mérito tiene que vosotros, unos mayores, engañéis a un
niño? ¿Qué mérito tiene que entre muchos engañen a
uno solo?" Yo ya hacía rato que estaba llorando, pero
mis infames compañeros se reían de mis lágrimas y
azotaban las aguas con los remos cada vez más aprisa.
Por el mismo Baco te juro ahora (pues no hay dios aquí
que esté más presente que él), que tanto más cierto es
lo que voy a referirte cuanto más difícil de creer parece: el barco se quedó parado en el agua, exactamente
como si se encontrase en dique seco. Sorprendidos,
ellos se esfuerzan por seguir bogando con los remos,
despliegan las velas e intentan avanzar por ambos medios. Plantas de hiedra atrapan los remos y trepan por
el barco serpenteando en una maraña de espirales, y
adornan las velas con festones cargados de racimos. Él,
con la frente coronada por una guirnalda de uvas y
pámpanos, agita una vara recubierta de frondosa vid; a
su alrededor yacen tigres y vacías imágenes de linces y
de moteados guepardos. Los hombres se levantaron de
un salto, invadidos bien por la locura o bien por el terror. Primero fue el cuerpo de Medón el que empezó a
volverse negro, mientras su espina dorsal se arqueaba
formando una curva pronunciada. Lícabas le dijo:
"¿En qué monstruo te estás convirtiendo?", y mientras
hablaba ya tenía una boca ancha y una nariz encorvada,
y su piel endurecida estaba recubierta de escamas. Li-

bis, mientras intentaba girar hacia atrás los remos impedidos por las ramas, vio cómo sus manos se replegaban y se contraían, y ya no eran manos; más bien habría que llamarlas aletas. Otro, que quería tender sus brazos hacia las maromas enredadas, no tiene brazos, y arqueando su cuerpo mutilado se lanza al mar: en el extremo tiene una cola con forma de hoz, como la que forma la luna en mitad de su ciclo. Saltan por todas partes salpicándolo todo, y una y otra vez emergen para luego volverse a sumergir, juegan en una especie de baile y agitan sus cuerpos voluptuosamente, expulsando por las anchas narices el agua que han absorbido [34]. De los veinte que éramos poco antes (ése era el número que llevaba la nave), sólo quedaba yo: estaba temblando y helado de miedo, pero el dios consiguió tranquilizarme, diciéndome: "Aleja el miedo de tu corazón y pon rumbo a Naxos." Conducido hasta allí, me adherí a su culto y ahora participo en los ritos báquicos.»

«He prestado atención a tus largas divagaciones», dijo Penteo, «para que mientras tanto mi cólera pudiese calmarse. ¡Siervos, llevaos a este imprudente, y torturando su cuerpo con crueles tormentos enviad su alma a las tinieblas estigias!» Así que al punto se llevaron a Acetes el tirrenio y lo encerraron en una sólida prisión; y se dice que, mientras preparaban, como se les había ordenado, el hierro y el fuego, crueles instrumentos de muerte, las puertas se abrieron por sí mismas y las cadenas cayeron de sus brazos sin que nadie las soltara.

Pero el Equiónida [35] persevera, y ya no ordena a nadie que vaya, sino que él mismo se dirige al lugar del monte Citerón [36] que había sido elegido para celebrar los ritos, y que resonaba con los cantos y con las claras

---

[34] Se convierten en delfines.
[35] Penteo, hijo de Equión.
[36] Monte de Beocia.

voces de las bacantes. Igual que un fogoso caballo resopla bramoso y arde en deseos de salir a la lucha cuando el trompeta da la señal de batalla con el canoro bronce, así los largos aullidos que hacen retumbar el aire exasperan a Penteo, y el clamor que llega a sus oídos hace renacer su ira. Casi en medio del monte hay un claro libre de árboles, rodeado de bosque en sus extremos, que la vista puede recorrer sin obstáculo. La primera en descubrirle mientras observaba con ojos profanos los sagrados rituales, la primera en abalanzarse sobre él corriendo enloquecida, la primera que le atacó arrojándole el tirso, fue su madre. «¡Vamos, acudid, hermanas, acudid las dos!», grita, «¡a ese gran jabalí que vaga por nuestros campos, a ese jabalí lo voy a matar!» Toda la turba se lanza tras él, enfurecida: todas se agolpan y le persiguen, y él ya tiembla, ya emplea palabras menos violentas, ya se condena a sí mismo y reconoce que ha pecado. Aunque ya estaba herido, grita: «¡Ayúdame, tía Autónoe! ¡Ten piedad, por el alma de tu hijo Acteón!» Mientras le suplica, aquélla, que no sabe quién es Acteón, le arranca el brazo derecho, mientras Ino le desgarra el izquierdo. El infeliz Penteo ya no tiene brazos que tenderle a su madre, y mostrándole las heridas de sus miembros mutilados le dice: «¡Mira, madre!» Al verlo, Agave lanza un aullido y se lanza sobre su cuello, zarandeándolo de un lado a otro, y agitando los cabellos de su cabeza separada del tronco, la toma entre sus manos ensangrentadas y grita: «¡Ahá, compañeras, esta victoria es obra nuestra!» Con la misma rapidez con que el viento se lleva las hojas de las copas de los árboles, cuando apenas se agarran ya a las ramas, tocadas por el frío del otoño, el cuerpo del hombre fue desgarrado por impías manos.

Prevenidas por este ejemplo, las tebanas practican los nuevos ritos y visitan los templos sagrados, en los que ofrecen incienso.

LIBRO CUARTO

Por el contrario, Alcítoe, hija de Minias, no cree que haya que participar en las orgías del dios, e incluso llega a negar, temeraria, que Baco sea hijo de Júpiter; sus hermanas la acompañan en su sacrilegio. El sacerdote había ordenado que siervas y señoras, dispensadas de sus tareas, se vistieran con pieles y desataran las cintas de sus cabellos, cubriesen sus cabezas con guirnaldas y empuñaran frondosos tirsos, y había vaticinado que la ira del dios sería terrible si era ofendido. Todas obedecen, matronas y jóvenes, y abandonan las telas, los cestillos y la lana sin hilar, ofrendan incienso e invocan a Baco llamándole Bromio y Lieo [1], el nacido del fuego, el dos veces nacido, el único que ha tenido dos madres; a estos nombres añaden los de Niseo y Tioneo el intonso, y junto al de Leneo el de plantador de la uva que da la alegría, Nictelio, padre Eleleo, Iaco, Euhan, y todos los demás apodos que tienes, oh Líber, en las ciudades de Grecia. Porque tú gozas de juventud imperecedera, tú eres el eterno niño, tú, bellísimo, eres admirado en el alto cielo, y tu rostro, cuando te muestras sin

---

[1]   Sigue una enumeración de los nombres griegos de Baco: Bromio, «fragoroso»; Lieo, «liberador»; Niseo, «criado por las ninfas de Nisa»; Tioneo, por ser hijo de Sémele, también llamada Tione; Leneo, «dios de los lagares»; Nictelio, «nocturno»; Eleleo, por «eleleu»; grito repetido por las bacantes; Iaco es un dios griego identificado con Baco, y Euhan (o «euhoé») es otro grito ritual de las ménades.

cuernos [2], es como el de una virgen; tú has conquistado
el Oriente, hasta donde el lejano Ganges baña la negra
India. Tú, dios venerable, mataste al sacrílego Penteo y
al sacrílego Licurgo, el del hacha de doble filo [3], y en-
viaste al mar los cuerpos de los tirrenos. El yugo de tu
carro oprime el cuello de dos linces engalanados con
riendas de colores; te siguen bacantes y sátiros, y el
viejo que, ebrio, se apoya tambaleante en un bastón, y
apenas puede sostenerse sobre el arqueado lomo del
asno [4]. Por dondequiera que vas resuena un clamor juvenil unido a voces de mujeres, un sonido de tambor-
cillos golpeados con las manos, de cóncavos bronces y
de largas flautas de horadado boj. «¡Muéstrate benigno
y favorable!», oran las tebanas, y asisten a los sagrados
ritos como les ha sido ordenado.

Sólo las hijas de Minias permanecen en casa, y pro-
fanan la fiesta con las inoportunas artes de Minerva [5],
cardando la lana o torciendo las hebras con sus pulgares, sin despegarse de sus labores y apremiando a las
criadas para que trabajen. Una de ellas, mientras tira
del hilo con ágiles dedos, dice: «Ahora que las demás
han abandonado sus quehaceres y participan en esos
falsos ritos, nosotras, mientras estamos ocupadas en las
artes de Palas, que es mejor diosa, hagamos más lleva-
dero el útil trabajo de nuestras manos con una variada
conversación: que cada una cuente por turno alguna
historia que entretenga nuestros oídos ociosos, para
que no parezca que el tiempo pasa despacio.» Sus hermanas se muestran de acuerdo y le dicen que empiece.
Ella se queda pensando qué historia va a contar, pues
conoce muchas, y duda entre narrar la tuya, Dércetis
de Babilonia, que, según creen los palestinos, cam-

---

[2]   A Baco recién nacido se le representa como un niño con cuernos coronado de serpientes.
[3]   Otro rey que, como Penteo, había despreciado su divinidad.
[4]   Sileno.
[5]   Palas es la protectora de las hilanderas y las tejedoras.

biaste de forma, y con tus miembros recubiertos de escamas fuiste a habitar a los estanques, o más bien la de tu hija [6] que, revestida de plumas, pasó sus últimos años en una blanca torre; o la de la náyade que con su canto y con hierbas de gran poder transformaba en mudos peces los cuerpos de los jóvenes, hasta que a ella le pasó lo mismo; o cómo es que el árbol que antes tenía frutos blancos, tras haberse manchado de sangre, ahora los tiene negros. Esta es la que elige, puesto que no es una historia corriente, y mientras sigue hilando la lana, comienza su relato con estas palabras:

«Píramo y Tisbe, él el más bello de los jóvenes, ella la más excelsa de las muchachas que en Oriente había, vivían en casas contiguas, allí donde dicen que Semíramis ciñó con murallas de ladrillo su ilustre ciudad [7]. La vecindad hizo que se conocieran y que su amistad diera los primeros pasos, el tiempo hizo que creciera su amor. Y se habrían unido en legítimo matrimonio si sus padres no se lo hubiesen prohibido; pero no pudieron prohibir que ambos ardieran cautivados por la misma pasión. Nadie está al corriente de su amor, se comunican con gestos y señas, y el fuego, encubierto, más arde cuanto más se le cubre.

»En la pared que separaba las dos casas se abría una estrecha rendija que se había formado tiempo atrás, cuando el muro había sido construido. Durante largos siglos nadie había notado ese defecto: fuisteis vosotros, enamorados, los primeros en verla (¿qué se le escapa al amor?), y en hacer de ella un camino para vuestras voces; a través de ella solían viajar seguras, en murmullos casi inaudibles, las tiernas palabras que os decíais. Muchas veces, cuando se hallaban uno a cada lado, Tisbe aquí, Píramo allí, y ambos habían percibido la respiración de sus bocas, decían: "¿Por qué te interpones en

---

[6] La reina Semíramis de Babilonia, transformada en paloma.
[7] La ciudad de Babilonia.

nuestro amor, pared cruel? ¡Qué bueno sería que nos
permitieras unir por entero nuestros cuerpos o, si eso
es pedir demasiado, que nos dejaras espacio para un
beso! Pero no somos desagradecidos: sabemos que a ti
te debemos que nuestras palabras puedan llegar a oídos
amigos."

»Tras decir inútilmente otras cosas como estas, al caer
la noche se dijeron adiós y se besaron con besos que no
habían de llegar al otro lado. Al día siguiente, cuando
la aurora había apagado los fuegos de la noche y el sol
había secado con sus rayos el rocío de la hierba, se volvieron a reunir en el lugar acostumbrado. Entonces,
después de muchos lamentos, decidieron que en el silencio de la noche intentarían burlar a sus guardianes y
huir por la puerta, y que una vez fuera de sus casas sal-
drían también de la ciudad; y para no tener que vagar
en campo abierto, se encontrarían junto a la estatua de
Nino, ocultos a la sombra de un árbol: había allí, en
efecto, un árbol cargado de frutos blancos como la
nieve, una alta morera que lindaba con una fuente de
aguas muy frías. Acuerdan cumplir lo dicho; la luz del
día, que parecía morir más lentamente, se hundió en
las aguas, y de las mismas aguas surgió la noche.

»Arropada por la oscuridad, Tisbe hizo girar cautelo-
samente la puerta sobre sus goznes, y salió burlando la
vigilancia de los suyos; con el rostro cubierto por un
velo llegó hasta el sepulcro y se sentó bajo el árbol,
como habían establecido: el amor la hacía audaz.
Cuando he aquí que llegó una leona que acababa de
matar a unos bueyes: con la boca llena de espuma y el
hocico manchado de sangre, venía a calmar su sed en
las aguas de la fuente cercana; cuando Tisbe de Babilonia la vio desde lejos a la luz de la luna, corrió con
paso trepidante a esconderse en una oscura caverna, y
en la huida dejó tras de sí su velo, que había caído de
sus hombros. La feroz leona, tras haber apagado su sed
con abundante agua, estaba regresando hacia el bosque cuando topó por casualidad con el leve velo que

ella había perdido y lo desgarró con sus fauces ensangrentadas. Píramo, que había salido más tarde, vio que sobre la espesa capa de polvo se veían claramente las huellas de una fiera, y su rostro palideció; y cuando además encontró la prenda teñida de sangre, dijo: "Una sola noche verá el fin de dos enamorados, de quienes ella era la más digna de haber tenido una larga vida; es mi alma la culpable. He sido yo, desdichada, quien te ha causado la muerte, puesto que te obligué a venir de noche a este lugar lleno de peligros, y ni siquiera llegué primero. ¡Despedazad mi cuerpo y devorad con feroces mordiscos mis criminales entrañas, oh leones que habitáis bajo estas rocas! Pero es de cobardes limitarse a desear la muerte." Y cogiendo el velo de Tisbe lo llevó consigo hasta el árbol que habían convenido, y mientras besaba la prenda que bien conocía y la bañaba con sus lágrimas, dijo: "¡Bebe ahora también mi sangre!", y se clavó en el vientre el puñal del que iba armado. Después, agonizando, extrajo el arma de la herida palpitante y cayó al suelo boca arriba. La sangre brotó con un alto chorro, como cuando en un caño de plomo oxidado se abre una grieta y el agua sale silbando con fuerza por el pequeño agujero, y hiende el aire con violencia. Los frutos del árbol se vuelven negros salpicados por la sangre, y la raíz, empapada, tiñe de púrpura las moras que penden de las ramas.

»Y he aquí que ella regresa, aunque aún asustada, pues no quiere defraudar a su amado, y le busca con los ojos y con el corazón, ansiosa por contarle de qué peligros ha escapado. Aunque reconoce el lugar y la forma del árbol, el color de los frutos la hace dudar: no está segura de que sea la misma planta. Mientras duda, ve un cuerpo tembloroso agitarse sobre el suelo cubierto de sangre: retrocede y, con el rostro más pálido que la madera de boj, se estremece como se estremece el agua del mar cuando una brisa leve roza su superficie. Pero cuando después de un momento reconoce a su amado, entonces se golpea con sonoras palmadas los brazos, que no merecen tales golpes, y arrancándose el cabello abraza el cuerpo de Píramo, colma de lágrimas sus heridas, mezclando la sangre y el llanto, y besando su rostro helado exclama: "Píramo, ¿qué desgracia es la que te arranca de mi lado? ¡Píramo, contesta! ¡Es tu amadísima Tisbe quien te llama! ¡Escúchame, levanta tu rostro inerte!" Al oír el nombre de Tisbe, Píramo levantó los ojos, sobre los que ya pesaba la muerte, y tras mirarla los volvió a cerrar. Cuando Tisbe reconoció su velo y vio que la espada no estaba en la vaina de marfil, exclamó: "¡Tu propia mano y tu amor han acabado contigo, infeliz! Pero también yo tengo una mano firme, por lo menos para esto, y tengo amor: él me dará fuerzas para herirme. Te seguiré en la muerte, y de mí, desdichada, dirán que fui causa y compañera de tu fin; y tú, que sólo habrías podido ser arrancado de mi lado con la muerte, tampoco en la muerte te separarás de mí. Pero quiero que vosotros, infelices padres míos y de él, escuchéis este ruego que ambos os hacemos: no neguéis a quienes estuvieron unidos en un amor verdadero y en los últimos instantes de la vida que reposen en el mismo sepulcro. ¡Y tú, árbol que ahora recubres el infortunado cuerpo de uno, y que pronto recubrirás los cuerpos de ambos, conserva un testimonio de nuestra desgracia y ten siempre frutos oscuros, del color del luto, en recuerdo de la sangre que vertimos los dos!" Así dijo, y colocando la espada bajo su pecho se dejó caer sobre el filo, que aún estaba caliente de sangre. Sus ruegos, sin embargo, conmovieron a los dioses y a sus padres: en efecto, el color de los frutos, cuando maduran, sigue siendo negro, y lo que quedó de la pira reposa en una sola urna.»

Había terminado. Tras unos instantes, empezó a hablar Leucónoe; las demás hermanas guardaron silencio:

«También el Sol, que todo lo regula con la luz de su astro, fue conquistado por el amor; así que contaré los amores del Sol. Se cree que este dios fue el primero

que vio el adulterio de Venus [8] con Marte: de hecho, él
es el dios que primero ve todas las cosas. Indignado, reveló al hijo de Juno [9] la traición y el lecho en que se
consumaba. Entonces a Vulcano se le nubló el sentido
y se le cayó de las manos lo que estaba trabajando en la
fragua. Pero en seguida reaccionó, y fabricó sutiles cadenas, redes y lazos de bronce: ni el hilo más fino, ni las
telarañas que penden de los techos habrían podido superar su obra. Los preparó para que se soltaran con el
más leve toque o el más mínimo movimiento, y los dispuso convenientemente alrededor de la cama. Cuando
la esposa y el adúltero unieron sus cuerpos en el lecho
quedaron atrapados, inmovilizados en su abrazo, entre
las cadenas de nueva invención que el esposo había fabricado. Al punto el dios de Lemnos abrió las puertas
de marfil e hizo entrar a los dioses: los dos yacían entrelazados en una posición vergonzosa, y alguno de los
dioses más joviales comentó que no le habría impor-
tado sentir tal vergüenza. Todos los dioses rieron, y durante mucho tiempo la anécdota corrió en boca de todos por todo el cielo [10].

»La diosa de Citera [11] quiso que el delator recibiera
un castigo memorable, e hizo que aquel que había perjudicado su amor secreto, se viera perjudicado por un
amor igual. ¿De qué te sirven ahora, hijo de Hiperión [12],
tu belleza, tu color, y tu radiante luz? En efecto, tú que
abrasas toda la tierra con tu fuego ardes ahora en un
fuego distinto, tú que debes observarlo todo miras a
Leucótoe y fijas tu mirada, que debes a todo el mundo,
en una sola doncella. A veces surges más pronto en el
cielo de Oriente, a veces te sumerges más tarde en las
olas, y mientras te entretienes mirándola haces más lar-

---

[8] Venus era la esposa de Vulcano.
[9] Vulcano, que, según la tradición, era hijo tan sólo de Juno.
[10] Vulcano, ver pág. 132, n. 53.
[11] Venus, venerada en el templo de la isla de Citera.
[12] El Sol.

gos los días del invierno; en ocasiones desfalleces, y el
mal de tu mente se transmite a tus ojos, y al oscurecerte
llenas de terror el corazón de los mortales. Y no palideces porque la forma de la luna, acercándose más a la
tierra, se te haya puesto delante: es el amor el que te da
ese color. Sólo ella te gusta, y ya no te importan ni Clímene, ni Rodas, ni la bellísima madre de Circe de Eea [13],
ni Clitie, quien, aunque despechada, aún buscaba tu lecho en aquellos días y sufría gravemente por ello. Leucótoe te hizo olvidar a muchas, Leucótoe, a quien había dado a luz Eurínome, la más bella del país de las
fragancias [14]; pero cuando la hija creció, de cuanto la
madre superaba a las demás en belleza, superó ella a su
madre. Gobernaba las ciudades de los Aqueménidas [15]
su padre Orcamo, que era el séptimo heredero de la
antigua estirpe de Belo.

»Los pastos de los caballos del Sol se encuentran bajo
el eje del cielo de Hesperia [16]; no comen hierba, sino
ambrosía, que nutre sus cuerpos cansados por el esfuerzo del día y repone sus fuerzas para soportar nuevas fatigas. Mientras los caballos se alimentaban allí de
los pastos celestes y la noche cumplía su turno, el dios
entró en el aposento de su amada tras haber adoptado
el aspecto de Eurínome, su madre, y allí la vio rodeada
de doce criadas, mientras a la luz de una lámpara tiraba
de sutiles hilos y hacía girar un huso. Entonces, tras besarla como una madre besaría a su querida hija, dijo:
"Se trata de un secreto. Marchaos, esclavas, no le qui-
téis a una madre el derecho de hablar a solas con su
hija." Ellas obedecieron, y cuando la habitación estuvo
libre de testigos, dijo el dios: "Yo soy aquel que mide

---

[13]   Circe, que habita en la isla de Eea, es hija de la ninfa oceánide
Perse.
[14]   Probablemente, Arabia o Siria.
[15]   Las ciudades de Oriente que formaban parte del imperio
persa, sobre el que reinó la dinastía de los Aqueménidas.
[16]   Hesperia indica las tierras de Occidente.

los largos años, el que todo lo ve y por el que todas las cosas se ven en la tierra, el ojo del mundo: créeme, tú me gustas.'' Ella se asustó y el miedo hizo que sus dedos soltaran el huso y la rueca. Hasta el temor le sentaba bien; sin esperar más, él volvió a tomar su verdadera figura y su habitual esplendor, y la muchacha, aunque estaba aterrorizada por esa visión inesperada, vencida por la belleza del dios sufrió el ultraje sin quejarse.

»Clitie sintió envidia, pues el amor del Sol por Leucótoe no era precisamente moderado, y en un arranque de ira desveló el adulterio de su rival, y difamándola se lo contó a su padre. Éste, enfurecido, no se dejó amansar por los ruegos de su hija, que, tendiendo sus brazos hacia el Sol, le decía: "¡Él me forzó en contra de mi voluntad!" La enterró cruelmente bajo una espesa capa de tierra, y le echó encima un pesado túmulo de arena. El hijo de Hiperión demolió el túmulo con sus rayos y te abrió un camino para que pudieras sacar fuera tu rostro enterrado, pero tú, ninfa, ya no podías levantar la cabeza, ahogada por el peso de la tierra, y tu cuerpo yacía muerto. Dicen que después del fuego que consumió a Faetón, ese fue el dolor más grande que sufrió el auriga de los caballos alados. Él, desde luego, intentó reavivar sus miembros congelados con el calor de sus rayos. Pero cuando vio que el destino se oponía a sus intentos, roció el cuerpo y todo el lugar de néctar perfumado, y después de largos lamentos dijo: "A pesar de todo, tocarás el cielo." Inmediatamente después, el cuerpo embebido de néctar divino se deshizo y empapó la tierra con su aroma, y poco a poco, extendiendo sus raíces entre los terrones de tierra, fue despuntando un arbusto de incienso, que rompió la cima del túmulo.

»En cuanto a Clitie, aunque el amor podía explicar su dolor, y su dolor la delación, el Sol que transmite la luz no volvió a visitarla, e interrumpió su relación amorosa. Desde entonces la ninfa, que había utilizado el amor de forma tan insensata, empezó a languidecer, incapaz de soportarlo, y permaneció sentada día y noche bajo el cielo, sobre la tierra desnuda, desnudos y despeinados los cabellos. Durante nueve días no probó ni agua ni comida, y ayunó alimentándose tan sólo de rocío y de sus propias lágrimas, sin moverse del suelo: se limitaba a mirar la cara del dios que pasaba, dirigiendo su rostro hacia él. Dicen que sus miembros se adhirieron al suelo, y que la amarillenta palidez de su tez hizo que una parte se convirtiera en hierba reseca; la otra parte es rojiza, y una flor violeta recubre su rostro. Aunque las raíces la retienen, ella se vuelve siempre hacia su amado Sol, y aunque transformada, sigue conservando su amor [17].»

Aquí terminó: su asombrosa historia había cautivado los oídos de sus hermanas. Unas niegan que eso pueda haber sucedido, otras recuerdan que los verdaderos dioses son capaces de cualquier cosa; pero no cuentan a Baco entre ellos. Cuando por fin las hermanas callaron, fue el turno de Alcítoe, quien, recorriendo con la canilla los hilos de la urdimbre, dijo:

«No voy a hablar de los conocidos amores del pastor Dafnis del monte Ida, al que una ninfa despechada por una rival convirtió en piedra: a tanto llega el dolor que abrasa a los amantes; tampoco hablaré de cuando el ambiguo Sitón, renovando las leyes de la naturaleza, era unas veces hombre y otras mujer; y te pasaré por alto a ti, Celmis, ahora convertido en diamante, que fuiste una vez el más leal compañero del pequeño Júpiter, y a los Curetes nacidos de una larga lluvia, o a Croco y a Esmílace, que fueron convertidos en pequeñas flores. Entretendré vuestra mente con una delicada novedad. Os explicaré por qué la fuente Sálmacis tiene tan mala fama, y por qué razón debilita y ablanda los cuerpos que entran en contacto con sus aguas mortecinas. Las causas son un misterio, pero el poder de la fuente es de todos conocido.

---

[17]   Clitie se convierte en girasol.

»Las náyades del monte Ida criaron en sus cuevas a un niño que la diosa de Citera había tenido de Mercurio; en su rostro se podían reconocer los rasgos de su padre y de su madre, y también su nombre derivaba de los de ellos [18]. Cuando cumplió los quince años abandonó los montes en los que había nacido, y dejando atrás el Ida que le había alimentado disfrutaba viajando por lugares desconocidos y descubriendo nuevos ríos, y la curiosidad le hacía más leve la fatiga. Visitó también las ciudades de Licia [19], y a los Caros, que vivían cerca de esa región. Allí encontró un estanque de aguas relucientes, cristalinas hasta el mismo fondo. No hay en dicho lugar ni cañas, ni algas estériles, ni juncos de hojas afiladas: el agua es completamente transparente; sin embargo, las orillas del estanque están cubiertas de fresco césped y de hierba siempre verde. En él habita una ninfa, pero no se trata de una ninfa nacida para las cacerías ni acostumbrada a tensar el arco y a competir en la carrera, y es la única de las náyades a quien no conoce la veloz Diana. Según cuentan, muy a menudo sus hermanas le dicen: "¡Sálmacis, coge una jabalina o un pintado carcaj y alterna la dura caza con tus ratos de ocio!" Pero ella no coge ni una jabalina ni un pintado carcaj, y no alterna la dura caza con el ocio. En su lugar, lava sus bellos miembros en las aguas de su fuente, y con frecuencia alisa sus cabellos con un peine de madera del Citoro [20], y mirándose en el agua decide qué peinado le queda mejor; o bien, con el cuerpo enfundado en un velo transparente, se tumba sobre una blanda cama de hojas o de hierbas, y muchas veces recoge flores. Casualmente, también estaba recogiendo flores el día que vio al muchacho, y al verle deseó poseerle; sin embargo, no se le acercó, aunque estaba ansiosa por acercarse, sino después de haberse arreglado,

---

[18]   Hermafrodito, de Hermes (Mercurio) y Afrodita (Venus).
[19]   Caria y Licia son dos regiones costeras del Asia Menor.
[20]   Monte de Paflagonia, en Asia Menor.

de controlar si su velo estaba bien puesto, de componer
el gesto y de asegurarse de que se veía hermosa. Entonces empezó a hablar así: "¡Oh muchacho digno de
que te confundan con un dios, si en verdad eres un
dios, podrías ser Cupido, y si eres un mortal, benditos
los padres que te generaron, feliz tu hermano y afortunada en verdad tu hermana, si es que la tienes, y la
nodriza que te dio el pecho! ¡Pero mucho, mucho más
afortunada, si existe, aquella que vaya a ser tu esposa, a
la que vayas a honrar con el matrimonio! Si existe, que
lo nuestro sea una aventura furtiva; si no, que sea yo la
elegida, y unámonos en el mismo lecho." Después de
esto, la náyade guardó silencio. El rostro del muchacho
se cubrió de rubor, pues no sabía lo que era el amor,
pero incluso ruborizarse le favorecía. Era el mismo color que tienen los frutos que penden de un árbol bien
expuesto al sol, o el marfil teñido, o la luna que se enrojece bajo su candor cuando inútilmente resuenan los
bronces para auxiliarla [21]. La ninfa le pedía sin cesar un
beso, por lo menos de hermana, y ya le tendía los brazos al cuello; pero él le dijo: "¿Quieres dejarme? ¡Si no
huiré y me iré de este lugar y de tu lado!" Sálmacis se
asustó: "Te dejo el lugar para ti sólo, extranjero", y
dándole la espalda fingió que se marchaba, aunque volviéndose a mirarle, y se ocultó en un bosquecillo de arbustos, donde se agachó hincándose de rodillas. Él,
cuando se vio inobservado en el prado desierto, paseó
de un lado para otro y se mojó las plantas de los pies,
desde la punta hasta el talón, en las olas que bañaban la
orilla; luego, sin esperar más, atraído por la agradable
temperatura del agua, se quitó las suaves ropas que
vestían su tierno cuerpo. Entonces Sálmacis se quedó
realmente extasiada, y ardió en deseos de poseer aquella belleza desnuda. Los ojos de la ninfa brillan como
brilla el resplandeciente Febo cuando la imagen de su

---

[21]   En los eclipses.

disco se refleja nítida en un espejo, y a duras penas soporta la espera, a duras penas puede diferir ya el goce, ya rabia por abrazarle, y, fuera de sí, apenas puede contenerse. Él se da palmadas en el cuerpo con las manos ahuecadas y luego se zambulle veloz en el agua, y mientras va moviendo un brazo tras otro su cuerpo brilla a través del agua, como si una placa de transparente cristal recubriera una estatua de marfil o un cándido lirio. "¡He vencido, ya es mío!", exclama la náyade, y tirando lejos sus ropas se mete en el agua. Agarrando al muchacho, que lucha por liberarse, le roba reluctantes besos, y hundiendo sus manos le acaricia el pecho, y le rodea con su cuerpo ahora por un lado, ahora por otro. Por fin, aunque él se resiste e intenta zafarse, le envuelve como hace una serpiente cuando un águila real la atrapa y se la lleva por los aires: mientras cuelga en el aire, se enrosca alrededor de las patas y de la cabeza, y enlaza con su cola las alas extendidas; o como suele la hiedra envolver los altos troncos de los árboles, o como el pulpo que inmoviliza a la presa que ha capturado bajo el agua, extendiendo por todas partes sus tentáculos. Pero el Atlantíada [22] resiste, negándole a la ninfa el esperado placer. Ella le oprime, y conforme está adherida a él, abrazándole con todo su cuerpo, le dice: "¡Lucha si quieres, maldito, pero no escaparás! ¡Haced, oh dioses, que nunca llegue el día en que él se separe de mí y yo de él!" Algún dios favoreció sus ruegos, pues, en efecto, sus dos cuerpos se fundieron y se revistieron de una única figura: de la misma forma, cuando uno envuelve dos ramas con corteza las ve unirse y desarrollarse a la par a medida que crecen. Así, cuando sus miembros estuvieron unidos en un fuerte abrazo ya no eran dos formas, sino una forma doble, de la que no se podía decir si era hombre o mujer, pues no parecía ninguno y parecía los dos. Entonces, cuando vio que las

---

[22]   Hermafrodito, hijo de Mercurio, nieto de Atlas.

límpidas aguas en las que se había sumergido como
hombre le habían convertido en semihombre, y que sus
miembros se habían afeminado al contacto con ellas,
Hermafrodito alzó los brazos y dijo, aunque no ya con
voz viril: "¡Padre, madre, conceded un don al hijo que
lleva vuestros nombres: que todos los hombres que
vengan a esta fuente salgan de ella siendo hombres a
medias, y que el contacto con sus aguas ablande inmediatamente sus cuerpos!" Conmovidos por el ruego de
su hijo biforme, sus padres hicieron realidad sus palabras y vertieron en la fuente un veneno corrupto.»

El relato había finalizado. Pero las hijas de Minias
seguían trabajando con ahínco, despreciando al dios y
profanando su fiesta. Entonces, de repente, unos tambores invisibles empezaron a retumbar a su alrededor
con un sonido sordo, y se oyeron flautas de retuerto
cuerno y bronces tintineantes, entre un olor de mirra y
de azafrán; y lo que es más asombroso, las telas empezaron a reverdecer, y de los paños colgados empezaron
a brotar ramas de hiedra: una parte se convierte en vides, y los que poco antes eran hilos se transforman en
sarmientos, de la urdimbre nacen pámpanos, y la púrpura presta su brillo a teñidos racimos de uvas.

El día ya tocaba a su fin, y se acercaba la hora en la
que no podrías decir si hay luz o tinieblas, sino la in-
definida frontera entre la noche y el día. De repente
pareció que la casa temblaba, que pingües lámparas
empezaban a arder, que todo el palacio se iluminaba
con un resplandor rojizo, y que aullaban espectros de
fieras salvajes. Las hermanas intentan esconderse por
las habitaciones llenas de humo, y dispersándose huyen
del fuego y de la luz. Mientras se esconden en la oscuridad una membrana se extiende entre sus miembros,
que se hacen más pequeños, y envuelve los brazos en
una tenue piel. Pero las tinieblas impiden saber de qué
forma han perdido su antigua figura. No se elevan gracias a sus plumas, pero se mantienen en vuelo con unas
alas casi transparentes; si intentan hablar, emiten una

voz muy débil, proporcional a su cuerpo, y profieren
lamentos con callados chirridos. No habitan en los
bosques, sino en lugares cerrados, y vuelan de noche,
puesto que odian la luz, y del anochecer deriva su
nombre [23].

Entonces el nombre de Baco se hizo realmente famoso en toda Tebas, e Ino, su tía materna, iba hablando por todas partes de los grandes poderes del
nuevo dios, ella que de todos los disgustos que habían
sufrido sus hermanas no había conocido más que uno,
que era el que sus mismas hermanas le habían causado.
Juno vio cómo se enorgullecía de sus hijos, de su matrimonio con Atamante y de su divino pupilo, e incapaz
de soportarlo, dijo para sí: «Si el hijo de una concubina
ha sido capaz de transformar a unos marineros de
Meonia y hacer que se tiren al mar, de hacer que una
madre despedace las entrañas de su propio hijo, y de
recubrir a las tres hijas de Minias con unas alas nunca
vistas antes de ahora, ¿es que Juno no va a ser capaz
más que de llorar por las ofensas que han quedado im-
punes? ¿Es que me voy a conformar con eso? ¿Acaso
es ese todo mi poder? Él mismo me ha enseñado lo que
tengo que hacer: es perfectamente lícito aprender de
un enemigo, y la muerte de Penteo me ha demostrado
claramente, y con creces, hasta dónde puede llegar la
locura. ¿Por qué no incitar a Ino a la locura para que
siga el ejemplo de su hermana?»

Hay un camino en declive, ensombrecido por funé-
reos tejos, que conduce a la sede infernal a través de
mudos parajes silenciosos; la perezosa Estigia [24] exhala
sus nieblas, y por allí descienden las sombras nuevas y
los espectros de los que han recibido sepultura. La palidez y el frío extienden su dominio por aquellos parajes inhóspitos, y las almas de los que acaban de morir

---

[23]   Las hijas de Minias se han convertido en murciélagos, cuyo
nombre latino es *vespertilium*, de *vesper*, «atardecer».
[24]   La laguna Estigia.

ignoran cuál es el camino que conduce a la ciudad estigia, y en dónde se encuentra el terrible palacio del negro Dis [25]. La inmensa ciudad tiene mil entradas y
puertas abiertas por todas partes: como el océano
acoge a los ríos de toda la tierra, ese lugar acoge a todas las almas, no resulta pequeño para ningún pueblo,
no nota la llegada de ninguna muchedumbre. Las sombras vagan exangües, sin cuerpo y sin huesos: en parte
abarrotan la plaza, en parte la morada del rey del
abismo, unas desarrollan alguna actividad, en imitación de su antigua vida, y otras cumplen algún castigo.

La saturnia Juno tuvo el valor de dirigirse allí, abandonando la sede celeste: tanta era la fuerza de su odio
y de su ira. Cuando entró allí el umbral crujió bajo el
peso de su cuerpo sagrado, y Cérbero [26] levantó sus tres
cabezas y emitió tres ladridos simultáneos. Juno llamó
a las hermanas nacidas de la Noche [27], divinidades poderosas e implacables: estaban sentadas ante las puertas cerradas de una cárcel de duro acero, y peinaban las
negras serpientes que colgaban entre sus cabellos.
Cuando la reconocieron entre la oscura neblina, las
diosas se levantaron. Aquel lugar tenía el nombre de
sede del Crimen: Titio [28] ofrece sus vísceras al desgarro
de los buitres, y su cuerpo tendido cubre nueve yuga-
das; tú, Tántalo [29], no puedes alcanzar el agua, y las ramas con sus frutos, aunque están cerca, huyen de tus

---

[25]   Plutón, dios de los muertos.
[26]   Perro de tres cabezas, hijo de Tifeo y de Equidna, guardián de
los Infiernos.
[27]   Las Furias o Erinies, que perseguían a los parricidas.
[28]   Titio, gigante hijo de Gea, intentó violar a Latona, por lo que
Ártemis y Apolo lo acribillaron con sus flechas. En el Tártaro, Titio,
inmovilizado en el suelo, es atormentado por dos buitres que le de-
voran el hígado.
[29]   Tántalo, riquísimo rey de Lidia, participó en el banquete de los
dioses, del que intentó robar para los mortales la ambrosía y el néctar. Fue condenado a permanecer eternamente sumergido hasta el
cuello en el agua, sobre la que penden ramas cargadas de frutas, pero
él no puede alcanzar ni la una ni las otras.

manos; Sísifo [30] corre detrás de la roca o la empuja antes de que vuelva a caer; Ixión [31] corre en círculos y a la
vez se rehúye y se persigue, y las nietas de Belo [32], que
osaron urdir la muerte de sus primos, sacan una y otra
vez el agua que luego vuelven a perder. Tras lanzarles a
todos una torva mirada, especialmente a Ixión, y pasando los ojos de éste hacia Sísifo, dijo: «¿Por qué de
los dos hermanos [33] éste está condenado a pagar un
castigo eterno, mientras que el soberbio Atamante,
que junto con su esposa siempre me ha despreciado,
vive en un rico palacio?» Y expuso las razones de su
odio y de su venida, y qué era lo que quería: quería que
la estirpe de Cadmo dejara de existir, y que las hermanas indujeran a Atamante a cometer un crimen. Incitó
a las diosas mezclando a la vez órdenes, promesas y
ruegos. Cuando terminó de hablar, Tisífone, desmele-
nada conforme estaba, apartó las culebras que colgaban ante su cara y dijo: «No hace falta que des tantos
rodeos; da por hecho lo que ordenas. Y ahora abandona este desagradable reino, y regresa al aire mejor
del cielo.» Juno se marchó satisfecha, y antes de entrar
en el cielo, Iris, hija de Taumante, la purificó con agua
de lluvia.

Sin tardanza la feroz Tisífone coge una antorcha im-
pregnada de sangre, se pone un manto rojo teñido de
sangre, se ciñe la cintura con una retuerta serpiente y
sale de su morada. La acompañan en el camino el Luto,
el Espanto y el Terror, y la Locura de perdida mirada.

---

[30]   Sísifo está condenado a empujar una enorme roca por una
abrupta cuesta, pero cada vez que llega arriba la roca vuelve a caer
pendiente abajo.
[31]   Hijo de Flegias, rey de los Lapitas. Por haber intentado seducir
a Juno está condenado a permanecer encadenado de pies y manos a
una rueda de fuego que gira sin parar.
[32]   Las cincuenta nietas de Belo, hijas de Dánao, que asesinaron a
sus maridos en la noche de bodas (menos una, Hipermestra), por lo
que están condenadas a llenar un tonel sin fondo.
[33]   Sísifo y Atamante son ambos hijos de Eolo.

Se paró ante el umbral: dicen que las puertas del hijo
de Eolo [34] temblaron, que los batientes de madera de
arce perdieron el color, y que el sol huyó del lugar. Ate-
rrada se quedó Ino ante el prodigio, aterrado estaba
también Atamante, y se disponían a abandonar la casa.
La funesta Erinis se plantó en el umbral, cerrándoles el
camino, y extendiendo los brazos recubiertos de serpientes enroscadas, sacudió la cabellera: las serpientes
crepitaron al ser sacudidas, unas caen sobre sus hombros, y otras, deslizándose sobre su pecho, emiten silbidos, vomitan veneno y hacen chasquear sus lenguas.
Entonces se arranca dos serpientes de entre los cabellos y con pestífera mano las arroja con fuerza hacia
ellos. Las serpientes se arrastran sobre los pechos de
Ino y de Atamante y les infunden un aliento fétido;
pero no hieren sus cuerpos: es la mente la que siente
las funestas heridas. La Furia también había llevado
consigo un filtro venenoso: babas de la boca de Cérbero y veneno de la Equidna [35], vagos delirios y ciegos
olvidos de la mente, y delitos, lágrimas, rabia y deseo
de matanza, todo triturado y mezclado, cocido con sangre fresca en un caldero de bronce, y removido con una
verde rama de cicuta. Mientras ellos permanecen so-
brecogidos por el terror, el veneno de la Furia se derrama en sus pechos y turba las raíces de sus corazones.
Entonces voltea la antorcha una y otra vez, haciendo
que las llamas sigan veloces a las llamas, y así, victoriosa, cumplidas ya las órdenes, regresa al reino del
gran Dis y desata la serpiente con la que se había ceñido.

De pronto, el Eólida grita furioso en medio de la
sala: «¡Vamos, compañeros, tended las redes en estos

---

[34]   Atamante.
[35]   Equidna era un ser monstruoso, medio mujer y medio serpiente, que se alimentaba de carne humana. Uniéndose a Tifeo procreó otros monstruos: Cérbero, la Hidra de Lerna, la Esfinge y el
León de Nemea.

matorrales! ¡Acabo de ver a una leona con sus dos cachorros!» Presa del delirio sigue el rastro de su mujer
como si se tratara de una fiera salvaje, y arrancándole
de los brazos a Learco, que sonreía y tendía los bracitos, lo voltea dos y tres veces en el aire como si se tratara de una honda, y quebranta cruelmente el rostro
del niño contra una dura piedra. Entonces la madre,
trastornada, bien a causa del dolor, o bien por el veneno que se iba extendiendo, emite un aullido y huye
enloquecida, con los cabellos sueltos, llevándose consigo al pequeño Melicertes entre sus brazos desnudos,
y grita: «¡Euhoé, Baco!» Juno se rió al oír el nombre de
Baco, y dijo: «¡Ese es el servicio que te presta tu pupilo!» Hay una roca que cae a pico sobre el mar: la
parte más baja está excavada por las olas, y debajo de
ella las aguas se protegen de la lluvia, mientras que la
cima se yergue sólida y presenta su pared al mar
abierto. Ino alcanza la cima (la locura le daba fuerzas)
y, sin que el temor la haga dudar, se tira al mar junto
con su carga; las olas se cubrieron de espuma allí donde
cayó.

Pero Venus, apenada por las inmerecidas tribulacio-
nes de su nieta [36], suplica a su tío Neptuno [37] con dulces
palabras: «¡Oh dios de las aguas, Neptuno, a quien fue
otorgado el reino más poderoso después del cielo: lo
que te pido es mucho, sí, pero apiádate de los míos,
que, como ves, se debaten en el inmenso Jonio, y aña-
delos al número de tus dioses! También yo gozo de algún favor en las aguas del mar, si es verdad que hace
tiempo fui en las divinas profundidades un coágulo de
espuma, y de ella deriva el nombre que aún conservo
entre los griegos» [38]. Neptuno accedió a sus ruegos: les

---

[36] Ino es hija de Cadmo y de Harmonía, hija de Venus.
[37] Según algunas versiones del mito, Venus es hija de Júpiter, y,
por tanto, sobrina de Neptuno.
[38] El nombre griego de Venus, Afrodita, está ligado etimológicamente a *afros*, «espuma».

quitó todo lo que era mortal, les infundió una venerable majestad y junto con la figura les cambió también el nombre, llamando al dios Palemón y a la madre Leucótea.

Las compañeras sidonias [39] de Ino, que la habían seguido como habían podido, vieron que las huellas de sus pies terminaban al borde de la roca, y convencidas sin ninguna duda de su muerte, lloraron por la estirpe de Cadmo golpeándose el cuerpo, y soltándose las ropas y el pelo acusaron a la diosa de ser injusta y demasiado cruel con su rival. Juno no toleró ese tumulto de injurias, y dijo: «¡Precisamente vosotras seréis el testimonio más grande de mi crueldad!», y a las palabras siguieron los actos. En efecto, la que había sido la amiga más devota dijo: «¡Seguiré a mi reina al abismo!», y cuando iba a dar el salto ya no pudo moverse, y se quedó pegada a la roca. Otra, mientras intentaba golpear su pecho con las palmadas rituales, sintió que al intentarlo sus brazos se quedaban rígidos. Aquélla, que por casualidad tendía sus manos hacia las olas del mar, se queda convertida en piedra, con las manos tendidas hacia las mismas olas; mientras ésta se arrancaba los cabellos de la cabeza, se vio cómo entre los cabellos sus dedos se endurecían. Cada una se queda paralizada en el gesto en que se ve sorprendida. Algunas de ellas se transformaron en pájaros, y todavía hoy las Isménides rozan las aguas con la punta de sus alas sobre aquel punto del abismo.

El Agenórida [40] no sabe que su hija y su pequeño nieto son dioses del mar. Vencido por el dolor y por toda esa serie de desgracias, y por los numerosos prodigios a los que había asistido, el fundador de Tebas abandona su ciudad, como si fuera la suerte de aquel lugar, y no la suya propia, la que recaía sobre él. Tras haber vagado por largos caminos llegó a las fronteras

---

[39]   Las tebanas.
[40]   Cadmo, hijo de Agénor.

de Iliria [41], junto con su esposa, que le acompañaba en su huida. Abrumados ya por los años y por las desgracias, estaban rememorando las primeras vicisitudes de la casa y repasando sus afanes, cuando Cadmo dijo: «¿Y si hubiese sido una serpiente sagrada aquella que atravesé con mi lanza en aquella ocasión, cuando, tras abandonar Sidón, sembré en la tierra sus dientes viperinos, desconocida simiente? Si es a ella a quien con tan despiadada cólera quieren vengar los dioses, entonces, ¡que yo mismo me arrastre sobre un largo vientre convertido en serpiente!» Apenas ha acabado de decirlo, cuando como una serpiente su cuerpo se extiende sobre un largo vientre, siente cómo las escamas crecen sobre su piel endurecida y cómo su cuerpo, ahora negro, se mancha de puntos azulados; cae de bruces sobre su pecho, y sus piernas, fundidas en una sola, se adelgazan formando una punta redondeada. Todavía le quedan los brazos: mientras siguen estando los tiende hacia Harmonía, y con el rostro todavía humano regado por las lágrimas que fluían de sus ojos, dice: «¡Acércate, mi pobre esposa, acércate, y mientras todavía queda algo de mí, tócame y cógeme la mano, mientras todavía es una mano, antes de que la serpiente me absorba del todo!» Evidentemente quiere seguir hablando, pero de repente su lengua se ha escindido en dos partes, las palabras no se forman en su boca, y cada vez que intenta emitir algún lamento, emite un silbido: esa es la voz que la naturaleza le ha dejado.

Arañándose el pecho desnudo con las manos, su esposa exclama: «¡Cadmo, quédate, y libérate, infeliz, de este monstruo! Cadmo, ¿qué es esto? ¿Dónde están tus pies? ¿Dónde están los hombros, las manos, el color y el rostro, y, mientras hablo, todo lo demás? ¿Por qué no me convertís a mí también, oh dioses, en una

---

[41]   La Iliria corresponde al sur de la actual Yugoslavia.

serpiente igual que a él?» Eso dijo, y mientras tanto él lame la cara de su esposa y se desliza sobre el amado seno como si lo reconociera, la rodea en un abrazo y busca su conocido cuello. Todos los presentes (se hallaba presente su séquito) estaban aterrorizados; pero ella acaricia el escurridizo cuello de la serpiente crestada, y de repente son dos las serpientes que reptan entrelazadas, y van a ocultarse en las sombras de un bosque cercano. Todavía hoy no rehúyen a los hombres ni les causan heridas, serpientes pacíficas que recuerdan lo que fueron antes.

Pero ambos, por lo menos, habían encontrado un gran consuelo de su transformación en su nieto, al que ya veneraban en la India, convertida a su fe, y al que Acaya entera adoraba en los templos levantados en su honor. El único que aún se resiste es Acrisio, hijo de Abante, descendiente de la misma estirpe que ellos, quien le mantiene apartado de las murallas de la ciudad de Argos, empuña las armas contra él, y se niega a creer que sea hijo de Júpiter; claro, que tampoco creía que fuese hijo de Júpiter Perseo, a quien Dánae [42] había concebido de una lluvia de oro. Sin embargo, muy pronto (tanta es la fuerza de la verdad), Acrisio habría de arrepentirse de haber ultrajado al dios y de no haber reconocido a su nieto. El primero ya habita entre los dioses del cielo; el segundo, llevando los gloriosos despojos del monstruo de cabellera de serpientes [43], hendía la brisa suave con alas susurrantes. Sobrevolaba victorioso los desiertos de Libia, cuando de la cabeza de la gorgona cayeron algunas gotas de sangre, a las que la tierra, tras absorberlas, dio vida en forma de serpientes. Esta es la razón de que aquel país esté poblado de tantas serpientes.

---

[42]   Hija de Acrisio, rey de Argos. Acrisio la encerró en una torre para evitar que tuviera un hijo, pues le habían vaticinado que el hijo de Dánae le daría muerte, pero Júpiter consiguió llegar hasta ella transformándose en lluvia de oro.
[43]   Medusa, una de las tres gorgonas.

Desde allí, dejándose llevar de aquí para allá por vientos contrarios a través de la inmensidad del cielo, siguiendo el ejemplo de las nubes portadoras de lluvia, Perseo observa desde las alturas las tierras que se extienden a lo lejos, y sobrevuela el orbe por todas partes. Tres veces vio a las Osas en la región polar y tres veces las pinzas del Cangrejo; unas veces era arrastrado hacia el ocaso, otras veces hacia el orto. Por fin, cuando el día ya llegaba a su fin, temeroso de confiar su vuelo a la noche se posó en la región de Hesperia, donde reinaba Atlas, para gozar de un pequeño descanso hasta que la estrella del Lucífero llamara a la Aurora, y la Aurora al carro del sol.

Este Atlas, hijo de Iápeto, superaba a todos los hombres por la inmensidad de su cuerpo; reinaba sobre los últimos confines de la tierra y sobre el mar que ofrece sus aguas a los jadeantes caballos y acoge al cansado carro del sol. Mil rebaños de ovejas y otros tantos de ganado mayor erraban por sus prados, y no tenía vecinos que habitaran en sus fronteras. Las frondosas copas de los árboles, que resplandecían con el brillo del oro, encubrían ramas doradas y dorados frutos. «Señor», le dijo Perseo, «si te impresiona la gloria de las grandes estirpes, el padre de mi estirpe es Júpiter; si eres un admirador de las grandes hazañas, admirarás las mías. Te pido hospitalidad y reposo.» Pero Atlas recordaba una vieja predicción: Temis, la diosa del Parnaso, le había presagiado lo siguiente: «Llegará un tiempo, Atlas, en que tus árboles serán despojados de su oro, y será un hijo de Júpiter quien se lleve la gloria de la empresa.» Temeroso de que aquello sucediera, Atlas había encerrado sus frutales entre sólidas murallas y había puesto como guardián a un enorme dragón, y no dejaba que ningún extranjero cruzara sus fronteras. También a Perseo le dijo: «¡Aléjate de aquí, no vaya a ser que de nada te sirvan esas supuestas hazañas que cuentas, y de nada te sirva Júpiter!»; y a las amenazas unió la violencia, e intentó empujar con sus manos a Perseo, que se resistía y que mezclaba palabras dulces con palabras enérgicas. Entonces, dada su inferioridad de fuerzas (¿pues quién habría podido igualar la fuerza de Atlas?), dijo: «¡Puesto que tengo tan poco valor para ti, toma este regalo!», y sacando por el lado izquierdo la escuálida cabeza de Medusa, la tendió hacia él a la vez que se volvía hacia atrás. Atlas se convirtió, en toda su grandeza, en una montaña: su barba y su cabello se convierten en bosques, sus hombros y sus manos son cerros, lo que antes era su cabeza ahora es la cumbre más alta de la montaña, sus huesos se hacen de piedra. Entonces, expandiéndose en todas las direcciones, creció inmensamente, pues así lo quisisteis, oh dioses, y el cielo entero con todas las estrellas reposó sobre él.

El Hipótada [44] había encerrado a los vientos en su cárcel eterna y el Lucífero, brillantísimo, había aparecido alto en el cielo, exhortando al trabajo; Perseo vuelve a coger las alas y se las ata en los pies a uno y otro lado, se ciñe la curva espada, e impulsado por sus sandalias surca el aire transparente. Debajo de él y a su alrededor van quedando innumerables pueblos, hasta que llega a divisar el país de los etíopes y los campos de Cefeo [45]. Allí, el despiadado Amón había ordenado que la inocente Andrómeda pagara el castigo por la insolencia de su madre [46]. Cuando el Abantíada [47] la vio atada por los brazos a las duras rocas (y de no ser porque una leve brisa movía sus cabellos y cálidas lágrimas manaban de sus ojos, habría creído que estaba esculpida en el mármol), sin saberlo ardió de amor por ella, se quedó pasmado, y cautivado por la imagen de la belleza que había ante sus ojos casi se olvidó de batir las

---

[44] Eolo, hijo de Hipotas.
[45] Cefeo era rey de los etíopes.
[46] Casiopea, esposa de Cefeo y madre de Andrómeda, se había jactado de ser más bella que Juno.
[47] Perseo, descendiente de Abante, rey de Argos.

alas en el aire. Entonces se posó y dijo: «¡Tú, que no eres digna de llevar otras cadenas sino aquellas que enlazan a los apasionados amantes, responde a mis preguntas y dime el nombre de tu país y el tuyo, y por qué llevas esas cadenas!» Al principio ella permaneció callada, sin atreverse a hablarle, ella, una virgen, a un hombre, y si no hubiese estado atada se habría cubierto con las manos el rostro lleno de vergüenza; sus ojos, eso fue lo único que pudo hacer, se llenaron de lágrimas. Por fin, puesto que él insistía una y otra vez, para que no pareciera que le ocultaba algún delito que hubiese cometido, le indicó cuál era su nombre y el de su patria, y cuál había sido la soberbia confianza de su madre en su propia belleza. Y aún no le había relatado todo cuando las olas resonaron fragorosamente y un monstruo surgió del inmenso mar, recubriendo con su pecho una vasta superficie de agua. La virgen grita. El padre, enlutado, se hallaba presente junto con la madre, afligidos ambos, pero ella con más razón. No le prestaban auxilio alguno, sino sólo lágrimas y lamentos dignos de tal circunstancia, y se aferraban a su cuerpo encadenado. Entonces el extranjero dijo: «Para llorar os quedará mucho tiempo, pero para ayudarla tenemos muy poco. Si yo la pidiera en matrimonio, yo, Perseo, hijo de Júpiter y de Dánae, a la que Júpiter fecundó con su lluvia de oro cuando estaba encerrada, yo, Perseo, que he vencido a la Gorgona de cabellera de serpiente y que oso viajar por los espacios etéreos con el batir de mis alas, sin duda me preferiríais como yerno antes que a cualquier otro. Además, a todas estas dotes, si los dioses me asisten, intentaré añadir también mis propios méritos. Que sea mía si mi valentía consigue salvarla, ese es el trato.» Sus padres aceptan lo pactado (¿quién dudaría?), le suplican y le prometen, además, un reino en dote.

Y he aquí que como una nave surca veloz las aguas hundiendo la proa en las olas, empujada por jóvenes brazos sudorosos, así el monstruo, hendiendo las olas con el empuje de su pecho, se encontraba a tanta distancia de los escollos como la que podría recorrer por el aire una bala de plomo arrojada por una honda baleárica; entonces, de repente, el joven se dio impulso con los pies y se lanzó audaz hacia las nubes. Cuando su sombra se proyectó sobre la superficie del mar, la fiera se ensañó con la sombra que veía; como el ave de Júpiter [48] que ha visto en campo abierto una serpiente que ofrece su dorso lívido a los rayos del sol, y se lanza sobre ella desde atrás y le clava las ávidas garras en el cuello cubierto de escamas para que no pueda volver sus crueles fauces, así el descendiente de Ínaco se arroja en rápido vuelo cruzando el vacío y cae sobre el lomo de la fiera que se debate, y en el hombro derecho le clava la corva espada hasta la empuñadura. Atormentada por la profunda herida, la bestia unas veces se yergue elevándose en el aire, otras se sumerge en el agua, otras se revuelve como un feroz jabalí al que acosara una manada de perros ladrando a su alrededor. Él rehúye sus voraces mordiscos con la velocidad de sus alas, y allí por donde encuentra vía libre le asesta golpes con su espada falciforme, ora en el lomo cubierto de cóncavas conchas, ora por los flancos hasta las costillas, ora en donde la parte más delgada de la cola termina en una aleta de pez. La fiera vomita chorros de agua mezclados con purpúrea sangre. Las alas cogen peso, salpicadas por el agua; sin atreverse a confiar más en las sandalias empapadas, Perseo ve un escollo cuya cima sobresalía cuando el mar estaba en calma y quedaba sumergida cuando estaba agitado: allí se posa, y sujetándose con la mano izquierda a los salientes más cercanos atraviesa repetidamente, tres, cuatro veces, los ijares del monstruo con el filo de su espada.

El griterío y los aplausos llenaron la playa y las moradas de los dioses en el cielo. Cefeo, el padre, y Casio-

---

[48]   El águila.

pea, llenos de gozo, lo saludan como yerno, llamándolo
auxiliador y salvador de la familia; la muchacha, causa
y precio de su esfuerzo, avanza liberada ya de sus cadenas. Él saca agua del mar y se lava las manos victoriosas, y para que la aspereza de la arena no dañe la cabeza cubierta de serpientes de la gorgona mulle el
suelo cubriéndolo de hojas y de unas ramitas nacidas
del mar, y sobre ellas coloca la cabeza de Medusa, hija
de Forco. Las ramitas, aún frescas, absorbieron en su
médula esponjosa y aún viva la fuerza de la monstruosa
criatura, y se endurecieron al contacto con ella, y sus
hojas y sus tallos adquirieron una inusitada rigidez. Las
ninfas del mar intentan reproducir el prodigio con
otras ramitas, y se regocijan al ver que vuelve a ocurrir,
y lo repiten una y otra vez sembrando con ellas las olas.
Todavía hoy los corales conservan esa propiedad: se
endurecen al contacto con el aire, y lo que bajo el agua
era un tallo flexible se hace de piedra cuando está por
encima de la superficie.

Perseo erigió a tres dioses otros tantos altares de tierra herbosa: el de la izquierda a Mercurio, el de la derecha a ti, virgen guerrera [49], y el del centro a Júpiter.
Para Minerva sacrifica una vaca, para el dios de pies
alados un ternero, y para ti, el más grande de los dioses,
un toro. Después, en seguida se llevó a Andrómeda,
premio de su gran hazaña, pero sin la dote; Amor e Himeneo [50] agitan las antorchas nupciales, los fuegos son
alimentados con profusión de perfumes, de los techos
cuelgan guirnaldas, y por todas partes resuenan liras,
flautas y cantos, jubiloso indicio de la felicidad de los
corazones. Todas las salas doradas abren sus puertas
de par en par, y los próceres cefenos se dirigen al banquete que el rey ha organizado con gran pompa.

Cuando hubieron terminado el festín, y un vino ge-
neroso, don de Baco, hubo aligerado sus corazones, el

---

[49] Palas.
[50] Divinidad que encabeza el cortejo nupcial.

Lincida [51] quiso saber cuáles eran los modos de vida y
las características del lugar: en seguida uno de ellos le
describió las costumbres y la mentalidad de los habitantes, y tras su explicación le dijo: «Ahora, fortísimo
Perseo, cuéntanos, te lo ruego, con cuánto valor y con
qué artes robaste la cabeza de cabellos de serpiente.»
El Agenórida [52] contó entonces cómo debajo del gélido
Atlas se encontraba un lugar defendido por sólidas murallas fortificadas, en cuyo acceso habitaban dos hermanas, hijas de Forco, que compartían el uso de un
solo ojo. Él, con pronta astucia, se lo había robado alar-
gando la mano furtivamente cuando se lo pasaban de
una a otra, y por lugares apartados y desconocidos, a
través de ásperos peñascos y escarpadas selvas, había
llegado a la morada de la gorgona. Por todas partes, en
los campos y en los caminos, había visto estatuas de
hombres y de animales que se habían convertido en
piedra al mirar a Medusa, pero él había mirado su te-
rrorífica figura cuando se reflejaba en el bronce del escudo que empuñaba en su izquierda, y mientras un
sueño profundo se apoderaba de ella y de las serpientes le cortó la cabeza; de su sangre habían nacido Pegaso, de alas veloces, y su hermano [53]. Contó también
los peligros, peligros serios, de su largo viaje, qué mares y qué tierras había contemplado desde el cielo, y
qué estrellas había tocado llevado por sus alas.

Sin embargo, calló antes de lo esperado: uno de los
próceres había intervenido preguntando por qué Medusa era la única de las hermanas que tenía serpientes
entre sus cabellos. El huésped respondió: «Puesto que
lo que deseas saber es digno de contarse, aquí tienes la
respuesta: Medusa era de una belleza deslumbrante, y
muchos nobles rivalizaban con la esperanza de poseerla, y nada en ella era más hermoso que sus cabe-

---

[51]   Perseo, descendiente de Linceo.
[52]   Otra vez Perseo, descendiente también de Agénor.
[53]   Crisaor.

llos: así me dijo uno que aseguraba haberla visto. Dicen que el dios del mar la violó en un templo dedicado a Minerva: la hija de Júpiter se volvió de espaldas, cubriéndose los castos ojos con la égida, pero para que el hecho no quedase impune, transformó la cabellera de la gorgona en serpientes repugnantes. Todavía hoy la diosa lleva ante su pecho, para paralizar de terror a sus enemigos, las serpientes que ella misma generó.»

LIBRO QUINTO

Mientras el héroe hijo de Dánae [1] rememoraba estos hechos rodeado por los cefenos, las salas del palacio se llenaron con el griterío de una muchedumbre alborotada. No era un clamor que celebrara el festejo nupcial, sino el clamor que anuncia una feroz batalla; el banquete, convertido de repente en un tumulto, se podría comparar con el mar en calma cuando la rabiosa fuerza de los vientos lo agita, erizando de olas la superficie. Estaban encabezados por Fineo, temerario instigador de la contienda, que blandiendo una lanza de fresno con la punta de bronce, dijo: «¡Aquí estoy! ¡He venido a vengar el rapto de mi prometida, y ni tus plumas ni Júpiter convertido en falso oro te permitirán escapar de mí!» Y cuando se disponía a arrojar su arma, Cefeo exclamó: «¿Qué haces? ¿Qué locura te impulsa, hermano, a cometer un crimen? ¿Es así como le agradeces todos sus méritos? ¿Es esta la dote que le ofreces por haberle salvado la vida? Si lo piensas bien, verás que no fue Perseo quien te la quitó, sino el rigor de las divinas Nereidas, el cornígero Amón [2], la bestia marina que venía a saciarse con la carne de mi carne. ¡Entonces fue cuando te la quitaron, cuando iba a morir! ¡A

---

[1] Perseo.
[2] Al dios egipcio Amón se le representa con cuerpo de hombre y cabeza de carnero.

menos que, cruel, no desees tú eso mismo, que muera, para poder consolarte con nuestro luto! Evidentemente, no te basta que haya sido encadenada ante tus propios ojos sin que ni como tío ni como esposo salieras en su ayuda: ¡además, te dueles de que haya sido salvada por un hombre, a quien quieres negar su recompensa! En efecto, si te parece que es una recompensa demasiado grande, ¡haberla rescatado tú de los escollos a los que estaba encadenada! Así que permite ahora que el hombre que la rescató, gracias a quien no seré un viejo privado de su hija, se lleve lo que pactó con sus palabras y se ganó con sus méritos, y comprende que no ha sido él, sino una muerte cierta quien te la ha robado.»

Fineo no contesta; al contrario, mirando ora a Cefeo, ora a Perseo, no sabe si atacar a éste o a aquél, y tras titubear un instante arroja la lanza contra Perseo con todas las fuerzas que le da la ira, pero falla. La lanza se clavó en el asiento: entonces Perseo saltó de los cojines, y, lleno de furia, habría atravesado el pecho de su rival con su misma arma si Fineo no se hubiese refugiado tras el altar: el altar, ¡cosa indigna!, protegió al criminal. El tiro, sin embargo, no fue vano, y la punta de la lanza se clavó en la frente de Reto: éste cae, y arrancado el hierro del hueso patalea y salpica de sangre la mesa servida. Entonces el pueblo se enardece de verdad con una cólera incontrolada, y empuñando las armas, hay quien dice que hay que matar a Cefeo y a su yerno; pero Cefeo ya había salido del palacio, jurando por la justicia, por la fidelidad y por los dioses de la hospitalidad que lo que ocurría iba en contra de su voluntad. Aparece la belicosa Palas, que protege a su hermano[3] con la égida y le da ánimos. Había un indio, Atis, que, según se creía, había sido parido bajo aguas cristalinas por Limnate, hija del Ganges; de excelsa be-

---

[3]   Perseo. Ambos son hijos de Júpiter.

lleza, acrecentada por la riqueza de su atavío, en la flor
de sus dieciséis años, vestía una clámide de Tiro con
una orla de oro; collares dorados adornaban su cuello,
y una arqueada diadema sus cabellos impregnados de
mirra. Era capaz de acertar con la jabalina desde cualquier distancia, pero era aún más hábil disparando el
arco. También entonces estaba plegando con la mano
su flexible arco cuando Perseo, tomando un madero
que desprendía humo en medio del altar, le golpeó
fracturándole el cráneo y desfigurándole la cara.
Cuando vio bañado en sangre su alabado rostro, el asi-
rio Licabante, su compañero inseparable y que no disimulaba sentir por él un verdadero amor, lloró por
Atis, que mortalmente herido exhalaba su último suspiro; luego aferró el arco que aquél había tensado y
dijo: «Ahora tendrás que medirte conmigo, y no tendrás mucho tiempo para alegrarte de la muerte de este
muchacho, con la que te has ganado más desprecio que
gloria.» Todavía no había acabado de hablar y ya la
cuerda había disparado una afilada flecha que, sin embargo, esquivada por Perseo, se quedó prendida entre
los pliegues de sus ropas. El Acrisioníada [4] volvió hacia
él su sable, famoso por la muerte de Medusa, y se lo
clavó en el pecho; Licabante, ya moribundo, buscó con
los ojos nublados por una negra oscuridad el cuerpo de
Atis, se dejó caer sobre él y se llevó con los manes el
consuelo de morir a su lado.

Y he aquí que Forbas de Siene [5], hijo de Metión, y el
libio Anfimedonte, deseosos de trabar combate, habían resbalado sobre la sangre que empapaba y entibie-
cía gran parte del suelo: cuando intentaban levantarse
Perseo se lo impidió con la espada, clavándosela a Anfimedonte en las costillas y a Forbas en la garganta. En
cambio, no se enfrentó con la espada a Érito, hijo de
Áctor, que iba armado de una gran hacha de dos filos:

---

[4]   Perseo, nieto de Acrisio.
[5]   Ciudad de Egipto, hoy Assuán.

levantando con ambas manos una enorme crátera, maciza y pesada, en la que sobresalían figuras en relieve, la arrojó contra el hombre. Aquél vomitó roja sangre y cayó de espaldas, y en su agonía su cabeza golpeó la tierra una y otra vez. Después mata a Polidegmon, de la estirpe de Semíramis, a Ábaris del Cáucaso y a Liceto del Esperquío, a Hélice de intonsa cabellera, a Flegias y a Clito, y pisa sobre pilas de cadáveres amontonados.

Fineo, mientras tanto, sin atreverse a pelear de cerca con su enemigo, le arrojó una jabalina que por error se desvió hacia Idas, que inútilmente se había abstenido de pelear y no había apoyado a ninguna de las partes. Aquél, lanzando hacia el cruel Fineo una torva mirada, dijo: «¡Puesto que me veo arrastrado a tomar partido, carga, Fineo, con el enemigo que te has creado, y paga mi herida con otra herida!» Pero cuando iba a volver a lanzarle el asta que se había sacado del cuerpo, se desplomó con los miembros vacíos de sangre. Entonces también Hodita, el más ilustre de los cefenos después del rey, cayó bajo la espada de Climeno; Hipseo atravesó a Protoenores, y el Lincida [6] a Hipseo.

También se encontraba entre ellos el anciano Ematión, respetuoso con la justicia y temeroso con los dioses; puesto que los años le impedían pelear con las armas, combatía con las palabras y atacaba maldiciendo esa lucha impía. Mientras se abrazaba al altar con manos temblorosas, Cromis le cortó con su espada la cabeza, que cayó sobre el altar, y allí, pronunciando con lengua moribunda palabras de condena, exhaló su último suspiro entre las llamas.

Allí cayeron por mano de Fineo los hermanos Bróteas y Amón —Amón, invencible con los cestos [7] (pero ¿cuándo pudieron los cestos vencer a las espadas?)—, y Ámpico, sacerdote de Ceres, con las sienes ceñidas

---

[6]   Perseo.
[7]   Es decir, en el boxeo. En la antigüedad los boxeadores se protegían las manos con correas de cuero guarnecidas de metal.

por una blanca venda. También tú, Lampétida, que no estabas hecho para estas cosas sino para acompañar tu voz con la cítara, pacífica ocupación: se te había encargado que amenizaras el banquete y la fiesta con tu canto. Mientras permanecía apartado, con el plectro inofensivo entre sus manos, Pédaso le dijo, burlón: «¡Cántale el resto a las sombras estigias!», y le clavó la espada en la sien izquierda. Él cayó, y con los dedos moribundos volvió a tocar las cuerdas de la lira, que emitieron, en su muerte, un fúnebre tañido. Pero el violento Licormas no permitió que muriera sin venganza, y arrancando una sólida barra de la jamba derecha de la puerta le fracturó los huesos del centro del cráneo a Pédaso, que se desplomó en el suelo como un ternero en el matadero. También Pélates del Cínife [8] intentaba desclavar una tabla de la jamba izquierda: mientras lo intenta, Córito de Marmáride [9] le atraviesa la mano derecha con el acero de su lanza, clavándosela en la madera; mientras está así, clavado, Abante le traspasa el costado. Pero Pélates no cayó: sujeto por la mano, al morir quedó colgado de la jamba.

También murió Melaneo, que apoyaba la causa de Perseo, y murió Dórilas, el más rico terrateniente de Nasamonia [10]: Dórilas, rico en tierras, nadie poseía más que él ni recogía tanto incienso. El hierro de una lanza se clavó en su oblicua ingle: un punto mortal. Cuando el que le había herido, Halcioneo de Bactriana, le vio agonizar entre estertores y poner los ojos en blanco, dijo: «¡De tanta tierra, quédate ahora con ese pedazo en el que yaces!», y abandonó el cadáver exangüe. El Abantíada, en venganza, extrajo la lanza de la herida aún caliente y se la volvió a lanzar: el asta penetró por la nariz y salió por la nuca, sobresaliendo por ambas partes. Y mientras la Fortuna guiaba su mano derribó

---

[8] Río del África septentrional.
[9] Región del norte de África.
[10] También los nasamones eran un pueblo del norte de África.

a Clitio y a Clanis, nacidos de la misma madre, con distintas heridas: a Clitio le atravesó los dos fémures un asta de fresno arrojada por su poderoso brazo, mientras que Clanis mordió con sus dientes una jabalina.

Murió también Celadón de Mendes, murió Astreo, hijo de madre palestina y de padre dudoso, y Etíon, antes sagaz al ver el futuro, pero entonces engañado por un falso presagio; y murieron Toactes, el escudero del rey, y Agirtes, mancillado por el asesinato de su propio padre.

Y, sin embargo, todavía estamos lejos del final. A todos les movía el mismo deseo: matar a uno, a Perseo, y por doquier las filas de los conjurados peleaban por una causa que era un insulto al mérito y a la lealtad. De este lado, su suegro, en vano un hombre honesto; su nueva esposa y su madre le apoyan y llenan el palacio con sus lamentos; pero el estruendo de las armas y los gemidos de los que caen cubren sus voces, y Belona [11] baña en sangre los penates de la casa, profanados ya sin remedio, e incita nuevos combates. Perseo, solo, se ve rodeado por Fineo y por los mil que le siguen; una lluvia de flechas vuela rozándole los costados, vuela por delante de sus ojos y junto a sus oídos, más densa que una granizada invernal. Entonces coloca su espalda contra una gran columna de piedra y de esa manera, con las espaldas protegidas, se enfrenta a las filas de sus oponentes y aguanta el empuje de los que le atacan. Por la izquierda le hostigaba Molpeo de Caonia, por la derecha Ejemón el nabateo. Igual que una tigresa acuciada por el hambre que oye mugir a dos manadas en valles distintos y no sabe a cuál atacar, y querría lanzarse sobre las dos, así Perseo, dudando si golpear a izquierda o a derecha, se libra de Molpeo hiriéndole en una pierna, y se conforma con que huya. Ejemón, en efecto, no le da tregua, es más, se enfurece, e impa-

---

[11]   Diosa romana de la guerra.

ciente por herirle arriba, en el cuello, saca su espada, pero calcula mal sus fuerzas, y la estrella golpeándola contra el borde de la columna: el filo, saltando en pedazos, se clava en la garganta de su propio dueño. La herida, sin embargo, no basta para causarle la muerte: mientras tiende inútilmente, entre espasmos, los brazos inermes, Perseo le traspasa con la cimitarra cilénide [12]. Por fin, cuando vio que su valor se veía vencido por la multitud de los enemigos, dijo: «Puesto que vosotros mismos me obligáis a ello, buscaré el auxilio de una enemiga. ¡Que vuelva la cara quien sea mi amigo, si es que hay alguno!», y sacó la cabeza de la gorgona. «¡Búscate a otro que se deje impresionar por tus prodigios!», dijo Téscelo, y cuando se preparaba a arrojar una mortal jabalina, se quedó petrificado en el gesto de lanzar, convertido en una estatua de piedra. A su lado, Ámpix dirigía su espada contra el pecho rebosante de valor del Lincida, y cuando iba a asestar el golpe su brazo derecho se endureció y ya no se movió ni hacia adelante ni hacia atrás. Nileo, que se jactaba de ser hijo del Nilo de siete bocas y que había hecho cincelar en su escudo siete ríos en parte de oro y en parte de plata, dijo: «¡Mira bien, Perseo, cuál es el origen de mi estirpe, y llévate contigo al reino de las mudas sombras de los muertos el consuelo de haber perecido a manos de un héroe como yo!» Mientras pronunciaba las últimas palabras su voz se ahogó, y parecía como si su boca abierta quisiera hablar, pero las palabras no pudieran pasar por ella. Érix los increpa, diciéndoles: «¡Es vuestra cobardía la que os detiene, no el poder de la gorgona! ¡Lanzaos conmigo al ataque, derribad a este joven que blande armas mágicas!» Y ya partía al ataque: se quedó parado, piedra inmóvil, estatua de guerrero.

Todos éstos, en cualquier caso, se habían merecido el castigo; pero había un soldado de Perseo, Aconteo,

---

[12]   La cimitarra se la había regalado Mercurio, dios de Cilene.

que, mientras luchaba por él, se solidificó en roca. As-
tíages, creyéndole aún vivo, le golpeó con su larga espada: el filo resonó con un agudo tañido; mientras le
observaba estupefacto, él mismo adquirió la misma
consistencia, y el asombro quedó grabado en su rostro
de mármol.

Sería demasiado largo enumerar los nombres de todos los hombres más plebeyos: doscientos cuerpos quedaban en lucha, doscientos cuerpos quedaron petrifi-
cados al ver a la gorgona. Entonces, por fin, Fineo se
arrepintió de esa guerra injusta. Pero ¿qué podía hacer? Ve estatuas en distintas posiciones, reconoce a los
suyos y les pide ayuda llamándolos por sus nombres;
sin poder creerlo, toca los cuerpos que tiene más cerca:
son de mármol. Entonces vuelve el rostro hacia atrás, y
así, tendiendo de lado los brazos y las manos que confiesan su culpa, le dice suplicante: «¡Tú ganas, Perseo!
¡Aparta a tu monstruo, a tu rostro petrificante, aparta
a Medusa, sea lo que sea! ¡Guárdala, te lo ruego! No
fueron el odio ni el deseo de reinar los que me arrastra-
ron a la guerra: si empuñé las armas fue por mi prometida. Tú tenías de tu parte tus méritos, yo la antigüedad como pretendiente. Siento no haber cedido. ¡Concédeme tan sólo la vida, fortísimo Perseo, todo lo demás es tuyo!» Así decía, suplicándole con las palabras,
pero sin atreverse a mirarle. Perseo le contestó: «Lo
que puedo concederte, miedosísimo Fineo, y es un
gran regalo para un cobarde, te lo voy a conceder, no
temas: ninguna espada te hará daño. En efecto, te daré
un monumento que perdurará en el tiempo: siempre se
te podrá ver en la casa de mi suegro, para que mi esposa se pueda consolar con la imagen de su pretendiente.» Así dijo, y movió a la hija de Forco [13] hacia el
lugar al que el asustado Fineo volvía sus ojos. Entonces, mientras otra vez intentaba apartar la mirada, se

---

[13] Medusa.

endureció, y el humor de sus ojos se volvió rígida piedra; pero el mármol conservó su expresión asustada y su mirada suplicante, sus manos implorantes y su semblante humillado. Victorioso, el Abantíada volvió a entrar en las murallas de su ciudad natal [14] con su esposa, y en defensa y venganza de su abuelo Acrisio, aunque no lo merecía, agredió a Preto. Preto, en efecto, se había apoderado de la ciudad tras haber expulsado a su hermano Acrisio con la fuerza de las armas. Pero ni con las armas ni con la ciudadela que injustamente había tomado pudo vencer la torva mirada del monstruo de cabellera de serpientes. A pesar de todo, a ti, Polidectes, soberano de la pequeña Serifos, no te habían ablandado ni el valor que Perseo había demostrado en tantas hazañas ni los peligros que había corrido; es más, seguías profesándole inexorablemente un odio atroz, y no deponías tu injusta cólera. Desacreditas incluso su fama, y sostienes que la muerte de Medusa es falsa. «Te daré una prueba de la verdad. ¡Cerrad los ojos!», dijo Perseo, y con el rostro de Medusa convirtió el rostro del rey en una piedra sin sangre.

Hasta allí acompañó Palas Tritonia a su hermano nacido del oro. Después abandonó Serifos envuelta en una hueca nube, y dejando a su derecha Citnos y Gíaros, se dirigió volando sobre el mar, por la vía que le pareció más directa, hacia Tebas y hacia el Helicón, donde habitan las vírgenes Musas. Cuando llegó al monte se posó y se dirigió a las doctas hermanas con estas palabras: «Ha llegado a mis oídos la noticia de una nueva fuente que el alado hijo de Medusa [15] ha hecho brotar con sus pezuñas. Ese es el motivo de mi venida: quiero ver ese prodigio. Yo misma vi nacer al caballo de la sangre de su madre.» Urania le respondió: «Cual-

---

[14] Argos.
[15] La fuente Hipocrene, «fuente del caballo», en el monte Helicón. El caballo alado Pegaso la había hecho brotar con un golpe de sus pezuñas.

quiera que sea la razón que hayas tenido para visitar nuestra morada, oh diosa, para nosotras es gratísima. La noticia es cierta, en efecto: ha sido Pegaso el origen de esta fuente», y la condujo a las aguas sagradas. Tras admirar largo rato las aguas nacidas de las pezuñas del caballo, Palas se quedó mirando los recesos sagrados de los antiguos bosques que la rodeaban, las cuevas y los prados adornados de innumerables flores, y llamó bienaventuradas a las hijas de Mnemósine [16], tanto por sus ocupaciones como por ese lugar, a lo que una de las hermanas le respondió: «Oh Palas, tú que habrías entrado a formar parte de nuestro grupo si el valor no te hubiera llevado a empresas más elevadas, es cierto lo que dices, y con razón alabas nuestras artes y nuestra sede: es grata nuestra suerte, mientras estemos seguras. Pero (hasta tal punto nada le está vetado al mal) todo turba nuestras mentes de vírgenes, todavía está ante nuestros ojos el despiadado Pireneo, y yo aún no me he recobrado. El cruel Pireneo se había apoderado con sus soldados tracios de Dáulide [17] y de los campos de la Fócide, e injustamente reinaba sobre ellos. Nosotras nos dirigíamos al templo del Parnaso: él nos vio y, fingiendo venerar nuestra divinidad, nos dijo: "Oh hijas de Mnemósine —pues nos había reconocido—, deteneos, y no dudéis, os lo ruego, en refugiaros del mal tiempo y de la lluvia —en efecto, llovía— en mi casa. Muchas veces han entrado los dioses en casas humildes." Persuadidas por sus palabras y por la tempestad, le dijimos que sí y entramos al vestíbulo de su mansión. La lluvia cesó: el Aquilón había vencido al Austro, y los oscuros nubarrones se retiraban del cielo purificado; entonces quisimos irnos. Pero Pireneo cierra las puertas y se dispone a violarnos: nosotras huimos poniéndonos nuestras alas. Él, como si estuviera decidido a seguirnos, subió a la torre más alta y dijo:

---

[16]   Las Musas son hijas de Júpiter y de la titánide Mnemósine.
[17]   Ciudad de Fócide.

"¡El camino que sigáis también lo seguiré yo!", y el insensato se arrojó desde la cima de la torre; cayó sobre el rostro y se fracturó los huesos del cráneo contra la tierra, que quedó empapada de su sangre impía».

La musa estaba hablando: entonces un aleteo resonó en el aire, y desde las ramas más altas llegaron voces de saludo. La hija de Júpiter miró hacia arriba buscando de dónde venía el sonido de esas voces que articulaban palabras tan claras, convencida de que eran hombres los que hablaban. Eran pájaros: urracas que todo lo imitan, que, en número de nueve, posadas en las ramas se lamentaban de su destino. Mientras la diosa las miraba asombrada, una de las musas empezó a decir: «Hace poco tiempo que también ellas, tras haber sido vencidas en un certamen, pasaron a engrosar el número de las aves. Piero, rico terrateniente de Pela [18], las engendró, y su madre fue Euipe de Peonia. Nueve veces invocó Euipe a la poderosa Lucina [19], y nueve veces dio a luz. La turba de las necias hermanas, llena de orgullo por ser tan numerosa, vino un día hasta aquí, atravesando muchas ciudades hemonias y muchas ciudades aqueas, y nos desafió a competir con las siguientes palabras: "¡Dejad de engañar con vanos deleites al vulgo ignorante! ¡Competid con nosotras, tespíades [20], si es que confiáis en vosotras mismas! No nos venceréis ni en la voz ni en el arte, y somos tantas como vosotras. Si perdéis, abandonaréis la fuente de Medusa y la hiantea fuente de Aganipe [21], y si no, nosotras nos retiraremos de los campos de Emacia hasta la nevada Peonia. Que las ninfas arbitren la competición." Competir era

---

[18] Ciudad de Macedonia.
[19] Lucina es la diosa romana que preside los partos, considerada como una divinidad cercana a Juno, o identificada incluso con la misma Juno.
[20] Tespias es una ciudad de Beocia que se encuentra a los pies del Helicón, donde habitan las Musas. De ahí el nombre de tespíades.
[21] Es decir, las fuentes de Hipocrene y de Aganipe, esta última también de Beocia, por lo que recibe el nombre de hiantea.

vergonzoso, pero más vergonzoso nos pareció rehusar. Las ninfas elegidas para el arbitraje juraron por los ríos, y se sentaron en asientos excavados en roca viva. Entonces, sin sorteo, una que se había ofrecido para competir en primer lugar cantó las guerras de los habitantes del cielo, ensalzando falazmente a los Gigantes y empobreciendo las proezas de los dioses. Dijo que Tifeo, surgiendo de las profundidades de la tierra, había asustado a todos los dioses, que habían dado media vuelta y habían huido hasta llegar exhaustos a las tierras de Egipto, donde el Nilo se abre en siete puertos. Y contó que también Tifeo, nacido de la tierra, llegó hasta allí, y que los dioses se escondieron bajo falsas apariencias: "Júpiter", dijo, "se transformó en jefe del rebaño, y por eso todavía hoy en Libia se representa a Amón coronado de corvos cuernos; el dios de Delos se transformó en cuervo, el hijo de Sémele en macho cabrío, la hermana de Febo en gato, Juno en una vaca blanca, Venus se ocultó bajo la forma de un pez, y el dios de Cilene bajo las alas de un ibis."

»Hasta allí llegó su canto, acompañado de la cítara; después nos tocó el turno a nosotras, diosas de Aonia. Pero tal vez tengas otras ocupaciones y no tengas tiempo para prestar oído a nuestro canto...» «No te preocupes y relátame punto por punto lo que cantasteis», dijo Palas, y se sentó a la suave sombra de los árboles.

La musa empezó su relato: «Encomendamos toda la responsabilidad de la competición a una sola. Calíope se puso en pie, y tras atarse los cabellos con una rama de hiedra, tañó con el pulgar las melancólicas cuerdas de su lira, y luego a su sonido le añadió este canto: Ceres fue la primera en hendir la tierra con el ganchudo arado, ella fue la primera que dio a la tierra las mieses y los alimentos pacíficos, y la primera que estableció leyes; todas las cosas son un regalo de Ceres. De ella tratará mi canto: ¡ojalá mis versos sean dignos de la diosa! Porque, sin duda, ella es una diosa digna de ser cantada.

»Hay una vasta isla, llamada Trinacria [22], aglomerada sobre el cuerpo de un gigante: bajo su enorme masa oprime el cuerpo sepultado de Tifeo, que se atrevió a codiciar el reino celeste. Él se debate y a menudo lucha por salir a la superficie, pero su mano derecha está enterrada bajo el ausonio Peloro [23], la izquierda bajo el Paquino, y tú, Lilibeo, oprimes sus piernas. Sobre su cabeza descansa el Etna: desde ahí abajo, tendido boca arriba, Tifeo escupe arena, enfurecido, y vomita llamas por su boca. Muchas veces se esfuerza por sacudirse el peso de la tierra y por derrumbar con su cuerpo las ciudades y las grandes montañas, y entonces el suelo tiembla, y el mismo rey de las almas silenciosas teme que la tierra se abra, que una vasta grieta deje sus entrañas al descubierto, y que la luz, al penetrar, haga estremecerse de terror a las sombras de los muertos.

»Un día el soberano [24] había salido de su reino de las tinieblas temeroso de que ocurriera una catástrofe de este tipo, y conduciendo su carro de negros caballos recorría las tierras de Sicilia para asegurarse del estado de sus cimientos. Cuando ya había verificado que ningún lugar amenazaba con desplomarse, y había abandonado su miedo, la diosa del Érice [25], asentada en su montaña, le vio mientras iba vagando sin rumbo, y abrazando a su hijo alado, le dijo: "Tú que eres mi arma, mi mano y mi poder, hijo mío, toma, Cupido, las flechas con las que a todos derrotas y dispara tus veloces dardos al pecho del dios Plutón, a quien le tocó en suerte el último de los tres reinos [26]. Tú vences y domas

---

[22]   Nombre griego de Sicilia, así llamada por sus tres promontorios.
[23]   El Peloro es el promontorio más próximo a Italia, que recibía el nombre de Ausonia.
[24]   Plutón.
[25]   Venus. En el monte Érice, en Sicilia, había un importante templo dedicado a la diosa.
[26]   Es decir, el reino subterráneo, el infierno. El primero, el cielo, había sido para Júpiter, y el segundo, el mar, para Neptuno.

a los dioses del cielo y al mismo Júpiter, vences a las divinidades del mar y a aquel que las gobierna. ¿Por qué el Tártaro debería ser una excepción? ¿Por qué no pones en práctica tu poder y el poder de tu madre? ¡Se trata de un tercio del mundo! En el cielo, sin embargo (tanta ha sido ya mi paciencia), me desprecian, y junto con mi poder disminuye también el del Amor. ¿No ves cómo Palas y la arquera Diana se mantienen apartadas de mí? Y también la hija de Ceres [27], si lo permitimos, se quedará virgen: de hecho sigue su mismo camino. Así que tú, por nuestro reino común, si es que tiene alguna importancia para ti, ¡haz que se unan la diosa y su tío!" Así habló Venus. Cupido abrió su carcaj y, de acuerdo con los deseos de su madre, de entre sus mil flechas escogió una, pero una como no la había más afilada, más segura y más sensible al arco. Ayudándose con la rodilla curvó el flexible arco de cuerno, y con la punta encorvada de su flecha atravesó el corazón de Dis.

»No lejos de las murallas de Hena hay un lago de aguas profundas, llamado Pergo; ni siquiera el Caístro escucha sobre las olas de su corriente los cantos de tantos cisnes. Un bosque rodea el lago, ciñendo sus orillas por todos los lados, y el ramaje, como una cortina, aparta los rayos del sol. Las ramas dan frescor y la tierra húmeda produce flores variopintas: reina allí una perpetua primavera. En dicho rincón del bosque estaba jugando Prosérpina a coger violetas y blancos lirios, a colmar con ellos, con pueril diligencia, su regazo o pequeños cestillos, y a competir con sus compañeras para ver quién cogía más, cuando Plutón, todo sucedió casi a la vez, la vio, se enamoró y la raptó; hasta tal extremo llega el ímpetu del amor. Aterrorizada, la diosa llamaba con triste voz a su madre y a sus compañeras, pero más a su madre, y al desgarrar el borde superior

---

[27]   Perséfone, también llamada Prosérpina.

de sus vestiduras las flores que había recogido cayeron de entre los pliegues sueltos; tanta era la ingenuidad de sus tiernos años, que también esa pérdida le causó dolor. El raptor conduce el carro e incita a los caballos llamándolos por sus nombres, y hace chasquear sobre sus cuellos y sus crines las riendas teñidas de herrumbre. Atraviesa lagos profundos, y los estanques de los Palicos, que huelen al azufre que surge burbujeando de las grietas del suelo, y el lugar donde los baquíades, gentes originarias de Corinto, la ciudad de los dos mares, habían erigido sus murallas entre dos puertos de distintas proporciones [28]. Hay un brazo de mar entre la fuente de Cíane y la de Aretusa de Pisa [29], cuyas aguas se condensan encerradas entre dos estrechas lenguas de tierra: allí habitaba Cíane, famosísima entre las ninfas de Sicilia, de quien precisamente dicha laguna había tomado su nombre. Surgiendo hasta la altura del vientre en mitad de las aguas, Cíane reconoció a la diosa y dijo: "¡No pasaréis de aquí! No puedes convertirte en yerno de Ceres sin que ella haya dado su consentimiento. ¡Habrías debido pedírselo, no raptarla! Porque, si se me permite comparar lo pequeño con lo grande, a mí también me pretendió Anapis: pero me casé con él después de que me lo hubiese rogado, y no aterrorizada, como ella." Y después de hablar, les cerró el paso extendiendo sus brazos. El Saturnio [30] no pudo reprimir más su ira, e incitando a los temibles caballos arrojó con poderoso brazo el cetro real, hundiéndolo hasta el fondo de la laguna. Golpeando la tierra abrió un camino hacia el Tártaro, y lanzó el carro en picado por el

---

[28]   La ciudad de Siracusa, colonia corintia del s. VIII a.C., que contaba en efecto con dos puertos, el Puerto Pequeño y el Puerto Grande.

[29]   Cíane es un riachuelo que desemboca en el río Anapo, cerca de Siracusa, y la fuente de Aretusa se encuentra en la isla de Ortigia, también en Siracusa, y se creía que sus aguas venían desde la ciudad de Pisa, en la Élide, por debajo del mar.

[30]   Plutón, hijo de Saturno.

medio del cráter. Cíane, afligida por el rapto de la
diosa y por el desprecio y el ultraje que había sufrido su
laguna, sobrellevó en silencio la herida inconsolable de
su espíritu y se consumió enteramente en lágrimas,
deshaciéndose en aquellas aguas de las que poco antes
había sido la divinidad. Habrías podido ver cómo se
ablandaban sus miembros y cómo se doblaban sus huesos, y cómo las uñas perdían su rigidez; primero se deshacen las partes más tenues: los azules cabellos, los dedos, los pies y las piernas. En efecto, para las partes
delgadas es más breve el paso a las gélidas aguas; después de aquéllas son los hombros, la espalda, los costados y el pecho los que se desvanecen transformándose en sutiles riachuelos, y, por último, el agua sustituye a la sangre en las venas, que se disuelven, y no
queda nada que se pueda agarrar.

»Mientras tanto, la madre, angustiada, buscaba a su
hija en todas las tierras, en todos los mares. Ni la Aurora cuando llegó con sus cabellos húmedos ni Hés-
pero [31] la vieron descansar; prendió dos antorchas en
las llamas del Etna, y llevando una en cada mano vagó
inquieta en la oscuridad de la noche bañada en rocío. Y
cuando el sol, creador de vida, hizo palidecer otra vez a
las estrellas, ella seguía buscando a su hija desde el orto
hasta el ocaso. Exhausta por la fatigosa búsqueda, estaba sedienta, pues no había bebido en ninguna fuente,
cuando casualmente encontró una choza con el techo
de paja y llamó a la pequeña puerta. Entonces salió una
anciana, que al ver que la diosa le pedía agua le dio una
bebida dulce en la que previamente había empapado
unas gachas tostadas. Mientras bebía lo que le habían
dado, un niño atrevido de rostro desvergonzado se
paró ante la diosa, y echándose a reír la llamó glotona.
Ella se ofendió, y mientras todavía estaba hablando le
echó encima las gachas mezcladas con el líquido que

---

[31] La estrella de la mañana consagrada a Venus, hijo de la Aurora y de Atlas, identificado con Lucífero.

aún no había bebido. El rostro del niño, absorbiéndolo, se llenó de manchas; si antes tenía brazos, ahora tiene patas, a sus miembros transformados se le une una cola, y su cuerpo se contrae en una diminuta figura, para que no pueda ser muy dañino, y se hace más pequeño que una pequeña lagartija. La anciana se asombra y llora, e intenta tocar al ser transformado: él huye y busca un escondrijo. Su nombre es adecuado al color de su piel, pues su cuerpo está salpicado de manchas como estrellas [32].

»Sería muy largo decir por qué tierras y por qué mares vagó la diosa: en su búsqueda recorrió todo el orbe. Al final regresó a Sicilia, y mientras caminaba registrándolo todo llegó también a Cíane. Ella le habría contado todo si no hubiese estado transformada, pero aunque quería hablar no tenía ni labios ni lengua, no tenía por dónde articular las palabras. Sin embargo, dejó una clara señal, mostrando sobre la superficie de las olas el cinturón de Perséfone, que casualmente se le había caído en aquel punto de las aguas sagradas, y que su madre conocía bien. Cuando lo reconoció, como si sólo entonces, por fin, se hubiese enterado del rapto, la diosa desgarró su cabellera sin ornato y una y otra vez se golpeó el pecho con las manos. Todavía no sabía dónde estaba; sin embargo, increpó a todas las tierras y las llamó indignas del don de las mieses, y especialmente a Trinacria, en la que había encontrado su rastro. Luego empezó a destrozar cruelmente los arados que voltean la tierra, llena de ira dio muerte por igual a bueyes y a campesinos, ordenó a los campos que malograran lo que estaba sembrado y contaminó las simientes. La fertilidad de aquella tierra, famosa en todo el mundo, yace falseada: las mieses mueren en cuanto brotan, atacadas ya por el sol excesivo, ya por el exce-

---

[32] Se convierte en un estelión o salamanquesa, pequeño reptil cuyo nombre latín, *stellio*, se refiere a su piel moteada o estrellada de pequeñas manchas.

sivo frío; los vientos y las estrellas las perjudican, y los
voraces pájaros pican las semillas que han sido sembra-
das; la cizaña, el abrojo y la grama inextirpable ahogan
las espigas del trigo.

»Entonces Aretusa, la amada del Alfeo, sacó la cabeza de entre las ondas de su fuente que viene desde
Elea, y echándose hacia las orejas los cabellos que chorreaban sobre su frente, dijo: "Oh madre de la virgen
buscada por todo el mundo, oh madre de las mieses,
pon fin a tu inmensa fatiga y no te encolerices con la
tierra, que sigue siéndote fiel. La tierra no tiene ninguna culpa, y tuvo que abrirse al rapto en contra de su
voluntad. Y no te estoy suplicando por el bien de mi
patria: yo llegué aquí desde fuera. Pisa es mi patria, y es
de la Élide de donde provengo; soy una extranjera en
Sicilia, pero esta tierra me es más grata que cualquier
otra. Aquí yo, Aretusa, tengo ahora mi hogar, esta es
ahora mi morada: tú, diosa clementísima, ¡sálvala de la
destrucción! Ya habrá un momento más oportuno para
que te cuente por qué me marché y por qué traigo mis
aguas hasta Ortigia [33] a través del vasto mar, cuando tú
hayas aliviado tus preocupaciones y tengas mejor semblante. La tierra me abre un camino transitable, y avanzando por profundas cavernas llego a sacar la cabeza
en este lugar y a ver nuevamente las estrellas. Pues
bien, mientras me deslizo bajo tierra entre los remolinos de la Estigia, he visto allí a Prosérpina con mis propios ojos: está triste, sí, y todavía un poco asustada.
Pero en cualquier caso ahora es una reina, la soberana
del mundo oscuro, la poderosa consorte del rey del
Tártaro."

»La madre se quedó de piedra al escuchar las palabras de Aretusa, y durante un largo rato permaneció
como enajenada. Cuando por fin el profundo dolor la
sacó de su profundo extravío, montó en su carro y se di-

---

[33]   Pequeña isla, casi unida a la costa, de la ciudad de Siracusa.

rigió a las regiones del cielo. Allí, con el rostro ensombrecido y el cabello en desorden, se plantó ante Júpiter, llena de odio, y le dijo: "He venido ante ti a suplicarte por mi sangre, que es también la tuya [34]. Si no sientes piedad de una madre, apiádate por lo menos de tu hija, como padre que eres, y espero que tu preocupación por ella no se vea disminuida por el hecho de que también es hija mía. Por fin, después de haberla buscado mucho tiempo, he encontrado a mi hija, si es que se puede llamar encontrar a haberla perdido con más certeza, o si es que tú llamarías encontrar a saber dónde se halla. Olvidaré que la raptó, pero siempre que me la devuelva. Y es que una hija tuya no es digna de tener un marido ladrón, aun en el caso de que por ser hija mía sí lo fuera." Júpiter respondió: "Comparto contigo el afecto y la preocupación por nuestra hija, pero si queremos llamar a las cosas por su nombre, no se trata de un ultraje, sino de amor verdadero, y ese yerno, si tú querrás aceptarlo, no será para nosotros motivo de vergüenza. Aunque le faltara todo lo demás, ya es mucho ser hermano de Júpiter, y más cuando lo demás no le falta; y si es inferior a mí, sólo lo es por el reino que le tocó en suerte. Pero si tanto deseas apartarle de él, Prosérpina regresará al cielo, pero con esta condición irrevocable: que no haya llevado ningún alimento a su boca durante su estancia allí. Así lo ha establecido la ley de las Parcas."

»Así dijo. Pero Ceres estaba decidida a sacar de allí a su hija. Sin embargo, los hados no lo permitieron: en efecto, la muchacha había roto su ayuno, pues mientras vagaba, ingenua, por los huertos cultivados con esmero, cogió de un árbol encorvado una purpúrea granada, y despegando siete granos de la blanca cáscara los sorbió con sus labios. El único que la vio fue Ascálafo, de quien se decía que la ninfa Orfne, que desde

---

[34]   Prosérpina es hija de Ceres y de Júpiter.

luego no era una de las más desconocidas del Averno [35], lo había parido tiempo atrás en las selvas oscuras, hijo de su amado Aqueronte [36]. Ascálafo la vio, y al acusarla le quitó la posibilidad de regresar. La reina del Érebo [37] profirió un gemido y convirtió al delator en un ave de mal agüero: rociando su cara con agua del Flegetonte lo recubrió de plumas y le dio unos grandes ojos. Él, substraído a sí mismo, se envuelve en un manto de plumas rojizas, su cabeza crece, sus largas uñas se retraen, y mueve con dificultad las plumas que han nacido sobre sus brazos inertes. Se convierte en un ave siniestra, anunciador de futuras desgracias, un búho indolente, funesto presagio para los mortales.

»En cualquier caso, se podría decir que aquél había merecido el castigo por su lengua acusadora. Pero vosotras, hijas del Aqueloo [38], ¿cómo es que tenéis plumas y patas de pájaro y rostro de mujer? ¿Acaso porque cuando Prosérpina estaba recogiendo primaverales flores vosotras os encontrabais, oh doctas sirenas [39], entre sus compañeras? Tras haberla buscado inútilmente por todo el mundo, he aquí que para que el mar pudiera escuchar vuestro sufrimiento expresasteis el deseo de poder remontaros sobre el océano con vuestras alas como si fueran remos; los dioses os fueron propicios, y de repente visteis cómo vuestros brazos se recubrían de rubias plumas. Sin embargo, para que vuestro canto nacido para recrear los oídos, para que

---

[35]   El Averno era un lago de la Campania, cerca de Cumas, donde se situaba una de las entradas al infierno, por lo que su nombre se utiliza como sinónimo del mundo subterráneo.
[36]   El Aqueronte es, al igual que el Flegetonte que se cita más adelante, uno de los cinco ríos infernales.
[37]   Érebo es en griego el lugar de la oscuridad, otro nombre del Tártaro.
[38]   Río del Epiro y de Etolia.
[39]   Las hijas del Aqueloo se convierten en sirenas, que eran seres alados, con el rostro de mujer y el cuerpo de ave, dotadas de una voz melodiosa capaz de encantar a los hombres.

vuestras gargantas tan dotadas no perdiesen el uso de la voz, conservasteis rostro de muchachas y voz humana.

»En cuanto a Júpiter, actuando como mediador, dividió el curso del año a la par entre su hermano y su desolada hermana: ahora la diosa, divinidad común a los dos reinos, pasa el mismo número de meses junto a su madre y junto a su marido. En seguida cambia ella de talante, tanto en el rostro como en el espíritu: el semblante de la diosa, que antes podía parecerle triste al mismo Dis, se vuelve feliz, igual que el sol que, cubierto por nubes de lluvia, vuelve a salir victorioso.

»La benefactora Ceres, ya tranquila con el regreso de su hija, quiere saber cuál fue la causa de tu fuga, Aretusa, y por qué eres ahora una fuente. Las olas guardaron silencio mientras su diosa, sacando la cabeza en medio del estanque y secándose con la mano los verdes cabellos, empezó a contar los antiguos amores del río de la Élide. "Yo", dijo, "era una de las ninfas de Acaya: ninguna recorría los bosques con más pasión que yo, ninguna tendía las redes con más pasión. Pero aunque nunca aspiré a tener fama de bella, aunque valiente es lo que era, a pesar de todo tenía fama de bella. No me gustaba que alabaran mi aspecto, y donde otras suelen alegrarse, yo, con campesina ingenuidad, me avergonzaba de la belleza de mi cuerpo y pensaba que gustar era un crimen. Recuerdo que un día, fatigada, regresaba del bosque del Estínfalo [40]: hacía calor, y al fuerte calor se añadía el cansancio. Llegué a un río cuyas aguas corrían sin un solo remolino, sin un murmullo, transparentes hasta el mismo fondo, tanto que se podían contar todos los guijarros de su lecho, y casi habrías creído que no se movían. Pálidos sauces y chopos que habían crecido espontáneamente, nutridos por el agua, daban sombra a sus escarpadas orillas. Me acer-

---

[40]   Monte de Arcadia.

qué, y primero me mojé las plantas de los pies, luego
me metí hasta la rodilla, y no contentándome con eso,
me desnudé, colgué mis sutiles vestiduras de un torcido
sauce y me metí desnuda en el agua. Mientras hendía
las aguas y me las echaba encima, deslizándome entre
las olas de mil maneras, y las sacudía extendiendo los
brazos, oí no sé qué murmullo entre los remolinos, y
asustada subí a la orilla más cercana. '¿Adónde corres,
Aretusa?', dijo el Alfeo de entre sus olas. '¿Adónde
vas?', volvió a repetir con voz ronca. Así como estaba,
sin ropas, me di a la fuga: mi vestido estaba en la otra
orilla. Él me acosa y se excita todavía más, y al estar
desnuda le parezco más dispuesta. Yo corro y él me sigue de cerca embravecido, como huyen las palomas del
ave de presa con alas temblorosas, igual que el ave de
presa persigue a las asustadas palomas. Pude correr
hasta Orcómeno, hasta Psófide y hasta el Cilene, hasta
los valles del Ménalo, el gélido Erimanto y la Élide,
pero él era tan veloz como yo. Yo, sin embargo, inferior en fuerzas, no podía correr por más tiempo, y él
aguantaba el largo esfuerzo. No obstante, seguí corriendo por campos y por montes cubiertos de árboles,
por peñas y riscos, por donde ni siquiera había caminos. Tenía el sol a mi espalda: vi una larga sombra delante de mis pies, o tal vez fuera el miedo el que me hacía verla; pero lo que sí es cierto es que el sonido de sus
pies me aterrorizaba, y que su respiración jadeante re-
soplaba en la cinta que recogía mis cabellos. Agotada
por la huida, 'iAyúdame, oh Dictina [41], me atrapa!',
dije, 'iAyuda a tu escudera, a quien tantas veces encar-
gaste que llevara tu arco y el carcaj con tus flechas!' La
diosa se apiadó, y apartando una nube de un espeso
banco de nubarrones, la echó sobre mí. Oculta por la
niebla, Alfeo me busca y busca alrededor de la hueca
nube, sin saber dónde estoy; dos veces, desconcertado,

---

[41]   Diana.

rodea el lugar donde me encuentro, y dos veces me llama: '¡Aretusa! ¡Aretusa!' ¿Cuál podía ser, pobre de mí, mi estado de ánimo en aquel momento? ¿No era acaso el de una cordera que oye gruñir a los lobos alrededor del corral de altas paredes, o el de la liebre que, escondida en un arbusto, ve el hocico hostil de los perros y no se atreve a hacer el más mínimo movimiento? Pero él no se iba; en efecto, no veía ninguna huella de mis pies que se alejara, así que vigilaba la nube y el lugar. Un sudor frío recorre mis miembros sitiados dentro de la nube, y de todo mi cuerpo empiezan a caer gotas azuladas; allí donde muevo el pie se forma un charco, de mis cabellos chorrea rocío, y en menos tiempo del que estoy empleando en contarlo me convierto en agua. Pero el río reconoció las amadas aguas, y abandonando la forma humana que había asumido volvió a convertirse en sus propias olas para poder mezclarse conmigo. La diosa de Delos abrió un paso en el suelo, y sumergida en oscuras cavernas fui arrastrada hasta la isla de Ortigia, que me es grata por tomar su nombre de la diosa, y allí salí por primera vez al aire de la superficie." Hasta aquí llegó el relato de Aretusa. Ceres, diosa de la fertilidad, unce dos serpientes a su carro, oprime sus hocicos con el bocado y viaja entre el cielo y la tierra hasta llegar a la ciudad de la Tritonia [42]. Allí entrega el ligero carro a Triptólemo y le ordena esparcir una parte de las semillas que le ha entregado sobre la tierra incultivada, y otra parte sobre el suelo así trabajado, después de un largo tiempo.

»Y ya el joven viajaba por las alturas sobre Europa y sobre Asia, hasta que llegó a los confines de Escitia. Allí reinaba Linco, y Triptólemo entró en el palacio del rey. Interrogado sobre la ruta de su viaje, la razón de su venida, su nombre y el de su patria, dijo: "Mi patria es la ilustre Atenas, y mi nombre es Triptólemo. No he ve-

---

[42]   Atenas, la ciudad de Palas.

nido por mar, en un barco, ni tampoco por tierra, a pie:
el cielo me ha abierto un camino practicable. Traigo los
dones de Ceres, que esparcidos sobre los vastos campos producirán fecundas mieses y alimentos pacíficos."
El bárbaro sintió envidia: para poder ser él el autor de
tales dones le ofreció su hospitalidad, y cuando estaba
vencido por el sueño lo agredió con la espada. Cuando
se disponía a atravesarle el pecho, Ceres le convirtió en
un lince, y ordenó al joven mopsopio [43] que volviera a
conducir por el aire el sagrado tiro.

    »La más ilustre de nosotras había terminado su docto
canto; las ninfas declararon unánimemente que habían
vencido las diosas que habitan el Helicón. Al ver que
las vencidas nos llenaban de improperios, Calíope dijo:
"Puesto que no os basta con haberos merecido un castigo por vuestro desafío, sino que además añadís insultos a vuestra culpa, y puesto que nuestra paciencia no
es inagotable, os impondremos una pena, y llegaremos
hasta donde nos lleve la ira." Las muchachas de Ematia
se rieron y despreciaron las amenazas; cuando intentaban hablar y desvergonzadamente tendían hacia nosotras sus manos, vieron cómo de sus uñas nacían plumas y cómo las plumas recubrían sus brazos; cada una
ve endurecerse en un rígido pico los rostros de las demás, y convertidas en pájaros nuevos se meten en el
bosque. Y cuando quisieron golpearse el pecho, el movimiento de los brazos las elevó en el aire y remontaron
el vuelo, alborotadoras del bosque, urracas. Todavía
hoy perdura en estas aves la primitiva elocuencia,
una ronca locuacidad y una inmoderada pasión por
hablar.»

---

[43]   Ateniense.

LIBRO SEXTO

La Tritonia había escuchado atentamente el relato y había alabado el canto y la justa ira de las diosas de Aonia. Entonces dijo para sí: «Pero alabar a los demás no basta. ¡Yo misma he de ser alabada, y no debo permitir que mi divinidad sea despreciada sin castigo.» Y dirige sus propósitos hacia el destino de Aracne de Meonia [1], que, según había llegado a sus oídos, no se consideraba inferior a ella en el arte de tejer la lana. Su fama no se debía ni a la posición ni al origen de su familia, sino a su propia habilidad; su padre era Idmón de Colofón, que se dedicaba a teñir la esponjosa lana con púrpura de Focea [2], y su madre había muerto, pero también ella había sido una mujer del pueblo, igual que su marido. No obstante, con su esfuerzo Aracne se había ganado un gran renombre en las ciudades de Lidia, a pesar de haber nacido en una casa humilde y de vivir en la humilde Hipepas [3]. Muchas veces abandonaron sus viñedos las ninfas del Tmolo, y las ninfas del Pactolo [4] abandonaron sus aguas para ir a ver su maravilloso trabajo. Y no sólo era un deleite ver las prendas ya aca-

---

[1] Región llamada también Lidia, en el Asia Menor.
[2] Colofón y Focea son dos ciudades de Lidia.
[3] Aldea lidia.
[4] El Tmolo y el Pactolo son, respectivamente, un monte y un río de Tracia.

badas, sino también ver cómo las hacía: tanta era la belleza de su arte. Tanto cuando hacía los primeros ovi-
llos con la lana sin cardar como cuando la trabajaba
con los dedos y alisaba una y otra vez los copos, parecidos a nubes, en largas piezas, cuando hacía girar el
torneado huso con el ágil pulgar o cuando bordaba con
la aguja, se veía que era alumna de Palas [5]. Pero ella lo
niega, y tan gran maestra le parece una ofensa, y dice:
«¡Que compita conmigo! A nada me negaré si me
vence.»

Palas se disfraza de anciana: coloca en sus sienes falsas canas y apoya en un bastón sus débiles miembros.
Después empieza a hablar: «En la vejez no hay sólo cosas malas: de la edad tardía nace la experiencia. Así
que no te burles de mi consejo: busca la gloria de ser la
primera entre las mortales en las labores de la lana,
pero cede ante la diosa, y ruégale con voz suplicante
que perdone tus palabras, oh temeraria: ella te perdo-
nará si se lo pides.» Aracne le lanza una torva mirada,
suelta los hilos que había comenzado, y conteniendo a
duras penas su mano, con airado semblante, responde
con estas palabras a Palas oculta bajo su disfraz: «¡Des-
variando vienes a aconsejarme, y acabada por los años:
vivir mucho tiempo también es perjudicial! ¡Dile esas
palabras a tu nuera, si es que tienes una, o a tu hija, si
es que tienes! Yo tengo suficiente consejo en mí
misma, y no creas que has conseguido algo con tus advertencias: sigo pensando lo mismo que antes. ¿Por
qué no viene ella misma? ¿Por qué evita competir conmigo?» Entonces la diosa dice: «¡Ha venido!», y despojándose de la figura de anciana, muestra a Palas. Las
ninfas y las mujeres de Migdonia [6] veneran a la divinidad; la muchacha es la única que no tiene miedo, aunque sí se sobresaltó, y su rostro mostró, sin querer, un
repentino rubor que inmediatamente volvió a desapa-

---

[5] Atenea es la protectora de las tejedoras.
[6] Provincia de Frigia.

recer. Lo mismo le ocurre al aire, que se tiñe de rosa cuando empieza a surgir la aurora, y al poco tiempo se torna blanco con la salida del sol. Ella insiste en su propósito, y un necio deseo de gloria la hace precipitarse hacia su ruina: en efecto, la hija de Júpiter ya no se rehúsa, ni le da más consejos, ni pospone el enfrentamiento.

Sin más demora, cada una ocupa su puesto en un lugar distinto, y con sutiles hilos empiezan a tender la urdimbre. La urdimbre está sujeta al enjulio, el travesaño mantiene separados los hilos, las afiladas lanzaderas introducen la trama que los dedos luego acomodan, y pasándola entre los hilos los cortos dientes del peine la comprimen a cada golpe. Ambas trabajan a toda prisa y mueven sus brazos expertos con los vestidos recogidos sobre el pecho, y el ahínco borra la fatiga. Allí entretejen púrpura que ha conocido los calderos de Tiro, y tenues matices de color apenas distinguibles, como aquéllos con los que el arco iris, cuando los rayos del sol atraviesan las gotas de lluvia, suele teñir el vasto cielo con amplia curvatura: aunque mil colores distintos destellean en él, el ojo que los observa no puede distinguir el paso de uno al otro, tanto se parecen los que se tocan, aunque los extremos son distintos. Entretejen también flexibles hilos de oro, y sobre la tela se va desarrollando una antigua historia.

Palas representa la fortaleza de Marte en la ciudadela de Cécrope, y la antigua disputa por el nombre de la ciudad[7]. Doce dioses, con Júpiter en medio, están sentados con aire solemne sobre altos escaños; el aspecto de cada dios indica su identidad: Júpiter es la figura de un rey; al rey de los mares lo presenta de pie,

---

[7]   Cécrope es el mítico primer rey de Atenas; la ciudadela es la Acrópolis, y la fortaleza de Marte es, en traducción latina, el Areópago. Se alude a la disputa entre Atenea y Neptuno por el dominio del Ática; el tribunal de los dioses dio como vencedora a Atenea, de quien la región tomó su nombre.

en el acto de golpear la roca con su largo tridente y de hacer salir un mar de la grieta abierta en la piedra, prueba para reivindicar para sí la ciudad; a sí misma se representa con el escudo, con la lanza de afilada punta y con el yelmo en la cabeza; la égida protege su pecho, y hace ver cómo la tierra, golpeada por la lanza, genera un retoño de olivo cargado de blanquecinos frutos [8], ante el asombro de los demás dioses. Su victoria da fin a su obra.

Pero para que su rival comprenda con algún ejemplo qué es lo que le espera por tan terrible atrevimiento, añade en las cuatro esquinas las escenas de cuatro certámenes, representadas, en colores vivaces, con pequeñas figuras. En una de las esquinas están la tracia Ródope y Hemo, ahora montes helados, pero antes cuerpos de mortales, que se atribuyeron a sí mismos los nombres de los dioses. En otra parte aparece el triste final de la reina de los pigmeos: Juno, tras vencerla en una contienda, la obligó a convertirse en grulla y a hacerle la guerra a su propio pueblo. También dibujó a Antígona, que habiéndose atrevido a enfrentarse a la esposa del gran Júpiter fue convertida en pájaro por la regia Juno; y de nada le sirvió ser troyana e hija de Laomedonte: cubierta de plumas blancas, se aplaude a sí misma con el castañeteo de su pico de cigüeña. En la única esquina que queda está Cíniras privado de su progenie, y abrazado a las escaleras del templo, que antes fueron los cuerpos de sus hijas, se le ve llorar tendido sobre el mármol. Los bordes los rodea con ramas de olivo, símbolo de paz: esa es la orla, y así, con su árbol, pone fin a su obra.

Aracne dibuja a Europa engañada por la figura del toro: se diría que es un toro de verdad, y que el mar es real. Ella parecía mirar hacia la costa que quedaba atrás y llamar a sus compañeras, mientras recogía los

---

[8] Gracias al olivo Palas salió vencedora en la contienda, pues los dioses consideraron que ella había dado a la región el mejor don.

pies, temerosa, por miedo a tocar el agua que choca y salpica. También representa a Asterie [9] raptada por el águila contra su voluntad, y a Leda [10] recostada bajo las alas del cisne; añade también la ocasión en que Júpiter, oculto bajo la apariencia de sátiro, deja embarazada de dos gemelos a la bella Nicteida [11], y también cuando, convertido en Anfitrión, te poseyó a ti, Tirintia [12]; cuando engañó a Dánae transformado en oro, a la hija del Asopo [13] transformado en fuego, a Mnemósine [14] como pastor, y a la hija de Ceres [15] como jaspeada serpiente. También a ti, oh Neptuno, transformado en fiero novillo, te puso sobre la virgen Eolia; con el semblante de Enipeo [16] generas a los aloídas, como carnero engañas a la hija de Bisaltes [17]. También la dulcísima madre de las mieses [18], de rubia cabellera, te conoció como caballo, la madre del caballo alado [19], con su cabellera de serpientes, te conoció como ave, y Melanto como delfín. Aracne reprodujo el semblante de todos ellos y el aspecto del lugar.

Allí está la figura de un Febo campesino, ora revestido de las plumas de una ave rapaz, ora de la piel de un león, ora cuando como pastor engaña a Ise, hija de Macareo. Allí está Líber cuando embaucó a Erígone como falsa uva, y Saturno cuando, convertido en caballo, procreó al biforme Quirón. Los bordes de la tela están

---

[9]   Júpiter se transformó en águila para seducir a Asterie.
[10] Amada por Júpiter transformado en cisne.
[11] Antíope, hija del tebano Nicteo, que fue madre de Anfión y Zeto.
[12] Alcmena, esposa de Anfitrión. Júpiter tomó el aspecto de Anfitrión para seducirla, dejándola embarazada de Hércules.
[13] La ninfa Egina, hija del río Asopo.
[14] Madre de las Musas.
[15] Prosérpina.
[16] Río de Tesalia.
[17] Teófane, hija del rey de Tracia Bisaltes; Neptuno la transformó en oveja y luego fue madre del vellocino de oro.
[18] Ceres.
[19] Medusa, madre de Pegaso.

rodeados por un estrecho margen de hojas de hiedra entretejidas con flores.

Ni Palas ni la misma Envidia podrían criticar su obra. La rubia diosa guerrera no pudo soportar su éxito y rompió, celeste crimen, aquellas telas bordadas, y con la misma lanzadera de madera del Citoro que tenía en su mano golpeó en la frente una y otra vez a Aracne, hija de Idmón. La infeliz no pudo soportarlo e, intrépida, se ató una soga al cuello; cuando Palas la vio colgada se apiadó y la sostuvo, y le dijo: «Vive, pues, desvergonzada, pero seguirás colgada; y para que no te creas a salvo en el futuro, este castigo recaerá sobre tu estirpe, hasta tus últimos descendientes.» Luego, al marcharse, la roció con jugo de acónito, la hierba de Hécate [20]: inmediatamente, al contacto con el funesto fármaco, sus cabellos cayeron deshechos, al igual que la nariz y las orejas, su cabeza se hizo diminuta, y todo su cuerpo se empequeñeció. De los costados cuelgan delgados dedos en lugar de las piernas, y todo lo demás lo ocupa el vientre, desde el que, no obstante, ella, una araña, sigue soltando un hilo con el que, como antes, elabora sus telas.

Lidia entera es un murmullo, el rumor se extiende por las ciudades de Frigia, y en gran parte de la tierra no se comenta otra cosa. Níobe [21] había conocido a Aracne antes de casarse, cuando todavía era una doncella que vivía junto al Sípilo [22] en Meonia; sin embargo, el castigo de su compatriota no sirvió para convencerla de que cediese ante los dioses y de que usara palabras más humildes. Muchas cosas alimentaban su orgullo, pero ni el talento de su marido ni el linaje de

---

[20] Divinidad que preside la magia y los encantamientos, hija de Júpiter y de Latona.

[21] Hija de Tántalo (ver pág. 178, n. 29), se había casado con Anfión, hijo de Zeus y de Antíope, que gobernaba Tebas junto con su hermano Zeto.

[22] Monte de Lidia.

ambos, ni la grandeza de su poderoso reino le daban tanta satisfacción (aunque, sin duda, la satisfacían) como sus hijos. Se habría podido decir que era la más feliz de las madres, si ella misma no se hubiese considerado tal.

En efecto, la adivina Manto, hija de Tiresias, había recorrido las calles, presa de divina agitación, y había vaticinado: «¡Acudid todas, oh Isménides, y ofreced a Latona y a los dos hijos de Latona devoto incienso y oraciones, y ceñid de laurel vuestros cabellos! ¡Así lo ordena Latona por mi boca!» Le obedecen, y todas las tebanas adornan sus sienes con ramas de laurel y ofrendan ante el fuego sagrado incienso acompañado de oraciones. Y he aquí que llega Níobe con un numerosísimo séquito de acompañantes, envuelta en fastuosas telas de Frigia entretejidas de oro, y, hasta donde su ira lo permite, bella. Haciendo ondear los cabellos que caían sobre sus hombros con un movimiento de su hermosa cabeza, se encaró con la multitud, y a la vez que dirigía a su alrededor su soberbia mirada, exclamó: «¿Qué locura es esta de anteponer unos dioses de los que sólo se ha oído hablar a dioses que se ven? Es decir, ¿por qué se venera a Latona en los altares mientras que aún no se ofrece incienso a mi divinidad? Mi padre fue Tántalo, el único a quien se permitió participar al banquete de los dioses; mi madre es hermana de las Pléyades [23]; es mi abuelo el enorme Atlas, que sostiene sobre sus hombros el eje del cielo, y mi otro abuelo, Júpiter, a quien me glorio de tener también por suegro [24]. Los pueblos de Frigia me temen, soy la señora del palacio de Cadmo, y las murallas construidas por la lira de mi esposo [25], junto con las gentes que habitan en

---

[23] La pléyade Dione, hija de Atlas.

[24] Júpiter es padre de Tántalo y, por tanto, abuelo de Níobe, y es también padre de Anfión.

[25] Anfión y Zeto habían construido la parte baja de la ciudad de Tebas. Anfión tocaba la lira que le había regalado Hermes, a cuyo dulce sonido las piedras obedecían y se colocaban solas.

ellas, están bajo mi mando y el suyo. En cualquier parte de mi casa a la que dirijas los ojos podrás ver inmensas riquezas; además, mi aspecto es el de una diosa; añadid a esto siete hijas y otros tantos hijos, y muy pronto yernos y nueras. Considerad ahora si no tiene buenos motivos mi soberbia; no comprendo cómo os atrevéis a preferir a Latona, a la hija de Ceo, un simple titán, Latona, a quien la tierra inconmensurable negó hace tiempo un lugar, por pequeño que fuera, para dar a luz. Ni el cielo ni la tierra, ni las aguas acogían a vuestra diosa [26]: vagaba por el mundo, desterrada, hasta que la isla de Delos, apiadándose de su vagar, le dijo: "Tú vagas sin patria por la tierra, yo por las aguas", y le ofreció un inestable refugio. Ella parió dos hijos: ¡apenas una séptima parte de mi descendencia! Sí, soy feliz: ¿quién podría negarlo? Y lo seguiré siendo: ¿quién se atrevería a dudarlo? Soy demasiado poderosa para que la Fortuna me pueda perjudicar: por muchas cosas que me quitara, muchas más son las que me quedarían. Mis bienes ya son tantos que están por encima del miedo. Supongamos que pudiera disminuir el número de mis hijos: en cualquier caso, nunca llegaría a despojarme de tantos hasta dejarme con dos, la "multitud" que tiene Latona. ¿En qué se diferencia ella de una mujer sin hijos? ¡Abandonad ahora mismo esta ceremonia y quitaos el laurel de los cabellos!»

Se lo quitan y abandonan los ritos sin concluirlos, y, la única cosa que pueden hacer, siguen rogando a la diosa con un callado murmullo. La diosa se indigna, y en la alta cumbre del Cinto [27] se dirige con estas palabras a sus dos hijos: «¡He aquí que yo, vuestra madre, tan orgullosa de haberos engendrado, yo que no estoy por debajo de ninguna diosa, salvo Juno, veo poner en duda mi divinidad, y durante muchos siglos me veré

---

[26] Juno, celosa y despechada por el adulterio de Júpiter, decretó que ninguna parte del mundo pudiera acoger a Latona.
[27] Monte de la isla de Delos.

apartada de los altares si vosotros, hijos míos, no me ayudáis! Y no es este mi único pesar: la Tantálide [28] ha añadido insultos a sus sacrílegos actos, y se ha atrevido a poneros por debajo de sus hijos; y en cuanto a mí (ojalá sus palabras se vuelvan contra ella), ha dicho que es como si no tuviera descendencia, demostrando, la perversa, que tiene la misma lengua que su padre.» Latona se disponía a añadir ruegos a su relato, pero Febo dijo: «¡Ya es suficiente! Las largas lamentaciones sólo retrasarán el castigo.» Lo mismo dijo Diana, y descendiendo rápidamente por el aire llegaron envueltos en una nube al palacio de la fortaleza de Cadmo.

Había junto a las murallas una explanada lisa y muy extensa, pisoteada por el asiduo paso de los caballos, en la que las ruedas de los carros y las duras pezuñas habían ablandado la tierra del suelo. Algunos de los siete hijos de Anfión se encontraban allí montando vigorosos caballos: se sentaban sobre rojos paños teñidos con jugo de Tiro [29], y empuñaban riendas cargadas de ornamentos de oro. Uno de ellos, Ismeno, que había sido en su momento la primera carga para su madre, mientras conduce el caballo a la carrera describiendo un círculo perfecto y tira del bocado cubierto de espuma, grita: «¡Ay!», y lleva una flecha clavada en mitad del pecho; dejando ir las riendas de la mano moribunda, va cayendo lentamente por el flanco derecho. Le sigue Sípilo, que al escuchar en el aire el sonido del carcaj lanza al caballo a rienda suelta, igual que cuando un marinero, presagiando la lluvia, huye a la vista de las nubes y despliega totalmente las velas colgantes para no desperdiciar ni el más mínimo soplo de aire. Corría, pues, a rienda suelta: mientras corre, una flecha infalible le sigue y se le clava vibrando en la nuca, y la punta sobresale desnuda en su garganta. Inclinándose hacia adelante, cae deslizándose por las crines y las patas

---

[28] Níobe, hija de Tántalo.
[29] Púrpura.

tendidas al galope, y con su sangre caliente mancha la tierra. El desventurado Fédimo y Tántalo, que había heredado el nombre de su abuelo, para poner fin al esfuerzo según la costumbre habían pasado a practicar sus ejercicios juveniles en el pulido gimnasio; y ya sus torsos estaban enlazados en un apretado nudo cuando una flecha, disparada por la tensa cuerda de un arco, los atravesó a ambos, unidos como estaban. Juntos gimieron, juntos se desplomaron al suelo con los cuerpos encogidos de dolor, juntos entornaron, tendidos ya, los ojos moribundos, y exhalaron juntos el último suspiro. Los ve Alfénor, y arañándose y golpeándose el pecho corre hacia ellos para levantar con sus brazos los miembros ya fríos, y cae en ese acto de piedad: en efecto, el dios de Delos le había desgarrado las entrañas con una flecha mortal. Al sacársela, el gancho de la punta arrancó una parte del pulmón, y junto con la sangre perdió la vida. Pero no fue una sola herida la que terminó con el intonso Damasicton: herido allí donde empieza la pierna, en el punto en donde el pliegue nervioso de la corva forma una blanda articulación, intentaba arrancarse el mortal dardo con la mano cuando otra flecha penetró en su garganta hasta las plumas; la sangre la expulsa hacia fuera y brota con un alto chorro, perforando el aire. El último, Ilioneo, tiende inútilmente sus brazos con gesto suplicante, y, «¡Oh dioses, todos vosotros», dice sin saber que no todos debían ser rogados, «tened piedad!» El arquero Febo se apiadó, pero la flecha ya era imparable. Por lo menos, murió de una herida pequeña, pues la flecha no penetró profundamente en el corazón.

El rumor de la desgracia, el dolor de su pueblo y las lágrimas de los suyos dieron a conocer el repentino infortunio a la madre, sorprendida de que los dioses hubiesen sido capaces de tanto, y enfurecida por su atrevimiento y por su poder. Por su parte, el padre, Anfión, se clavó un puñal en el pecho y puso fin con la muerte a la vez a la vida y al dolor.

¡Ay, cuánto distaba esta Níobe de aquella Níobe que poco antes había expulsado al pueblo de los altares de Latona y había atravesado la ciudad con rostro altanero, odiosa para los suyos, y ahora, en cambio, digna de lástima hasta para un enemigo! Se prosterna sobre los cadáveres ya fríos, y desordenadamente reparte entre sus hijos los últimos besos; luego, alzando los pálidos brazos desde sus cuerpos hacia el cielo, «¡Aliméntate, cruel Latona, con mi dolor, y sacia tu fiero corazón! ¡Aliméntate», exclama, «sacia tu pecho con mi desgracia! ¡Exulta, enemiga, tú eres la vencedora, triunfa! Pero ¿por qué vencedora? ¡Más hijos tengo yo todavía en mi desdicha que tú en tu felicidad! ¡Aun después de tantas muertes, te supero!» Así dijo; entonces sonó el chasquido de un arco tensado, que a todos, salvo a Níobe, llenó de terror. La desdicha la hacía temeraria.

Ante los lechos funerarios de sus hermanos, con ropas negras y el cabello suelto, estaban las hermanas; una de ellas, arrancándose una flecha clavada en sus entrañas se desploma moribunda con el rostro sobre el cadáver de su hermano. Otra, que intentaba consolar a su desventurada madre, calló de repente doblándose por el dolor de una herida oculta, y apretó los dientes, pero cuando el alma ya se le escapaba. Una cae mientras en vano intenta huir, otra muere sobre el cuerpo de su hermana, ésta se esconde, a aquélla se la ve temblar. Ya habían muerto seis, víctimas de distintas heridas, y quedaba la última; la madre, cubriéndola con todo su cuerpo, con todo su manto, gritó: «¡Déjame por lo menos a una, a la más pequeña! ¡De tantas sólo te pido a la más pequeña, sólo ésa!» Mientras suplica, aquella por la que suplica cae. Sola, se sienta entre los cuerpos exánimes de sus hijos, sus hijas y su marido, y se endurece con la desgracia: el aire no mueve sus cabellos, el rostro sin sangre pierde el color, los ojos permanecen inmóviles en sus tristes mejillas; nada vivo queda en su figura. Hasta la misma lengua se le congela dentro del paladar endurecido, y las venas pierden la facultad de palpitar. El cuello no puede torcerse, los brazos no pueden hacer ningún movimiento, los pies no pueden caminar: también sus vísceras se han hecho de piedra. Sin embargo, sigue llorando: envuelta en un remolino de viento impetuoso, es transportada hasta su patria; allí se consume, incrustada en la cima de una montaña. Todavía hoy del mármol manan lágrimas.

Entonces sí que todos, hombres y mujeres, temieron las manifiestas señales de ira de la diosa, y todos veneraron con más celo la poderosa divinidad de la madre de los gemelos; y, como suele ocurrir, a raíz del hecho reciente volvieron a contar historias pasadas. Uno de ellos dice: «Tampoco los antiguos campesinos de los fértiles campos de Licia [30] pudieron despreciar impunemente a la diosa. Se trata de un hecho poco conocido por la baja condición de sus protagonistas, pero no por eso es menos asombroso. Yo mismo he visto en persona el estanque y el lugar que se han hecho célebres por el prodigio: en efecto, una vez mi padre, que por su avanzada edad ya no podía soportar un viaje como ése, me envió allí para que me trajera unos bueyes de buena raza, y él mismo me dio como guía a un hombre de la región. Mientras recorría con aquél unos pastos, topamos de pronto con un viejo altar ennegrecido por el fuego de los sacrificios que se alzaba en medio de un lago, rodeado de juncos cimbreantes. Mi guía se paró y dijo con un tímido murmullo: "Muéstrate propicia"; también yo murmuré como él: "Sé propicia." Pero luego le pregunté si el altar estaba dedicado a una náyade, a un fauno o a alguna otra divinidad del lugar, y mi compañero me respondió con estas palabras: "No es un dios de las montañas, joven, el que se venera en este altar: el ara pertenece a aquella que un día fue desterrada del mundo por la esposa de Júpiter, y que con

---

[30]   Región costera al suroeste del Asia Menor.

dificultad fue acogida por la errante Delos, cuando aún era una ligera isla flotante. Allí, apoyándose en una palmera y en un olivo, el árbol de Palas, Latona dio a luz dos gemelos, para disgusto de su madrastra, Juno. Dicen que también de allí se marchó, después de parir, huyendo de Juno, y que se llevó en sus brazos a sus dos hijos, seres divinos. Un sol impenitente abrasaba los campos, y ella ya se encontraba en los confines de Licia, patria de la Quimera [31], agotada por el largo esfuerzo, cuando sintió sed, pues el ardor del sol la había deshidratado y los niños, hambrientos, habían mamado toda la leche de sus pechos. Casualmente vio un pequeño lago en el fondo de un valle: algunos campesinos recogían allí tallos de mimbre, juncos y algas amantes de los pantanos. La Titania [32] se acercó y se hincó de rodillas para agacharse a beber las frescas aguas, pero el grupo de campesinos se lo impidió. Entonces la diosa habló así a quienes se lo impedían: "¿Por qué me negáis el agua? El agua es de todos. La naturaleza no hizo el sol, ni el aire, ni las líquidas aguas de propiedad privada; lo que he venido a coger es un bien público, pero aún así, os pido con súplicas que me lo deis. Mis intenciones no eran lavar aquí mis miembros cansados, sino sólo calmar mi sed. Mientras os hablo mi boca está seca, mi garganta arde y la voz apenas puede salir. Un sorbo de agua será para mí como néctar, y podré decir que también me habréis dado la vida: me daréis la vida a la vez que el agua. ¡Apiadaos también de estos dos, que tienden sus bracitos desde mi regazo!" Y casualmente los niños tendían los brazos. ¿Quién no se habría compadecido ante las lastimeras palabras de la diosa? Ellos, sin embargo, insisten en negarle lo que les pide, y añaden además insultos y amenazas si no se

---

[31] Monstruo fabuloso con cabeza de león, cuerpo de cabra y cola de serpiente, hijo de Tifeo y de Equidna, y que escupía llamas por la boca.

[32] Latona, hija del titán Ceo.

aleja de allí. Pero no se conforman con eso: llegan incluso a enturbiar las aguas del lago agitándolas con pies y manos, y con maliciosos saltos remueven aquí y allá el pastoso barro del fondo. La ira le hace olvidar la sed: la hija de Ceo ya no suplica ante esos seres indignos, ya no se rebaja a emplear palabras impropias de una diosa, y volviendo hacia el cielo las palmas de sus manos, exclama: "¡Que viváis para siempre en este estanque!" Los deseos de la diosa se cumplen: les gusta estar bajo el agua y sumergir todo su cuerpo en las profundidades del pantano, otras veces sacar la cabeza o nadar en la superficie, y pararse a menudo en la orilla, y a menudo volver a tirarse a las gélidas aguas del lago. Pero todavía ejercitan sus infames lenguas en continuas peleas, y, sin ningún pudor, aunque estén bajo el agua, intentan proseguir con sus invectivas. Sus voces ya se han hecho roncas, sus gargantas se hinchan, tumefactas, y las propias calumnias dilatan sus grandes bocas. La cabeza y la espalda se tocan, el cuello parece desaparecer, el dorso se vuelve verde mientras que el vientre, que ocupa la mayor parte del cuerpo, se torna blanco; ranas nuevas, van chapoteando por las aguas fangosas.»

Así, cuando ese hombre, no se quién, terminó de contar el triste final de los hombres de Licia, otro se acordó del sátiro que, vencido con la flauta de la Tritonia, fue castigado por el hijo de Latona [33]. «¿Por qué me arrancas de mí mismo?», grita Marsias. «¡Ay! ¡Piedad! ¡Ay! ¡La flauta no vale tanto!» Y mientras gritaba le arrancaban la piel del cuerpo, y todo su cuerpo no era más que una sola llaga. La sangre fluye por todas

---

[33] Palas Tritonia había inventado la flauta, pero disgustada porque el instrumento deformaba su rostro cuando lo tocaba, lo arrojó y maldijo a quien lo cogiera. Fue el sátiro Marsias quien lo cogió y lo hizo sonar, y las gentes dijeron que su talento era incluso mayor que el de Apolo; Marsias no lo negó. Cuando vino a saberlo, Apolo desafió a Marsias a competir con él, y tras vencerle hizo que le desollaran vivo.

partes, los músculos quedan al descubierto, las venas sin piel laten temblorosas, y en su pecho se podrían contar los órganos palpitantes y las entrañas que se transparentan. Le lloraron los campestres Faunos, divinidades de los bosques, sus hermanos los Sátiros, y Olimpo [34], querido para él incluso entonces, y las Ninfas, y todos aquellos que llevaba a pastar a sus lanosos rebaños o a sus manadas de bueyes a aquellos montes. La fértil tierra se empapó, y una vez empapada de las lágrimas que caían las reunió y las absorbió hasta sus profundas venas acuíferas. Luego las transformó en una corriente que hizo brotar en la superficie. Desde allí fluye veloz hacia el mar entre escarpadas orillas, y recibe el nombre de Marsias, el río más cristalino de Frigia.

De estas historias el pueblo vuelve de golpe al acontecimiento presente y llora la muerte de Anfión y de toda su estirpe. Todo el odio recae sobre Níobe. Sin embargo, dicen que hubo uno, Pélope, que lloró también por ella, y que al rasgarse las vestiduras sobre el pecho dejó al descubierto su hombro izquierdo, hecho de marfil. Cuando nació ese hombro tenía el mismo color que el derecho, y era de carne y hueso: luego, dicen que los dioses volvieron a unir su cuerpo, que su padre había despedazado con sus propias manos, pero, aunque encontraron las demás partes, faltaba la que va desde la garganta hasta la parte alta del brazo. En lugar del trozo que no aparecía le pusieron uno de marfil, y Pélope volvió a estar entero.

Los próceres de los alrededores acuden a Tebas, y las ciudades vecinas piden a sus reyes que vayan a llevar palabras de consuelo: Argos, Esparta y Micenas, ciudades del Peloponeso; Calidón, a la que todavía no odiaba la fiera Diana [35]; la fértil Orcómeno, Corinto, famosa por sus bronces, y la feroz Mesene, Patras y la

---

[34] Flautista discípulo de Marsias.
[35] Se refiere al episodio narrado en VIII, pág. 284.

humilde Cleonas, Pilos, donde gobernaba Neleo, y Trecén, donde aún no gobernaba Piteo, y todas las demás ciudades que separa el istmo entre los dos mares, y aquellas de la costa exterior, que se divisan desde el istmo entre los dos mares. ¿Quién podría creerlo? Sólo tú faltaste, Atenas. La guerra te impidió cumplir con ese deber, pues bárbaras tropas llegadas del mar sembraban el terror ante las murallas mopsopias. Tereo el tracio te auxilió con sus tropas desbaratando al enemigo, y con su victoria adquirió gran renombre. Era un hombre poderoso por sus riquezas y sus hombres, y casualmente descendía de la estirpe del gran Gradivo [36]. Pandión [37] se emparentó con él, entregándole en matrimonio a su hija Progne. Pero ni Juno, que preside los matrimonios, ni Himeneo [38], ni ninguna de las Gracias [39] estuvieron presentes en las nupcias: las Euménides [40] llevaron las antorchas, tomadas de un funeral; las Euménides prepararon el lecho, y un siniestro búho descendió sobre el tejado, posándose justo encima del tálamo. Bajo estos auspicios se casaron Tereo y Progne, y bajo estos auspicios fueron padres. Por supuesto, toda Tracia se congratuló con ellos, y ellos mismos dieron gracias a los dioses y declararon festivo el día en que la hija de Pandión había sido entregada al ilustre rey, y el día en que había nacido Itis. ¡Hasta ese punto desconocemos el verdadero valor de las cosas!

El sol ya había conducido el espacio de un año a través de cinco otoños, cuando Progne, zalamera, le dijo a su marido: «Si de verdad me quieres, ¡déjame ir a ver a

---

[36]   Sobrenombre de Marte, dios de la guerra.
[37]   Rey de Atenas, padre de Erecteo.
[38]   Himeneo es la divinidad que preside los matrimonios y encabeza el cortejo nupcial.
[39]   También las tres Gracias, hijas de Zeus y de Eurínome, eran divinidades presentes en los matrimonios.
[40]   Euménides, «las benignas», es un nombre eufemístico de las Furias o Erinies (ver pág. 84, n. 27), que las gentes utilizaban por miedo a pronunciar su nombre.

mi hermana, o haz que sea ella la que venga aquí! A tu
suegro le prometerás que ella regresará pronto; ver a
mi hermana será para mí el mayor regalo.» Él ordena
que saquen un barco al mar, y con la ayuda de remos y
velas entra en el puerto de Cécrope y toca las playas del
Pireo [41]. Tan pronto como es admitido a la presencia de
su suegro, se estrechan las manos y traban conversación con los más faustos auspicios. Apenas había empezado Tereo a referir el encargo de su esposa y la razón de su viaje, prometiendo el pronto regreso de la
viajera, he aquí que Filomela hace su entrada adornada de rico atavío y de aún más rica belleza, tal como
solemos escuchar que las náyades y las dríades pasean
por los bosques, si también ellas pudieran vestirse con
semejante ornato. Al ver a la virgen, Tereo arde de pasión, como cuando alguien prende fuego a unas espigas
secas o quema ramas y hierbas en el interior de un pa-
jar. Sin duda el aspecto de ella es digno de tal reacción,
pero además le excita un innato desenfreno, pues las
gentes de aquellas regiones son particularmente incli-
nes a la lujuria; así pues, se inflama con un vicio propio
de sí mismo y también de su pueblo. Su primer impulso
es el de corromper con un soborno los cuidados de sus
compañeras y la lealtad de su nodriza, y seducirla con
numerosos regalos, dilapidando el reino entero si es
preciso; o tal vez raptarla y defenderla luego con una
guerra despiadada. Y, poseído por una pasión desenfrenada, no hay nada a lo que no esté dispuesto, y su
pecho ya no puede contener las llamas que encierra.
Ya le cuesta soportar la espera, y volviendo con ansiosa
boca al encargo de Progne, defiende sus propios deseos
encubiertos bajo los de ella. El amor le hacía locuaz:
cada vez que se excedía en sus súplicas decía que era
Progne quien así lo quería; hasta lágrimas empleó,
como si ella también se lo hubiese ordenado. ¡Oh dio-

---

[41] Puerto de Atenas.

ses, qué ciega oscuridad envuelve el corazón de los
mortales! Precisamente cuando está urdiendo un crimen, a Tereo le consideran piadoso, y por un delito recibe alabanzas. Que además, la misma Filomela se-
cunda sus deseos, y mientras abraza tiernamente los
hombros de su padre para convencerle de que la deje ir
a ver a su hermana, le suplica por su vida, y a la vez en
contra de ella. Tereo la mira, y al mirarla ya siente
como si la tocara, y los besos y los abrazos que ve son
estímulos y llamas que alimentan su pasión, y cada vez
que ella rodea con sus brazos a su padre él desearía ser
el padre; en efecto, no por ello se abstendría de ser impío. Pandión cede por fin ante las súplicas de ambos:
ella se regocija y da las gracias a su padre, y cree, infeliz, que es una victoria de las dos lo que para las dos
será una desgracia.

El sol ya casi había llegado al fin de su tarea, y sus caballos galopaban por la pendiente del Olimpo: un banquete real se sirve sobre las mesas, se sirve Baco [42] en
copas de oro; después los cuerpos se entregan a un plácido sueño. Pero el rey odrisio [43] arde por ella aún después de haberse retirado, recuerda su rostro, sus gestos, sus manos, e imagina aquello que aún no ha visto
tal como le gustaría que fuera, y él mismo alimenta su
deseo, ahuyentando el sueño.

Se hizo de día; Pandión estrecha la diestra de su
yerno, ya listo para partir, y le encomienda a su compañera de viaje con lágrimas en los ojos: «Te entrego a
ésta, querido yerno, porque me obliga un motivo de
afecto, porque así lo han querido las dos, y porque también lo has querido tú, Tereo. En nombre de la lealtad
y de nuestra parentela te suplico, te ruego por los dioses que mires por ella con el amor de un padre, y que
para mi tranquilidad me envíes de vuelta cuanto antes,
pues toda espera será larga para mí, a este dulce con-

---

[42]   Vino.
[43]   Tracio.

suelo de mi vejez. ¡Y también tú, Filomela, si me quieres un poco, regresa cuanto antes a mi lado, pues ya es bastante que esté lejos tu hermana!» A la vez le hacía estas recomendaciones y le daba besos a su hija, y entre uno y otro encargo le caían tiernas lágrimas. Como señal de compromiso pide a ambos que le den su mano derecha, y cogiéndolas las estrecha entre las suyas, les ruega que saluden a su hija y a su nieto ausentes, a los que recuerda, y con la voz rota por los sollozos apenas consigue decirles el último adiós, atemorizado por los presagios que alberga su corazón.

Tan pronto como Filomela está dentro de la pintada nave y los remos agitan el agua alejándose de la costa, el bárbaro grita: «¡Lo conseguí! ¡Me llevo conmigo lo que deseaba!», y, exultante, a duras penas puede posponer el momento del gozo, y no aparta de ella la mirada ni por un momento, como cuando el águila rapaz deposita en su nido de las alturas a una liebre que ha capturado con sus corvas garras: la presa no tiene escapatoria y el raptor observa su botín. Ya había terminado la travesía, ya habían desembarcado de la cansada nave en las costas de su patria, cuando el rey llevó a la hija de Pandión a un alto establo oculto en un viejo bosque, y allí la encerró, mientras ella, pálida, temblorosa, asustada por todo, ya preguntaba con lágrimas en los ojos dónde estaba su hermana. Él le revela sus vergonzosas intenciones y la viola, mientras ella, virgen, sola, invoca una y otra vez a su padre, a su hermana y, sobre todo, a los grandes dioses. Ella tiembla, como una ovejita asustada que han sustraído a la boca de un lobo de entrecano pelaje y todavía no se siente segura, o como una paloma que, con las plumas empapadas en su propia sangre, se estremece de miedo y todavía teme las rapaces garras entre las que ha estado apresada. Luego, cuando vuelve en sí, se alborota los cabellos despeinados, como una plañidera, se golpea los brazos, y tendiendo las manos, dice: «¡Oh bárbaro, manchado de un crimen impío! ¡Ni las recomendaciones y las piadosas lágrimas de mi padre, ni el recuerdo de mi hermana, ni mi virginidad, ni los vínculos del matrimonio han podido conmoverte! Todo lo has profanado: yo me he convertido en la rival de mi hermana, tú en un marido bígamo, y ahora merezco que se me castigue como a una enemiga. ¿Por qué, pérfido, no me arrancas también el alma, para que no te quede ningún crimen por cometer? ¡Y ojalá lo hubieras hecho antes de consumar esta unión sacrílega! Así me encontraría entre las almas libre de culpa. Pero si los dioses están viendo esto, si el poder de los dioses tiene algún valor, si no ha muerto todo conmigo, algún día te haré pagar tu culpa. Yo misma, despojándome del pudor, contaré lo que has hecho: si tengo ocasión, me presentaré ante el pueblo; y si permanezco prisionera en el bosque, llenaré el bosque con mis gritos, y hasta las piedras, al saberlo, se conmoverán. ¡El aire me escuchará, y con él los dioses, si es que queda alguno!»

Tales palabras despiertan la ira del cruel tirano, y un miedo no inferior a su ira. Impulsado por ambos, saca de la funda la espada que llevaba al costado, y agarrando a la muchacha por el pelo le dobla los brazos tras la espalda y la encadena por la fuerza. Filomela le presenta su garganta, pues al ver la espada ha concebido la esperanza de morir: pero él apresa con unas tenazas su lengua, que pronuncia palabras indignadas, que no deja de invocar el nombre de su padre, que lucha por hablar, y se la corta con el hierro cruel. La raíz de la lengua palpita en el fondo, mientras la punta cae y murmura convulsa sobre el suelo ennegrecido, y como suele saltar la cola de una lagartija se agita y busca en su agonía la horma de su dueña.

Dicen que también después de cometer esa atrocidad Tereo (casi no puedo creerlo) desahogó repetidamente su lujuria sobre el cuerpo martirizado de ella. Después de tales actos, aún fue capaz de regresar ante Progne, quien tan pronto como vio a su marido le preguntó por su hermana. Él emite falsos gemidos y le

cuenta una muerte inventada: las lágrimas le dan credibilidad. Progne se arranca de los hombros el manto
refulgente de bandas de oro, se viste de negro y, tras
erigir un sepulcro vacío, ofrece sacrificios expiatorios
para una sombra que no existe, y llora el triste destino de su hermana, por la que no es así como debería
llorar.

El dios [44] había recorrido los doce signos en el arco
de un año. ¿Qué podía hacer Filomela? La vigilancia le
impide huir, los muros del establo, construidos con sólidas piedras, se alzan infranqueables, y la boca, muda,
no puede revelar lo ocurrido. Pero grande es el ingenio
en la desgracia, y la miseria aviva la astucia. Tiende en
un primitivo telar los hilos de una urdimbre, y entreteje
sobre la blanca tela signos purpúreos, con los que da fe
del delito; una vez terminada su labor, se la entrega a
una mujer, a la que ruega mediante gestos que se la
lleve a la reina. La mujer atiende su ruego y se la entrega a Progne, sin saber qué es lo que entrega. La consorte del cruel tirano desenrolla la tela y lee el triste relato de su hermana, y (cuesta creer que pudiera) permanece en silencio: el dolor sella su boca, y la lengua
busca sin encontrarlas palabras suficientemente indignadas. Ni siquiera se abandona al llanto, sino que se
precipita dispuesta a confundir lo lícito y lo ilícito, y
toda su mente se vuelca en la venganza.

Era la época en que las mujeres sitonias [45] celebra-
ban los ritos trienales de Baco; la noche era testigo de
los ritos. Por la noche el Ródope resuena con los agu-
dos tañidos del bronce, y por la noche la reina sale de
su morada, ataviada para el ritual, y armada como las
furiosas bacantes: su cabeza está coronada de hojas de
parra, de su costado izquierdo cuelga una piel de
ciervo, y en su hombro se apoya una ligera lanza. Corriendo desenfrenada por los bosques seguida de un

---

[44]   El Sol.
[45]   Tracias, por el rey tracio Sitón.

cortejo de compañeras, Progne, terrible, enardecida
por la furia del dolor, finge ser, oh Baco, una de tus seguidoras. Por fin llega al apartado establo, aúlla y grita
«evohé» [46], hace pedazos la puerta y se lleva de allí a su
hermana; la viste con el atavío de las bacantes y cubre
su rostro con ramas de hiedra, y se la lleva, aturdida,
conduciéndola hasta el palacio.

Cuando Filomela se dio cuenta de que había entrado
en la morada del pérfido Tereo, la pobre infeliz se estremeció y su rostro palideció por completo. Progne,
tras buscar un lugar adecuado, le quitó los símbolos del
culto y descubrió el rostro pudibundo de su desdichada
hermana, y la estrechó en un abrazo. Ella, sin embargo,
no se atrevía a levantar los ojos hacia Progne, pues se
sentía como una adúltera frente a su hermana; sin levantar la mirada del suelo, habría querido jurar, poniendo a los dioses por testigo, que él le había arrebatado su honor en contra de su voluntad: las manos tomaron el lugar de la voz. Progne se enardece y no
puede contener su ira, y recriminando el llanto de su
hermana, «no es con lágrimas», dice, «como tenemos
que actuar, sino con hierro, o si conoces algo que
pueda superar al hierro, con eso. Yo estoy dispuesta a
cualquier crimen, hermana. ¡Incendiaré con antorchas
el palacio real y echaré a las llamas al criminal Tereo, o
le arrancaré con la espada la lengua, los ojos y esos
miembros que te quitaron la honra, o le haré expulsar
su pérfida alma por medio de mil heridas! Estoy dispuesta a cualquier cosa, aunque todavía no sé qué».
Mientras Progne terminaba de decir estas cosas llegó
Itis, que se dirigió hacia su madre; su vista le sugirió lo
que podría hacer, y contemplándolo con ojos despia-
dados, dijo: «¡Ah, cuánto te pareces a tu padre!» Sin
decir más, se prepara para el funesto crimen, hirviendo
de tácita ira. No obstante, cuando el niño se acercó a su

---

[46]   Los aullidos y el grito «evohé» son expresiones típicas de los ritos báquicos.

madre y la saludó, echándole al cuello sus pequeños
brazos y añadiendo besos a sus infantiles mimos, ella
sin duda se conmovió, su ira se apagó y las lágrimas se
agolparon en sus ojos, aunque contra su voluntad; pero
inmediatamente, al darse cuenta de que demasiada
compasión hacía flaquear su corazón de madre, volvió
de nuevo la mirada hacia su hermana, y mirándolos a
los dos alternativamente, se preguntaba: «¿Por qué
uno me habla con dulzura y la otra calla con la lengua
mutilada? ¿Por qué me llama éste madre y no puede
aquélla llamarme hermana? ¡Mira, hija de Pandión,
con qué marido te has casado! ¿Es que te vas a echar
atrás? Es un crimen tener piedad de un marido como
Tereo.» Y sin más titubeos se llevó a Itis, como una tigresa del Ganges que arrastrara por las selvas oscuras a
un cervatillo lactante. Cuando llegaron a una zona
apartada del gran palacio, Progne, tomando al niño
que le tendía sus manos y que, consciente ya de lo que
le esperaba, gritaba: «¡Mamá, mamá!», e intentaba
abrazar su cuello, le hirió con la espada en donde el pecho se une al costado, sin ni siquiera apartar la vista.
Una sola herida habría bastado para matarle: Filomela
con la espada le cortó la garganta. Descuartiza los
miembros todavía vivos, que aún retenían un poco de
aliento vital; una parte hierve en calderos de bronce,
otra rechina asándose en el espetón. La habitación
chorrea de sangre. Con ello prepara Progne la mesa
para el desavisado Tereo, e inventando que se trata de
una costumbre sagrada propia de su patria, en la que
sólo al marido se le permite estar presente, aleja de allí
a los acompañantes y a los siervos. En cuanto a Tereo,
sentado en el alto trono de sus antepasados, come y
llena su vientre con su propia carne, y tanta es la oscuridad que reina en su mente, que dice: «Traedme aquí
a Itis.» Progne ya no intenta disimular su cruel alegría,
y ansiosa por revelarle su derrota, le dice: «Lo que buscas, lo tienes dentro.» Él mira a su alrededor y pregunta dónde está; mientras lo busca y lo sigue lla-

mando, Filomela se planta ante él tal como está, con
los cabellos manchados por el furioso asesinato, y
arroja al rostro del padre la cabeza ensangrentada de
Itis. En ningún momento deseó tanto como entonces
poder hablar, para poder manifestarle su gozo con las
palabras que él merecía. El tracio vuelca la mesa ante sí
con un grito desgarrador, e invoca a las hermanas de
cabellera de serpiente que habitan en el valle estigio [47];
unas veces desea abrirse el pecho, si ello fuera posible,
para sacar de allí esos funestos manjares, esas vísceras
que ha ingerido, otras veces llora y se llama a sí mismo
infortunada tumba de su hijo. Por fin, con la espada de-
senvainada, se lanza en pos de las hijas de Pandión. Se
diría que los cuerpos de las cecrópidas [48] se sostienen
en el aire como sobre alas: en efecto, se sostienen sobre
alas. Una de ellas se dirige hacia los bosques, la otra se
mete bajo los tejados, y de su pecho todavía no se han
borrado los signos del asesinato: sus plumas están manchadas de sangre [49]. Él, a quien dan alas el dolor y el
deseo de castigarlas, se convierte en un pájaro de cabeza crestada, con un pico desmesurado como una
larga lanza: abubilla es el nombre de esa ave, y parece
que estuviera armada.

Esta tragedia envió a Pandión con las sombras del
Tártaro antes de tiempo, y antes de que hubiese podido
alcanzar los últimos años de una larga vejez. El cetro
de la ciudad y el encargo de gobernar recayeron sobre
Erecteo, no se sabe si más poderoso por su justicia o
por la fuerza de su ejército. Había engendrado nada
menos que a cuatro hijos y a otras tantas hijas, pero de
ellas, dos sobresalían igualmente por su belleza. Céfalo, nieto de Eolo, fue tu feliz esposo, oh Procris; en

---

[47]   Las Furias.
[48]   Atenienses y descendientes de Cécrope, primer rey de Atenas.
[49]   Filomela y Progne se transforman respectivamente en un rui-
señor y en una golondrina, que es, por otra parte, lo que significan
sus nombres en griego.

cambio Bóreas, perjudicado por el recuerdo de Tereo y de Tracia [50], se vio privado largo tiempo de su amada Oritía, durante todo el tiempo en que prefirió suplicar y emplear los ruegos antes que la fuerza. Pero puesto que con las buenas maneras no conseguía nada, hinchándose de ira, cosa propia de ese viento e incluso demasiado habitual en él, exclamó: «¡Y me lo merezco! Pues ¿por qué he depuesto mis armas: el furor, la violencia, la ira, el espíritu amenazador, y he acudido con súplicas, que no son propias de mí? A mí me corresponde la fuerza: con mi fuerza empujo las nubes, con mi fuerza agito el mar y desarraigo nudosos robles, endurezco la nieve y apedreo la tierra con el granizo. De igual forma, cuando me encuentro con mis hermanos en el cielo abierto, que es, de hecho, mi campo de batalla, lucho con tanta potencia que el aire retumba entre nosotros con cada choque, y de las huecas nubes saltan chispas; de igual forma, cuando me hundo en las bóvedas de las cavernas de la tierra y froto mi lomo, embravecido, contra las paredes más profundas, atormento con el temblor a las sombras de los muertos y a la tierra entera. Así es como habría debido buscar a mi esposa: a Erecteo habría debido convertirle en mi suegro, no rogarle que lo fuera.»

Y diciendo estas palabras, u otras no menos fogosas, Bóreas sacudió sus alas, y al agitarlas un soplo recorrió toda la tierra y erizó el ancho mar. Arrastrando por las cimas de los montes su manto polvoriento, el enamorado viento barrió la tierra, y embozado en una nube de oscuridad envolvió a la asustada Oritía con un abrazo de sus alas rojizas. Mientras volaba, su fuego, avivado, ardió aún más fuerte, y no puso freno a su aérea carrera hasta que pudo refugiarse entre el pueblo y las murallas de los Cícones [51].

---

[50]   Bóreas, el viento del Norte, provenía de Tracia, que se encuentra al norte respecto a Atenas.

[51]   Pueblo costero de Tracia.

Allí, la ateniense Oritía se convirtió en esposa del gélido rey y en madre, dando a luz dos gemelos que he-
redaron todo lo demás de su madre, pero las alas de su
padre. Sin embargo, cuentan que dichas alas no nacieron con sus cuerpos, y que hasta que no les creció la
barba bajo los rojos cabellos, los muchachos Calais y
Zetes fueron implumes. Más tarde las alas, como en los
pájaros, empezaron a ceñirles ambos costados, a la vez
que sus mejillas se cubrían de rubio bozo. Entonces,
cuando la infancia dejó paso a la juventud, marcharon
junto con los descendientes de Minias a buscar la reluciente piel del radiante vellocino, en la primera nave,
por el mar desconocido [52].

---

[52]   Calais y Zetes tomarán parte en la expedición de los Argonautas, en la nave *Argos*.

LIBRO SÉPTIMO

Ya cortaban el mar con la nave de Págasa los descendientes de Minias [1], ya habían visto a Fineo [2], que arrastraba su vejez en la pobreza sumido en una noche perpetua, y los jóvenes hijos de Aquilón habían puesto en fuga a las doncellas de cuerpo de ave que revoloteaban ante el rostro del desdichado anciano [3]. Por fin, tras numerosas peripecias, habían llegado, guiados por el noble Jasón [4], a la rápida corriente del fangoso Fasis [5]. Entonces, cuando se presentan ante el rey y le piden el vellocino de Frixo [6], se les impone una terrible condición que les obliga a sufrir duras pruebas.

---

[1] Es decir, los Argonautas, marineros de la nave *Argos,* que zarparon del puerto de Págasa, en Tesalia. Muchos de ellos eran de la sangre de las hijas de Minias, rey de Orcómeno.

[2] Rey de la costa occidental del Bósforo, ciego y dotado del don de la profecía.

[3] Por haber desvelado los secretos de los dioses, Júpiter había condenado a Fineo a morir de hambre, pues dos arpías, monstruos con cuerpo de pájaro y rostro de doncella, revoloteaban ante su cara y le arrebataban y ensuciaban la comida. Sólo Calais y Zetes (ver página 242, n. 52), hijos del viento del Norte, podían salvarle.

[4] Hijo de Esón, heredero legítimo del reino de Iolco, en Tesalia, es el jefe de los Argonautas.

[5] Río de la Cólquide, donde gobierna el rey Eetes. La Cólquide, de localización imprecisa, se encontraría aproximadamente en la costa oriental del mar Negro.

[6] El vellocino de oro, objetivo de la expedición de los Argonau-

Mientras tanto, la hija de Eetes [7] se había inflamado
de una impetuosa pasión, y tras debatirse en ella largo
tiempo, cuando vio que no podía vencer su loco amor
con la razón, dijo: «En vano te resistes, Medea: un dios,
no sé cuál, se opone. Y es extraño, salvo que no sea
esto, o algo sin duda muy parecido a esto, lo que llaman
amor. Pues ¿por qué me parecen tan duras las órdenes
de mi padre? Pero es que son demasiado duras, en realidad. ¿Por qué temo que muera uno a quien apenas
acabo de ver por primera vez? ¿Cuál es la causa de
tanto miedo? ¡Sacude de tu pecho de virgen el amor
que has concebido, si es que puedes, infeliz! Si pudiera
hacerlo, me sentiría más en mi juicio. Pero una fuerza
desconocida me arrastra contra mi voluntad: el deseo
me aconseja una cosa, la mente otra. Veo el bien y lo
apruebo, y sigo el mal. ¿Por qué te abrasas por un extranjero, princesa, y sueñas con casarte con un hombre
de otro mundo? ¡También este país puede ofrecerte alguien a quien amar! Que viva o que muera, está en
mano de los dioses. Pero ¡que viva! Eso es lícito de-
seárselo también sin estar enamorada. Por otra parte,
¿qué mal ha cometido Jasón? ¿Quién sino un espíritu
cruel permanecería indiferente ante la edad, la estirpe
y el valor de Jasón? ¿A quién no conmovería, en falta
de todo lo demás, su rostro? A mi corazón, desde
luego, lo ha conmovido. Pero si yo no le ayudo, los toros exhalarán sobre él su aliento de fuego, tendrá que
enfrentarse a los enemigos nacidos de la tierra que él
mismo habrá sembrado, o será entregado cruelmente
al insaciable dragón [8]. Si dejo que esto suceda, enton-

---

tas. El vellocino era la piel del carnero alado en el que Frixo y su hermana Hele, hijos de Atamante y de su primera esposa, Néfele, hu-
yeron cuando estaban a punto de ser sacrificados. Hele cayó al mar
cuando cruzaban el estrecho de los Dardanelos, que de ella tomó el
nombre de Helesponto, y Frixo fue llevado hasta la Cólquide. enton-

[7]   Medea.

[8]   Eetes impone a Jasón unas pruebas que habrá de superar si
quiere conseguir el vellocino. Primero deberá enfrentarse a unos to-

ces sí que podré decir que soy hija de una tigresa y que
en mi corazón sólo hay hierro y piedras. Es más, ¿por
qué no presencio su muerte, mancillando mis ojos al
contemplarla? ¿Por qué no incito contra él a los toros,
a los fieros hijos de la tierra y al indómito dragón?
¡Ojalá no sea esa la voluntad de los dioses! Pero lo que
tengo que hacer no es suplicar por ello, sino actuar.
Pero entonces, ¿voy a traicionar al reino de mi padre?
¿Voy a salvar con mi ayuda a un extranjero que apenas
conozco, para que él, una vez libre de peligro gracias a
mí, sin mí despliegue las velas al viento y se convierta
en esposo de otra mujer, mientras que yo, Medea, me
quedo con mi sufrimiento? Si es capaz de hacer eso, de
poner a otra por encima de mí, ¡entonces que muera, el
ingrato! Pero con esa mirada, esa nobleza de espíritu,
esa gentil belleza que hay en él, no puedo temer que
me engañe ni que olvide mis méritos. Y además, antes
me dará su palabra, y yo le obligaré a jurar poniendo a
los dioses por testigo. ¿Por qué temes, si estás a salvo?
¡Ponte a la obra, pues, y date prisa! Jasón siempre te
deberá gratitud, se unirá a ti en solemnes nupcias, y en
las ciudades de los pelasgos una multitud de madres te
aclamará como salvadora. ¿Abandonaré entonces, llevada por los vientos, a mi hermana, a mi hermano, a mi
padre, a mis dioses y a mi tierra natal? Claro que, sin
duda, mi padre es despiadado, sin duda el mío es un
país bárbaro, y mi hermano es todavía un niño; en
cuanto a mi hermana, sus deseos están conmigo. Dentro de mí está el mayor de los dioses. No es grande lo
que dejo atrás, pero es grande lo que me espera: la gloria de haber salvado a los jóvenes aqueos, la oportunidad de conocer un lugar mejor y unas ciudades cuya

---

ros que escupen fuego por la boca, uncirlos al yugo y arar con ellos el
campo; luego tendrá que sembrar unos dientes de dragón, de los que
nacerán soldados a los que tendrá que matar. Por último, tendrá que
enfrentarse al dragón que nunca duerme, guardián del árbol donde
está colgado el vellocino.

fama ha llegado incluso hasta aquí; y las costumbres y
las artes de aquellos lugares, y aquel por quien yo cam-
biaría todas las cosas que hay en el mundo, el hijo de
Esón, aquel con quien seré considerada una esposa feliz protegida por los dioses, y con quien tocaré las estrellas. Claro que, ¿no dicen que no sé qué montes chocan en medio del mar [9], que Caribdis [10], enemiga de los
barcos, a veces absorbe las aguas y a veces las vuelve a
expulsar, y que la voraz Escila [11], rodeada de feroces
perros, ladra sobre las profundidades del mar de Sicilia? Pero, sin duda, si tengo a mi amado, si Jasón me estrecha en su regazo, viajaré por el vasto mar: abrazada
a él no tendré miedo de nada, y si algo habré de temer,
sólo será por mi esposo. Pero ¿lo consideras un matrimonio? ¿Das un nombre bello a lo que no es, Medea,
sino tu culpa? ¿Por qué no consideras, más bien, la impiedad que vas a cometer, y huyes del crimen mientras
aún estás a tiempo?» Así hablaba, y ante sus ojos se
presentaron la Rectitud, el Deber, y el Pudor, y el Deseo, derrotado, ya volvía la espalda.

Se dirigía al antiguo templo de Hécate [12], hija de Perseo, que se hallaba en un bosque sombrío, oculto entre
árboles recónditos. Y ya se sentía fuerte, y su ardor, reprimido, ya se estaba desvaneciendo, cuando vio al
Esónida [13], y la llama extinguida volvió a brillar. Sus
mejillas se sonrojaron, todo su rostro se encendió, y
como cuando una chispa recubierta por una fina capa
de rescoldos toma alimento del viento, y crece y vuelve

---

[9]   Las Simplégadas, escollos que entrechocaban en medio del
mar destruyendo los barcos.
[10]   Torbellino del mar de Sicilia, en el estrecho de Mesina, que en-
gullía las naves.
[11]   Monstruo marino que habitaba en un escollo cercano a Caribdis.
[12]   Diosa de la noche, que protege las artes mágicas. Medea es
una maga, sacerdotisa de Hécate, conocedora de las artes de la he-
chicería.
[13]   Jasón, hijo de Esón.

a reavivarse al ser agitada con la misma fuerza que antes, así ese amor apagado que parecía languidecer, cuando vio al joven prendió nuevamente ante la belleza que se presentaba ante sus ojos. Además, casualmente, el hijo de Esón ese día estaba aún más bello que de costumbre: hay que ser indulgente con la enamorada. Ella le mira, y mantiene los ojos clavados en su rostro como si le viera por primera vez, y sin apartarlos de él, le parece, en su arrebato, que lo que contempla no es el rostro de un mortal. Y cuando el extranjero empezó a hablar, y tomándole la mano le pidió con voz queda que le ayudara, y le prometió el matrimonio, entonces ella, rompiendo a llorar, le dijo: «Sé bien lo que estoy haciendo, y no es la ignorancia lo que me aleja de la verdad, sino el amor. Con mi ayuda te salvarás, pero cuando te hayas salvado, ¡cumple tu promesa!» Él lo jura por los misterios de la diosa triforme [14], por el dios que habitara en aquel bosque sagrado, por el padre de su futuro suegro, que todo lo ve [15], y por su propio éxito en tan grandes peligros. Medea le cree y, acto seguido, le entrega unas hierbas mágicas y le enseña cómo utilizarlas, tras lo cual Jasón se retira satisfecho.

Al día siguiente, la aurora ya había expulsado a las estrellas centelleantes: las gentes se congregaron en el sagrado campo de Marte y se dispusieron en las cimas de los cerros. El propio rey, vestido de púrpura, toma asiento entre las filas de sus soldados, dignificado por su cetro de marfil. Y he aquí que los toros de pies de bronce empiezan a exhalar fuego por sus hocicos de metal, y la hierba arde al contacto del vapor. Como suelen retumbar las chimeneas cuando están llenas, o como prende fuego la cal disuelta en un horno de tierra

---

[14]   Hécate, a la que se representaba con tres cabezas. Hécate es una de las divinidades que componen la tríade de la diosa Selene, «Luna», también identificada con Diana Trivia, diosa de las encrucijadas.
[15]   Eetes es hijo del Sol, que llega con su luz a todas partes.

si la rocían con agua, así retumban sus pechos en los
que se revuelven las llamas, así sus gargantas canden-
tes; pero el hijo de Esón se dirige hacia ellos. A medida
que se acerca vuelven hacia él con bravura su fiera mirada y sus cuernos de puntas de hierro golpean el suelo
polvoriento con sus pezuñas hendidas, y llenan el lugar
con sus humeantes mugidos. Los minias estaban paralizados por el miedo. Él se adelanta, sin percibir, tanto
es el poder de los fármacos, el fuego de sus alientos;
con mano audaz acaricia sus colgantes papadas, y un-
ciéndolos al yugo les obliga a tirar de un pesado arado
y a abrir surcos con el hierro en ese campo no acostumbrado a él. Los colcos se asombran, los atenienses lo
aclaman con sus gritos y le dan ánimos. Entonces saca
los dientes de serpiente de un yelmo de bronce y los esparce sobre el campo arado. La tierra ablanda esas semillas antes impregnadas de poderoso veneno, y los
dientes crecen y se convierten en nuevos cuerpos.
Como el niño toma la forma de un hombre en el útero
materno y se va componiendo dentro de él según su
propia armonía, y hasta que no está maduro no sale al
aire común a todos, así, cuando en las entrañas de la
tierra grávida se hubieron formado unas imágenes de
hombres, éstas vinieron a la luz en el campo fecundado, y lo que es más sorprendente, blandían armas
que habían nacido con ellos.

Cuando vieron que se disponían a arrojar sus lanzas
de afilada punta contra el joven hemonio [16], el miedo
abatió la mirada y el ánimo de los pelasgos [17]. Ella
misma, que era la que le había hecho invulnerable, sintió miedo, y al verle allí, un joven solo amenazado por
tantos enemigos, palideció y se sentó, helada, sintiéndose de repente sin sangre en las venas. Por si acaso no
valían de mucho las hierbas que le había dado, entonó
un conjuro suplementario y recurrió a sus artes secre-

---

[16]   Jasón, que es hemonio o tesalio.
[17]   Griegos.

tas. Él arroja una pesada piedra en medio de sus enemigos, y aparta de sí el combate, haciéndolo recaer sobre ellos mismos: los hermanos terrígenas mueren por
sus propias heridas, y quedan exterminados en una
guerra civil. Los aqueos felicitan y agarran al vencedor,
y se agolpan a su alrededor ansiosos por abrazarle.
También a ti, extranjera, te gustaría abrazarle, pero el
pudor reprime tu deseo. Y le habrías abrazado, pero te
frena el cuidado por tu reputación; limitándote a lo
que te está permitido, te alegras con callada emoción, y
das gracias a los conjuros y a los dioses que los ponen
en acto.

Aún faltaba por dormir con la ayuda de las hierbas al
dragón que nunca duerme, que, distinguido por su
cresta, sus tres lenguas y sus dientes como garfios, era
el terrorífico guardián del árbol de oro. Jasón lo roció
con el jugo de una hierba del Leteo [18] y pronunció tres
veces una fórmula que provocaba un plácido sueño, capaz de aplacar un mar agitado o un río impetuoso. Entonces el sueño descendió sobre esos ojos que nunca
antes lo habían conocido, y el héroe esonio [19] se apoderó del oro; orgulloso de su botín, se llevó además
como segundo trofeo a aquella que le había prestado
su ayuda, y con su esposa arribó victorioso al puerto de
Iolco [20].

Las madres y los ancianos padres de los hemonios
hacen ofrendas por el regreso de sus hijos y derriten sobre las llamas puñados de incienso, y las víctimas de
cuernos vendados de oro, ofrecidas en los sacrificios,
caen muertas. Pero Esón, cercano ya a la muerte y agotado por los años de la vejez, no se encontraba entre los
que rendían gracias a los dioses. Entonces el esónida
dijo así: «Oh esposa, a quien reconozco que debo mi
salvación, que me lo has dado todo, que excedes con

---

[18]   El río del olvido, que corría en el infierno.
[19]   Jasón, hijo de Esón.
[20]   Patria de Jasón.

tus méritos lo creíble: si son capaces de esto, ¿y de qué
no son capaces los conjuros?, ¡quítame a mí unos años,
y cuando me los hayas quitado, añádeselos a los de mi
padre!» Y no contuvo sus lágrimas. Medea se conmovió ante la bondad de sus ruegos, y el recuerdo de Eetes abandonado se presentó por un momento en su
mente, tan diferente; sin embargo, sin revelar ese sentimiento, dijo: «¿Qué iniquidad, esposo, es la que ha
salido de tu boca? ¿Es que te parece que yo puedo tras-
pasar una parte de tu vida? Ni Hécate lo permitiría ni
es justo lo que pides. Sin embargo, intentaré hacerte un
regalo mayor aún que el que me pides, Jasón. Con mi
magia trataré de renovar la edad de tu padre sin usar
tus años, siempre que la diosa triforme me asista con su
presencia y apruebe mi enorme empresa.»

Faltaban tres noches para que los cuernos de la luna
se unieran y formaran un disco completo. Cuando por
fin la luna refulgió en toda su plenitud y su forma se
asomó compacta sobre la tierra, Medea salió de la casa
vistiendo una túnica desceñida, con los pies descalzos y
el cabello suelto cayéndole sobre los hombros, y, sola,
fue caminando sin rumbo en el mudo silencio de la me-
dianoche. Hombres, pájaros y animales estaban sumi-
dos en una profunda quietud: ningún murmullo salía
de los arbustos, las ramas callaban inmóviles, callaba el
húmedo aire; sólo las estrellas titilaban en el cielo.
Tendiendo sus brazos hacia ellas, Medea giró tres veces sobre sí misma, tres veces echó sobre su cabeza
agua del río, tres veces abrió su boca y aulló, e hincándose de rodillas en el duro suelo, dijo: «¡Oh noche, fiel
amiga de los misterios, astros dorados, que junto con la
luna seguís a los fulgores del día, y tú, Hécate de tres
cabezas, que, conocedora de mi intento, acudes en auxilio de los cantos y de las artes de los magos, y tú, Tierra,
que provees a los hechiceros de hierbas poderosas, y
vosotros, brisas, vientos, montañas, ríos y lagos, dioses
todos de los bosques, y dioses todos de la noche: acudid
a mí! Con vuestra ayuda, cuando yo lo quise, los ríos re-

gresaron a sus manantiales ante el asombro de sus orillas; con mis encantamientos calmo el mar cuando está
agitado y lo agito cuando está en calma, alejo a las nubes o las hago venir, ahuyento o convoco a los vientos;
con fórmulas y cantos quebranto las fauces de las serpientes, muevo las rocas vivas, los robles arrancados de
su propia tierra y las selvas, ordeno a los montes temblar, al suelo mugir y a las sombras de los muertos salir
de sus sepulcros. También a ti, Luna, te arrastro, aunque los bronces de Témesa intenten disminuir tu agonía [21]; mis conjuros también hacen palidecer el carro de
mi abuelo [22], palidece la aurora con mi veneno. Vosotros debilitasteis para mí las llamas de los toros y opri-
misteis sus cuellos con el peso del corvo arado, que
nunca antes habían tolerado; vosotros hicisteis que los
hijos de la serpiente volvieran la guerra contra sí mismos, dormisteis al guardián que desconocía el sueño, e
hicisteis llegar el oro [23], una vez eludido su defensor, a
las ciudades de Grecia. Ahora hacen falta jugos que me
permitan rejuvenecer la vejez para que vuelva a flore-
cer y vuelva a recobrar sus primeros años. ¡Y vosotros
me los daréis! Pues no en vano han parpadeado las estrellas ni viene a mí en vano un carro tirado por dragones alados.» Y en ese momento un carro bajaba del
cielo.

Subió a él, y tras acariciar los cuellos embridados de
los dragones, sacudió con sus manos las ligeras riendas,
y al momento se elevó por el aire; vio debajo de sí la
ciudad de Tempe, en Tesalia, y dirigió a las serpientes
hacia determinadas regiones. Avista las hierbas que
crecen en el Osa y las que crecen en el elevado Pelión,

---

[21]   Témesa, en el sur de Italia, era conocida por sus minas de
bronce. Se creía que cuando los hechiceros hacían descender a la
luna, así como durante los eclipses, se la podía ayudar haciendo sonar objetos de bronce.
[22]   El Sol, padre de Eetes.
[23]   El vellocino de oro.

las del Otris, las del Pindo, y las del Olimpo, mayor que
el Pindo; de las que le gustan, algunas las arranca de
raíz y otras las corta con el curvado filo de una hoz de
bronce. También fueron de su agrado muchas hierbas
de las orillas del Apídano, muchas también del Anfrisio, y tú también le diste tu parte, oh Enipeo [24]; tampoco dejaron de contribuir con algo las aguas del Peneo y del Esperquío, y las orillas del Bebes [25], cubiertas
de juncos. También recogió la hierba vivificante de An-
tedo, frente a Eubea, que todavía no era famosa por
haber transformado el cuerpo de Glauco. Y ya nueve
días y nueve noches la habían visto recorrer los campos, transportada por el carro y las alas de los dragones, cuando regresó: los dragones no habían sido alcan-
zados más que por el aroma, y, sin embargo, perdieron
su piel de añosa vejez.

Ya de vuelta, no traspasa el umbral de la puerta, no
quiere más techo que el cielo, rehúye el contacto de
los hombres y erige dos altares de césped: en el lado
derecho a Hécate, y en el izquierdo a la Juventud.
Cuando los hubo recubierto de ramas sagradas y de
plantas agrestes, excavó dos hoyos en la tierra, no lejos
de allí, en los que llevó a cabo un sacrificio: clavó un cuchillo en el cuello de dos ovejas negras y llenó con su
sangre los grandes fosos. Luego, a la vez que vertía sobre ellos con una copa líquido vino y con otra tibia leche, profirió unas palabras e invocó a los dioses de la
tierra, rogando al dios de los muertos y a su raptada esposa que no se apresuraran a despojar de su alma a ese
anciano cuerpo. Cuando los hubo aplacado con sus
oraciones y con un largo murmullo, ordenó que sacaran fuera el débil cuerpo de Esón, y sumiéndolo con un
encantamiento en un sueño profundo hizo que lo ten-
dieran sobre una alfombra de hierba. Entonces ordenó
a Jasón que se alejara de allí, ordenó que se alejaran los

---

[24]   Apídano, Anfrisio y Enipeo son ríos de Tesalia.
[25]   Lago de Tesalia.

servidores, y les advirtió que apartaran de la ceremonia sus ojos profanos.

Ellos se marchan según sus órdenes. Medea, con los cabellos sueltos y ataviada como una bacante, camina alrededor de los altares encendidos, baña unas antorchas en la negra sangre de los fosos, así impregnadas las prende en el fuego de los dos altares, y tres veces purifica al anciano con fuego, tres veces con agua, tres veces con azufre. Mientras tanto, en un caldero de bronce una poderosa pócima hierve, burbujea y rezuma espuma blanca. Allí cuece raíces cortadas en el valle de Hemonia, semillas, flores y ácidos jugos. Añade también piedras traídas del Extremo Oriente y arenas lavadas por el reflujo del océano, rocío recogido en una noche de luna, inmundas alas de vampiro con su propia carne y entrañas del biforme lobo, que suele cambiar su rostro de animal por el de un hombre. Tampoco faltan la piel escamosa de una serpiente venenosas del Cínife y el hígado de un ciervo longevo, a lo que añade además el pico y la cabeza de una corneja que ha vivido nueve siglos.

Cuando la extranjera hubo preparado con todas estas cosas y con otras mil que no tienen nombre el don que había de ofrecer al mortal, lo mezcló todo con una rama seca de olivo, árbol de la paz, revolviendo lo de arriba con lo de abajo. Entonces, he aquí que el viejo madero con el que había dado vueltas en el caldero caliente primero se tornó verde, después de breves instantes se revistió de hojas y de repente se cargó de gordas olivas. Y por todas partes, allí por donde el fuego ha hecho saltar la espuma del cóncavo caldero y donde gotas calientes han caído en el suelo, la tierra se vuelve primaveral, y brotan flores y tierno pasto. Al ver esto Medea empuña una espada, abre la garganta del anciano, y dejando que salga la vieja sangre lo rellena con los jugos. Una vez que Esón los ha absorbido, bien por la boca o bien por la herida, la barba y el cabello pierden la canicie y adquieren un color negro; la escualidez

es repelida y desaparece, desaparecen la palidez y la
decrepitud, las vacías arrugas se rellenan de nueva
carne, los miembros se vuelven vigorosos. Esón admira
su cuerpo y recuerda haber sido así en otros tiempos,
cuarenta años atrás.

Baco vio desde el cielo el prodigioso milagro, y pensando que así podría devolver la juventud a sus nodrizas [26], hizo que la mujer de la Cólquide le revelara el secreto.

Y para que no cesaran sus argucias, la mujer del Fasis [27] finge sentir un falso odio hacia su marido y busca
refugio, suplicante, en casa de Pelias [28]; también él estaba cargado por la vejez, por lo que sus hijas la acogie-
ron. La astuta Cólquida se gana su confianza en poco
tiempo fingiendo una falsa amistad, y mientras les relata, entre sus mayores méritos, cómo le ha quitado la
vejez a Esón, deteniéndose especialmente en ese
punto, en las muchachas nace la esperanza de que con
los mismos artificios pueda rejuvenecer también a su
padre. Y eso es lo que le piden, invitándola una y otra
vez a que fije el precio ella misma. Por unos momentos
ella calla y parece dudar, y con fingida gravedad mantiene en suspenso el ánimo de las suplicantes. Luego,
tras prometerles que lo hará, «para que tengáis más
confianza en mis servicios», les dice, «con mis fármacos
transformaré en un cordero al carnero más viejo que
tengáis entre vuestras ovejas». Inmediatamente le
traen un lanoso carnero cargado de innumerables
años, arrastrándolo por los cuernos que se repliegan
sobre las huecas sienes. Tras atravesarle la fláccida garganta con un cuchillo hemonio, cuyo filo mancharon
escasas gotas de sangre, la hechicera sumergió en el

---

[26]   Las ninfas de Nisa.
[27]   Medea, por el río Fasis de la Cólquide.
[28]   Pelias, hijo de Poseidón, era quien se había apoderado del
trono de Iolco, que pertenecía a su hermanastro Esón, padre de
Jasón.

hueco bronce los miembros del animal junto a unos poderosos jugos. Éstos contraen las partes del cuerpo, consumen los cuernos y junto a los cuernos los años, y desde el interior del caldero se escucha un tierno balido; al momento, mientras aún se asombran del balido, salta fuera un cordero que huye retozando en busca de ubres llenas de leche. Las hijas de Pelias se quedaron pasmadas de asombro, y así, una vez que las promesas habían dado fe de su certeza, entonces realmente insistieron con más vehemencia.

Tres veces Febo había desuncido del yugo a sus caballos tras sumergirse en las aguas del río de Iberia [29], y las estrellas brillaban radiantes en la cuarta noche, cuando la insidiosa hija de Eetes puso sobre un voraz fuego agua pura y hierbas sin poder. Y ya un sueño semejante a la muerte, infundido con encantamientos y con el poder de unas fórmulas mágicas, se había apoderado del rey, cuyo cuerpo yacía blandamente, y junto con el rey, también el de sus guardias. Las hijas entraron en la habitación junto con la mujer de la Cólquide, como se les había ordenado, y rodearon la cama: «¿Por qué dudáis ahora, cobardes?», les dice. «Empuñad las espadas y haced que salga la vieja sangre para que yo pueda rellenar las venas vacías con sangre joven. En vuestras manos están la vida y la edad de vuestro padre: si sentís por él algún afecto, si no agitáis en vuestro pecho vanas esperanzas, ¡ayudad a vuestro padre y expulsad de él la vejez con vuestras armas, y clavándole la espada haced que salga la sangre corrupta!» Ante tales exhortaciones, precisamente aquellas que son más piadosas son las primeras en volverse impías, y para no ser infames cometen una infamia; sin embargo, ninguna es capaz de mirar mientras golpea, y apartando la vista le hieren a ciegas con mano cruel, volviendo la cabeza. Él, chorreando sangre, consigue no obstante incorporarse

---

[29]   El mar Atlántico.

sobre el codo, intenta levantarse del lecho, medio despedazado, y tendiendo entre todas esas espadas sus
brazos cada vez más pálidos, dice: «¿Qué hacéis, hijas?
¿Quién os ha armado para que matéis a vuestro padre?» A ellas les falló el valor y la mano. Iba a decir
más cuando la cólquida le cortó el cuello y la palabra, y
sumergió su cuerpo desgarrado por las heridas en el
agua hirviendo.

De no haberse marchado por el aire con sus serpientes aladas no habría podido librarse del castigo. Huye
por las alturas, por encima del sombrío Pelión, morada
del hijo de Fílira [30], sobre el Otris y sobre la región conocida por lo que le había ocurrido al antiguo Cerambo: éste, remontándose en el aire mediante unas
alas por obra de las Ninfas, pudo escapar sin ahogarse
a las aguas de Deucalión, cuando la masa de la tierra
quedó sepultada bajo el mar que la había sumergido [31].

Deja a su izquierda la eolia Pítane y la estatua de piedra de un inmenso dragón, el bosque del Ida, donde Líber ocultó bajo la falsa figura de un ciervo al novillo
que había robado su hijo, el lugar en que bajo una fina
capa de arena está sepultado el padre de Córito [32], los
campos que Mera [33] aterrorizó con sus inauditos ladridos, la ciudad de Eurípilo [34], donde a las mujeres de
Cos les salieron cuernos cuando las huestes de Hércules se estaban retirando, y Rodas, isla sagrada de Febo,
y los Telquines de Iáliso, de quienes Júpiter detestaba
los ojos, que todo lo contaminaban tan sólo con la mirada, por lo que los sumergió bajo las aguas de su her-

---

[30]   El centauro Quirón.
[31]   Durante el diluvio, Cerambo fue transformado por las Ninfas
en escarabajo, y pudo volar así hasta la cumbre del Parnaso.
[32]   Córito era hijo de Paris.
[33]   Probablemente Hécuba (ver XIII, pág. 433).
[34]   La isla de Cos, donde Hércules se paró después de la primera
guerra de Troya. Hera honró a sus mujeres (según otras fuentes a las
mujeres de Astipalea, isla cercana a Cos) dándoles cuernos como a
las vacas, por haber insultado a Hércules.

mano. También dejó atrás las murallas de Cartea, en la antigua Ceas, donde un padre, Alcidamante, se admiraría de que una pacífica paloma pudiera nacer del cuerpo de su hija [35]. Después divisó el lago Hirie, y la Tempe de Cigno, donde de repente fue a habitar un cisne. Allí, en efecto, había llevado Filio, por orden del muchacho [36], unos pájaros y un fiero león a los que había domado, y cuando le ordenó que domara también un toro, lo había domado; pero, airado por el desprecio de que tantas veces había sido objeto su amor, se negaba a entregar el toro, que el otro le pedía como último regalo. Cigno entonces exclamó indignado: «¡Desearás habérmelo dado!», y se tiró desde un alto precipicio. Todos creyeron que había muerto; sin embargo, convertido en un cisne, se cernía en el aire sobre blancas alas. Pero Hirie, su madre, ignorando que se había salvado, se derritió en llanto y formó un lago que lleva su nombre. Cerca de allí se encuentra Pleurón, donde Combe, del pueblo de los ofios, huyó sobre alas temblorosas de las heridas que sus hijos querían infligirle.

Vio después los campos de Calauria, sagrada a Latona, que habían asistido a la transformación en pájaros del rey y de su esposa. A la derecha se encuentra Cilene, donde Menefrón habría de yacer con su madre, a la manera de las bestias feroces. Volviéndose hacia atrás vio a lo lejos al Cefiso que lloraba el destino de su nieto, convertido por Apolo en una oronda foca, y la casa de Eumelo, que lloraba por su hijo que vagaba por el aire.

Por fin, llevada por las alas de las serpientes, llegó a Efira [37], donde se encuentra Pirene: aquí, según decían los antiguos, en el principio de los tiempos habían nacido cuerpos mortales de unos hongos que crecieron

---

[35] Ctesila, hija de Alcidamante de Cartea.
[36] Cigno.
[37] Antiguo nombre de la ciudad de Corinto, donde se encuentra la fuente de Pirene.

con la lluvia. Pero cuando la nueva esposa se consumió
con el veneno de la cólquida, y los dos mares vieron arder el palacio del rey, una espada sacrílega se manchó
con la sangre de los hijos, y con esa atroz venganza la
madre huyó de las armas de Jasón [38]. Llevada lejos de
allí por los dragones del Titán, entró en la ciudadela de
Palas, que os vio a ti, justísima Fene, y a ti, anciano Périfas [39], volar juntos, y vio a la nieta de Polipemón sostenerse sobre nuevas alas [40]. Egeo [41] la acogió, y sólo
por eso merece nuestra condena. Pero no se conformó
con hospedarla: además se unió a ella con el vínculo
del matrimonio.

Y ya llegaba Teseo, a quien su padre no conocía, que
con su valor había pacificado el istmo entre los dos mares [42]. Para deshacerse de él, Medea preparó una bebida con acónito, que había traído consigo, tiempo
atrás, de las costas de Escitia. Dicen que esa planta nació de los dientes del perro de Equidna [43]. Hay una caverna oscura de tenebrosa entrada, y un camino en
pendiente por el que el héroe de Tirinte [44] arrastró,
atado por duras cadenas de metal, a Cérbero, que se
resistía y volvía los ojos rehuyendo la luz y el fulgor de

----

[38]   Jasón iba a casarse en nuevas nupcias con Creúsa, hija del rey
de Corinto, Creonte. Medea, al saberse repudiada, se vengó en-
viando a la novia un manto impregnado de veneno que la hizo morir
entre llamas, y luego se vengó de Jasón matando a sus propios hijos.
[39]   Fene y Périfas fueron convertidos por Júpiter, respectivamente, en halcón y en águila.
[40]   Alcíone, que se transformó en alción al ser arrojada al mar por
su padre.
[41]   Rey de Atenas.
[42]   Teseo era hijo de Egeo y de Etra, hija de Piteo, rey de Trecén.
Había nacido y se había criado en Trecén, por lo que su padre no le
conocía. Cuando Teseo creció, Etra le mostró una piedra bajo la que
Egeo había escondido su espada y sus sandalias, para que su hijo las
cogiera. Con ellas se encaminó hacia Atenas, atravesando para ello
el istmo de Corinto, al que liberó con su valor de varios monstruos y
ladrones.
[43]   Cérbero.
[44]   Hércules, en su duodécimo trabajo.

los rayos del sol, y que debatiéndose con rabia furibunda llenaba el aire con tres ladridos a la vez y recubría los verdes campos con su baba blanquecina. Se
cree que esa baba se endureció y que encontró alimento en el suelo feraz y fecundo, de donde tomó la
fuerza de su veneno; y puesto que nace y sobrevive sobre la dura roca, los campesinos la llaman acónito [45]. El
propio Egeo, por consejo de su esposa, se lo ofreció a
su hijo creyéndole un enemigo. Teseo ya había tomado
en su desprevenida mano la copa que le tendían,
cuando su padre reconoció en la empuñadura de marfil
de la espada los signos que le identificaban como a su
hijo, y de un manotazo alejó el crimen de sus labios.
Ella escapó a la muerte haciendo surgir una nube de
niebla con un encantamiento.

A Egeo, sin embargo, aunque se alegraba de que su
hijo hubiese salido ileso, le turbaba que hubiese faltado
poco para cometerse un delito tan espantoso. Enciende fuegos en los altares y colma de ofrendas a los
dioses, y las hachas golpean los musculosos cuellos de
los toros de cuernos envueltos en vendas. Dicen que
nunca brilló para los descendientes de Erecteo [46] día de
mayor fiesta; los nobles y la gente corriente celebran
banquetes y entonan canciones con el ingenio avivado
por el vino: «A ti, grandísimo Teseo, te admira Mara-
tona por haber vertido la sangre del toro de Creta, y si
en Cromión el colono puede arar sin temor al jabalí, es
por gracia y obra tuya. La región de Epidauro vio caer
gracias a ti al hijo de Vulcano que iba armado de una
maza, así como vio caer la llanura del Cefiso al violento
Procrustes, y Eleusis, sagrada a Ceres, vio la muerte de
Cerción [47]. Muerto está también aquel Sinis que em-

---

[45]   Del griego *akonē,* «piedra de afilar», o tal vez de *akónītos,* «sin
polvo».
[46]   Los atenienses.
[47]   El hijo de Vulcano, Perifetes, mataba a los viandantes con la
maza de bronce que le servía también de bastón; Procrustes obligaba

pleaba mal su extraordinaria fuerza, que podía doblar los troncos y que curvaba hasta el suelo las copas de los pinos, con los que lanzaba los cuerpos a gran distancia. El camino que va a Alcátoe [48], la ciudad de los léleges, se abre ahora seguro, una vez que te has encargado de Escirón [49]: a los huesos dispersos del ladrón la tierra les niega un asilo, les niega un asilo el mar, y dicen que tras haber sido zarandeados, durante largo tiempo, por las olas, el tiempo los endureció conviertiéndolos en escollos: dichos escollos conservan el nombre de Escirón. Si quisiéramos hacer el recuento de tus años y de tus victorias, las hazañas superarían a los años. ¡Por ti, el más fuerte, hacemos públicos votos, y a tu salud tomamos el vino de Baco!» El palacio resuena con el aplauso del pueblo y con las oraciones de quienes le auguran su bien, y no hay un solo lugar triste en toda la ciudad.

Sin embargo (hasta tal punto nunca permanece intacta la alegría, y siempre se presenta alguna inquietud en medio de la felicidad), Egeo no puede disfrutar con tranquilidad de la dicha de volver a tener a su hijo. Minos se está preparando para la guerra; aunque es poderoso por su ejército, aunque es poderoso por su flota, su mayor fuerza, sin embargo, está en su ira de padre, pues pretende vengar con justas armas la muerte de Androgeo [50]. Antes, sin embargo, busca aliados para la guerra, y recorre el mar con la veloz flota a

a los viajeros a dormir en unos lechos de desigual medida, para lo cual los estiraba en un potro o les cortaba las piernas, según el caso; el fortísimo Cerción los obligaba a luchar con él cuerpo a cuerpo, y luego los aplastaba con su fuerte brazo.

[48] Mégara, ciudad del istmo de Corinto, llamada Alcátoe por su rey Alcátoo. Sus habitantes reciben el nombre de léleges por su antiguo rey Lélex.

[49] Bandido que obliga a los viajeros a lavarle los pies; cuando se agachaban los tiraba al mar de un puntapié.

[50] Androgeo, hijo de Minos, rey de Creta, fue asesinado durante un viaje a Atenas.

la que debe su poder. Por este lado se alía con los reinos de Anafe y Astipalea; con Anafe con promesas, con Astipalea con la guerra. Seguidamente se alía con la humilde Miconos y con Cimolos, de arcillosos campos, con la floreciente Siro, con Citno, con la llana Serifos y la marmórea Paros, y con Sifnos, que fue traicionada por la impía Arne. Ésta, una vez obtenido el oro que codiciosamente había exigido, fue transformada en un ave que todavía hoy sigue amando el oro: una chova de negros pies, recubierta de negras plumas. Pero ni Olíaros, ni Dídima, ni Tenos, Andros y Gíaros, ni Peparetos, fértil productora de brillantes olivos, apoyaron a las naves de Cnoso [51]. Torciendo a la izquierda, Minos se dirige entonces hacia Enopia [52], el reino de Éaco; los antiguos la llamaban Enopia, pero Éaco la había llamado Egina, con el nombre de su madre.

La muchedumbre acude presurosa, ansiosa por conocer a un hombre de tanta fama: acuden a recibirle Telamón, Peleo, menor que Telamón, y Foco, el tercero de los hijos; el propio Éaco también sale a su encuentro, con la lentitud y la gravedad propias de su vejez, y le pregunta cuál es la causa de su venida. Obligado a rememorar su dolor de padre, Minos, el soberano de cien ciudades [53], le respondió con estas palabras: «Te ruego que apoyes a estas tropas que he reunido por mi hijo, y que aceptes formar parte de este piadoso ejército: consuelo para su sepulcro es lo que pido.» Y el Asopíada [54]: «Lo que pides es en vano», le dijo, «y mi ciudad no lo hará; en efecto, no hay tierra más unida a los cecrópidas [55] que ésta: esa es la alianza que hay entre nosotros.» Minos se marcha triste, y dice: «Esa alianza te costará cara.» Pero considera más con-

---

[51] Ciudad de Creta.
[52] Isla del golfo Sarónico, al sur de Atenas.
[53] A Creta se la llamaba la isla de las cien ciudades.
[54] Éaco, hijo de Júpiter y de la ninfa Egina, hija del río Asopo.
[55] Los atenienses.

veniente amenazar con la guerra en lugar de hacerla, y desgastar allí sus fuerzas antes de tiempo.

Aún podía verse la flota de Lictos [56] desde los muros enopios, cuando una nave ateniense que traía a Céfalo con órdenes de su patria se acercó navegando a toda vela y entró en el puerto aliado.

Los jóvenes eácidas reconocieron a Céfalo, aunque hacía mucho tiempo que no le habían visto, y tras estrechar su mano le condujeron a la morada de su padre. El insigne héroe, que aún conservaba en la vejez las señales de su pasada apostura, hizo su entrada llevando una rama de olivo de su país, y llevando a su izquierda y a su derecha, él, que era el de mayor edad, a Clitón y a Butes, más jóvenes, hijos de Palante.

Tras intercambiarse las fórmulas habituales al principio de cualquier encuentro, Céfalo expone el mensaje de los cecrópidas: pide ayuda, recuerda el pacto de alianza y los tratados estipulados por los antepasados, y añade que lo que busca Minos es el dominio de Acaya entera. Entonces, cuando hubo defendido con elocuencia la causa que le habían encargado, Éaco, con la izquierda apoyada en el puño de su brillante cetro, dijo: «¡No me pidáis auxilio, atenienses, tomadlo vosotros mismos! Y no dudéis en conducir todas las tropas que hay en esta isla como si fueran vuestras, y todo aquello que os ofrece la actual condición de mi poderío. Las fuerzas no me faltan: sobran soldados para mí y para el enemigo. Gracias a los dioses, esta es una época feliz, y no tengo motivos para rehusar.» «Ojalá sea así,» dijo Céfalo; «es más, espero que tu ciudad se haga aún más populosa. Por cierto, que hace poco, cuando llegaba, me llenó de alegría que viniera a mi encuentro una juventud tan hermosa y de edad tan pareja; no obstante, echo de menos a muchos de los que vi hace tiempo, la última vez que fui recibido en vuestra

---

[56]   Ciudad de Creta.

ciudad.» Éaco gimió y dijo con voz triste: «A un comienzo doloroso le ha seguido una suerte mejor: ¡ojalá pudiera hablarte de ésta sin tener que acordarme de aquél! Lo relataré ahora por orden, pero, para no entreteneros con largos rodeos, aquellos que buscas con el recuerdo yacen convertidos en huesos y cenizas. ¡Y cuántas de mis cosas han muerto con ellos! Una terrible epidemia, causada por la ira de la despiadada Juno, que odia estas tierras que llevan el nombre de su rival [57], se abatió sobre las gentes. Mientras nos pareció que se trataba de un mal humano y la causa de tan gran tragedia permaneció oculta, luchamos con los medios de la medicina; pero la plaga superaba nuestros recursos, que yacían derrotados. Al principio, el cielo oprimió la tierra con una densa calima y apresó bajo una capa de nubes los ardores de un agobiante bochorno, y en el tiempo que la luna tardó en completar cuatro veces su disco, reuniendo sus cuernos, y en deshacerlo cuatro veces, atenuándose, un cálido Austro sopló con ráfagas letales. Se sabe que la enfermedad alcanzó también las fuentes y los lagos, y que muchos miles de serpientes se dispersaron por los campos abandonados e infectaron los ríos con su veneno. En un principio la potencia del morbo se manifestó con el estrago de perros, aves, ovejas, vacas y fieras salvajes. El infeliz campesino ve con asombro cómo los fuertes bueyes se desploman entre los surcos en medio del trabajo; a los rebaños de ovejas, que emiten enfermos balidos, la lana se les cae por sí sola, y sus cuerpos languidecen; el caballo, otrora fogoso y famoso sobre el polvo de las pistas, ahora no consigue más trofeos, y olvidados ya los triunfos pasados gime junto al pesebre, destinado a morir de una muerte sin gloria; no piensa ya el jabalí en enfurecerse ni la cierva en confiar en su carrera, ni los osos en abalanzarse sobre el robusto ganado. La languidez se apo-

---

[57] Por Egina, amada por Júpiter.

dera de todas las cosas: los cadáveres yacen pudriéndose en bosques, campos y caminos, y el hedor contamina el aire. Y diré algo asombroso: ni los perros ni las aves rapaces, ni los lobos de pelo cano los tocan; se descomponen allí donde han caído, y con sus infectos miasmas extienden lejos el contagio.

»La peste alcanza con daño aún más grave a los pobres colonos, y extiende su dominio hasta el recinto de la gran ciudad. En primer lugar se abrasan las entrañas, y la rojez y una respiración jadeante que lleva fuego dan señal de la llama que arde en el interior; la lengua se hincha, áspera; las bocas resecas se abren a los cálidos vientos; la garganta no recibe sino aire malsano. No pueden soportar ni el lecho ni las ropas: apoyan el vientre sobre la dura tierra, pero no es el cuerpo el que se enfría con el suelo, sino el suelo el que hierve a contacto con el cuerpo. No hay nadie que pueda mitigar el mal, la cruel mortandad hace presa entre los mismos médicos, y las curas les fallan a los mismos que las ponen en práctica. Cuanto más cerca está uno de un enfermo y más fielmente lo asiste, más deprisa se acerca a la muerte. Por fin, cuando desaparece toda esperanza de salvación y ven que el fin de la enfermedad será la muerte, se abandonan al instinto, y desaparece toda preocupación por lo que pueda servirles de ayuda: en efecto, nada hay que pueda ayudarles. Desordenadamente, sin ningún recato, se aferran a fuentes, ríos y hondos pozos, y bebiendo la sed no se extingue sino con la vida; muchos, abotargados, no pueden volver a levantarse y mueren en la mismas aguas; aun así, otros siguen bebiendo en ellas. Tal es el hastío que produce en los infelices el odiado lecho, que se levantan de él o, si las fuerzas no les permiten ponerse en pie, ruedan por el suelo y huyen de sus casas; a cada uno le parece funesta su propia morada, y puesto que la causa del mal se desconoce se incrimina al lugar, demasiado pequeño. Los veías vagar medio muertos por las calles, en tanto que aún eran capaces de tenerse en pie; otros lloran, y tirados en el suelo entornan los ojos cansados con un último movimiento; y tienden los brazos hacia las estrellas del cielo que incumbe sobre ellos, unos aquí, otros allí, exhalando el último suspiro donde la muerte los ha sorprendido.

»¿Cuál era en aquellos momentos mi estado de ánimo? ¿Cuál podía ser, sino el de odiar la vida y desear compartir el destino de los míos? Allí donde se dirigieran las pupilas de mis ojos había gente tendida en el suelo, como cuando las manzanas podridas caen de las ramas, o como caen las bellotas cuando se sacude una encina. Allí enfrente puedes ver un alto templo con una larga escalinata: está dedicado a Júpiter. ¿Quién no ofreció inútil incienso en aquellos altares? ¡Cuántas veces mientras pronunciaban sus ruegos, el cónyuge por el cónyuge, el padre por el hijo, acabaron su vida sobre esos altares a los que rezaban, y en sus manos se encontró un puñado de incienso sin consumir! ¡Cuántas veces, mientras el sacerdote pronunciaba los votos y vertía vino puro entre sus cuernos, los toros conducidos a los templos cayeron sin esperar el golpe! Una vez, yo mismo estaba haciendo un sacrificio a Júpiter, por mí, por mi patria, por mis tres hijos, cuando la víctima emitió un espantoso mugido y se derrumbó de repente sin haber recibido golpe alguno, tiñendo con escasas gotas de sangre el cuchillo que estaba colocado debajo. Las entrañas, enfermas, también habían perdido las señales que indicaban la verdad y las respuestas de los dioses; también en las entrañas había penetrado el triste morbo. Vi cadáveres abandonados ante las puertas de los templos; ante los mismos altares, para que la muerte fuera todavía más odiosa, algunos oprimen sus cuellos con un lazo, ahuyentando con la muerte el miedo a la muerte, adelantándose al destino que se avecina. Los cuerpos son entregados a la muerte sin cumplir los ritos funerarios acostumbrados: de hecho, las puertas no bastaban para contener todos los funerales; o bien recubren el suelo, insepultos, o

bien son confiados sin ofrendas a las altas llamas de las
piras. Ya no se respeta nada: se pelean por las piras y
queman en los fuegos de los demás. No hay nadie que
llore, y las almas de hijos y maridos, de jóvenes y viejos,
vagan sin que nadie vierta lágrimas por ellas, y ya no
queda suficiente espacio en los sepulcros ni suficiente
madera para las hogueras.

»Aturdido por tan gran torbellino de desgracias, exclamé: "¡Oh Júpiter, si no mienten cuando dicen que te
entregaste a los abrazos de Egina, hija del Asopo, y si
no te avergüenzas, oh gran padre, de ser mi progenitor,
devuélveme a los míos o entiérrame a mí también en
una tumba!" Él me envió una señal con un relámpago
y un trueno favorable. "Los recibo, y espero que sean
señales de que tu mente me es propicia", dije. "Tomo
como señal de compromiso el presagio que me envías."
Casualmente, había cerca de allí una encina de amplí-
sima copa consagrada a Júpiter, un rarísimo ejemplar
nacido de una semilla traída de Dodona [58]: allí pude ver
una larga fila de hormigas recogedoras de semillas, que
transportaban grandes cargas con sus diminutas bocas,
y seguían siempre su camino sobre la áspera corteza.
Mientras me admiraba de su gran número, "¡dame, óp-
timo padre", dije, "igual número de ciudadanos, y
vuelve a llenar las murallas vacías!". Un temblor recorrió la alta encina, y sus ramas resonaron, agitándose
sin viento alguno. Mis piernas temblaban recorridas
por escalofríos de terror, y mis cabellos estaban erizados; no obstante, besé la tierra y el tronco, y aunque no
quería admitir que tenía esperanzas, en realidad las tenía, y en mi corazón abrigaba ilusiones. Llegó la noche,
y el sueño se apoderó de mi cuerpo fatigado por las
preocupaciones: ante mis ojos apareció esa misma en-

---

[58] En Dodona, en Epiro, había un famoso santuario consagrado
a Júpiter, donde los sacerdotes descifraban los oráculos interpre-
tando el sonido que producían al agitarse las ramas de una encina sagrada.

cina, con la copa igual de crecida, con las ramas cubiertas del mismo número de animales; entonces me pareció que el mismo temblor la recorría, y que dejaba caer sobre el campo, debajo de sí, la fila de las recogedoras de semillas, y que éstas crecían de repente y se hacían más y más grandes, que se levantaban del suelo y se tenían de pie en posición erguida, perdían su delgadez, el número de sus patas y el color negro, y sus miembros tomaban forma humana. El sueño se va. Una vez despierto maldigo mis visiones y me lamento de no encontrar ayuda entre los dioses. Pero en el palacio había un gran murmurar, y me parecía oír voces de hombres, a las que ya no estaba acostumbrado. Mientras conjeturo que también aquéllas debían ser un sueño, llega corriendo Telamón, y abriendo las puertas de par en par, me dice: "¡Padre, vas a ver algo que supera toda fe y toda esperanza! ¡Sal fuera!" Salgo, y tal como me había parecido verlos en las imágenes de mi sueño veo a unos hombres en fila y los reconozco: se acercan y saludan a su rey. Cumplo los votos hechos a Júpiter, y divido entre los nuevos pobladores la ciudad y los campos que habían dejado los campesinos desaparecidos, y los llamo mirmidones, para que el nombre recuerde su origen [59]. Sus cuerpos ya los has visto, y en cuanto a sus costumbres, siguen conservando las que tenían antes: es una raza parca que soporta bien la fatiga, que acumula con tenacidad y guarda lo que acumula. Éstos, iguales en años y en temple, te seguirán a la guerra cuando el Euro, que felizmente te trajo —pues con el Euro había llegado—, se haya convertido en Austro.» En estos discursos y otros parecidos ocuparon la larga jornada. La última parte del día la dedicaron a un banquete, y la noche al sueño.

El sol había salido con su brillo dorado; el Euro seguía soplando y frenaba el retorno de los barcos. Los

---

[59]   Mirmidones estaría relacionado en griego con *myrmex*, «hormiga».

hijos de Palante se reúnen con Céfalo, que los superaba en edad, y juntos, Céfalo y los hijos de Palante, se
dirigen a ver al rey; pero el rey aún estaba profundamente dormido. Salió a recibirlos a la puerta el eácida
Foco; en efecto, Telamón y su hermano estaban reuniendo a los hombres para la guerra. Foco condujo a
los cecrópidas a un agradable rincón en el interior del
palacio, y se sentó con ellos. Observó que el Eólida [60]
llevaba en la mano una jabalina hecha de una madera
desconocida, que tenía la punta de oro; entonces, tras
haber discurrido brevemente, en medio de la conversación dijo: «Soy buen conocedor de los bosques y de la
caza, y, sin embargo, hace rato que me pregunto de qué
selva habrá sido cortada el asta que tienes en la mano.
Porque si fuera de fresno sería de color amarillento, y
si fuera de cornejo habría nudos en la madera; ignoro
de dónde viene, pero mis ojos nunca han visto un arma
arrojadiza más hermosa.» Entonces intervino uno de
los dos hermanos atenienses, y dijo: «Aún más que su
belleza te sorprenderá su uso: alcanza cualquier cosa
que persiga, pues una vez lanzada no la guía la casualidad, y regresa volando, ensangrentada, por sí sola, sin
que nadie la arroje.» Entonces sí que el joven, hijo de
una nereida, quiso saberlo todo: por qué y de dónde
había venido, y quién había sido el autor de tan fabuloso regalo. Céfalo le cuenta lo que pide, pero se ruboriza avergonzado por tener que narrar a qué precio
lo obtuvo, y tocado por el dolor de la muerte de su esposa, dice así, con los ojos llenos de lágrimas: «Esta
arma, oh hijo de una diosa (¿quién podría creerlo?),
me hace llorar y todavía me hará llorar largo tiempo, si
largo tiempo me permitirán vivir los hados: por ella me
perdí yo y perdí a mi esposa; ¡ojalá no hubiese poseído
nunca este regalo!

---

[60]   Céfalo.

»Procris era, si acaso has oído hablar más de Oritía, hermana de Oritía la que fue raptada [61]; pero si hubiese que comparar la belleza y el talante de las dos, ella era más digna de ser raptada. A ella la unió a mí su padre, Erecteo; a mí me unió a ella el amor. Me consideraban feliz, y lo era; pero no debió placerle así a los dioses, de lo contrario tal vez aún lo sería. Era el segundo mes después de nuestra boda, cuando una mañana en que yo estaba tendiendo las redes para los astados ciervos la amarilla Aurora, expulsadas ya las tinieblas, me vio desde la cumbre del Himeto [62] siempre florido, y me raptó contra mi voluntad. ¡Permitidme que diga la verdad, para tranquilidad de la diosa! Aunque sea extraordinariamente bella con su rostro rosado, aunque marque los confines del día y marque los confines de la noche, aunque se alimente de líquido néctar, yo amaba a Procris: Procris estaba en mi corazón, Procris estaba siempre en mis labios. Yo le hablaba de la santidad del tálamo, de nuestros abrazos aún frescos, de nuestra boda tan reciente, y de los primeros lazos que habían nacido en el lecho ahora desierto; la diosa se conmovió y dijo: "¡Reprime tus lamentos, ingrato! ¡Quédate con tu Procris! ¡Pero si mi mente puede ver el futuro, desearás no haberlo hecho!", y, airada, me envió otra vez a su lado.

»Mientras regresaba, meditando sobre lo que me había dicho la diosa, empecé a temer que mi esposa no hubiese respetado debidamente los lazos del matrimonio. Su belleza y su edad obligaban a creer en el adulterio; su carácter impedía creerlo. Pero es que yo había estado ausente; pero es que la misma que acababa de dejar era un ejemplo del delito; ¡pero es que los enamorados tenemos miedo de todo! Decido investigar lo que me atormenta y poner a prueba con regalos su casta fidelidad. La Aurora estimula mis temores, y

[61] Ver VI, pág. 241.
[62] Monte del Ática.

cambia mi aspecto (creo que me di cuenta). Sin ser reconocido entro en Atenas, la ciudad de Palas, y penetro
en la casa: la casa misma carecía de todo indicio de
culpa, mostraba signos de castidad y de ansiedad por el
amo desaparecido. Trabajosamente me abrí camino,
con mil engaños, hasta la hija de Erecteo [63]. Cuando la
vi me quedé pasmado, y casi abandoné mis intenciones
de probar su fidelidad; a decir verdad, a duras penas
pude resistirme a contarle la verdad, a duras penas
pude resistirme, como debía, a besarla. Ella estaba
triste (pero, aun así, ninguna podría ser más hermosa
que ella cuando estaba triste), y le atormentaba la nostalgia por su esposo raptado. ¡Imagínate, Foco, cuál sería su belleza, cuando el mismo dolor le sentaba bien!
¿Para qué contar cuántas veces su pudor rechazó mis
intentos, cuántas veces dijo: "Yo me reservo sólo para
uno; esté donde esté, para uno sólo reservo mis dichas"? ¿A quién que estuviera en su sano juicio no le
habría bastado esta prueba de su gran fidelidad? Pero
no me contento, lucho por herirme a mí mismo, y
mientras tanto le ofrezco una fortuna a cambio de una
noche; a fuerza de aumentar la recompensa, por fin
conseguí que vacilara. Entonces exclamé: "¡Por desgracia, es un impostor el que tienes ante ti! ¡Por desgracia, era un adúltero fingido y un marido verdadero!
¡A mí, pérfida, me tienes como testigo!" Ella, nada:
sencillamente, vencida por una tácita vergüenza, huyó
de aquella casa insidiosa y del detestable esposo, y
odiando a todo el género masculino a causa de mi
afrenta se fue vagando por los montes, dedicándose a
las actividades de Diana. Entonces, al sentirme abandonado, un fuego aún más violento penetró en mis
huesos. Suplicaba su perdón y reconocía que había pecado, y que yo también habría podido caer en la misma
culpa ante esos regalos, si alguien me hubiese ofrecido

---

[63]   Procris.

regalos semejantes. Puesto que yo había confesado estas cosas y ella había vengado su pudor ofendido, regresó y transcurrió junto a mí dulces años en armonía. Además me regaló, como si dándose a sí misma me hubiese hecho poco regalo, un perro que su Diana le había entregado, diciéndome: "Los vencerá a todos en la carrera." Me dio a la vez también la jabalina que, como ves, tengo en mi mano. ¿Quieres saber cuál fue la suerte del otro regalo? Prepárate para la sorpresa: te asombrará la novedad del hecho.

»El hijo de Layo [64] había resuelto con su ingenio las adivinanzas que no habían comprendido los que le habían precedido, y la ambigua profetisa [65], arrojada al vacío, yacía olvidada de sus propios enigmas. Pero está claro que la venerable Temis [66] ni siquiera en tales casos olvida la venganza. Inmediatamente después, otra plaga cayó sobre la aonia Tebas, y muchos habitantes del campo estaban atemorizados por la mortandad que una fiera [67] provocaba tanto entre sus ovejas como entre ellos mismos. Acudimos todos los jóvenes de los lugares vecinos, y rodeamos con redes los vastos campos. Ella, veloz, pasaba por encima de las ligeras redes con un salto, y cruzaba por encima de los lazos que habíamos colocado. Sueltan a los perros, que se lanzan en su persecución, y ella huye y los burla con la misma rapidez que si fuera un veloz pájaro. Al unísono reclaman a voces a mi Lélaps (ese era el nombre del regalo); ya hacía rato que él mismo luchaba por liberarse de la correa que lo retenía, y tiraba con el cuello. Apenas lo había soltado cuando ya no podíamos ver dónde estaba; el polvo caliente todavía conservaba las huellas de sus pa-

---

[64]   Edipo.
[65]   La esfinge que aterrorizaba Tebas, a la que Edipo había vencido adivinando sus enigmas.
[66]   Diosa profética, protege a los augures y a quienes poseen el saber oculto.
[67]   La zorra de Teumeso.

tas, pero él ya había escapado a nuestra vista. Ni una lanza, ni los proyectiles lanzados por el voltear de una honda, ni una flecha ligera despedida por un arco de Gortina [68] habrían superado su velocidad. Hay un monte desde cuya cima se dominan los campos que se extienden alrededor: subo allí y presencio el espectáculo de una extraordinaria carrera, en que la fiera tan pronto parece apresada como se la ve librarse de la captura en el último momento. Astutamente, no huye en línea recta, sino que burla el hocico de su perseguidor y gira en redondo, para hacer vano el ímpetu de la carrera de su enemigo; éste la acosa y la persigue con sus mismas trazas, y cuando parece que ya la tiene no la tiene todavía, y da vanos mordiscos al aire. Yo ya iba a recurrir a la jabalina; mientras la blandía en mi mano derecha e intentaba pasar los dedos por el amiento aparté por un momento la mirada, y luego nuevamente la volví hacia allí: veo en medio del campo (¡increíble!) dos estatuas de mármol; una de ellas parece huir, la otra estar ladrando. Es evidente que algún dios quiso que ambos quedaran invictos en aquella carrera, si es que un dios los asistió.»

Hasta aquí llegó su relato, y luego calló. «¿Pero qué crimen ha cometido la jabalina?», dijo Foco, y él relató el crimen de la jabalina con estas palabras: «Las alegrías, Foco, fueron el principio de mi dolor; empezaré por aquéllas. Oh, es hermoso recordar aquellos tiempos felices, hijo de Éaco, en los que, como es habitual, en los primeros años yo era feliz con mi esposa, y ella era feliz con su marido. Los dos sentíamos el mismo cariño mutuo y el mismo amor conyugal. Ella no habría antepuesto a mi amor ni siquiera una boda con Júpiter, y a mí ninguna habría podido seducirme, aunque hubiese venido la mismísima Venus; nuestros corazones ardían con la misma llama. Hacia la hora en que el sol

---

[68]   Ciudad de Creta, tierra famosa por sus arqueros.

hería las cumbres con los primeros rayos, yo solía ir al bosque a cazar, lleno de ardor juvenil, y no permitía que viniesen conmigo ni criados, ni caballos, ni perros de fino olfato, ni tampoco que me siguiesen con nudosas redes. Con mi jabalina me sentía seguro; cuando mi diestra ya se había cansado de matar fieras buscaba el frescor y la sombra y la brisa que sopla desde los fríos valles. Buscaba la brisa leve en medio del calor, esperaba que llegara la brisa: ella era el reposo para mi fatiga. En efecto, recuerdo que "Ven, brisa", solía cantar, "alíviame y entra en mi pecho, amadísima, y mitiga las llamas del calor que me abrasa." Tal vez haya añadido (a ello me arrastraban los hados) otros halagos, y haya dicho más de una vez: "Tú eres mi gran gozo, tú me reanimas y me alivias, tú haces que ame las selvas y los lugares solitarios; ¡ojalá mi boca pueda sentir siempre este aliento tuyo!" No sé quién prestó oídos a estas frases ambiguas, y creyendo que el nombre de brisa que tanto repetía era el de una ninfa, pensó que yo amaba a una ninfa. Inmediatamente, temerario delator de una falsa culpa, fue a ver a Procris y le refirió los susurros que había escuchado. El amor es crédulo: según me dijeron, ella desfallece fulminada por el repentino dolor, y cuando se repone, después de un largo rato, se llama a sí misma desgraciada, presa de un destino injusto, se lamenta de la fidelidad traicionada, y acongojada por un delito inexistente teme a lo que no existe, teme a un nombre sin cuerpo, y sufre, infeliz, como por una rival verdadera. Sin embargo, muchas veces duda y confía, la desdichada, en que sea un error, niega las pruebas de la traición, y si no lo ve ella misma no está dispuesta a condenar el error de su esposo.

»Al día siguiente, la luz de la aurora ya había apartado a la noche: salí y me dirigí al bosque, y mientras vagaba sin rumbo después de una caza victoriosa, dije: "¡Brisa, ven y alivia mi fatiga!", y de repente me pareció escuchar entre mis palabras unos gemidos. No obstante, dije: "¡Ven, queridísima!" Al oír que otra rama,

al caer, hacía un leve ruido, pensé que se trataba de una
fiera, y arrojé el arma voladora. Era Procris, que al recibir una herida en medio del pecho gritó: "¡Ay!" Tan
pronto como reconocí la voz de mi fiel esposa, corrí
precipitadamente hacia ella, fuera de mí. La encontré
medio desfallecida, con la sangre que iba manchando
sus ropas desgarradas, y sacándose de la herida (¡ay de
mí!) su propio regalo; levanto tiernamente entre mis
brazos ese cuerpo que amaba más que a mí mismo, y
arrancándome la ropa del pecho vendo la cruel herida
e intento parar la sangre, mientras le suplico que no
muera abandonándome en mi desgracia. Sin fuerzas
ya, agonizando, consigue decir estas pocas palabras:
"¡Por los lazos de nuestro matrimonio, por los dioses
del cielo y por los que son ahora los míos [69], por el bien
que puedo haber merecido de ti, y por ese amor, causa
de mi muerte, que aún ahora, mientras muero, perdura, te ruego, te suplico que no permitas que Brisa
ocupe mi puesto en el tálamo!" Así dijo, y entonces por
fin comprendí, y le expliqué que se trataba de una confusión de nombre. ¿Pero de qué servía explicar? Desfallece, y sus pocas fuerzas se van junto con la sangre.
Mientras todavía puede mirar algo, me mira a mí, y en
mí, en mis labios, exhala su infeliz alma; pero parece
morir segura, con un rostro más sereno.»

Llorando recordaba el héroe estas cosas, y los demás
lloraban también. Entonces, he aquí que Éaco entra
con sus dos hijos y los nuevos soldados, fuertemente armados, que Céfalo toma consigo.

---

[69]   Los dioses de los muertos.

LIBRO OCTAVO

El Lucífero ya dejaba al descubierto el brillante día y ahuyentaba las horas de la noche, cuando cayó el Euro y se levantaron húmedas nubes: un plácido Austro abrió el camino del regreso para Céfalo y los eácidas que, felizmente transportados, tocaron antes de lo previsto el puerto al que se dirigían.

Mientras tanto, Minos devastaba las costas de los léleges [1] y ponía a prueba la fuerza de su ejército contra la ciudad de Alcátoo, en la que reinaba Niso. Tenía éste en medio de la cabeza, entre sus venerables canas, un brillante cabello de púrpura que garantizaba la seguridad de su gran reino.

Por sexta vez surgían los cuernos de la luna creciente, y la suerte de la guerra aún estaba incierta, y la Victoria volaba sin cesar de un campo a otro con alas indecisas. La torre del rey estaba adosada a las sonoras murallas, en las que dicen que el hijo de Latona había apoyado su dorada lira: su sonido se había grabado en la piedra. Allí solía subir a menudo la hija de Niso y golpear con una piedrecita las resonantes rocas, cuando eran tiempos de paz; también durante la guerra solía observar desde ellas los combates del cruel Marte. Y ya, debido a la duración de la guerra, conocía incluso los nombres de los guerreros más ilustres, así como las

---

[1] La costa de Mégara.

armas, los caballos, los atuendos y las aljabas cidonias [2]. Conocía, sobre todo, el aspecto del caudillo hijo de Europa [3], incluso más de lo conveniente. A sus ojos, si Minos recubría su cabeza con un yelmo coronado de plumas, estaba guapo con casco; si embrazaba un refulgente escudo dorado, le sentaba bien llevar escudo; arrojaba la flexible lanza contrayendo los músculos de sus brazos: la doncella admiraba la destreza unida a la fuerza; plegaba el amplio arco tras colocar la flecha: juraba que así debía estar Febo cuando cogía sus saetas; y cuando descubría su rostro quitándose el casco de bronce, y vestido de púrpura montaba a lomos de un blanco caballo engalanado con una coloreada gualdrapa, aguantando su hocico espumoso, entonces a duras penas era dueña de sí, a duras penas la hija de Niso se mantenía en su sano juicio: feliz llamaba a la jabalina que él tocaba, felices a las riendas que apretaba en su mano. Siente el impulso, si sólo fuera posible, de cruzar con sus pasos de virgen las filas enemigas; siente el impulso de arrojar su cuerpo desde lo alto de la torre sobre el campamento de Cnoso, o de abrirle al enemigo las puertas de bronce, o de hacer cualquier otra cosa que Minos quiera.

Así, mientras observaba sentada las cándidas tiendas del rey del Dicte [4], «no sé si alegrarme», dijo, «o dolerme de que se lleve a cabo esta triste guerra: me duele que Minos sea para mí, que le amo, un enemigo; pero ¿acaso habría llegado a conocerle de no haber guerra? Claro que, aceptándome a mí como rehén, podría poner fin a la contienda: ¡me tendría como compañera, como señal de paz! Si aquella que te engendró, oh tú la más bella de las cosas, pues eso es lo que eres, fue igual a ti, con razón el dios se enamoró de ella. ¡Oh, tres veces feliz sería yo si sosteniéndome en el aire con

---

[2]   Cretenses, por Cidonia, ciudad costera de Creta.
[3]   Minos.
[4]   Monte de Creta.

unas alas pudiese posarme en el campamento del rey
de Cnoso, y revelándole mi identidad y mi pasión pudiese preguntarle con qué dote estaría dispuesto a to-
marme! Siempre que no me pidiese la fortaleza de mi
padre..., ¡que se desvanezcan mis esperadas nupcias, antes de que me haga yo poderosa gracias a una traición!
Aunque con frecuencia la clemencia de un vencedor
indulgente ha hecho que para muchos sea provechoso
ser vencidos. Justa es sin duda la guerra que combate
por su hijo asesinado, fuerte es su causa y las armas que
la defienden y, según creo, seremos vencidos. Pero entonces, si ese es el destino que le espera a la ciudad, ¿por
qué ha de ser su ejército el que le abra estas murallas
mías, y no mi amor? Mejor sería que pudiese vencer sin
matanza, sin demora, y sin que se derrame su sangre.
Así, por lo menos, no tendré que temer que alguien
hiera tu pecho, oh Minos, desprevenidamente: pues
¿quién podría ser tan despiadado como para atreverse
a arrojar contra ti, conscientemente, una lanza cruel?
La idea me gusta, y estoy firmemente decidida a entregarme con mi patria como dote, y a poner fin a la guerra. Pero con quererlo no basta. Mi padre vigila los ac-
cesos y tiene las llaves de las puertas; sólo de él, desdichada de mí, tengo miedo, sólo él pone freno a mis
deseos. ¡Ojalá hicieran los dioses que yo no tuviera padre! Aunque, en realidad, cada uno es dios de su propio éxito; la Fortuna rechaza los ruegos de los cobardes. Cualquier otra mujer que se abrasara en un deseo
tan grande ya se habría alegrado de deshacerse de cualquier cosa que obstaculizara su amor. ¿Y por qué otra
habría de ser más fuerte que yo? ¡Me atrevería a avanzar a hierro y fuego! Pero en esto no hacen falta ni fuegos ni espadas, lo que hace falta es el cabello de mi padre. ¡Ese cabello es para mí más precioso que el oro,
esa púrpura me hará dichosa y me permitirá obtener lo
que ansío!»

  Mientras decía estas cosas sobrevino la noche, máxima alimentadora de las congojas, y su audacia creció

con las tinieblas. Era la primera hora de reposo, en que
el sueño se apodera de los corazones agotados por las
preocupaciones del día. Entra silenciosa en la habitación paterna y, ¡oh delito!, la hija despoja al padre del
fatal cabello, y con el infame botín en su poder huye veloz y sale de la muralla. Pasando entremedias de los
enemigos (tanta es la confianza que tiene en sus méritos) llega hasta el rey: éste escucha sus palabras horro-
rizado: «¡Es el amor el que me ha impulsado al delito!
Yo, Escila, hija del rey Niso, te entrego mi hogar y mi
patria. No pido ninguna otra recompensa, sólo a ti.
¡Recibe como prueba de amor el cabello de púrpura, y
piensa que lo que ahora te entrego no es un cabello,
sino la cabeza de mi padre!» Y con la diestra le tendió
el execrable regalo.

Minos retrocedió ante su ofrecimiento, y turbado
por la naturaleza de ese acto inaudito respondió:
«¡Que los dioses te aparten de su reino, oh infamia de
nuestro siglo, y que te nieguen un lugar en la tierra y en
el mar! Yo, desde luego, no permitiré que semejante
monstruo toque la que fue cuna de Júpiter, Creta, y
que es también mi mundo!» Así dijo; cuando hubo impuesto sus condiciones, como justísimo legislador, a los
enemigos capturados, ordenó que los barcos de la flota
soltaran amarras y que los remeros volvieran a ocupar
las naves de ornamentos de bronce.

Cuando Escila vio que los barcos, empujados al mar,
se alejaban navegando, y que el caudillo no recompen-
saba su crimen, primero agotó las súplicas y luego dejó
paso a una ira violenta, y tendiendo las manos, furiosa,
con el cabello suelto, se puso a gritar: «¿Adónde huyes,
abandonando a la que te ha hecho bien, después de
que te he preferido a mi patria, de que te he preferido
a mi padre? ¿Adónde huyes, cruel, cuando tu victoria
es mérito y culpa mía? ¿No te conmueven ni mi regalo
ni mi amor, ni que todas mis esperanzas estén concen-
tradas sólo en ti? Pues ¿adónde me dirigiré si me abandonas? ¿A mi patria? Yace vencida; pero supón que

aún persistiera: está cerrada para mí, a causa de mi
traición. ¿A la presencia de mi padre, al que yo misma
te entregué? Los ciudadanos me odian, y me lo merezco, y los pueblos vecinos me temen, tras el ejemplo
que he dado: ¡me he cerrado a mí misma la tierra entera, con tal de que sólo Creta se me abriera! ¡Si también ésa me la prohíbes y me abandonas aquí, ingrato,
entonces tu madre no fue Europa, sino la inhóspita
Sirte [5], los tigres de Armenia, y Caribdis azotada por el
Austro! Ni eres hijo de Júpiter ni tu madre fue raptada
por la imagen de un toro: esa fábula sobre tu nacimiento es falsa. El que te engendró fue un toro de verdad, un fiero toro que nunca sintió amor por ninguna
novilla. ¡Haz que me castiguen, padre Niso! ¡Regoci-
jaos con mi desdicha, murallas a las que hace poco trai-
cioné! En efecto, me lo he merecido, lo reconozco, y es
justo que muera. Pero que sea alguno de aquellos a los
que he perjudicado con mi impiedad quien me mate.
¿Por qué persigues tú mi crimen, cuando gracias a mi
crimen has vencido? ¡Ha sido un delito para mi padre y
para mi patria, pero para ti ha sido un favor! Es realmente digna de un marido como tú la adúltera que engañó a un fiero toro con una figura de madera y que
llevó en su vientre el monstruoso feto [6]. ¿Llega mi voz
a tus oídos? ¿O es que los vientos se lleva mis palabras
vanas, oh ingrato, a la vez que tus barcos? No, ya no resulta sorprendente que Pasífae prefiriera a un toro antes que a ti: en ti había más ferocidad. ¡Desdichada de
mí! Él ordena que se apresuren, las olas resuenan hendidas por los remos, y mi tierra y yo nos quedamos
atrás. ¡Pero no te servirá de nada, inútilmente preten-

---

[5]   El golfo de las Sirtes, en el norte de África, muy temido por los
navegantes por los bajos fondos que hacían encallar los barcos.
[6]   Pasífae, esposa de Minos, sentía una irresistible pasión por un
toro nacido del mar que Neptuno había regalado a Minos. Para
unirse a él utilizó un disfraz de vaca, quedando así encinta del Minotauro.

des olvidar mi ayuda: te seguiré aunque no quieras, y abrazada a la corva popa me dejaré arrastrar por el vasto mar!»

Apenas ha acabado de decirlo cuando ya ha saltado al agua y ha alcanzado las naves, pues el deseo le daba fuerzas, y, odioso polizonte, se aferra al barco de Cnoso. Cuando su padre la vio (pues ya se cernía en el aire, recién transformado en un águila de mar de rojas plumas), se dirigió hacia ella, que seguía agarrada, para desgarrarla con su encorvado pico. Ella soltó la popa, asustada, y cuando caía por el aire pareció que flotaba, ligera, y que no tocaba las olas; le nacieron plumas: convertida por las plumas en un ave, recibe el nombre de Ciris, y ha tomado este nombre del cabello que cortó[7].

Tan pronto como abandonó las naves y pisó la tierra de los curetes[8], Minos cumplió los votos hechos a Júpiter sacrificando los cuerpos de cien toros, y las paredes del palacio se engalanaron con los trofeos. Mientras tanto, el oprobio de la familia[9] había crecido, y la extrañeza de ese monstruo biforme hacía patente el ignominioso adulterio de su madre. Minos decide ocultar esa vergüenza de su matrimonio encerrándole entre los ciegos corredores de un complejo edificio. Dédalo, famosísimo por su talento en el arte de la arquitectura, lleva a cabo la obra, confundiendo las señales e induciendo los ojos a error con los sinuosos recodos de múltiples caminos. Así como el cristalino Meandro juega en los campos de Frigia, y fluyendo y refluyendo con ambiguo curso corre hacia su propia corriente mirando hacia las aguas que aún tienen que llegar y hace correr sus olas sin tregua con rumbo incierto, unas veces hacia su manantial, otras hacia el mar abierto, así Dédalo llena de engaños los innumerables pasajes, y a él

---

[7]   Ciris, del griego *keirein*, «cortar».
[8]   Sacerdotes de Cibeles, en la isla de Creta.
[9]   El Minotauro.

mismo le cuesta regresar a la salida, tanto es el artificio de aquella construcción.

Una vez que hubo encerrado allí a la doble figura de toro y de muchacho, y que el monstruo, tras haberse saciado dos veces de sangre ateniense, fue vencido en el tercero de los sorteos que se repetían cada nueve años [10], el hijo de Egeo [11], con la ayuda de una muchacha [12], consiguió, recogiendo el hilo, alcanzar la difícil salida que ninguno de sus predecesores había vuelto a encontrar. Acto seguido, raptando a la hija de Minos puso rumbo a Día, y en sus costas abandonó cruelmente a su compañera. Cuando estaba sola y sumida en sus lamentaciones, Líber le ofreció sus abrazos y su ayuda, y para darle la fama de una constelación inmortal le quitó la corona de la frente y la lanzó al cielo. La diadema vuela por el aire ligero, y mientras vuela las gemas se convierten en brillantes estrellas, y se detienen, conservando la forma de una corona, en un lugar entre el Arrodillado y el que sujeta la serpiente [13].

En cuanto a Dédalo, aborrecía Creta y su largo exilio y sentía nostalgia de su tierra natal, pero el mar le cerraba la huida. «Puede que me obstruya los caminos de la tierra y del mar, pero desde luego el cielo está libre: ¡iremos por allí! Puede que lo posea todo, pero Minos no es también dueño del aire.» Así dijo, y vuelca su atención en una ciencia desconocida, y revoluciona la naturaleza. En efecto, dispone unas plumas por orden, empezando desde la más pequeña, y coloca tras una más corta otra mayor, de forma que parecía que hubiesen crecido en una pendiente: de igual forma va cre-

---

[10] Los atenienses tenían que pagar a Creta, cada nueve años, un tributo de siete muchachos y siete muchachas, que eran elegidos a suerte. Llegados a Creta, eran devorados por el Minotauro.

[11] Teseo.

[12] Ariadna, hija de Minos.

[13] La diadema de Ariadna se transforma en la constelación de la Corona Boreal, entre las de Hércules y el Serpentario. (Engónasin y Ophiouchos.)

ciendo poco a poco la flauta rústica, hecha con cañas desiguales. Después las une por el medio con hilo y en el fondo con cera, y una vez dispuestas de esa forma las dobla ligeramente, para que imiten a las de las verdaderas aves.

El pequeño Ícaro estaba junto a él, y sin saber que manejaba su propio peligro ahora cazaba con rostro risueño las plumas que arrastraba la brisa inconstante, ahora ablandaba la cera con el pulgar, y con sus juegos estorbaba el prodigioso trabajo de su padre. Cuando hubo dado la última mano a su obra, el propio artífice elevó su cuerpo sirviéndose de dos alas, y batiéndolas permaneció suspendido en el aire. Aprontó unas también para su hijo, y le dijo: «Recuerda, Ícaro, has de moverte a una altura intermedia, para que la humedad no haga pesadas las plumas si vuelas demasiado bajo, y para que el sol no las abrase si vuelas demasiado alto. Manténte entre los dos. ¡Y te lo advierto, no te pongas a mirar a Bootes, o a la Hélice [14], o la espada que empuña Orión: sigue el camino por el que yo te conduciré!» Y mientras le imparte las instrucciones para volar acopla a sus hombros esas alas nunca vistas. Mientras trabajaba y daba consejos sus viejas mejillas se llenaron de lágrimas, y sus manos paternales empezaron a temblar. Dio a su hijo besos que no volvería a repetir, y elevándose sobre sus alas vuela delante y teme por su compañero, igual que un pájaro que hubiera hecho salir del alto nido a su tierna prole, y exhortándole a que le siga e instruyéndole en esa peligrosa arte, mueve sus propias alas y se vuelve a mirar las del niño.

Alguno que pescaba peces con una trémula caña, algún pastor apoyado en su bastón o un campesino apoyado en la esteva del arado los vio y se quedó pasmado, y puesto que podían moverse por el aire, creyó que eran dioses. Ya habían dejado atrás por la izquierda

---

[14]   La Osa Mayor.

Samos, consagrada a Juno, junto con Delos y Paros, y
por la derecha Lebintos y Calimne, fecunda productora de miel, cuando el niño empezó a disfrutar con el
audaz vuelo, abandonó a su guía, y atraído por el cielo
se abrió camino a mayor altura. La proximidad del sol
abrasador ablandó la cera perfumada que mantenía
unidas las plumas. La cera se derrite: él agita sus brazos
desnudos, y privado de plumas con que aletear ya no
siente el aire, y mientras gritaba el nombre de su padre
se hundió en las aguas azuladas, que de él tomaron su
nombre [15].

El infeliz padre, que ya no lo era, «¡Ícaro!», exclamó,
«¡Ícaro! ¿Dónde estás? ¿A qué lugar iré a buscarte?»
«¡Ícaro!», llamaba: entonces vio las plumas sobre las
olas, y maldijo su ciencia. Enterró su cuerpo en un sepulcro, y aquella tierra tomó su nombre del sepultado [16].

Mientras deponía en el túmulo el cuerpo de su desdichado hijo, le vio desde una zanja llena de barro una
gárrula perdiz, que con su aleteo y su canto dio prueba
de su alegría; por aquel entonces era un ave única,
nunca vista en los años anteriores, porque hacía poco
que se había convertido en ave, perenne acusa para ti,
oh Dédalo. En efecto, la hermana de Dédalo le había
entregado a su hijo, ignorando el destino que le esperaba, para que lo educara: un muchacho que había
cumplido los doce años, muy capacitado para el apren-
dizaje. De hecho, fijándose en la espina central de los
peces, la tomó como ejemplo e hizo en una hoja afilada
una serie continua de dientes, e inventó el uso de la sie-
rra. También fue el primero que unió dos brazos de
hierro con un solo gozne, de forma que, separadas por
una distancia constante, una parte se quedara fija
mientras la otra dibujaba un círculo. Dédalo sintió envidia y le empujó desde la fortaleza sagrada de Mi-

---

[15]   El mar de Icaria.
[16]   La isla Icaria, en el Egeo sudoriental.

nerva, y luego mintió diciendo que se había caído. Pero
Palas, que protege el talento, lo sostuvo, lo transformó
en pájaro, y mientras aún estaba en el aire lo recubrió
de plumas. El vigor de su ingenio, antes tan vivo, pasó
a sus alas y a sus patas; el nombre siguió siendo el
mismo de antes [17]. Sin embargo, este pájaro no eleva su
cuerpo muy alto, y no hace su nido en las ramas de las
altas copas; revolotea cerca del suelo y pone sus huevos
en los arbustos, y recordando la antigua caída teme las
alturas.

El país del Etna ya acogía al fatigado Dédalo, y Có-
calo [18], que había tomado las armas en favor del suplicante, era tenido por un hombre magnánimo. Y por
fin, por mérito de Teseo, los atenienses habían dejado
de depender del doloroso tributo. Se engalanan los
templos y se invoca a la guerrera Minerva, a Júpiter y a
los demás dioses, a los que se rinde culto con la sangre
de las víctimas, llevando ofrendas y quemando incienso
en los incensarios.

La fama vagabunda había esparcido por las ciudades
argólicas el nombre de Teseo, y los pueblos que acoge
la rica Acaya imploraban su ayuda cuando se encontraban en serio peligro: también Calidón [19] le pidió ayuda
suplicándole con acongojados ruegos, a pesar de que
tenía a un héroe como Meleagro. La razón de sus súplicas era un jabalí, siervo y vengador de la irritada
Diana. En efecto, cuentan que Eneo [20], en agradecimiento por la abundancia de un año próspero, había
ofrecido en sacrificio a Ceres las primicias de las mieses, a Lieo [21] su vino y a la rubia Minerva el jugo de la
oliva. El codiciado honor, tras empezar por los dioses
agrícolas, llegó luego a todos los demás: dicen que sólo

---

[17]   *Perdix*, es decir, «perdiz».
[18]   Rey de la ciudad de Camico, en Sicilia.
[19]   Ciudad de Etolia.
[20]   Rey de Calidón y padre de Meleagro.
[21]   Baco.

los altares de la hija de Latona, olvidada, se quedaron
sin incienso.

La ira alcanzó también a los dioses. «¡Pero no tole-
raremos que quede impune, y podrán decir que me he
visto privada de honores, pero no de venganza!», dice,
y mandó a un jabalí a los campos de Eneo para que
vengara su ofensa: no hay toros más grandes en el herboso Epiro, y también son más pequeños los de los
campos de Sicilia. Sus ojos centellean inyectados en
sangre, su cuello se yergue hirsuto, sus cerdas se erizan
semejantes a rígidas astas, la espuma cae burbujeante
por sus anchos miembros con ronco estridor, y sus
dientes igualan a los de un elefante de la India; de su
hocico sale el rayo, su aliento abrasa la hierba. Tan
pronto pisotea los brotes de las mieses todavía verdes,
como arrasa las plantas ya maduras, esperanza que llo-
rarán los campesinos, a quienes quita el pan cuando
aún es espiga. Inútilmente esperan las eras la prometida cosecha, inútilmente esperan los graneros; son
tendidos al suelo los cargados racimos y los largos sarmientos, y junto con las ramas también los frutos del
olivo siempre cubierto de hojas. También se ensaña
con los rebaños: no hay perros ni pastores que puedan
defender a las ovejas, ni fieros toros que puedan defender al ganado.

La población huye, y no se siente segura si no es entre las murallas de la ciudad, hasta que Meleagro y un
escogido tropel de jóvenes se reúnen deseosos de gloria: los gemelos Tindáridas [22], uno admirable boxeador,
el otro admirable jinete; Jasón, inventor de la primera
nave; Teseo con Pirítoo, en feliz concordia; los dos
Testíadas [23], los hijos de Afareo, Linceo y el veloz Idas,
y Ceneo, que ya no era mujer [24]; el feroz Leucipo y
Acasto, de insigne habilidad con la jabalina; Hipótoo,

[22]   Cástor y Pólux, hijos de Leda y de Tindáreo.
[23]   Plexipo y Toxeo, hijos de Testio y tíos de Meleagro.
[24]   El cambio de sexo de Ceneo se narra en XII, pág. 397.

Dríade, y Fénix, hijo de Amíntor; los gemelos Actóridas, y Fileo, llegado desde la Élide. Tampoco faltaban Telamón y el progenitor del gran Aquiles [25], y junto con el hijo de Feretes y el beocio Iolao, el arrojado Euritión, y Equión, invicto en la carrera, y Lélex de Naricia, y Panopeo, Hileo y el feroz Hípaso, Néstor, todavía en sus años jóvenes, y los que Hipocoonte mandó desde la antigua Amiclas [26], y el suegro de Penélope [27], con Anceo de Parrasia y el sagaz hijo de Ampix; el hijo de Ecleo, todavía a salvo de su esposa [28], y la de Tegea [29], decoro de los bosques del Liceo.

Una fíbula de bruñido metal mordía el borde superior de su túnica, y su peinado era sencillo, recogido en un solo moño; de su hombro izquierdo colgaba tintineando una aljaba de marfil para las flechas, y también en la izquierda llevaba un arco. Tal era su atavío: de su aspecto, habrías podido decir que era virginal en un muchacho, masculino en una virgen. Tan pronto como la vio el héroe de Calidón la deseó, un fuego oculto le abrasó por dentro, contra la voluntad de los dioses, y exclamó: «¡Feliz aquel a quien ésta considere digno de ser su esposo!» Pero ni el tiempo ni el recato le permitieron decir más: una labor más importante, el gran enfrentamiento, apremiaba.

Una selva de espesa arboleda, que nunca había sido talada, empezaba en la llanura y dominaba los campos en declive. Una vez llegados allí, algunos de los hombres tienden las redes, otros les quitan las correas a los perros, otros siguen las huellas de las patas grabadas en el terreno, ansiosos por encontrarse con su propio peligro. Había un profundo valle en el que solían confluir

---

[25]   Telamón y Peleo, hijos de Éaco.

[26]   Ciudad de Laconia.

[27]   Laertes, padre de Ulises.

[28]   Anfiarao, a quien su esposa obligó a participar en la guerra de los Siete contra Tebas.

[29]   Atalanta.

los riachuelos de agua de lluvia: el pantanoso fondo estaba poblado de sauces flexibles, tiernas algas, juncos palustres y mimbres, y cañas pequeñas a la sombra de otras más largas. Ahuyentado de allí, el jabalí arremete impetuosamente contra sus enemigos, como el relámpago que se desprende cuando chocan las nubes. Los árboles quedan aplastados bajo su acometida, y el bosque arrasado resuena fragorosamente: los jóvenes gritan y aguantan con mano firme las armas vibrantes que tienden ante sí, dotadas de anchas puntas de hierro. Él embiste y dispersa a los perros a medida que hacen frente a su furia, y desbarata a la ladradora jauría con golpes de costado.

La primera lanza, arrojada por el brazo de Equión, no alcanzó su objetivo y rozó levemente el tronco de un arce; la siguiente, de no haber sido lanzada con demasiada fuerza, parecía que había de clavarse en el lomo, a donde iba dirigida, pero fue más lejos; el autor del tiro fue Jasón de Págasa. «¡Oh Febo», dijo el Ampícida [30], «si es cierto que te he venerado y te venero, concédeme alcanzar el blanco con un tiro infalible!» Hasta donde pudo, el dios favoreció su ruego: el jabalí recibió el golpe, pero sin herida; Diana había hecho caer el hierro mientras la jabalina volaba, y la madera llegó sin punta. Esto provocó la ira del animal, que se encendió con la violencia de un rayo: sus ojos echan chispas, y también su pecho exhala fuego. Como vuela una mole de piedra cuando es impulsada por la cuerda tensada de una catapulta y se dirige contra las murallas o las torres repletas de soldados, así el mortífero jabalí se abalanza sobre los jóvenes con tremendo ímpetu, y arrolla a Eupálamo y a Pelagón, que protegían el ala derecha: sus compañeros retiran sus cuerpos del suelo. Tampoco Enésimo, hijo de Hipocoonte, pudo huir a su mortal embestida: cuando, tembloroso, se disponía a

---

[30]   El adivino Mopso, hijo de Ámpico.

volverle la espalda, los músculos le fallaron, secciona-
dos por debajo de la rodilla. Tal vez también Néstor de
Pilos habría muerto antes de los años de Troya si no se
hubiera impulsado clavando la lanza en el suelo para
saltar hasta las ramas de un árbol cercano, observando
luego desde allí, una vez en lugar seguro, al enemigo al
que acababa de escapar. Éste, enfurecido, frota sus colmillos contra el tronco de una encina amenazando
muerte, y envalentonado por sus armas recién afiladas
desgarra con el corvo hocico el fémur del gran Eurí-
tida [31]. Mientras tanto los dos gemelos, que aún no
eran astros celestes [32], ambos espléndidos, montaban
ambos sendos caballos más blancos que la nieve, y ambos blandían lanzas cuya punta vibraba en el aire con
trémulo movimiento; le habrían herido, si no fuera
porque el erizado jabalí se metió por donde la selva era
más espesa, por lugares inalcanzables para las lanzas y
los caballos. Telamón se lanzó tras él, pero el ardor le
hizo avanzar sin cautela y cayó de bruces al tropezar
con la raíz de un árbol; mientras Peleo le ayudaba a levantarse, la de Tegea colocó una flecha en la cuerda y
plegando el arco la disparó: la flecha, clavándose bajo
la oreja de la fiera, arañó la piel y tiñó las cerdas con
unas gotas de sangre. Sin embargo, no se alegra ella del
éxito de su tiro más de lo que se alegra Meleagro: se
cree que él fue el primero en verlo y el primero en señalar a sus compañeros la sangre que había visto, y que
dijo: «¡Por tu valentía, tú te llevarás merecidamente
todo el honor!»

Los hombres se sonrojaron, se exhortaban mutuamente y añadían a la algarabía gritos de ánimo, y tira-
ban sus flechas sin orden: la confusión obstaculizaba

---

[31] Hípaso, hijo de Éurito.
[32] Cástor y Pólux. El primero, mortal, era hijo de Tindáreo; el segundo, inmortal, era hijo de Júpiter, que había seducido a Leda
transformándose en cisne. Fueron catasterizados en la constelación
de Géminis, los gemelos.

sus tiros, e impedía que alcanzaran su objetivo. Entonces, he aquí que el Arcadio [33], armado de un hacha de dos filos, exclamó furibundo: «¡Ahora veréis, jóvenes, en cuánto superan las armas de los hombres a las de las mujeres! ¡Dejadme paso! ¡Que la hija de Latona proteja si quiere a este animal con sus propias armas: mi diestra acabará con él aunque Diana no quiera!» Y tras proferir tales palabras, henchido de orgullo y con semblante jactancioso, alzó con las dos manos el hacha de doble filo, y poniéndose de puntillas se quedó en equilibrio, doblado hacia atrás: el jabalí se adelanta al osado Anceo y clava sus dos colmillos en la parte alta de la ingle, allí donde es más corto el camino hacia la muerte. Anceo cae y sus vísceras desprendidas se deslizan fuera, revueltas con mucha sangre. Pirítoo, hijo de Ixión, se dirigía hacia el adversario blandiendo un venablo en su valerosa diestra; entonces el hijo de Egeo [34] le dijo: «¡Mantente apartado, tú, a quien yo quiero más que a mí mismo! ¡Detente, parte de mi alma! A los valerosos también se les permite quedarse lejos: a Anceo le ha perjudicado su temerario arrojo!» Así dijo, y arrojó una pesada lanza de cornejo con la punta de bronce; aunque había sido un buen lanzamiento y habría podido alcanzar su objetivo, una frondosa rama de encina se interpuso en su camino. También el Esónida [35] arrojó su jabalina, que la casualidad desvió hacia un inocente perro que ladraba, le atravesó las entrañas, y entre las entrañas se quedó clavada en el suelo. En cambio, la mano del Enida [36] tira con suerte cambiante, y de dos astas que arroja, la primera se clava en la tierra y la segunda en medio del lomo del animal. Inmediatamente, mientras el jabalí se enfurece, mientras se revuelca por el suelo y con un bra-

---

[33] Anceo.
[34] Teseo.
[35] Jasón.
[36] Meleagro.

mido estridente derrama espuma mezclada con sangre fresca, el autor de la herida se le echa encima, azuza su cólera, y le hunde entre los omoplatos un resplandeciente venablo.

Los compañeros manifiestan su alegría con gritos de felicidad, tratan de estrechar con su diestra la diestra del vencedor, y observan con admiración la terrible fiera y el gran espacio de tierra que recubre su cuerpo; y todavía les parece que es peligroso tocarla, pero todos tiñen sus armas en la sangre. Él apoyó el pie sobre la tremenda cabeza y dijo así: «¡Toma, Nonacria [37], los trofeos que por derecho me corresponden a mí, y que recaiga sobre ti una parte de mi gloria!», y seguidamente le entregó los despojos: la piel del lomo, hirsuta de duras cerdas, y el hocico, en el que sobresalían los colmillos. Ella se alegró tanto del autor del regalo como del regalo mismo. Los demás, en cambio, sintieron envidia, y un murmullo recorrió a todos los presentes; entre ellos los Testíadas, tendiendo los brazos, exclamaron con grandes voces: «¡Suéltalo, mujer, aléjate y no te apoderes de la gloria que nos corresponde! ¡Y no te engañes confiando en tu belleza: de nada te servirá tu enamorado defensor!» Y le quitan a ella el regalo y a él sus derechos sobre el mismo. El protegido de Marte [38] no pudo soportarlo, y rugiendo con creciente ira, dijo: «¡Ahora aprenderéis, ladrones de triunfos ajenos, cuánto se diferencian las amenazas de los hechos!», y atravesó con hierro impío el pecho de Plexipo, que no se lo esperaba en absoluto. A Toxeo, que dudaba cómo reaccionar, pues a la vez deseaba vengar a su hermano y temía correr su misma suerte, no le dejó dudar mucho, y volvió a calentar con la sangre del hermano la lanza aún caliente por el primer asesinato.

---

[37] Atalanta, de Nonacris, en Arcadia.
[38] Meleagro.

Altea [39] estaba llevando ofrendas a los templos de los dioses por la victoria de su hijo, cuando vio que traían a sus hermanos muertos. Entonces, tras golpearse el pecho llena la ciudad con sus tristes lamentos, y cambia sus ropas doradas por otras negras; pero cuando se dio a conocer quién había sido el responsable de sus muertes, todo el luto desapareció, y el llanto se convirtió en deseo de venganza.

Había un trozo de madera que las tres hermanas [40] habían echado al fuego cuando la hija de Testio yacía en el lecho tras haber dado a luz a su hijo, y mientras tejían los hilos del destino presionando con el pulgar, habían dicho: «La misma vida le concedemos al leño, o recién nacido, y a ti.» Cuando tras pronunciar su responso las diosas desaparecieron, la madre sacó de entre las llamas el tizón que ardía y lo roció con agua. Luego, durante mucho tiempo había permanecido oculto en las habitaciones más recónditas, y así conservado había conservado, oh joven, tus años.

Altea lo sacó fuera, ordenó que prepararan una pila de ramas y pedazos de madera y se dirigió hacia la funesta hoguera. Entonces, cuatro veces intentó poner el leño sobre las llamas, y cuatro veces se detuvo a medio camino: luchan la madre y la hermana, y dos nombres distintos tiran de un único pecho. Unas veces su rostro palidecía de miedo ante el crimen inminente, otras un arrebato de ira inyectaba en sus ojos su color rojo, y tan pronto su rostro parecía amenazar no sé qué crueldades como habrías creído que sentía compasión, y cuando ya el fiero ardor de su espíritu había secado sus lágrimas, las lágrimas de todas formas volvían a aparecer. Como un navío que, arrastrado por el viento y por una corriente contraria al viento, siente las dos fuerzas y parece fluctuar incierto entre ambas, la hija de Testio

---

[39]   Madre de Meleagro, hija de Testio y hermana, por tanto, de Plexipo y Toxeo.
[40]   Las Parcas.

vacila entre sentimientos indecisos, y una y otra vez depone su ira y luego la retoma tras haberla depuesto.
Pero empieza a ser mejor hermana que madre, y para
vengar con sangre las almas de sus consanguíneos se
hace piadosa en su impiedad; en efecto, cuando el funesto fuego cobró fuerza dijo: «¡Que esta hoguera
queme la carne de mis entrañas!», y sujetando en su
mano despiadada el leño fatal se paró la infeliz ante ese
altar sepulcral y exclamó: «¡Oh tres diosas de la venganza, furiosas Euménides, volved vuestro rostro hacia
este sacrificio! A la vez llevo a cabo una venganza y una
impiedad; la muerte ha de ser expiada con la muerte, el
crimen ha de añadirse al crimen, el funeral al funeral:
que muera esta casa infame, con este cúmulo de lutos.
¿Es que va a disfrutar felizmente Eneo de su hijo victorioso mientras Testio se ve privado de sus hijos?
¡Mejor será que lloréis los dos! Vosotros, sombras de
mis hermanos, almas recientes, aceptad simplemente
mi prueba de afecto y recibid esta ofrenda fúnebre que
tanto me cuesta prepararos, el detestable fruto de mi
vientre. ¡Ay de mí! ¿Adónde me estoy dejando arrastrar? ¡Hermanos, perdonad a esta madre! Las manos
traicionan mi propósito. Reconozco que él merece
morir: es el autor de su muerte lo que no puedo aceptar.
Pero entonces, ¿va a quedar impune, vivo y victorioso,
y va a obtener, orgulloso por su victoria, el reino de Calidón, mientras vosotros, exiguas cenizas, sombras heladas, yacéis muertos? ¡No, no lo toleraré! ¡Que
muera, el infame, y que arrastre en su ruina las esperanzas de su padre, y el reino, y la patria! Pero ¿dónde
está mi corazón maternal? ¿Dónde están los lazos de
afecto de los padres y los sufrimientos que soporté durante diez meses? ¡Ojalá hubieras ardido en las primeras llamas cuando acababas de nacer, ojalá yo lo hubiera permitido! Viviste por gracia mía, ahora morirás
por culpa tuya. Recibe el premio por lo que has hecho
y devuélveme la vida que te di dos veces, primero en el
parto, y luego al sacar el tizón de las llamas, o envíame

a compartir los sepulcros de mis hermanos. Quiero pero no puedo. ¿Qué puedo hacer? Ya tengo ante los ojos las heridas de mis hermanos y la imagen de toda esa matanza, ya el amor y el nombre de madre quiebran mi corazón. ¡Desdichada de mí! ¡Funestamente vencéis, hermanos, pero venced, siempre que yo misma os siga a vosotros y a éste que os entrego para vuestro consuelo!» Así dijo, y volviendo el rostro, con mano temblorosa dejó caer el tizón en medio de la hoguera. El leño profirió un gemido, o pareció que lo profería, y ardió consumido por las renuentes llamas.

Sin saberlo, lejos de allí, Meleagro se abrasa en esa llama y siente arder sus entrañas con un fuego oculto, pero soporta con coraje el fuerte dolor; sin embargo, lamenta tener que morir de una muerte ociosa, y llama felices a las heridas de Anceo. En los últimos instantes invoca entre gemidos a su abuelo, a su padre, a sus hermanos, a sus piadosas hermanas y a la compañera de su lecho, y tal vez también a su madre. Crecen el fuego y el dolor, y luego vuelven a apagarse: uno y otro se extinguen a la vez: poco a poco se pierde su espíritu en el aire ligero, poco a poco un velo de blanca ceniza recubre las brasas.

La noble Calidón yace postrada: lloran jóvenes y ancianos, gimen el pueblo y la nobleza, y las madres calidonias, mujeres del Eveno [41], se golpean y desgarran sus cabellos. El padre, tendido en el suelo, ensucia de polvo sus canas y su rostro senil, y maldice su larga vida; por lo que respecta a la madre, consciente de su crimen, con su propia mano se inflige el castigo, clavándose una espada en las entrañas.

Aunque un dios me hubiese dado cien bocas que resonaran con otras tantas lenguas y un ingenio tan vasto como todo el Helicón [42], no podría enumerar las tristes palabras de sus desdichadas hermanas. Olvidando el

---

[41]   Río de Etolia, cercano a la ciudad de Calidón.
[42]   El monte de Beocia en el que habitan las Musas.

decoro, golpean su pecho amoratándolo, y mientras el cadáver está aún allí lo abrazan y lo vuelven a abrazar dándole el calor de sus cuerpos, lo besan y besan el lecho sobre el que reposa; tras la incineración, oprimen contra sus pechos puñados de cenizas y yacen tendidas sobre el túmulo, y abrazadas al nombre esculpido en la lápida vierten lágrimas sobre él. Entonces la hija de Latona, saciada por fin tras haber destruido a los descendientes de Partaón [43], hace nacer plumas en sus cuerpos y las eleva, excluyendo a Gorges y a la nuera de la noble Alcmena [44], extiende alas sobre sus largos brazos, hace córneas sus bocas, y así transformadas [45] las manda por el cielo.

Teseo, mientras tanto, tras haber cumplido su parte en la empresa común, se dirigía a la ciudadela de Erecteo, consagrada a la Tritonia. El Aqueloo [46], cuya corriente bajaba muy crecida, le cerró el camino y le obligó a detenerse. «Entra en mi morada», dijo, «ilustre cecrópida, y no te confíes al arrastre de las olas. Suelen arrastrar con gran estruendo pesados troncos y las rocas que encuentran a su paso. Las he visto llevarse altos establos cercanos a las orillas con el rebaño entero, y de nada les sirvió entonces a los bueyes ser fuertes ni a los caballos ser veloces. Este torrente, cuando las nieves se deshielan en la montaña también ha sumergido con el ímpetu de sus remolinos muchos cuerpos de jóvenes. Es más seguro que te pares a descansar hasta que el río fluya por su cauce habitual, hasta que el lecho vuelva a contener las aguas otra vez tranquilas.»

El Egida asintió y respondió: «Haré uso, Aqueloo, de tu casa y de tu consejo»; e hizo uso de ambos. Penetró en una sala hecha de horadada piedra pómez y

---

[43]   Padre de Eneo.
[44]   Es decir, Deyanira, segunda esposa de Hércules, hijo de Alcmena.
[45]   En gallinas de Guinea, en griego *meleágrides*.
[46]   Río de Etolia.

de áspera toba: el húmedo suelo estaba recubierto de blando musgo, y el techo abovedado estaba revestido de conchas alternadas con múrices.

Ya había recorrido Hiperión [47] dos tercios del día, cuando Teseo y sus compañeros de fatiga se recostaron en los lechos para comer: a este lado tenía a Ixión, al otro a Lélex, el héroe de Trecén, con las sienes ya un poco canosas, y a todos los demás a los que el río de Acarnania, feliz de tener huéspedes tan importantes, había dignado con los mismos honores. Inmediatamente, ninfas con los pies desnudos cargaron de manjares las mesas ya preparadas, y una vez terminado el banquete sirvieron vino en copas adornadas con piedras preciosas. Entonces el gran héroe, mirando hacia el mar que se extendía ante sus ojos, preguntó: «¿Qué es ese lugar?», y lo señaló con el dedo: «Dinos cuál es el nombre de esa isla, aunque no parece que sea una sola.» A lo que el río le contestó: «Lo que veis no es un todo único. Allí se extienden cinco tierras: es la distancia lo que impide ver la separación. Y para que no te sorprenda tanto la reacción que tuvo Diana al ser despreciada, te diré que esas fueron náyades, que habiendo sacrificado diez novillos, tras invocar a los dioses del campo, celebraron sus danzas festivas sin acordarse de mí. Me hinché de ira, estaba como cuando arrastro el máximo volumen de agua, y con ímpetu desmesurado y desmesurado caudal arranqué bosques de los bosques y campos de los campos, e hice rodar hasta el mar a las ninfas, que por fin se acordaban de mí, junto con todo el lugar. Con mis olas y con las del mar separé un pedazo de tierra firme y la dividí en tantas partes cuantas son las Equínades [48], que ahora ves en medio del mar. Pero, como tú mismo puedes ver, más lejos hay otra isla que está más apartada, muy querida para mí: los marineros la llaman Perimele. A ésta, mi

---

[47]   El Sol.
[48]   Islas próximas a la costa de Acarnania.

amada, yo le había robado la virginidad; su padre, Hipodamante, se disgustó enormemente, y arrojó a su hija a las profundidades desde un acantilado, para que muriera. Yo la recogí y la sostuve mientras nadaba, y dije: "¡Oh dios del tridente, tú que recibiste en suerte el reino de las aguas errantes próximo a la tierra, en el que desembocamos, hacia el que fluimos todos los ríos sagrados, asísteme, oh Neptuno, y escucha mi ruego con benevolencia! A ésta a la que llevo, yo la he perjudicado. Si su padre Hipodamante hubiese sido clemente y justo, si hubiese sido menos despiadado, habría debido compadecerse de ella y perdonarme a mí. Préstame tu ayuda, te lo suplico, y concédele un lugar a ésta que se está ahogando por la crueldad de su padre, o permítele que sea ella misma un lugar. A ese lugar yo lo abrazaré igualmente." El rey de las aguas hizo un gesto con la cabeza, y al asentir agitó el mar entero. La ninfa se asustó, pero siguió nadando, y mientras nadaba yo tocaba su pecho que palpitaba tembloroso. Mientras la palpaba, sentí cómo todo su cuerpo se endurecía y cómo su pecho quedaba enterrado bajo una capa de tierra. Yo todavía estaba hablando cuando una tierra que antes no estaba envolvió su cuerpo mientras nadaba, y condensándose fue creciendo sobre sus miembros, convirtiéndolos en isla.»

Después, el río guardó silencio; todos estaban impresionados por el prodigio. Pero el hijo de Ixión [49] se burla de los que creen, y con su habitual arrogancia y desprecio por los dioses, dice: «Lo que cuentas es falso, Aqueloo, y consideras a los dioses demasiado poderosos, si crees que pueden dar y quitar la figura a las personas.» Todos se quedaron asombrados y desaprobaron sus palabras, y anticipándose a los demás, Lélex, hombre sensato por su carácter y por su edad, habló así: «El poder del cielo es inmenso y no tiene límites, y

---

[49]   Pirítoo, que era en realidad hijo de Zeus y de Día, esposa de Ixión.

todo lo que dioses han deseado se ha cumplido. Y para
poner fin a tus dudas, hay en los montes de Frigia un
tilo al lado de una encina, rodeados ambos de un pequeño muro; yo mismo vi el lugar una vez que Piteo me
envió a los campos de Pélope, sobre los que había reinado su padre [50]. No lejos de allí hay un estanque, antes
tierra habitable, ahora aguas pobladas por somormujos
y fúlicas de los pantanos. Allí se presentó Júpiter con
aspecto humano, y con su padre, depuestas las alas, iba
el Atlantíada [51] portador del caduceo. A mil casas se dirigieron buscando refugio y descanso, y mil casas les ce-
rraron las puertas. Pero hubo una que los acogió, pequeña, desde luego, y con el techo de juncos y de cañas
palustres; pero Baucis, piadosa anciana, y Filemón, que
la igualaba en edad, habían vivido juntos en ella desde
los años de su juventud, en ella habían envejecido, y habían hecho soportable la pobreza aceptándola y sobre-
llevándola con resignación. Inútil que preguntes quiénes eran allí los señores y quiénes los siervos: ellos dos
son toda la casa, igual ordenan que obedecen. Así pues,
cuando los moradores del cielo llegaron a la casita, y
agachando la cabeza entraron por la pequeña puerta,
el anciano les invitó a descansar sus miembros en una
banqueta que él sacó y sobre la que Baucis colocó solícita un tosco paño. La misma Baucis removió en el
hogar las brasas templadas y reavivó el fuego del día
anterior, alimentándolo con hojas y con corteza seca, e
hizo nacer las llamas soplando con su débil aliento de
anciana, tras lo que bajó del tejado unos pedazos de
leña y ramas secas, las partió, y las colocó bajo un pequeño caldero. Luego cortó las hojas de las verduras
que su esposo había recogido en el huerto de regadío.
Él alcanzó con una horca de dos dientes un lomo ahu-

[50]   Tántalo, padre de Pélope y abuelo de Piteo, había reinado en
realidad en Lidia, que suele confundirse con Frigia por su proximidad geográfica.
[51]   Mercurio, nieto de Atlas.

mado de cerdo que colgaba de una negra viga, cortó
una pequeña loncha de ese lomo que habían conservado durante largo tiempo, y la echó en el agua hirviendo para que se ablandara. Mientras tanto, engañan
el tiempo con su conversación, y evitan que se haga pesada la espera. Había allí una cubeta de madera de
haya, colgada de un clavo por el asa encorvada: la llenan de agua caliente y meten los pies para calentarlos.
En medio de la habitación hay un colchón de blandas
algas de río sobre un lecho con la armadura y las patas
de sauce. Lo recubren con un cobertor que no solían
poner sino en días de fiesta; aun así, se trataba de una
tela pobre y vieja, digna precisamente de un lecho de
sauce. Los dioses se recostaron en él. La anciana, con
la falda remangada, pone la mesa con movimientos
temblorosos. Pero de las tres patas de la mesa una es
más corta; entonces, un pedazo de barro cocido sirve
para igualarla: colocado bajo la pata nivela la pendiente, y la mesa, una vez nivelada, es limpiada con verdes hojas de menta. Ponen allí aceitunas de dos colores, propias de la casta Minerva; otoñales cerezas de
cornejo aliñadas con líquida salsa, y achicoria silvestre,
y rábanos, y una forma de queso, y huevos levemente
volteados sobre brasas no muy calientes, todo ello en
vasijas de barro. Tras esto traen una crátera cincelada
en igual plata [52], y vasos hechos de madera de haya, un-
tados por dentro con rubia cera. La espera es corta, y
del hogar llegan las viandas calientes; otra vez se vuelve
a traer vino, no muy añejo, que luego, dejado un poco
de lado, deja paso a los postres. Ahora son nueces, son
higos secos de Caria mezclados con arrugados dátiles,
ciruelas y manzanas perfumadas en anchos cestos, y
uvas recogidas de purpúreas vides. En el medio hay un
blanco panal. A todo esto se añadían sus rostros amables y una disposición solícita y generosa. Mientras

---

[52]   Es decir, hecha también de barro.

tanto, ven que la crátera de la que han bebido tantas veces se vuelve a llenar espontáneamente, y que el vino aumenta por sí solo: asombrados por este hecho inaudito, Baucis y el tímido Filemón se llenan de temor y pronuncian unas oraciones volviendo hacia el cielo las palmas de las manos, y piden perdón por la pobreza de los alimentos y del servicio. Había un solo ganso, guardián de la minúscula casa, que los dueños pensaban matar para los divinos huéspedes; éste corre veloz, aleteando, cansando a los ancianos ya lentos por la edad, y durante largo rato burla su persecución, hasta que al final parece ir a refugiarse junto a los propios dioses. Éstos les prohibieron que lo mataran, y dijeron: "Somos dioses, y vuestros impíos vecinos sufrirán el castigo que se merecen; pero a vosotros os concederemos quedar immunes ante este mal. Simplemente, abandonad vuestra casa y seguid nuestros pasos, acompañándonos hasta la cumbre de la montaña." Los dos obedecen, y precedidos por los dioses avanzan lentamente apoyándose en sus bastones, frenados por el peso de los años y moviendo sus pasos fatigosamente por la larga pendiente. Cuando les separaba de la cumbre la misma distancia que podría recorrer un tiro de flecha, volvieron atrás la mirada y vieron que todo lo demás estaba anegado bajo las aguas de un pantano, y que sólo quedaba su casa. Mientras lo contemplan admirados, mientras lloran la suerte de los suyos, aquella vieja casa, demasiado vieja incluso para sus dos dueños, se transforma en un templo: columnas toman el lugar de los postes, la paja se vuelve amarilla y el tejado parece de oro, las puertas parecen cinceladas, y el suelo revestido de mármol. Todo esto mientras el Saturnio [53] decía con plácido semblante: "Decid, tú, justo anciano, y tú, digna esposa de un hombre justo, cuál es vuestro deseo." Tras consultarse brevemente con Baucis, Filemón ma-

---

[53]   Júpiter.

nifestó a los dioses su decisión común: "Os pedimos
que nos dejéis ser sacerdotes vuestros y cuidar de vuestro templo, y puesto que hemos pasado tantos años en
armonía, que la misma hora nos lleve a los dos, para
que nunca tenga que ver yo la tumba de mi esposa, ni
tenga ella que enterrarme a mí." Sus deseos se cum-
plieron: mientras tuvieron vida fueron los guardianes
del templo; luego, debilitados por la edad y por los
años, mientras se encontraban un día ante los sagrados
peldaños, comentando los acontecimientos del lugar,
Baucis vio a Filemón cubrirse de ramas, y el anciano
Filemón vio cubrirse de ramas a Baucis. Y mientras la
copa que ya crecía sobre los rostros de ambos se lo permitió, siguieron hablándose el uno al otro, y a la vez dijeron: "¡Adiós, consorte!", y a la vez la corteza recubrió
sus bocas, ocultándolas. Todavía hoy los habitantes de
Bitinia [54] enseñan los troncos vecinos, nacidos de sus
dos cuerpos. Esto me lo contaron unos ancianos dignos
de crédito, y no había ninguna razón para que quisie-
ran engañarme. Igualmente vi guirnaldas colgadas de
las ramas, y poniendo yo unas guirnaldas frescas, dije:
"Sea grato a los dioses el culto de la divinidad, y aquellos que veneraron sean venerados."»

Lélex había terminado su relato, y todos estaban impresionados tanto por el prodigio como por el narrador, especialmente Teseo. Éste deseaba escuchar otros
milagros obrados por los dioses, por lo que el río de
Calidón, apoyándose sobre el codo, le dijo lo siguiente:
«Existen, oh fortísimo Teseo, seres cuya forma cambia
una vez y permanece en ese nuevo estado, y seres que
tienen la facultad de transformarse en múltiples figuras, como, por ejemplo, tú, Proteo [55], que habitas en el
mar que abraza la tierra. En efecto te han visto ora
como un muchacho, ora como un león; a veces eras un

Región del norte de Asia Menor, también confundida aquí con
Frigia.
[55] Cfr. pág. 105, n. 3.

violento jabalí, a veces una serpiente que daba miedo tocar, a veces los cuernos te hacían toro; muchas veces has podido parecer una piedra, y muchas veces también un árbol; unas veces, con el aspecto de líquida agua, eras un río, y otras eras fuego, lo contrario del agua.

»La misma capacidad tiene también la esposa de Autólico [56], hija de Erisicton. Su padre era uno que despreciaba el poder de los dioses y nunca llevaba a las aras incienso perfumado. Se dice también que profanó con el hacha un bosque consagrado a Ceres, ultrajando con el hierro los antiguos árboles sagrados. Había allí una enorme encina, robusta y antiquísima, que era ella sola un bosque; vendas, tablillas conmemorativas y guirnaldas ceñían sus ramas, testimonios de deseos cumplidos. Muchas veces celebraron las dríades sus danzas festivas bajo esta encina, y muchas veces rodearon su tronco cogidas de las manos, y su medida era de quince brazos; el resto del bosque era bajo esta encina tanto como la hierba bajo el resto del bosque.

»Pero no por eso el hijo de Tríopas [57] apartó de ella el hierro, y ordenó a sus siervos que talaran la encina sagrada. Al ver que vacilaban en cumplir sus órdenes, le quitó el hacha a uno de ellos y pronunció estas infames palabras: "¡Aunque fuera no ya querido para la diosa, sino la diosa misma, pronto tocará el suelo con su frondosa copa!" Así habló, y mientras blandía el hacha listo para asestarle un golpe de costado, la encina de Deo [58] tembló y emitió un gemido, sus hojas empezaron a palidecer a la vez que las bellotas, y también las largas ramas perdieron su color. Cuando la sacrílega mano hirió el tronco de la corteza hendida manó sangre, de la misma manera que suele sangrar profusamente la garganta de un poderoso toro cuando cae sa-

---

[56] Mnestra.
[57] Erisicton.
[58] Ceres.

crificado ante el altar. Todos se quedaron pasmados, y
uno de ellos se atrevió a oponerse al sacrilegio y a sujetar el hacha cruel. El Tesalio [59] le miró y dijo: "¡Toma
la recompensa por tu religiosidad!", y dejando en paz
el árbol dirigió el arma contra el hombre y le cortó la
cabeza. Y había vuelto a dirigir sus golpes contra la encina cuando del árbol salieron estas palabras: "Yo,
ninfa predilecta de Ceres, estoy bajo este tronco, y en
mi agonía te vaticino que el castigo por tus actos es inminente, cosa que me consuela en mi muerte." Él sigue
adelante con su maldad; por fin, quebrantado por numerosos golpes y arrastrado por cuerdas, el árbol se de-
rrumba, aplastando bajo su peso una gran parte del
bosque. Las Dríades, todas hermanas, atónitas ante el
daño que suponía para el bosque y para ellas mismas,
se visten de negro y se dirigen a Ceres con sus lamentos, y le piden que castigue a Erisicton. Ella asintió a
sus súplicas, y con un gesto de su cabeza, bellísima, sacudió los campos cargados de mieses maduras; meditó
una clase de castigo que habría podido despertar compasión, si no fuera porque él, con sus actos, se había hecho indigno de compasión alguna: atormentarlo con la
funesta Hambre. Pero puesto que ella no puede ir en
persona, pues los hados prohíben que Ceres y el Hambre se encuentren, se dirige a una divinidad de los montes, una agreste oréada [60], con estas palabras: "Hay en
los extremos confines de Escitia un lugar helado, una
tierra triste, estéril, sin mieses y sin árboles. Allí habitan el Frío perezoso, la Palidez, el Temblor y el Hambre descarnada: ordénale a ésta que se oculte en las
despiadadas entrañas del sacrílego Erisicton, y que no
se deje vencer por la abundancia de los alimentos, que
sea ella la vencedora cuando se enfrente a mis fuerzas.
Y no te asustes del largo camino: toma mi carro, toma

---

[59]   Erisicton, por ser nieto de Eolo.
[60]   Las oréadas eran las ninfas de las montañas.

los dragones a los que con las riendas guiarás por las alturas."

»Y se los dio. La oréada, transportada a través del cielo por el carro que le habían entregado, descendió sobre Escitia, y en la cumbre de una montaña helada, a la que llaman Cáucaso, alivió de la tensión de las riendas los cuellos de los dragones. En un campo pedregoso vio a la que buscaba, al Hambre, que con uñas y dientes arrancaba las escasas briznas de hierba. Tenía el cabello hirsuto, los ojos hundidos y el rostro mortecino, los labios blancos de mugre, las fauces ásperas de sarna, y una piel apergaminada a través de la cual podían verse las vísceras. Los huesos despuntaban enjutos en su espalda encorvada, en lugar del vientre estaba el hueco del vientre, y del tórax habrías dicho que colgaba, sujeto tan sólo por las vértebras de la espina dorsal. La demacración resaltaba las articulaciones, las rótulas de las rodillas sobresalían como hinchazones, y los tobillos se marcaban como desmedidas protuberancias. Al verla, le refirió desde lejos, pues no se atrevió a aproximarse, las órdenes de la diosa, y tras breves instantes, aunque se había mantenido alejada, aunque hacía muy poco que había llegado allí, le pareció que sentía hambre: hizo dar media vuelta a los dragones, y remontando el vuelo volvió las riendas hacia Hemonia.

»El Hambre, aunque siempre es contraria a las obras de Ceres, cumple su mandato: un viento la transporta por el aire hasta la casa indicada, se dirige inmediatamente a la habitación del sacrílego, y mientras aquél estaba sumido en un profundo sueño, pues era de noche, le rodea con sus brazos y se insufla dentro de él, sopla en su boca, en su garganta y en su pecho, y difunde el apetito por los conductos de sus venas. Una vez cumplidas las órdenes, abandona las regiones fecundas del mundo y regresa a su indigente morada, a su refugio habitual.

»Un ligero sueño todavía envolvía a Erisicton con sus plácidas alas: él busca alimentos en su sueño, mueve su

boca vacía y fatiga los dientes unos contra otros, mueve
sin tregua la garganta engañada por comida imagina-
ria, y en lugar de manjares devora en vano incorpóreo
aire. Cuando el sueño se desvanece, entonces se despierta una furiosa ansia de comer que invade su ávida
garganta y sus entrañas que arden. No pierde un instante: pide todo aquello que ofrecen el mar, la tierra y
el aire, y ante las mesas repletas se queja de que está en
ayunas, y reclama más comida en medio de la comida;
lo que sería suficiente para enteras ciudades, para todo
un pueblo, no es suficiente para uno solo, y cuanto más
almacena en su vientre más desea. Así como el mar
acoge a los ríos de toda la tierra y nunca se sacia de
agua, y se bebe las corrientes que vienen de lejos, o
como el fuego voraz, que nunca rechaza el alimento y
consume un tronco tras otro, y cuantos más recibe más
quiere, y la misma cantidad lo hace más voraz, la boca
del profano Erisicton a la vez pide y consume todos los
manjares: toda la comida es en él causa de más comida,
y a medida que come se vuelve a formar espacio vacío.
Y con su voracidad y con el profundo abismo de su
vientre ya había consumido la fortuna de su padre,
pero aun entonces su hambre implacable seguía intacta, y la gula reinaba en su garganta insaciable. Por
fin, tras haberse tragado todo su patrimonio, no le quedaba otra cosa que su hija, indigna de semejante padre.
Completamente arruinado, también la vendió. Ella, de
sangre noble, se niega a tener un dueño, y tendiendo
sus manos hacia el mar desde la orilla, dice: "¡Libé-
rame de mi amo, tú que tuviste el privilegio de robarme
la virginidad!"; se la había robado Neptuno. Éste, aunque su dueño, que la seguía, acababa de verla, le dio
una nueva forma, revistiéndola del aspecto de un hombre y del atuendo propio de un pescador. Su dueño, mirándola, le dijo: "¡Oh tú que ocultas bajo un pequeño
cebo el bronce colgado, tú que manejas la caña, ojalá el
mar te sea propicio, ojalá los peces se dejen engañar
entre las olas y no noten el anzuelo hasta que lo hayan

mordido! Aquella que con humildes ropas y el pelo despeinado estaba en esta playa, pues yo vi que estaba en la playa, ¡dime dónde está! En efecto, las huellas no siguen más allá." Ella se da cuenta de que el regalo del dios da buen resultado, y divertida de que le pregunten por sí misma, inmediatamente responde así a sus preguntas: "Quienquiera que seas, perdóname: no he desviado mis ojos del agua hacia ninguna parte, pues estaba pendiente de mi trabajo. Pero para sacarte de dudas, así asista el dios del mar a este oficio mío, hace rato que ninguna persona excepto yo, que ninguna mujer ha estado en esta playa." El dueño la creyó, y volviendo sobre sus pasos se marchó andando por la arena, engañado. Ella volvió a recuperar su forma. Pero cuando su padre supo que su hija tenía un cuerpo transformable, la vendió repetidas veces a varios dueños, y ella escapaba, ora yegua, ora pájaro, ora vaca, ora ciervo, y proporcionaba a su voraz padre inmerecido alimento. No obstante, cuando la fuerza de aquel mal hubo consumido toda la sustancia y hubo dado nuevo sustento a la grave enfermedad, Erisicton empezó a arrancarse su propia carne con mordiscos desgarradores, y así el infeliz se alimentaba disminuyendo su propio cuerpo.

»Pero ¿por qué sigo hablando de los demás? También yo, jóvenes, tengo el poder de cambiar mi cuerpo con frecuencia, aunque en un número limitado de formas. En efecto, a veces aparezco como estoy ahora, a veces me vuelvo una sinuosa serpiente; otras, como jefe de la manada, tomo en mis cuernos la fuerza... en mis cuernos, mientras pude. Ahora una parte de mi frente carece de su arma, como veis.» Y un gemido siguió a sus palabras.

LIBRO NOVENO

El héroe neptunio [1] le preguntó la causa de su gemido y de su frente mutilada; entonces el río de Calidón, con los cabellos sin ornato ceñidos por una corona de cañas, empezó a decir así: «Triste favor me pides, pues ¿quién quiere rememorar sus batallas cuando ha sido vencido? No obstante, te lo contaré punto por punto; además, no fue tan deshonroso haber sido vencido como decoroso haber luchado, y tan ilustre vencedor es para mí un gran consuelo. Si alguna vez, hablando, ha llegado a tus oídos el nombre de Deyanira, ella fue, tiempo atrás, una bellísima doncella, deseo y esperanza de muchos nobles pretendientes. Habiendo entrado con ellos en la casa de aquel al que deseábamos tener como suegro, yo dije: "¡Tómame a mí como yerno, hijo de Partaón [2]!" Lo mismo dijo también el Alcida [3], y los demás cedieron ante nosotros dos. Él alegaba que le daría a Júpiter como suegro la fama de sus hazañas y el éxito en las pruebas que le había ordenado su madrastra [4], ante lo que yo rebatí: "Sería indigno ceder ante un mortal; en mí estás viendo al rey

---

[1]   Teseo, a quien en su infancia se había considerado hijo de Neptuno.
[2]   Eneo, padre de Deyanira.
[3]   Hércules. Su padre putativo, Anfitrión, era hijo de Alceo.
[4]   Juno, puesto que Hércules es hijo de Júpiter.

de un río que fluye por tu reino con sesgado curso: yo
no seré un yerno extranjero llegado desde costas extra-
ñas, sino un compatriota, una parte de lo que es tuyo.
Lo único, y espero que no me perjudique, es que a mí
Juno no me odia, y que nunca me ha sido impuesto ningún trabajo como castigo. Por otra parte, ese Júpiter de
quien te jactas de haber nacido, oh hijo de Alcmena, o
bien no es tu verdadero padre, o bien lo fue mediante
un delito: reclamas un padre a costa del adulterio de tu
madre. Elige: ¿qué prefieres: ser un falso hijo de Júpiter o haber nacido de un pecado deshonroso?"

»Mientras yo digo estas cosas, ya hace rato que él me
observa con torva mirada, a duras penas puede dominar su ardiente ira, y me responde sencillamente con
estas palabras: "Mi diestra es mejor que mi lengua:
¡vence si quieres con las palabras, mientras sea yo
quien venza en la lucha!", y, furioso, se abalanza sobre
mí. Me dio vergüenza ceder, después de haber hablado
con tanta soberbia: me despojé de mi verde vestidura y
puse los brazos en guardia ante mí, con las palmas en-
frentadas a la altura del pecho, y me preparé para el
combate. Él cogió entre sus manos un puñado de polvo
y me lo tiró encima, y luego a su vez quedó teñido de
amarillo, recubierto de rubia arena. Y ya me aferra, o
así lo creerías, por el cuello o por las piernas que saltan
de un lado a otro, y me hostiga por todas partes. A mí
me defendía mi solidez, y sus ataques eran vanos, igual
que una roca contra la que se estrellan las olas con gran
estruendo: aquélla permanece donde está, protegida
por su propio peso. Nos separamos por un momento y
de nuevo nos abrazamos en la lucha, y aguantamos firmes, decididos a no ceder ni un paso, pie frente a pie;
yo, inclinado hacia adelante, empujaba con todo mi pecho, dedos contra dedos, frente contra frente. De igual
forma he visto enfrentarse a los fuertes toros cuando el
premio de la lucha es la hembra más hermosa de toda
la dehesa: el resto del rebaño observa temeroso, sin saber cuál de los dos obtendrá la victoria y la autoridad.

Tres veces intentó el Alcida, inútilmente, apartar de sí
mi pecho que empujaba con ahínco, pero la cuarta vez
se liberó de mi opresión, deshizo la tenaza de mis brazos y con un golpe de su mano (estoy decidido a contar
la verdad) me apartó y se colgó con todo su peso de mi
espalda. Si he de ser sincero (y no estoy buscando
ahora la gloria con una mentira), me parecía que me
aplastaba el peso de una montaña. Sin embargo, con
gran esfuerzo conseguí introducir por medio los brazos
que chorreaban sudor, y con gran esfuerzo pude liberar
mi cuerpo del nudo que me atenazaba; él, mientras
tanto, no me da tregua mientras yo jadeo, me impide
recuperar las fuerzas y me agarra por la nuca. Entonces, por fin, mi rodilla se dobló en tierra, y mi rostro
mordió el polvo.

»Puesto que era inferior en fuerzas, recurrí entonces a
mis artes y me substraje a él transformándome en una
larga serpiente. Al verme enroscar mi cuerpo en sinuosos anillos y agitar mi lengua bífida con fieros silbidos
él rompió a reír, y burlándose de mis poderes, exclamó:
"Vencer serpientes es algo ya hacía en la cuna [5], y aunque tú, Aqueloo, seas mayor que los demás dragones,
¿qué eres tú, una semilla de serpiente, comparado con
la Hidra de Lerna [6]? Aquella renacía de sus propias heridas, y no había una sola de sus cien cabezas que se pudiera cortar impunemente sin que el cuello saliera re-
forzado por otras dos. A esta que a cada corte crecía y
se ramificaba con nuevas serpientes yo la vencí, y después de vencerla la quemé. ¿Qué crees que vas a hacer,
tú que transformado en serpiente blandes armas que
no son tuyas, tú que te ocultas bajo una forma pasa-
jera?" Así dijo, y con sus dedos me agarró por la parte
alta del cuello como si fueran una soga: yo me ahogaba,

---

[5]   Heracles había estrangulado, cuando aún estaba en la cuna, a
dos serpientes que Hera había enviado para matarle.
[6]   Monstruosa serpiente de cien cabezas, nacida de Tifeo y de
Equidna.

como si una tenaza me apresara la garganta, y luchaba
por liberar mis fauces de sus pulgares. Vencido también de esa guisa, me quedaba la tercera forma, la de
fiero toro: con mis miembros transformados en los de
un toro, reemprendo el combate. Él envuelve con sus
brazos mi musculoso cuello desde el lado izquierdo,
tira de mí y se deja arrastrar mientras me lanzo a la carrera, y humillando mis duros cuernos los clava en el
suelo y me derriba en medio de una nube de polvo.
Pero no le bastó con eso: mientras se aferra con la diestra cruel a mi rígido cuerno, lo rompe y lo arranca, mu-
tilando mi frente. Las náyades lo consagraron, llenándolo de frutas y de flores perfumadas, y gracias a mi
cuerno es rica la Buena Abundancia [7].»

Había terminado de hablar, y una de las sirvientas,
una ninfa con la túnica recogida al modo de Diana y los
cabellos que caían a ambos lados de su cara, entró llevando en el cuerno de la abundancia todos los frutos
del otoño, y como postre, ricas frutas.

Se hizo de día, y cuando los primeros rayos de sol he-
rían las cumbres los jóvenes se marcharon. No aguar-
daron a que el río bajara tranquilo y a que toda el agua
fluyera con placidez; el Aqueloo sumergió en medio de
las olas su rústico rostro y su cabeza mutilada con el
cuerno arrancado.

Sin embargo, aunque abatido por el menoscabo sufrido por su aspecto, por lo demás Aqueloo está incó-
lume, y además, el daño sufrido en su cabeza se puede
ocultar bajo unas ramas de sauce o una corona de cañas. Pero a ti, feroz Neso [8], la pasión por esa misma
doncella te perdió, atravesado por la espalda por una
flecha voladora.

En efecto, el hijo de Júpiter se dirigía de vuelta hacia
las murallas de su patria junto con su nueva esposa,

---

[7]   La Cornucopia, o Cuerno de la Abundancia.
[8]   Neso era uno de los centauros, hijos de Ixión y de Néfele.

cuando llegó a la rápida corriente del Eveno [9]. El río estaba más lleno que de costumbre, crecido por las tormentas invernales, lleno de remolinos e impracticable. Hércules no temía por sí mismo, pero estaba preocupado por su esposa; entonces apareció Neso, de miembros vigorosos y experto en vadear ríos, y le dijo: «Ella llegará a la otra orilla con mi ayuda, Alcida. Tú cruza a nado, empleando tus fuerzas.» El aonio [10] entregó a Neso a la asustada joven calidonia, que estaba pálida de miedo, temerosa del río y del propio centauro. Acto seguido, tal como estaba, cargado con su aljaba y con la piel de león (pues ya había arrojado a la otra orilla la maza y el corvo arco), dijo: «¡Puesto que ya he empezado con los ríos, venzamos a éste también!», y no titubeó un instante ni buscó el punto en que las aguas estuvieran más tranquilas, ni quiso dejarse llevar ayudado por la corriente. Cuando ya estaba en la orilla, mientras recogía el arco que antes había arrojado, reconoció la voz de su esposa, y mientras Neso se disponía a escapar con la que le había sido confiada, le gritó: «¿Adónde crees que te lleva esa vana confianza en tus pies, oh bruto? ¡A ti te digo, Neso biforme! ¡Hazme caso, y no robes lo que es mío! ¡Y si por mí no sientes ningún respeto, por lo menos deberían disuadirte de una unión ilícita las vueltas que da tu padre [11]. Pero no podrás huir, aunque confíes en tus cualidades equinas: no es con los pies con lo que te voy a alcanzar, sino con las armas!» Y confirmó sus últimas palabras con hechos, atravesándole la espalda con una flecha mientras huía. El ganchudo hierro sobresalía por el pecho, y al extraerlo la sangre brotó por los dos agujeros, mezclada con el infecto veneno de la Hidra de Lerna [12].

---

[9]   Río de Etolia.
[10]   Hércules, que es aonio por ser de Tebas, en Beocia.
[11]   Ixión, padre de los centauros, está condenado en el infierno a dar vueltas atado a una rueda. (Ver pág. 179, n. 31.)
[12]   Todas las flechas de Hércules están bañadas en la bilis de la Hidra de Lerna, de forma que resultan infaliblemente mortales.

Neso recogió esta sangre y dijo para sí: «¡Pues no moriré sin venganza!», y entregó como regalo a la joven
raptada su túnica empapada en cálida sangre, diciéndole que era un estímulo para el amor.

Pasó un largo espacio de tiempo, y las hazañas del
gran Hércules colmaron las tierras y el odio de su madrastra. Regresaba vencedor de Ecalia [13] y se disponía
a ofrecer un sacrificio a Júpiter Ceneo [14], cuando la
fama locuaz, que disfruta añadiendo falsedades a la
verdad y que, partiendo de una insignificancia, va creciendo gracias a las mentiras, se adelantó a él e hizo llegar a tus oídos, oh Deyanira, que el Anfitrioníada [15] estaba prendado apasionadamente de Iole. Ella, enamorada, lo creyó, y acongojada por la noticia de ese nuevo
amor primero se entregó al llanto y, desesperada, dio
rienda suelta a su dolor. Pero luego dijo: «Pero ¿por
qué estoy llorando? ¡Estas lágrimas no harán sino ale-
grar a mi rival! Puesto que está a punto de llegar, tengo
que apresurarme y planear algo mientras todavía es
posible y no hay otra ocupando mi tálamo. ¿Es mejor
que me lamente o que guarde silencio? ¿Regreso a Calidón o me quedo? ¿O debería salir de la casa y, si no
hay fuerzas mayores, impedirle el paso? ¿Y si, por el
contrario, recordando que soy tu hermana, oh Meleagro, preparo un crimen despiadado, y les demuestro
hasta dónde puede llegar una mujer adolorida y ofendida, decapitando a esa adúltera?» Su ánimo vacila entre impulsos contrarios. Por fin, de todos ellos predo-
mina el de enviar a Hércules la túnica empapada en la
sangre de Neso, para que vuelva a fortalecer el amor
debilitado. Y sin saber que le está entregando su propia desgracia, se la entrega a Licas, que ignora qué es lo
que lleva, y, tristísima, le ordena con dulces palabras
que se la lleve a su esposo.

---

[13]   Ciudad de Eubea destruida por Hércules.
[14]   Venerado en el santuario del monte Ceneo, en Eubea.
[15]   Hércules.

El héroe la toma, desprevenido, y reviste sus hombros con el veneno del monstruo de Lerna. Estaba rezando y echando incienso en los fuegos recién encendidos, y con una copa vertía vino sobre el altar: la fuerza del veneno empezó a templarse, y deshaciéndose al calor de las llamas se licuó, extendiéndose por todo el cuerpo de Hércules. Mientras pudo, reprimió los gemidos con el valor que le caracterizaba: luego, cuando el mal venció su capacidad de aguante, llenó con sus gritos el boscoso Eta [16]. Al punto intenta desgarrar la mortal túnica: allí donde la arranca, ésta arranca también la piel y, me horroriza decirlo, o bien se adhiere a los miembros cuando en vano intenta despegarla, o bien deja al descubierto la carne desgarrada y los grandes huesos. La misma sangre crepita con estridor, como cuando se sumerge una plancha incandescente en una cuba de agua helada, y hierve a contacto con el ardiente veneno. Y no termina aquí: llamas voraces consumen sus entrañas, un sudor azulado fluye por todo su cuerpo, los músculos chasquean abrasados, y con la médula deshecha por la oculta ponzoña, exclama tendiendo los brazos hacia las estrellas: «¡Aliméntate de mi desgracia, hija de Saturno [17]! ¡Aliméntate, y desde las alturas observa, cruel, este azote, y sacia tu corazón despiadado! ¡Pero si puedes apiadarte de un enemigo, esto es, si puedes apiadarte de mí, arráncame esta alma mortificada por crueles tormentos, odiosa y nacida sólo para la fatiga! La muerte será para mí un regalo: propio es de una madrastra conceder esta clase de dones. Así pues, ¿fui yo quien subyugó a Busiris, que mancillaba los templos con sangre de extranjeros [18]? ¿Yo le quité al cruel Anteo las fuerzas que

---

[16] Monte de Málide, al norte de Etolia.
[17] Juno.
[18] Sigue aquí un pasaje en el que se enumeran sus doce trabajos y algunas de sus hazañas más importantes. Hércules mató a Busiris, rey de Egipto, que asesinaba a todos los extranjeros que llegaban a su

le venían de su madre? ¿Yo no me dejé impresionar por la triple forma del pastor ibero, ni por tu triple forma, Cérbero? ¿Fuisteis vosotras, manos, las que clavasteis en el suelo los cuernos del bravo toro? ¿Vuestro fue el servicio que recibieron la Élide, las aguas del Estínfalo y el bosque del Partenio? ¿Vuestro el valor con el que fue recuperado el tahalí cincelado en oro del Termodonte y los frutos custodiados por el dragón insomne? ¿A mí no se me pudieron resistir los centauros ni el jabalí que devastaba Arcadia? ¿Por mi causa de nada le sirvió a la Hidra volver a crecer a cada corte, retomando fuerzas duplicadas? ¿Y qué hay de cuando vi los caballos de Tracia engordados con sangre humana y los pesebres repletos de cuerpos lacerados, y tras verlos los destruí y maté a los caballos y a su dueño? Ahogada por estos brazos yace la mole del león de Nemea, con esta nuca sostuve el peso del cielo. La cruel esposa de Júpiter se cansó de darme órdenes: ¡yo nunca me cansé de obedecerlas! Pero ahora se trata de una nueva calamidad, a la que no se puede hacer frente ni con la fuerza ni con armas de ataque o de defensa; un fuego devorador penetra hasta el fondo de mis pulmones y va consumiendo todos mis miembros. ¡En cambio, Euristeo [19] se encuentra sano! ¿Y todavía hay alguien que pueda creer en los dioses?»

Así dijo, y avanzaba por el elevado Eta cubierto de llagas, como avanza un toro que lleve un venablo cla-

---

país; mató al gigante Anteo, hijo de Gea, que de la tierra tomaba su fuerza, y mató a Gerión, monstruo de tres cuerpos; capturó para Euristeo al feroz toro de Creta, limpió los establos de Augías, rey de Elis, y mató a las aves del lago Estínfalo y a la cierva de Cerinía; se apoderó del cinto de oro de la reina de las Amazonas, robó las manzanas del jardín de las Hespérides, se enfrentó él solo al pueblo de los centauros, y mató al jabalí del Erimanto; mató a la Hidra de Lerna, a las yeguas carnívoras del rey tracio Diomedes y al león de Nemea, y ocupó el lugar de Atlas bajo la cúpula del cielo mientras aquél le traía las manzanas de las Hespérides.

[19]   Rey de Argos, a quien Hércules sirvió por voluntad del oráculo de Delfos, y que le impuso los doce trabajos.

vado en el cuerpo, mientras el que le hirió ha huido. Y le habrías visto proferir gemidos muchas veces, muchas veces bramar de rabia, muchas veces intentar de nuevo destrozar la túnica entera, o abatir troncos de árboles y enfurecerse con las montañas, o tender los brazos al cielo paterno.

Entonces, he aquí que ve a Licas que, lleno de temor, se escondía en la oquedad de una roca, y con toda la rabia que el dolor había acumulado dentro de él, le dijo: «¿Fuiste tú, Licas, quien me dio el funesto regalo? ¿Tú vas a ser el autor de mi muerte?» Aquél tiembla y palidece de terror, y balbucea tímidamente palabras de disculpa. Mientras habla e intenta abrazar las rodillas del Alcida, éste le agarra, y tras voltearle en el aire tres y cuatro veces lo arroja a las aguas del mar de Eubea con más fuerza que una catapulta. Mientras vuela alto por el aire, Licas se solidifica; y como se condensa la lluvia con los vientos helados, según dicen, y así se convierte en nieve, y los copos de nieve, volteando suavemente, se comprimen y se concentran en denso granizo, de la misma forma él, arrojado al vacío por los poderosos brazos de Hércules, pálido de miedo y sin una gota de humor en el cuerpo, se transforma, según cuenta la leyenda, en dura piedra. Todavía hoy en las profundas aguas de Eubea surge un pequeño escollo que conserva la forma humana; los marineros no se atreven a pisar sobre él, casi como si fuera a sentirlo, y lo llaman Licas.

Mientras tanto tú, ínclita prole de Júpiter, tras haber cortado unos árboles de los que pueblan el alto Eta y haber hecho con ellos una pira, ordenaste al hijo de Peante [20] que se quedara con tu arco y con la capaz aljaba, así como con las flechas que otra vez habían de ver el reino de Troya [21], y él, como oficiante, prendió

---

[20] Filoctetes.
[21] La primera vez en poder de Hércules, en la primera guerra de Troya; la segunda vez, en poder de Filoctetes.

fuego a los troncos. Mientras las ávidas llamas hacen presa en la pira, tú extiendes sobre los troncos amontonados la piel del león de Nemea, y te recuestas apoyando la cabeza sobre la maza, con la misma expresión en el rostro que si yacieras en un banquete, rodeado de vasos llenos de vino, coronado de guirnaldas.

Y las llamas, extendidas ya por todas partes, resonaban vigorosas y subían hacia los plácidos miembros de él, que las afrontaba sin miedo. Los dioses temieron por el vengador de la tierra. Entonces Júpiter, hijo de Saturno, que lo había notado, con semblante feliz les habló en estos términos: «Este temor vuestro es para mí motivo de alegría, oh dioses, y feliz me congratulo con todo mi corazón, por ser llamado rector y padre de una estirpe agradecida, y porque a mi progenie la protege también vuestra benevolencia. Y aunque él mismo se la ha ganado con sus excelsas hazañas, yo me siento igualmente obligado. ¡Pero que vuestros fieles corazones no sean presa de un vano temor: reíros de esas llamas! Aquel que todo lo vence vencerá también a las llamas que estáis viendo, y no sentirá el poder de Vulcano más que en la parte que heredó de su madre: lo que heredó de mí es eterno, es inmune y no conoce la muerte, y no puede ser vencido por fuego alguno. A esa parte, una vez que haya puesto fin a su cometido en la tierra, yo la recibiré en las regiones del cielo, y confío en que mi decisión sea motivo de dicha para todos los dioses. Si alguien, no obstante, si alguien, por casualidad, se doliese de que Hércules sea un dios, y no estuviera de acuerdo con el premio que le ha sido concedido, tendría que reconocer en cualquier caso que se lo ha merecido, y debería aprobarlo aun en contra de su voluntad.» Los dioses asintieron; también la esposa de Júpiter pareció aceptar lo demás sin dureza en el rostro, pero las últimas palabras las recibió con el semblante tenso, y se dolió al sentirse aludida.

Mientras tanto, todo aquello que podía ser devorado por las llamas Vulcano lo había destruido. No quedó una imagen reconocible de Hércules ni nada que hubiese tomado de la forma de su madre: tan sólo conservó la huella de Júpiter. Igual que una serpiente renovada, que tras liberarse junto con la piel también de la vejez demuestra un nuevo vigor y brilla recubierta de jóvenes escamas, así, cuando se hubo despojado de su cuerpo mortal, el héroe de Tirinte floreció con la parte mejor de sí, y empezó a parecer más grande y a hacerse más venerable, lleno de augusta solemnidad. El padre omnipotente se lo llevó envuelto en una hueca nube y lo colocó sobre una cuadriga entre las estrellas radiantes [22].

Atlas sintió su peso. Pero Euristeo, hijo de Esténelo, todavía no había depuesto su ira, e, implacable, dirige sobre sus descendientes el odio que sentía por su padre. Y así Alcmena de Argos, afligida por interminables angustias, no tenía más que a Iole para desahogar sus lamentos de anciana y para relatar las hazañas de su hijo, presenciadas por el mundo entero, o sus propias cuitas. A Iole, por mandato de Hércules, la había acogido Hilo [23] en su tálamo y en su corazón, y había fecundado su vientre con su noble semilla; y he aquí que Alcmena empezó a decir: «Ojalá que por lo menos a ti los dioses te sean propicios, y hagan breve la espera cuando, madura ya para el parto, invoques a Ilitía [24], protectora de las asustadas parturientas, que tan cruel fue conmigo para complacer a Juno. En efecto, cuando ya se acercaba el nacimiento de Hércules, soportador de trabajos, y el sol se hallaba sobre el décimo signo, mi vientre estaba tenso por el peso, y lo que llevaba era tal que se podía ver claramente que Júpiter había sido el padre de la carga que se ocultaba en mi cuerpo. Yo ya no podía soportar el sufrimiento: incluso ahora, mientras te hablo, mi cuerpo se hiela y se estremece, y re-

---

[22]   Hércules se convierte en la constelación que lleva su nombre.
[23]   Hijo de Hércules y de Deyanira.
[24]   Sobrenombre de Juno Lucina, que asiste los partos.

cordar es revivir una parte de ese dolor. Durante siete noches y otros tantos días, atormentada, extenuada por el mal y tendiendo los brazos al cielo, invoqué con grandes gritos a Lucina y al padre del esfuerzo [25]. Ella acudió, desde luego, pero corrompida de antemano, y dispuesta a llevarle mi cabeza a la despiadada Juno. Al oír mis gemidos se sentó sobre aquel altar que hay delante de la puerta, y cruzando la pierna derecha sobre la izquierda y entrelazando los dedos en forma de peine, contuvo el parto; también pronunció unos conjuros en voz baja, y los conjuros bloquearon el parto que ya había comenzado. Yo me esfuerzo y, fuera de mí, impreco inútilmente contra Júpiter llamándole ingrato, y siento deseos de morir, y me lamento con palabras que conmoverían hasta a las piedras. Las matronas cadmeides [26] me asisten, hacen votos a los dioses y me dan ánimos en mi sufrimiento. Allí estaba también una de las criadas, Galántide, una muchacha del pueblo, de rubia cabellera, rápida y diligente en sus quehaceres, mi preferida por sus servicios. Ella percibió que algo, no sé qué, estaba ocurriendo por culpa de la injusta Juno, y mientras entraba y salía por la puerta una y otra vez vio a la diosa sentada en el altar, con los brazos sobre las rodillas entrelazados por los dedos, y dijo: "Quienquiera que seas, ¡ve a felicitar a la señora de la casa! ¡Alcmena de Argos ya ha dado a luz, y ha visto cumplido su deseo!" La diosa que domina los partos se puso de pie de un salto y soltó las manos, sobrecogida: yo, deshecho el impedimento, di a luz. Dicen que Galántide se rió de haber burlado a la divinidad; mientras se reía, la cruel diosa la agarró por los cabellos y la arrastró por el suelo, y cuando intentaba levantarse hizo que se arqueara su cuerpo y transformó sus brazos en patas anteriores. Conserva su anterior prontitud, y tampoco el dorso ha perdido su color: sólo la

---

[25] Divinidad latina que asiste los esfuerzos del parto.
[26] Las mujeres de Tebas, fundada por Cadmo.

forma es distinta a la anterior. Y puesto que ayudó con falsas palabras a una parturienta, pare por la boca, y sigue frecuentando, como antes, nuestras casas [27].»

Puso fin a sus palabras, y gimió conmovida por el recuerdo de su antigua criada; ante su dolor, su nuera le habló así: «Por lo menos tú, madre, te dueles de que perdiese su aspecto una mujer ajena a nuestra sangre. ¿Qué dirías si te contara la asombrosa historia de mi hermana? Aunque las lágrimas y el dolor me lo impiden y no me dejan hablar. Dríope, célebre por su belleza entre las mujeres de Ecalia, era la única hija nacida de su madre (pues mi padre me había tenido de otra mujer). Aunque privada de su virginidad, pues había sido forzada por el dios que gobierna Delfos y Delos [28], Andromón la tomó por esposa, y se le consideraba feliz con su mujer.

»Hay un lago de orillas escarpadas que forma una playa en declive: la parte más alta está coronada de plantas de mirto. Dríope se había dirigido allí, ignorando su destino, y para que tu indignación sea aún mayor, iba a llevarles guirnaldas a las Ninfas; llevaba en brazos a su niño, dulce carga, que aún no había cumplido un año, y lo alimentaba con tibia leche. No lejos del estanque florecía, imitando los tonos de la púrpura de Tiro, un acuático loto, que tenía los brotes de futuras bayas. Dríope arrancó de él unas flores que le iba a dar al niño para que jugara, y yo me disponía a hacer lo mismo (pues yo también estaba allí); entonces vi que de las flores caían gotas de sangre, y que un temblor sacudía las ramas. Resulta que, como cuentan ahora los torpes campesinos, demasiado tarde ya, la ninfa Lotis, huyendo de las obscenas intenciones de Príapo [29], se había convertido en esa planta, transformando su as-

---

[27] Galántide se convierte en comadreja.
[28] Apolo.
[29] Divinidad que encarna la fecundidad masculina, hijo de Venus y de Baco.

pecto pero conservando su nombre. Mi hermana no sabía esto; cuando quería volver sobre sus pasos, aterrorizada, y alejarse de las Ninfas a las que había adorado, sus pies se quedaron clavados en el suelo por medio de unas raíces. Ella lucha por desarraigarlos, pero no consigue mover más que la parte superior de su cuerpo. Una fina corteza va creciendo desde abajo, y poco a poco envuelve sus ingles. Al verlo, intenta tirarse de los cabellos con la mano, y la mano se llena de hojas: hojas cubrían toda su cabeza. Mientras tanto, el niño, Anfiso (pues este era el nombre que le había dado su abuelo Éurito), siente endurecerse los pechos de su madre, y el lácteo líquido deja de salir aunque él sigue mamando. Yo presenciaba tu destino cruel, pero no podía ayudarte de ninguna manera, hermana, y abrazada a ti intentaba detener con todas mis fuerzas el avance del tronco y de las ramas, y te aseguro que habría querido meterme bajo esa misma corteza. He aquí que llegan Andremón y nuestro desdichadísimo padre, y buscan a Dríope; mientras la buscan yo les muestro la planta de loto. Llenan de besos la madera aún caliente, y estrechan el amado árbol abrazándose a sus raíces. Ya no tenías nada que no fuera árbol más que el rostro, querida hermana: las lágrimas bañan las hojas nacidas del desdichado cuerpo, y mientras aún es posible y la boca permite pasar a las palabras, Dríope difunde en el aire estos lamentos: "Si a los infelices se nos debe algún crédito, juro por los dioses que yo no he merecido esta desgracia; sufro esta pena sin haber cometido ninguna culpa. He vivido sin causar daño: si miento, que me seque y pierda estas hojas que tengo, que me corten con un hacha y me echen al fuego. Pero quitad a este niño de las ramas de su madre y entregádselo a una nodriza, haced que beba su leche con frecuencia bajo mi árbol, y que bajo mi árbol juegue. Y cuando pueda hablar, haced que salude a su madre, y que diga con tristeza: 'En este tronco se oculta mi madre.' Pero que no se atreva a acercarse a los estanques, que no coja flores de los árboles, y que crea que todos los arbustos son cuerpos de diosas. ¡Adiós, amado esposo, y tú, hermana, y tú, padre! Si sentís piedad de mí, defended mis ramas de los cortes de la hoz afilada y de los mordiscos de los rebaños. Y puesto que yo no puedo agacharme, levantaos vosotros y acercaos a recibir mis besos mientras todavía soy sensible, y tomad en vuestros brazos a mi hijito. No puedo hablar más. Una tenue membrana sube ya por mi blanco cuello, y me recubre una alta copa. Apartad vuestras manos de mis ojos: dejad que sea esta corteza que me reviste, y no vuestro piadoso gesto, la que cierre mis ojos que se apagan." Su boca dejó a la vez de hablar y de existir. Y durante mucho tiempo todavía, las ramas recién nacidas conservaron el calor del cuerpo transformado.»

Mientras Iole relataba el asombroso suceso, mientras Alcmena secaba con el pulgar las lágrimas de la hija de Éurito, aunque ella misma también lloraba, un nuevo suceso hizo desaparecer toda la tristeza. En efecto, en el alto umbral apareció Iolao, apenas un muchacho con las mejillas cubiertas de un bozo incipiente, que había recuperado el aspecto de sus primeros años. Este regalo le había sido concedido por Hebe, hija de Juno, vencida por los ruegos de su esposo [30]; cuando se disponía a jurar que después de éste no le volvería a conceder a nadie un don semejante, Temis no se lo permitió. «En efecto, en Tebas ya ha estallado una guerra intestina [31]», dijo, «Capaneo no podrá ser vencido sino por Júpiter [32], y los hermanos quedarán iguales en la muerte [33]; el adivino [34], todavía vivo, verá a sus manes

---

[30] Hércules, tío de Iolao.
[31] La guerra de los Siete contra Tebas, que enfrentaba a los hermanos Etéocles y Polinices.
[32] En efecto, muere fulminado por un rayo de Zeus cuando intentaba escalar la muralla.
[33] Etéocles y Polinices se enfrentan en singular combate, hiriéndose de muerte el uno al otro.
[34] Anfiarao, tragado por una vorágine que le abre el camino hasta el Tártaro.

al abrirse la tierra, y el hijo llevará a cabo sobre su madre la venganza de su padre, haciéndose piadoso e impío con el mismo acto [35]; espantado por su delito, fuera de juicio y de su patria, será atormentado por los rostros de las Euménides y por la sombra de su madre, hasta que su esposa [36] le pedirá el oro fatal [37], y la espada de su pariente, Fegeo [38], se clavará en su costado. Entonces Calírroe, hija del Aqueloo, se dirigirá al gran Júpiter suplicándole esto, que le añada años a sus hijos aún niños, y que no deje que la muerte del vengador quede sin venganza. Júpiter, conmovido, les concederá de antemano el don de su hijastra y nuera [39], y los convertirá en hombres durante los años de su infancia.»

Cuando Temis, conocedora del futuro, hubo pronunciado estas palabras con su boca profética, los dioses empezaron a refunfuñar entre ellos, y murmurando se preguntaban por qué no era lícito conceder el mismo don también a otros. La Palántide [40] se queja de que su esposo [41] está viejo, la benévola Ceres se queja de que Iasión ya está canoso, Múlciber [42] pide que a Erictonio se le permita volver a nacer, y también Venus se preocupa por el futuro, y pide que se rejuvenezcan los años de Anquises. Todos los dioses tienen a alguien a quien favorecer; los intereses de cada uno hacen crecer un turbulento tumulto, hasta que Júpiter interviene y dice: «Oh dioses, si es que todavía me guardáis algún respeto, ¿hacia dónde os precipitáis? ¿Acaso hay alguno que se considere tan poderoso como para vencer al

---

[35] Alcmeón, hijo de Anfiarao, que matará a su madre, Erifile. Anfiarao, que conocía el futuro, no quería ir a la guerra, pero su esposa, sobornada por Polinices, le obligó con un juramento.
[36] Calírroe, su segunda esposa.
[37] El collar de Harmonía.
[38] Padre de su primera esposa, Alfesibea.
[39] Hebe, que era hija sólo de Juno, y esposa de Hércules.
[40] La Aurora.
[41] Titono, hermano de Príamo.
[42] Vulcano.

destino? Por voluntad de los hados ha regresado Iolao a los años que vivió, por voluntad de los hados deberán rejuvenecer los hijos de Calírroe, y no por la ambición o por las armas. También a vosotros y, para que lo aceptéis con ánimo más paciente, también a mí me gobierna el destino. Si yo tuviese poder para cambiarlo, los años de la vejez no encorvarían a mi Éaco [43], y Radamanto [44] estaría para siempre en la flor de la edad junto con mi Minos, a quien ahora desprecian por el amargo peso de la vejez, y ya no reina con el mismo prestigio que antes.»

Las palabras de Júpiter conmovieron a los dioses, y al ver a Radamanto, a Éaco y a Minos extenuados por la edad, ya ninguno se atrevió a quejarse. Este último había infundido terror a grandes pueblos tan sólo con su nombre mientras estuvo en la flor de la edad; pero ahora estaba débil, y tenía miedo de Mileto, el hijo de Deione, que estaba lleno de soberbia por el vigor de su juventud y por ser hijo de Febo; y aunque estaba convencido de que preparaba una insurrección contra su reino, no se atrevía a expulsarle del hogar paterno. Tú, Mileto, huyes por tu propia voluntad, recorres en un veloz barco las aguas del Egeo, y alzas en tierras de Asia las murallas de una ciudad que lleva el nombre de su fundador. Allí conociste, un día que paseaba siguiendo las sinuosas orillas paternas, a la hija del Meandro que tantas veces regresa sobre sus pasos, a Ciánea, cuerpo de prestante belleza, que te dio dos hijos gemelos, Biblis y Cauno.

El ejemplo de Biblis demuestra cómo las muchachas deben amar sólo lo que está permitido. Biblis, apasionadamente enamorada de su apolíneo hermano, no le amó como una hermana a un hermano, sino como no debía amarle. Al principio, en realidad, ella no se da cuenta de la llama que arde en su corazón, no cree pe-

---

[43]   Rey de Egina, hijo de Júpiter y Egina.
[44]   Hijo de Júpiter y Europa y hermano de Minos.

car cuando le besa, un poco demasiado a menudo, o rodea con sus brazos el cuello fraterno, y durante mucho tiempo se engaña a sí misma con la apariencia de un falso amor fraternal. Pero poco a poco el amor se va desviando, y va a ver a su hermano cuidadosamente ataviada, demasiado preocupada por parecer hermosa, y si hay allí alguna más hermosa que ella siente envidia. Pero aún no es consciente de lo que le sucede y no hace ningún voto bajo aquella llama; sin embargo, por dentro arde. Y ya le llama señor, ya odia los nombres que indican parentesco: prefiere que la llame Biblis a que la llame hermana. No obstante, no osa entregar su mente a pensamientos obscenos cuando está despierta. Cuando está abandonada a un plácido sueño muchas veces ve lo que ama, también le parece que se une al cuerpo de su hermano, y aunque yace dormida, se ruboriza. El sueño desaparece: ella permanece callada largo tiempo, recordando para sus adentros las imágenes del sueño, y con la mente confusa profiere estas palabras: «¡Desdichada de mí! ¿Qué es lo que significa esta visión de la silenciosa noche, que preferiría que nunca se viese cumplida? ¿Por qué he tenido este sueño? Él, desde luego, es bello hasta para unos ojos hostiles, y me gusta, y si no fuese mi hermano podría amarle, y sería digno de mí; realmente me perjudica ser su hermana. Pero mientras yo no intente llevar a cabo nada semejante cuando estoy despierta, ¡que vuelva este sueño cuantas veces quiera con las mismas imágenes! En los sueños faltan los testigos, pero no falta el placer, aunque imaginario. Por Venus y por el alado Cupido junto a su tierna madre, ¡qué gran gozo he probado!, ¡qué manifiesto deleite se ha apoderado de mí!, ¡cómo he yacido entregándome hasta la médula! ¡Cómo me gusta recordarlo! Aunque el placer ha sido demasiado breve, y la noche, envidiosa de lo que hacíamos, demasiado veloz. Si me fuera posible unirme a ti bajo otro nombre, ¡qué buena nuera podría ser, oh Cauno, para tu padre! ¡Qué buen yerno podrías ser, oh

Cauno, para mi padre! ¡Ojalá los dioses hicieran que lo tuviéramos todo en común, menos nuestros antepasados! Me gustaría que tú fueses más noble que yo. En cambio, así, bellísimo Cauno, harás madre quién sabe a quién, mientras que para mí, que por desgracia he recibido en suerte los mismos padres que tú, no serás más que un hermano. ¡Lo que nos obstaculiza, eso será lo único que tengamos en común! Pero entonces, ¿qué significado tienen mis visiones?, ¿qué peso tienen esos sueños? Porque ¿tienen los sueños algún peso? ¡Confiemos en lo mejor, oh dioses! Claro que los dioses sí que han poseído a sus hermanas. Así, Saturno tomó a Ops, con quien le unían lazos de sangre; Océano tomó a Tetis, y el rey del Olimpo a Juno. Pero los dioses tienen sus propias leyes. ¿Por qué intento comparar las costumbres de los hombres con las normas del cielo, que son diferentes? O borro esta pasión prohibida de mi corazón, o, si no lo consigo, ¡ojalá muera yo antes, y muerta me compongan en el lecho, y allí tendida reciba los besos de mi hermano! Por otra parte, es un asunto que requiere la voluntad de ambos. Supongamos que a mí me agrada la idea: a él podría parecerle una atrocidad. Sin embargo, los hijos de Eolo no temieron casarse con sus hermanas [45]. Pero ¿de qué los conozco yo a ellos? ¿Por qué estoy sacando estos ejemplos? ¿Adónde estoy yendo? ¡Marchaos lejos de aquí, llamas obscenas, y no ame yo a mi hermano sino como se le permite a una hermana! No obstante, si él hubiese sido el primero en enamorarse de mí, tal vez yo habría podido ceder a su ardor. Entonces, puesto que yo no le habría rechazado si él me hubiese buscado, ¿debería ser yo quien le buscara a él? ¿Podrás hablar? ¿Podrás decírselo? ¡Sí, obligada por el amor, podré! ¡O, si el pudor frena mi boca, será una carta secreta la que le desvele mi oculta pasión!»

---

[45]   Eolo tenía doce hijos, seis varones y seis hembras, casados entre ellos.

La idea le gusta, y esta decisión prevalece en su mente confusa. Se incorpora sobre el costado, y apoyándose en el codo izquierdo, dice: «Él verá: le confesaré mi insano amor. ¡Ay de mí! ¿Dónde estoy cayendo? ¿Qué fuego ha concebido mi mente?» Y con mano temblorosa se pone a escribir, meditando las palabras; con la mano derecha sujeta el estilo, con la otra la cera aún vacía. Empieza, y duda; escribe, y tacha lo que ha escrito en las tablillas; anota, y vuelve a borrar; lo cambia, no le gusta, sí le gusta, y una y otra vez las coge y las deja, las deja y las vuelve a coger. Lo que quiere lo ignora, lo que va a hacer no le gusta, y en su rostro se mezclan el arrojo y la vergüenza. Había escrito «hermana»: decide borrar «hermana» y en la cera nuevamente aplanada incide las siguientes palabras: «La salud que ella nunca tendrá si tú no se la das, te la desea una que te ama. ¡Me da vergüenza, sí, me da vergüenza revelarte mi nombre! Y si quieres saber qué es lo que deseo, me gustaría poder defender mi causa sin tener que decir mi nombre, y que no se supiera que soy Biblis antes de que la esperanza de ver cumplidos mis deseos se hubiese hecho realidad. En verdad, podías haber encontrado un indicio de que mi corazón sufría en mi palidez, mi delgadez, mi mirada, mis ojos muchas veces húmedos, los suspiros que exhalaba sin causa aparente, los muchos abrazos y los besos que (tal vez lo notaste) se podía ver que no eran los de una hermana. Yo misma, sin embargo, aunque tenía en el alma una profunda herida, aunque dentro de mí ardía un fuego impetuoso, hice todo lo posible (los dioses son mis testigos) por recuperar al fin la cordura. Mucho tiempo he luchado, atormentada, por huir de las violentas armas de Cupido, y he soportado con entereza más de lo que creerías que puede soportar una muchacha. Me veo obligada a reconocer que estoy vencida y a suplicar, con tímidas esperanzas, que me ayudes: ¡sólo tú puedes salvar a la que te ama, sólo tú puedes destruirla! Elige, cuál de las dos cosas vas a hacer. No es una enemiga la

que te suplica, sino una que, aunque ya está muy unida
a ti, desea estarlo aún más y ligarse a ti con un vínculo
aún más estrecho. Dejemos que los viejos estudien el
derecho, que examinen qué cosas están permitidas,
qué es lo lícito y lo ilícito, y que respeten los enjambres
de leyes: lo adecuado a nuestra edad es un amor temerario. Todavía no sabemos qué es lo lícito, creemos
que todo está permitido, y seguimos el ejemplo de los
grandes dioses. Y ni la severidad de nuestro padre, ni el
cuidado por nuestra reputación, ni el miedo podrán de-
tenernos. ¡Y aunque haya razones para temer! Escon-
deremos nuestros dulces encuentros bajo nuestra condición de hermanos; yo soy libre de hablar contigo en
secreto, y ya ahora nos abrazamos y nos damos besos
en público. ¿Cuánto puede ser lo que falta? Compadécete de ésta que te confiesa su amor, y que no te lo
confesaría si no la obligase la pasión más extrema; no
hagas que en mi lápida tengan que escribir que fuiste tú
la causa de mi muerte.»

En las tablillas, ya repletas, a la mano que en vano
trazaba en surcos tales palabras le vino a faltar espacio,
y el último verso lo escribió pegado contra el margen.
Luego firmó su pecado grabando la piedra de su sello,
que humedeció con sus lágrimas, pues su lengua estaba
seca, y llena de pudor llamó a uno de sus sirvientes.
Con tono amable, pues estaba asustado, le dijo: «Llé-
vaselas, lealísimo servidor, a mi...», y tras largos instantes añadió «hermano». Cuando se las estaba entregando, las tablillas resbalaron de sus manos y cayeron
al suelo; el presagio la turbó, pero a pesar de eso las
envió.

Tras buscar el momento oportuno, el criado se
acercó a Cauno y le entregó el mensaje oculto. Atónito,
el joven nieto del Meandro arrojó en un ataque de ira
las tablillas que acababa de recibir en sus manos, y sin
ni siquiera acabar de leerlas, conteniéndose a duras penas para no abofetear al asustado mensajero, exclamó:
«¡Huye mientras puedas, pérfido mediador de una lu-

juria ilícita, pues, si tu ruina no comprometiera mi
reputación, me pagarías tus culpas con la muerte!»
Aquél huye aterrado y refiere a su dueña las feroces
palabras de Cauno.

Tú palideces, oh Biblis, al saberte rechazada, y tu
cuerpo está sobrecogido, invadido por un frío glacial.
Pero luego, en cuanto la mente volvió en sí volvió también la agitación, y su lengua, haciendo vibrar el aire
con esfuerzo, pronunció las siguientes palabras: «¡Y
me lo merezco! Pues ¿por qué, temeraria, he descubierto esta herida? ¿Por qué he confiado a una apre-
surada carta, de forma tan precipitada, palabras que
habrían debido permanecer ocultas? Antes habría debido sondear su ánimo con frases ambiguas. Para no
arriesgarme a que no secundara mi propósito, tenía
que haber comprobado con una cualquiera de las velas
cómo era la brisa, y haber navegado sólo por un mar en
calma, mientras que ahora he dejado que vientos desconocidos hinchen los lienzos. De forma que ahora soy
arrastrada contra los escollos y me hundo arrollada por
el océano entero, y mi barco no puede volver atrás. Y
además, ¿acaso no se me prohibió con un presagio in-
confundible que me abandonara a mi amor, aquella
vez que las tablillas se me cayeron mientras yo daba orden de que las llevasen, indicando que también caerían
mis esperanzas? ¿Acaso no tenía que haber cambiado
entonces de día o incluso de planes? Aunque mejor
sólo de día. El dios mismo me advertía y me mandaba
indicios evidentes, si yo no hubiera estado fuera de mi
sano juicio. Y de todas formas, tenía que haberle hablado yo misma en vez de confiarme a la cera, y haberle
revelado la furiosa pasión que me domina. Habría visto
las lágrimas, habría visto los ojos de una enamorada;
podía haberle dicho más de lo que cupo en las tablillas.
Podría haber rodeado su cuello con mis brazos, aun
contra su voluntad, y si él me hubiese apartado habría
podido fingirme moribunda y, abrazando sus pies, su-
plicarle tendida en el suelo que me diese la vida. Lo ha-

bría intentado todo, y si una sola cosa no podía doblegar su mente inflexible, tal vez todas juntas sí habrían podido. Y tal vez también tenga parte de culpa el criado que envié: no se le acercó de forma idónea, y creo que tampoco eligió el momento oportuno ni buscó una hora en que su ánimo estuviese libre de otros pensamientos. Eso es lo que me ha perjudicado; en efecto, él no es hijo de una tigresa, no tiene el corazón de dura piedra, de sólido hierro, o de metal, ni fue amamantado por una leona. ¡Será vencido! Volveré a atacar, y no me cansaré de intentarlo mientras me quede un soplo de vida. En efecto, lo primero, si fuera posible revocar mis actos, habría sido no empezar; lo segundo es llevar a término lo empezado. Pues, sin duda, aunque yo renunciara ahora mismo a mis deseos, él ya no podría olvidar mi atrevimiento, y al desistir parecería que fue un deseo superficial, o que quise tentarle y tenderle una insidia. O creerá sin duda que fui vencida, no por este dios poderosísimo que atormenta y abrasa mi corazón, sino por la lujuria. Y por último, ya no puedo pretender que no he cometido nada vergonzoso: le escribí y le busqué; mi voluntad está mancillada: aunque no añadiera nada más, no se me puede considerar inocente. Falta mucho con relación a mis deseos, pero poco en lo que respecta al crimen.»

Así hablaba, y tanta era la contradicción que reinaba en su confusa mente que aunque siente haberlo intentado quiere intentarlo de nuevo, excede toda medida, y se expone, infeliz, a nuevos rechazos. Luego, puesto que su acoso no tiene fin, Cauno huye de su patria y del delito, y funda una nueva ciudad en un país extranjero. Dicen que entonces sí que la hija de Mileto, abatida, perdió el juicio por completo, entonces sí que se arrancó las ropas del pecho y se golpeó, enloquecida, los brazos. Y ya muestra abiertamente su locura y habla de la esperanza de ese amor prohibido, privada del cual abandona su patria y su hogar, que se le ha hecho odioso, y va tras las huellas de su hermano prófugo.

De la misma forma que las bacantes del Ismaro [46] celebran tu fiesta trienal exaltadas por tu tirso, oh hijo de Sémele [47], las mujeres de Búbaso [48] la vieron aullar por los vastos campos; dejándolas atrás, vagó por las tierras de los carios y de los armados léleges [49], y por la Licia. Ya había dejado atrás el Crago y el Límira y las aguas del Janto [50], y el monte en el que había habitado la Quimera, que tenía las entrañas de fuego, el pecho y la cabeza de leona y la cola de serpiente. Ya terminan los bosques cuando tú, Biblis, exhausta por la búsqueda, te desplomas y yaces con el cabello esparcido sobre la dura tierra, y oprimes con el rostro las hojas caídas.

También las ninfas del país de los léleges intentaron levantarla en sus delicados brazos; muchas veces, para curarla de su amor, ofrecieron sus consejos y sus palabras de consuelo a su mente sorda. Biblis yace muda y clava sus uñas en la verde hierba, y un torrente de lágrimas humedece el prado. Dicen que las náyades dotaron a este torrente de una vena subterránea para que nunca pudiera secarse: pues ¿qué más podían darle? Luego, como gotea la resina de una incisión en la corteza de un pino, o como mana el tenaz betún de la tierra empapada, o como el sol ablanda el agua solidificada por el frío cuando llega el suave soplo del Favonio [51], Biblis, nieta de Febo, consumiéndose en sus propias lágrimas se convierte en una fuente, que todavía hoy conserva en aquellos valles el nombre de su dueña, y mana al pie de un negro acebo.

---

[46]   Monte de Tracia.
[47]   Baco.
[48]   Ciudad de Caria.
[49]   Se llaman léleges los carios de las islas.
[50]   El Crago, el Límira y el Janto son, respectivamente, un monte y dos ríos de Licia.
[51]   Nombre latino del Céfiro.

La fama del nuevo prodigio tal vez habría llenado de comentarios las cien ciudades cretenses si en Creta no hubiera ocurrido el milagro aún más reciente de la transformación de Ifis. En efecto, la región de Festo [52], próxima al reino de Cnoso, había engendrado tiempo atrás a un tal Ligdo, de origen oscuro, un hombre libre, aunque de familia plebeya. Su patrimonio no era mayor que su nobleza, pero su vida y su honestidad eran intachables. Éste había advertido a su esposa encinta, cuando ya el parto estaba cercano, con estas palabras: «Mis deseos son dos: el primero, que te liberes de tu carga con el mínimo dolor; el segundo, que des a luz un niño. La condición femenina supone una carga mayor, y la fortuna le niega la fuerza: así pues, si por casualidad, cosa que espero que no ocurra, de tu parto naciera una hembra, aun contra mi voluntad (perdóname amor paternal), yo ordeno que se le dé muerte.» Así dijo, y abundantes lágrimas bañaron el rostro del que daba la orden y de quien la recibía. Teletusa suplica una y otra vez a su marido con vanos ruegos para que no ponga esas limitaciones a sus esperanzas. Pero Ligdo estaba seguro de su decisión.

Y ya ella apenas podía aguantar el peso de su vientre maduro, cuando en medio de la noche la hija de Ínaco [53] apareció de pie ante su lecho, o así lo pareció, acompañada por su séquito: en su frente llevaba los cuernos lunares, junto con espigas amarillas de brillante oro y los ornamentos reales. Estaban con ella el ladrador Anubis [54], la santa Bubastis y el multicolor Apis, y aquel que reprime la voz y con el dedo invita al silencio; también había sistros, y estaba Osiris, cuya bús-

---

[52] Ciudad de Creta, al sur de la isla.
[53] Io (ver I, pág. 96), identificada con la diosa egipcia Isis.
[54] Otros dioses egipcios acompañan a la diosa: Anubis, con cabeza de chacal; Bubastis, con figura de gata; Apis, en forma de toro negro con una mínima blanca en la frente; Harpócrates, hijo de Horo y nieto de Isis, que indica silencio con un dedo en los labios, y Osiris, cuyo cuerpo despedazado debe buscar Isis en el Nilo.

queda nunca finaliza, y la serpiente extranjera, llena de soporífero veneno. Entonces la diosa habló así a Teletusa que, como si hubiese despertado del sueño, la veía con toda claridad: «Oh Teletusa, tú que eres una de las mías, olvida tus graves preocupaciones y no cumplas las órdenes de tu marido; cuando Lucina te haya aligerado con el parto, no dudes en quedarte con la criatura, sea lo que sea. Soy una diosa auxiliadora y presto mi ayuda cuando se me pide: no te quejarás de haber adorado a una divinidad ingrata.» Tras aconsejarla, se retiró del lecho.

Feliz, la cretense se levanta de la cama, y suplicando tiende sus manos puras hacia las estrellas y ruega que su visión se haga realidad. Cuando el dolor aumentó y la carga se expulsó fuera a sí misma nació una niña, sin que el padre se enterara, y la madre dio orden de que la criaran, diciendo que era un varón. La cosa fue creída, y nadie sino la nodriza conocía el engaño. El padre cumplió los votos hechos a los dioses e impuso a la criatura el nombre de su abuelo: el abuelo se llamaba Ifis. La madre se alegró del nombre, puesto que era común a hombres y mujeres y no había en él ningún engaño. El fraude no fue descubierto, y la piadosa mentira permaneció oculta: su atuendo era el de un chico, y el rostro, tanto si se le atribuía a un muchacho o a una muchacha, era hermoso en ambos casos. Entre tanto, habían pasado trece años cuando tu padre, Ifis, te prometió a la rubia Iante, la hija de Telestes del Dicte, la virgen más alabada por su hermosura entre las jóvenes de Festo.

Eran iguales en edad y en belleza, y de los mismos maestros aprendieron las primeras nociones y los conocimientos propios de su edad; de allí nació el amor que tocó los inexpertos corazones de ambas, y que hirió a las dos con la misma herida. Pero sus esperanzas no eran las mismas: Iante ansiaba el matrimonio y el momento de la boda pactada, y creía que aquella a la que creía un hombre sería un día su esposo. Ifis, en cambio, la ama sabiendo que nunca la podrá tener, y eso mismo aumenta su pasión, y, virgen, por una virgen se consume. Y conteniendo a duras penas las lágrimas, dice: «¿Qué final me espera, cuando me posee un deseo que nadie ha experimentado, un destino innatural y dirigido hacia una clase de amor desconocido? ¡Si los dioses querían salvarme, tenían que haberme salvado; pero si no, si querían destruirme, ¡por lo menos podían haberme dado un mal natural y dentro de lo acostumbrado! Una vaca no arde de amor por otra vaca ni la yegua por la yegua; la oveja arde por el carnero, el ciervo va detrás de su hembra; también las aves se unen así, y no hay entre todos los animales ninguna hembra poseída por el deseo de otra hembra. ¡Ojalá yo no lo fuera! En efecto, para que todas las monstruosidades se queden en Creta, aquí la hija del Sol [55] amó a un toro: pero, en cualquier caso, era una hembra que amaba a un macho. Mi amor, si tengo que decir la verdad, es más aberrante que aquel. Y sin embargo, ella consiguió el amor que esperaba; ella, con su engaño y el disfraz de vaca fue montada por el toro, y el adúltero era tal que se dejó engañar. Pero supongamos que confluyeran aquí los ingenios de todo el mundo, supongamos que el mismo Dédalo volara de vuelta con sus alas enceradas: ¿qué podría hacer? ¿Acaso con la sabiduría de su ciencia podría convertirme de doncella en muchacho? ¿Acaso te transformaría a ti, Iante? ¿Por qué no fortificas tu ánimo y vuelves en ti, Ifis, y te sacudes de encima esta pasión desquiciada y necia? ¡Considera lo que fuiste al nacer, no te engañes también a ti misma! ¡Desea lo que es lícito, y ama lo que debes amar como mujer! Es la esperanza lo que se apodera de nosotros, es la esperanza lo que alimenta el amor: a ti la realidad te impide tener esperanzas. No es la vigilancia lo que te aleja del querido abrazo ni la atención

---

[55] Pasífae, esposa de Minos e hija del Sol.

de un cauto marido; no es el rigor de un padre, no es
ella la que rechaza tus ruegos; y a pesar de todo tú no
podrás poseerla, y aunque todo siga su curso no podrás
ser feliz aunque los dioses y los hombres se esfuercen
por ello. También ahora no hay ninguno de mis deseos
que no se cumpla, los dioses me son propicios, lo que
han podido me lo han dado, y lo que yo quiero lo
quiere también mi padre, lo quiere ella misma y también mi futuro suegro. Pero no lo quiere la naturaleza,
más poderosa que todos ellos, que es la única que me
perjudica. Y ya se acerca el esperado momento, se
acerca el día de la boda, y pronto Iante será mía, y yo
no la tendré. Nos atormentará la sed en medio de las
olas. ¿Por qué, casamentera Juno, por qué, Himeneo,
asistís a este rito en el que falta quien nos tome, en el
que ambas nos entregamos?» Tras esto guardó silencio. No se agita con menos ardor la otra doncella, y
ruega, Himeneo, para que vengas pronto.

Teletusa, temiendo lo que Iante desea, ora difiere el
momento, ora lo retrasa con un fingido malestar, y a
menudo aduce como excusa presagios y sueños. Pero
ya había consumido todos los engaños posibles, y el diferido momento de la boda era inminente, y ya sólo
quedaba un día. Entonces ella soltó la venda que suje-
taba sus cabellos y los de su hija, y abrazando el altar
con los cabellos sueltos, dijo: «¡Oh Isis, que habitas en
Paretonio, en los campos de Mareótide y en Faros, y en
el Nilo que se divide en siete bocas, ayúdanos, te lo suplico, y pon remedio a nuestros temores! A ti, diosa, a
ti te vi un día con estas insignias, y entera te reconocí, y
en mi memoria están grabados tus compañeros, las antorchas, el sonido de los sistros y tus consejos. Que ésta
viera la luz y que yo no fuera castigada, he aquí que
todo ha sido por gracia y obra tuya. ¡Ten piedad de ambas y préstanos tu ayuda!» Lágrimas siguieron a sus palabras.

La diosa pareció mover su altar (y de hecho lo movió), las puertas del templo temblaron, brillaron unos

cuernos que imitaban los de la luna, y crepitó el sonoro sistro. Feliz por el fausto presagio, aunque no del todo segura, la madre abandona el templo: Ifis la acompaña y la sigue, con pasos más largos de lo habitual; tampoco el candor de su semblante es el mismo, su fuerza aumenta, el mismo rostro es más duro y la longitud de sus cabellos sin ornato es menor, y su vigor es mayor que el que tenía cuando era una hembra. En efecto, mientras hace poco eras una mujer, ahora eres un muchacho. ¡Llevad ofrendas al templo, alegraos sin incertidumbres!

Llevan ofrendas al templo, y añaden también una inscripción. La inscripción tenía un breve verso: «Ifis cumple como hombre los votos que hizo como mujer.» Al día siguiente, la luz había descubierto con sus rayos el vasto mundo, cuando Venus, Juno e Himeneo se reunieron ante el altar nupcial, y el joven Ifis tomó a su Iante.

LIBRO DÉCIMO

Desde allí, envuelto en su manto color azafrán, Himeneo se alejó por el cielo inmenso y se dirigió a la tierra de los cícones [1], donde en vano era invocado por la voz de Orfeo. Porque él acudió, sí, pero sin las palabras rituales, sin alegría en el rostro ni presagios felices; incluso la antorcha que llevaba chisporroteó hasta el final con un humo que hacía llorar los ojos, y aunque la agitaran no produjo llama alguna. El desenlace fue aún más grave que el auspicio; en efecto, un día, cuando la recién casada [2] paseaba por un prado acompañada por un grupo de náyades, murió al ser mordida en el talón por una serpiente.

Tras haberla llorado todo lo posible sobre la tierra, y para no dejar de intentarlo también entre las sombras, el poeta del Ródope [3] se atrevió a descender hasta el Estigio a través de la puerta del Ténaro [4], y entre muchedumbres incorpóreas, entre los fantasmas de los que habían recibido sepultura, fue a presentarse ante Perséfone y el señor del desapacible reino de las sombras. Tañendo las cuerdas para acompañar su canto,

---

[1]   Pueblo costero de Tracia.
[2]   La dríade Eurídice.
[3]   Del monte Ródope, en Tracia. Orfeo es hijo del rey tracio Eagro y de la musa Calíope, aunque también se le llama hijo de Apolo.
[4]   Promontorio de Laconia, donde se creía que estaba una de las entradas al Infierno.

dijo así: «Oh dioses del mundo subterráneo, al que venimos a caer todos los que nacemos mortales, si puedo, si me permitís que diga la verdad dejando de lado los rodeos de una boca falaz, yo no he bajado hasta aquí para ver el oscuro Tártaro ni para encadenar los tres cuellos erizados de culebras del monstruo meduseo [5]; la razón de mi venida es mi esposa, en quien una víbora, al ser pisada, inoculó su veneno, arrebatándole así sus jóvenes años. Habría querido poder soportarlo, y no voy a negar que lo intenté: pero el Amor venció. Es éste un dios bien conocido en el mundo de la superficie: desconozco si lo es también aquí. Pero espero que lo sea, y si es cierto lo que se dice del antiguo rapto [6], también a vosotros os unió el amor. ¡Por estos lugares donde reina el miedo, por esta oscuridad interminable, por los silencios de este vasto reino, yo os suplico que volváis a tejer los hilos del precipitado destino de Eurídice! Todas las cosas, todos nos debemos a vosotros, y todos, tras una breve demora, nos apresuramos, más tarde o más temprano, hacia una misma sede. Aquí nos dirigimos todos, esta es nuestra última morada, y vosotros ejercéis sobre el género humano el más largo de los dominios. También ella, cuando haya cumplido plenamente los años que le corresponden, quedará en vuestro poder: lo que os pido como favor es que me concedáis su disfrute. Porque si los hados me niegan esta gracia para mi consorte, yo, desde luego, no querré regresar: podréis alegraros con la muerte de los dos.»

Mientras él decía estas cosas, acompañando las palabras con el tañido de las cuerdas, las almas exangües lloraban: Tántalo no intentaba alcanzar el agua que le rehuía, la rueda de Ixión se quedó inmóvil, los buitres

---

[5]   Cérbero, de la misma estirpe de Medusa, pues ambos son hijos de Equidna.

[6]   Cfr. V, pág. 206.

no siguieron desgarrando el hígado [7], las nietas de Belo dejaron vacías sus vasijas, y tú, Sísifo, te sentaste sobre tu piedra [8]. Dicen que entonces por primera vez las lágrimas bañaron las mejillas de las Euménides, vencidas por el canto, y ni la consorte real ni el rey de los abismos pudieron responder que no a sus súplicas, y llamaron a Eurídice. Ella se encontraba entre las sombras recién llegadas, y se aproximó con paso lento a causa de la herida. Orfeo del Ródope la recibió junto con la orden de no volver la vista atrás hasta que hubiese abandonado los valles del Averno, o de lo contrario el don quedaría sin efecto.

A través de mudos parajes silenciosos se encaminaron por un sendero empinado, abrupto, tenebroso, cubierto por una densa niebla oscura. Y ya no estaban lejos del margen de la superficie de la tierra: él, temeroso de que ella no estuviera, ansioso por verla, volvió hacia atrás la mirada, lleno de amor. Inmediatamente ella vuelve a caer, y tendiendo los brazos lucha por aferrarse y ser aferrada, pero la infeliz no agarra sino el aire huidizo. Y muriendo por segunda vez, no se lamentó de su esposo (¿pues de qué podía lamentarse, sino de ser amada?), y pronunciando un último «adiós», que ya apenas llegó a los oídos de él, volvió a caer de nuevo al mismo sitio.

Orfeo se quedó paralizado ante esa segunda muerte de su esposa, igual que aquel que vio, lleno de terror, los tres cuellos del perro, el del medio asido por una cadena, y que no perdió el miedo sino con su propia naturaleza, puesto que una roca ocupó todo su cuerpo; o como Oleno, que se atribuyó el delito y quiso pasar por culpable, y tú, desdichada Letea, demasiado engreída por tu belleza: fuisteis una vez corazones unidísimos, y ahora sois piedras que sostiene el húmedo Ida. Suplicó,

---

[7] De Titio.
[8] Cfr. pág. 179, n. 30.

inútilmente intentó volver a cruzar, pero el barquero [9] no se lo permitió. A pesar de todo, durante siete días permaneció sentado en la orilla, desaliñado, sin probar los frutos de Ceres: la pena, el dolor y las lágrimas fueron su alimento. Tras lamentarse de la crueldad de los dioses del Érebo, se retiró al elevado Ródope y al Hemo, azotado por el Aquilón.

El sol había puesto fin al tercer año en el signo de los acuáticos Peces, y Orfeo había rehuido todo amor femenino, bien por el daño que le había causado, bien porque hubiese hecho un voto; sin embargo, muchas ansiaban unirse al poeta, y muchas sufrieron un doloroso rechazo. Es más, él fue quien indujo a los pueblos de Tracia a dirigir el amor hacia tiernos varones, y a recoger las primeras flores y la breve primavera de la edad que precede a la juventud.

Había una colina, y sobre la colina un campo completamente llano que la hierba de un prado cubría de verde. No había sombra en aquel lugar: cuando el poeta hijo de dioses [10] se sentó allí e hizo vibrar las sonoras cuerdas, a aquel lugar vino la sombra. No faltó el árbol de Caonia ni el bosque de las Helíades [11], no faltaron la encina de alta copa ni los flexibles tilos, ni el haya ni el virgen laurel, y los frágiles avellanos, y el fresno, bueno para hacer lanzas, el abeto sin nudos y la encina curvada por el peso de las bellotas, el festivo plátano y el arce de desigual color, los sauces y los acuáticos lotos, ambos habitantes de los ríos, el boj siempre verde y las tenues tamarices, el mirto bicolor y el sauquillo de bayas azuladas. También vosotras vinisteis, hiedras de retuerto pie, y las vides con sus pámpanos junto a los olmos envueltos en vides, los quejigos y las piceas, el madroño cargado de rojos frutos, la es-

---

[9]   Caronte, el barquero infernal que transporta a las almas recién llegadas hasta la otra orilla del Aqueronte.
[10]   Orfeo, como hijo de Apolo.
[11]   Los álamos.

belta palmera, trofeo de vencedores, y el pino de cima
hirsuta con la copa recogida hacia arriba, grato a la madre de los dioses, puesto que Atis, amado por Cibeles,
se despojó de su figura de hombre cambiándola por la
de pino, y se endureció en su tronco.

Se encontraba entre esta multitud también el ciprés,
que semeja un cono: ahora es un árbol, pero antes fue
un muchacho, al que amó el dios que tensa las cuerdas
de la cítara y del arco [12]. En efecto, había un gran ciervo
sagrado para las ninfas que habitan los campos de Cartea [13], que con su amplia cornamenta se hacía a sí
mismo espesa sombra. Sus cuernos brillaban cubiertos
de oro, y de su cuello torneado pendían collares de gemas que caían sobre sus patas; sobre su frente colgaba
una bola de plata sujeta por una fina cinta, y a ambos
lados de sus cóncavas sienes brillaban dos perlas doradas que llevaba desde su nacimiento. Sin ningún
miedo, abandonada su natural timidez, solía frecuentar
las casas y ofrecer su cuello a las caricias, aunque se tratara de manos desconocidas. Pero más que para cualquier otro, era querido para ti, Cipariso, el más bello
del pueblo de Ceos. Tú conducías al ciervo a nuevos
pastos, tú le llevabas a fuentes cristalinas, y unas veces
entretejías en sus cuernos flores de colores, y otras,
montado en su grupa como un jinete, lo guiabas dichoso de aquí para allá, frenando su tierna boca con
riendas de púrpura.

Era mediodía y hacía calor, y las curvas pinzas del
Cangrejo [14] habitante del litoral ardían bajo los vapores
del sol: el ciervo, cansado, recostó su cuerpo sobre el
suelo herboso, buscando el frescor de la sombra de los
árboles. El joven Cipariso lo atravesó por equivocación
con una afilada jabalina, y al verlo agonizar por culpa
de su cruel herida, decidió que quería morir. ¡Qué pa-

---

[12]   Apolo.
[13]   Ciudad de la isla de Ceos.
[14]   La constelación de Cáncer.

labras de consuelo no le diría Febo, y cómo intentó
persuadirle de que limitara su dolor en proporción a lo
sucedido! Pero él gime y pide a los dioses este último
regalo: poder llevar un luto eterno. Entonces sus
miembros, exangües ya por el inmenso llanto, empezaron a tomar un color verde, y los cabellos que poco
antes caían sobre la nívea frente empezaron a convertirse en una copa hirsuta, y endureciéndose miraron
hacia el cielo estrellado con su grácil punta. El dios gimió, y dijo tristemente: «Serás llorado por nosotros,
llorarás a los demás y estarás junto a los que sufren.»

Tal era el bosque que había atraído el poeta, que estaba sentado en medio de una congregación de fieras y
una turba de aves. Cuando hubo probado suficientemente las cuerdas tañéndolas con el pulgar, y vio que
las distintas notas armonizaban aunque con diferente
sonido, entonó con su voz este canto: «¡Oh madre
Musa, haz que desde Júpiter, pues ante el reino de Júpiter ceden todas las cosas, empiece mi canto! Muchas
veces he hablado antes de la potencia de Júpiter: con
plectro más solemne canté de los Gigantes y de los rayos vencedores que fueron arrojados sobre los campos
flegreos [15]; pero ahora se requiere una lira más leve:
cantemos a los muchachos que fueron amados por los
dioses, y a las muchachas que, trastornadas por pasiones prohibidas, merecieron ser castigadas por su lujuria.

El rey de los dioses se enamoró una vez del frigio
Ganímedes, y se descubrió algo que Júpiter prefería ser
antes que sí mismo. En efecto, no se dignó en transformarse en otra ave que no fuera la que podía llevar sus
rayos [16]. Sin demora, batiendo el aire con sus falsas plu-

---

[15]   De Flegra, en Calcídica, región de Macedonia donde tuvo lugar la Gigantomaquia.
[16]   El águila.

mas, rapta al ilíada [17], que todavía hoy mezcla la bebida
y le sirve el néctar a Júpiter, a despecho de Juno.

También a ti, hijo de Amiclas [18], te habría puesto
Febo en el cielo, si tu triste destino le hubiese dado
tiempo para ello. Pero sí eres eterno, pues eso sí fue
posible, y cuantas veces la primavera repele al invierno
y Aries sucede al lluvioso Piscis, tú surges y floreces en
los verdes prados. A ti te amó mi padre más que a ningún otro, y Delfos, situada en el centro del mundo, se
quedó sin su protector en la época en que el dios fre-
cuentaba el Eurotas [19] y Esparta desprovista de murallas. Ya no le interesan la cítara y las flechas: olvidándose de sí mismo, no le importa llevar las redes, sujetar
a los perros o acompañarte por las cumbres de una
abrupta montaña, alimentando su amor con la constan-
cia de la costumbre.

El sol ya se encontraba más o menos a medio camino
entre la noche que se acercaba y la que había pasado, y
la misma distancia le separaba de una y de otra: se quitan las ropas, y con el cuerpo brillante, ungidos con el
denso jugo de la oliva, empiezan a competir con el ancho disco. Febo fue el primero en lanzarlo, después de
blandirlo, a las capas más altas del aire, cortando con
su masa las nubes que encontraba en su camino. Tras
largo tiempo el peso volvió a caer sobre la sólida tierra,
demostrando lo que podía hacer la habilidad unida a la
fuerza. Llevado por la pasión del juego, el Tenárida [20]
se había precipitado imprudentemente a recoger el
disco, pero la dura tierra lo hizo rebotar golpeando tu
cara, oh Jacinto. El mismo dios palidece a la vez que el
joven, y sostiene sus miembros que desfallecen: ahora
intenta reanimarte, ahora limpia la funesta herida;

---

[17]   Ganímedes es de la estirpe de Dárdano, fundador de Troya, de
donde le viene el nombre de ilíada, es decir, troyano.
[18]   Jacinto.
[19]   Río de Laconia que pasa por Esparta.
[20]   Jacinto, por el Ténaro, promontorio de Laconia.

ahora, aplicando unas hierbas, intenta retener el alma que escapa. De nada sirven sus artes: la herida era incurable. Al igual que cuando alguien en un jardín de riego corta violetas o amapolas, o lirios sostenidos por rojizos tallos, y éstos, marchitos, reclinan en seguida la cabeza que se hace pesada, y ya no se mantienen tiesos, y miran con los pétalos hacia el suelo, de la misma forma languidece abatido el rostro moribundo, el cuello queda sin fuerzas y es un peso para sí mismo, y cae inclinado sobre el hombro. «Tú mueres, Ébalida, despojado de la primera juventud,» dice Febo, «y yo veo tu herida, que es mi delito. ¡Tú eres mi dolor y mi crimen, mi diestra es la culpable de haberte matado, yo soy el autor de tu muerte! Pero en realidad, ¿cuál ha sido mi culpa? A menos que se pueda llamar culpa a haber jugado, a menos que también amar pueda considerarse una culpa. ¡Ojalá pudiese pagar mi castigo con la vida, muriendo contigo! Pero puesto que la ley del destino me lo impide, siempre estarás conmigo y tu recuerdo estará pegado a mis labios. Tú sonarás en la lira tañida por mi mano, tú sonarás en mis cantos y, flor nueva, reproducirás en letras mis lamentos. Llegará también un tiempo en que un poderosísimo héroe se unirá a ti en esta flor, y su nombre se leerá en los mismos pétalos.» Mientras Apolo profiere estas palabras con verídica boca, he aquí que la sangre, que había manchado la hierba mezclándose con la tierra, deja de ser sangre, y nace una flor más resplandeciente que la púrpura de Tiro, que toma la forma de los lirios, con la única diferencia de que el color de ésta es morado, mientras que aquéllos son plateados. Pero a Febo, pues él era quien le había concedido este honor, no le bastó con esto: él mismo inscribió en los pétalos sus gemidos, y así la flor lleva escrito AYAY, y lleva marcadas letras de dolor [21].

---

[21]   Los antiguos creían leer en el dibujo de los pétalos de esta flor, que era una especie de lirio purpúreo, o bien AYAY, lamento de dolor, o bien AYAX, nombre del héroe de la guerra de Troya.

Y Esparta no se avergüenza de haber generado a Jacinto; todavía hoy le rinde homenaje, y cada año retornan las Jacintias, que han de celebrarse, según las antiguas costumbres, con una procesión.

En cambio, si por casualidad preguntaras a Amatunte [22], la rica en metales, si quería haber generado a las Propétides, te diría que no, como también lo diría de aquellos que en tiempos pasados llevaban dos cuernos en la desigual frente, por lo que, además, habían recibido el nombre de Cerastas [23]. Había ante las puertas de éstos un altar dedicado a Júpiter Hospitalario, en el que un forastero, viéndolo teñido de sangre, habría pensado que habían sido sacrificados terneros lactantes y ovejas del lugar. Pero era algún extranjero el que había sido inmolado. Incluso la venerable Venus, ofendida por estos sacrílegos sacrificios, se disponía a abandonar sus ciudades y los campos de Ofiusa [24]. «Pero ¿en qué han pecado estos agradables lugares, en qué han pecado mis ciudades? ¿Qué crimen han cometido? Que sean más bien estas impías gentes las que paguen su culpa con el exilio o con la muerte, o con algo intermedio entre la muerte y el destierro. ¿Y qué otra cosa podría ser, sino el castigo de transformar su figura?» Mientras dudaba en qué iba a convertirlos su mirada se posó en los cuernos, que le hicieron recordar que podía conservarlos como estaban, e hizo crecer sus cuerpos transformándolos en grandes novillos.

Las obscenas Propétides, en cambio, se habían atrevido a decir que Venus no era una divinidad, por lo que cuentan que, a causa de la ira de la diosa, fueron las primeras que prostituyeron sus cuerpos y su belleza. Y al perderse su pudor y endurecerse la sangre en sus mejillas, se convirtieron, poca era ya la diferencia, en rígido pedernal.

---

[22] Ciudad de la costa meridional de Chipre.
[23] Que significa, precisamente, «cornudo».
[24] Otro nombre de la isla de Chipre.

Pigmalión, que las había visto llevar una vida vergonzosa, ofendido por los múltiples defectos que la naturaleza había dado a la mente de las mujeres, vivía célibe, sin esposa, y durante mucho tiempo su lecho se había visto privado de una consorte. Un día talló felizmente, con admirable talento, una escultura de níveo marfil, le dio una belleza con la que ninguna mujer podría llegar a nacer, y se enamoró de su propia obra. Su aspecto era el de una muchacha de verdad, y se habría dicho que estaba viva y que, de no impedírselo el pudor, se habría movido: hasta tal punto el arte se disimulaba bajo el arte. Pigmalión está embelesado, y en su pecho se enciende el amor por ese cuerpo falso. Muchas veces pone sus manos sobre la estatua y la toca para ver si aquello es un cuerpo o es marfil, y aún así diría que no es marfil. Le da besos y cree que le son devueltos, le habla, la abraza, y le parece que sus dedos se hunden en sus miembros cuando los toca, y teme que al apretar sus brazos se formen moratones. Unas veces la halaga con ternura, y otras le lleva regalos de los que gustan a las muchachas, como conchas, lisos guijarros, pajaritos y flores de mil colores, lirios, bolas decoradas y lágrimas caídas del árbol de las Helíades. También adorna sus miembros con ropas: pone gemas en sus dedos y en su cuello largos collares, de sus oídos cuelgan ligeros pendientes, y sobre su pecho cintas. Y desnuda no es menos bella. La tiende sobre cobertores teñidos de púrpura de Sidón, la llama compañera de su lecho y recuesta su cuello sobre blandos cojines de plumas, como si ella pudiera notarlo.

Había llegado el día de la fiesta de Venus, la más celebrada en toda Chipre. Las novillas de amplios cuernos vendados de oro habían caído golpeadas en la blanca cerviz y el incienso desprendía volutas de humo, cuando Pigmalión, tras cumplir los ritos obligados, se paró ante el altar y tímidamente: «Oh dioses, si todo lo podéis conceder, deseo que sea mi esposa», y sin atreverse a decir «la muchacha de marfil», dijo «una pare-

cida a la mía de marfil.» Venus, que asistía en persona
a su fiesta, entendió cuál era el significado de esos ruegos, y en señal de la benevolencia de su divinidad, una
llama se encendió tres veces y elevó su punta por el
aire. Cuando regresó fue a buscar la estatua de su
amada muchacha, y reclinándose sobre el lecho la
besó: le pareció que estaba tibia. Vuelve a acercar sus
labios, y con las manos le palpa también el pecho: al to-
carlo el marfil se ablanda, y perdiendo su rigidez se
hunde y cede bajo los dedos; de igual forma la cera del
Himeto se reblandece al sol, y cuando es trabajada con
el pulgar se moldea tomando muchas formas distintas,
y el propio trato la hace más tratable. Mientras se
asombra y se alegra tímidamente, temeroso de que no
sea cierto, una y otra vez vuelve a tocar el enamorado
el objeto de su deseo: ¡es un cuerpo! Las venas palpitan
bajo la presión del pulgar. Entonces sí que el héroe de
Pafos [25] pronunció sonoras palabras para dar gracias a
Venus, y por fin su boca ya no besó una boca falsa. La
virgen sintió los besos que le daba y se sonrojó, y alzando hacia sus ojos y hacia la luz su tímida mirada, a la
vez vio el cielo y a su amante. La diosa estuvo presente
en la boda que ella misma había hecho posible.
Cuando los cuernos de la luna habían completado
nueve veces el disco, ella dio a luz a Pafos, de quien la
isla recibe su nombre.

De Pafos nació aquel Cíniras que, de no haber tenido hijos, habría podido contarse entre los hombres
felices. Es espantoso lo que voy a cantar. Alejaos, hijas,
alejaos, padres, o, si mis versos cautivan vuestros oídos,
no deis crédito a esta parte de mi canto, y no creáis el
suceso; sin embargo, si lo creéis, creed también el castigo. En cualquier caso, si la naturaleza permite que
presenciemos semejante pecado, yo me congratulo con
el pueblo tracio y con nuestra región, me congratulo

---

[25] Ciudad de Chipre, aunque el nombre era extensivo a toda la
isla.

con este país que está tan lejos de aquellas tierras que
generaron tamaña impiedad. Por mucho que sea rica
en amomo la tierra de Pancaya [26], que produzca canela
y su típico costo, y el incienso que destila de la madera,
y mientras produzca también mirra: ¡no valía tanto el
árbol nuevo! El mismo Cupido niega que hayan sido
sus flechas las que te hirieron, oh Mirra, y reivindica la
inocencia de su antorcha en este crimen. Fue una de las
tres hermanas [27] la que te apestó con una antorcha estigia y con sus serpientes hinchadas de veneno. Es un
crimen odiar al propio padre: ¡pero este amor es un delito mayor que el odio!

Nobles de todos los países te desean, toda la juventud de Oriente viene a competir por tu mano. De entre
todos elige a uno como tu esposo, oh Mirra; ¡pero
siempre que no se halle entre ellos uno en concreto!
Ella misma se da cuenta y rechaza ese amor impuro, y
se dice: «¿Adónde me arrastran mis pensamientos?
¿Qué es lo que estoy tramando? ¡Oh dioses, oh respeto
filial y vínculos sagrados de los padres, impedid esta
monstruosidad, detened esta iniquidad que deseo cometer! ... Si es que realmente es una iniquidad. En
efecto, nadie dice que el respeto por los padres con-
dene esta clase de amor, y los demás animales se unen
sin establecer diferencias, y no se considera un pecado
que la novilla sea montada por su padre. El caballo
convierte a su hija en su esposa, el macho cabrío se une
a las cabras que él mismo ha procreado, y el ave concibe de aquel de cuyo semen fue concebida. ¡Dichosos
aquellos a quienes estas cosas les están permitidas! Los
escrúpulos humanos promulgaron leyes malvadas, y lo
que la naturaleza permite lo prohíben unas normas
odiosas. Sin embargo, hay pueblos en los que dicen que
la madre se une al hijo y la hija al padre, y el afecto se

---

[26] Mítica región de Arabia, famosa por su producción de incienso.
[27] Las Erinies.

fortalece con este doble amor. ¡Infeliz de mí!, ¿por qué no he nacido allí, por qué me veo perjudicada por este lugar? Pero ¿por qué le doy vueltas a estas cosas? ¡Aléjate de mí, esperanza prohibida! Él es digno de ser amado, sí, pero como padre. Así que si no fuera hija del gran Cíniras podría yacer con Cíniras, pero precisamente por ser tan mío no puede ser mío, y la misma proximidad me perjudica; tendría más posibilidades si fuese de otro. Me gustaría irme lejos de aquí y abandonar los confines de mi patria, para huir de la impiedad. Pero un funesto ardor me retiene aquí, enamorada, para poder ver a Cíniras, y tocarle, hablarle, besarle, si es que nada más se me concede. Pues ¿qué otra cosa podrías esperar, virgen impía? ¿No te das cuenta de cuántos vínculos y nombres ibas a alterar? ¿Acaso no serías la rival de tu madre y la concubina de tu padre? ¿No deberían llamarte hermana de tus hijos y madre de tus hermanos? ¿Y no tienes miedo de las hermanas de cabellera de negras serpientes, que se aparecen ante quienes tienen un corazón culpable, persiguiendo con crueles antorchas los ojos y el rostro [28]? ¡Por tanto, mientras todavía no has padecido la impiedad en tu cuerpo no la concibas tampoco en tu mente, y no mancilles con un coito prohibido las leyes de la poderosa naturaleza! Y suponiendo que quisieras hacerlo, la misma realidad te lo impide: él es un hombre justo que respeta las costumbres. ¡Oh, cómo quisiera que también él sintiera el mismo furor!»

Esas fueron sus palabras. Mientras tanto, Cíniras, que ante la gran cantidad de pretendientes dignos de su hija dudaba qué debía hacer, le pregunta a ella misma, tras enumerarle todos los nombres, a cuál quiere como marido. Al principio ella guarda silencio, se enciende con la mirada clavada en el rostro de su padre y un velo de tibias lágrimas recubre sus ojos. Cíniras, creyendo que se

---

[28]   Las Euménides.

trata de virginal pudor, le dice que no llore, seca sus mejillas y añade también unos besos. Demasiado se alegra Mirra al recibirlos, y cuando él le pregunta que cómo desea que sea su marido, responde: «Parecido a ti.» Él loa su respuesta, aunque sin comprenderla, y le dice: «¡Sé siempre así de respetuosa!» Al oír hablar de respeto la virgen bajó la mirada, consciente de su culpa.

Era ya noche avanzada, y el sueño había relajado los cuerpos y las preocupaciones. Pero la hija de Cíniras permanece en vela, consumida por un fuego indomable, agita en su mente sus incontenibles deseos, y unas veces se desespera, otras desea intentarlo, se avergüenza, lo desea, y no encuentra una solución. Igual que cuando un tronco enorme es herido por el hacha, y a falta del último golpe, no se sabe hacia dónde va a caer y en todas partes hay temor, su ánimo oscila vacilante aquí y allá, quebrantado por distintas heridas, y toma impulso hacia ambos lados. Y no halla otro alivio para su amor más que la muerte; sí, la muerte es buena idea. Se levanta, decide atarse un lazo a la garganta, y atando a una viga el cordón que ceñía su cintura, dice: «¡Adiós, amado Cíniras; espero que entiendas la causa de mi muerte!», y empieza a colocarse el nudo alrededor del pálido cuello.

Cuentan que las palabras que murmuraba llegaron a los fieles oídos de su nodriza, que vigilaba el umbral de su pupila. La anciana se levanta y abre la puerta, y al ver los preparativos para la muerte, a la vez empieza a gritar, se hiere el pecho y rompe sus ropas, le quita el lazo del cuello y lo desgarra. Sólo entonces se entregó al llanto, sólo entonces la abrazó y le preguntó la causa de esa cuerda. La muchacha calla, muda, observa inmóvil el suelo y se duele de haber sido sorprendida en su intento, demasiado lento, de darse muerte. La anciana insiste, y descubriendo sus canas y sus pechos secos le suplica, en nombre de ese primer alimento que le dio en la cuna, que le confíe la razón de su dolor. Ella gime, volviendo la espalda a sus ruegos; pero la nodriza está decidida a averiguarlo y a ofrecerle algo más que su palabra.

«Cuéntamelo», le dice, «y deja que te ayude. No es la mía una vejez sin recursos: si se trata de locura, tengo a alguien que te curará con conjuros y hierbas; si alguien te ha echado mal de ojo, te purificarán con un rito mágico; si es la ira de un dios, la ira se puede aplacar con sacrificios. ¿En qué otra cosa podría pensar? Porque, desde luego, tu posición y tu casa están a salvo y prosperan, y tu padre y tu madre están vivos.» Al oír nombrar a su padre, Mirra exhala un suspiro desde lo más profundo de su pecho; sin embargo, la nodriza todavía no sospecha que se trata de ninguna impiedad, aunque sí presiente que se trata de algún amor. Insistiendo tenazmente en su propósito le ruega que se lo diga, sea lo que sea; la toma deshecha en lágrimas en su regazo de anciana, y estrechándola entre sus débiles brazos, dice: «¡Estás enamorada, me he dado cuenta! Y en esto, no temas, mi celo estará a tu servicio, y tu padre no sabrá nada.» Mirra, furiosa, salta de su regazo, y hundiendo el rostro en la cama, dice: «¡Vete, te lo suplico, y apiádate de mi triste vergüenza!», y ante su insistencia, «¡Vete», vuelve a decirle, «o deja de preguntarme por qué me atormento! ¡Es una iniquidad lo que te esfuerzas por saber!» La anciana se estremece, tiende hacia ella sus manos temblorosas por la edad y por el miedo, y cae suplicante a los pies de su pupila. Y unas veces la lisonjea, otras la asusta para que confiese y la amenaza con contar lo del lazo y su intento de suicidio, y le promete su ayuda si le confía su amor. Ella levantó la cabeza e inundó el pecho de la nodriza con un torrente de lágrimas, muchas veces estuvo a punto de hablar, muchas veces se contuvo, y cubriéndose con el vestido el rostro avergonzado, exclamó: «¡Oh madre, feliz por tu esposo!» Sólo eso dijo, y gimió. Un escalofrío helado recorrió los miembros y los huesos de la nodriza, pues por fin había comprendido; en toda su cabeza se erizó su blanca canicie, se pusieron tiesos sus cabellos. Muchas cosas dijo para ver si podía arrancar de ella ese amor infausto; pero la muchacha, aunque sabe que tiene razón en sus consejos, está decidida a morir si no puede conseguir su amor. «Vive», le dice entonces la anciana, «tendrás a tu...», y, no atreviéndose a decir «padre», calla, y confirma su promesa jurando por los dioses.

Las piadosas matronas estaban celebrando la fiesta anual de Ceres, durante la cual, envolviendo sus cuerpos en níveos atuendos, llevaban como ofrenda coronas de espigas, primicias de sus cosechas, y durante nueve noches consideraban prohibido el contacto amoroso con los hombres. Entre aquella multitud se encontraba también Cencreida, la esposa del rey, que asistía a los sagrados misterios. Así pues, mientras en el lecho falta la legítima consorte, la nodriza, funestamente diligente, encuentra a Cíniras aturdido por el vino y le habla bajo un nombre falso de ese amor verdadero, alabando su belleza. Preguntada sobre la edad de la doncella, dijo: «Es igual a la de Mirra.» Con la orden de conducirla a su presencia, regresó a la casa y le dijo: «¡Alégrate, pupila mía: hemos ganado!» La infeliz no podía alegrarse con todo el corazón, pues un mal presentimiento afligía su pecho; pero a pesar de todo se alegró, tanta era la confusión que reinaba en su mente.

Era la hora en que todo está en silencio, y Bootes, inclinando el timón, había hecho virar su carro entre las estrellas de la Osa Mayor. Ella se encamina hacia el crimen. La luna dorada desaparece del cielo, nubes negras cubren las estrellas, que quedan ocultas, y la noche carece de su luz. Por primera vez escondes tu rostro, oh Icario, y también tú, Erígone, divinizada por tu piadoso amor hacia tu padre [29]. Tres veces su pie tropezó, avisándola de que regresara, tres veces el funesto búho le dio un mal agüero con su canto de muerte. Ella, sin em-

---

[29]   Icario murió a manos de unos pastores borrachos, y al saber lo ocurrido, su hija Erígone se suicidó. La perra de ambos, Mera, fue catasterizada en la constelación de la Canícula o Can Menor, por lo que Icario y Erígone fueron identificados por algunos con las constelaciones de Bootes y Virgo.

bargo, sigue adelante, y las tinieblas y la oscuridad de la noche disminuyen su pudor. Con la izquierda lleva de la mano a la nodriza; con la otra, tanteando, explora el oscuro camino. Y ya toca el umbral de la habitación, ya abre la puerta, ya es conducida dentro; entonces las rodillas empiezan a temblarle, como si se fueran a doblar, huyen el color y la sangre, y el valor la abandona mientras avanza. Cuanto más se acerca a su oprobio más se estremece, se arrepiente de haber osado, y le gustaría poder irse sin ser reconocida. Pero mientras vacila la anciana mano la arrastra, y al entregarla, acercándola al alto lecho, dijo: «Tómala, Cíniras, es tuya», y unió sus cuerpos malditos.

El padre recibe en su lecho impuro a la carne de su carne, alivia su virginal temor y la conforta en su miedo. Tal vez también la llamó hija, debido a su edad, y ella también le llamó padre, para que nada le faltara al delito, ni siquiera los nombres. Encinta abandona el tálamo de su progenitor, llevando en el vientre nefasto la impía semilla, cargando con su culpa fecundada. El hecho se repitió la noche siguiente, y no fue esa la última, hasta que por fin Cíniras, ansioso de conocer a su amante tras tantos concúbitos, acercando una lámpara vio a su hija y vio el crimen, y mudo de dolor desenvainó la espada que pendía de la pared.

Mirra huyó, y con el favor de las tinieblas y de la negra noche escapó a la muerte. Tras vagar por los vastos campos abandonó Arabia rica en palmeras y las tierras de Pancaya, y durante nueve meses erró sin rumbo, hasta que por fin, exhausta, se detuvo en la región de Saba [30]; apenas podía soportar ya el peso de su vientre. Entonces, sin saber qué pedir, indecisa entre el miedo a la muerte y la aversión a la vida, pronunció estas palabras: «Oh dioses, si es que hay alguno que se compadece de los arrepentidos, me he merecido un castigo, y no lo re-

---

[30] Ciudad de Arabia.

chazo. ¡Pero, para no contaminar a los vivos con mi vida
ni a los difuntos con mi muerte, expulsadme de ambos
reinos y, transformándome, negadme a la vez la muerte
y la vida!»

Hay algún dios que se compadece de los arrepentidos;
en cualquier caso, los dioses escucharon sus últimos deseos. Mientras habla, en efecto, la tierra sube alrededor
de sus piernas, de las uñas rotas brotan torcidas raíces,
soporte de un largo tronco, y los huesos se hacen de madera, aunque la médula permanece en su interior; la
sangre se convierte en savia, los brazos en ramas grandes, los dedos en ramas pequeñas, y la piel se endurece
en corteza. Y el árbol, creciendo, ya había comprimido
el vientre cargado, había recubierto el pecho, y estaba a
punto de cubrir el cuello: ella no soportó la espera, se
dejó caer hacia la madera que subía y hundió su rostro
bajo la corteza. Aunque con su viejo cuerpo ha perdido
también la sensibilidad, sin embargo llora, y del árbol
manan tibias gotas. También las lágrimas son apre-
ciadas, y la mirra que destila de la madera conserva el
nombre de su dueña, y de ellas se hablará en todos los
tiempos.

Pero la criatura concebida del pecado había crecido
bajo la madera, y buscaba un camino para salir a la luz y
abandonar a su madre. El vientre grávido se hincha en
mitad del árbol: el peso tensa el cuerpo de la madre,
pero a su dolor le faltan las palabras, y Lucina no puede
ser invocada por la parturienta. El árbol, sin embargo,
parece esforzarse, se comba y profiere constantes gemidos, y está bañado en ríos de lágrimas. La piadosa Lucina se paró junto a las doloridas ramas, acercó su mano
y pronunció las palabras que ayudan al parto. El árbol
forma unas grietas y expulsa a través de la quebrada corteza su carga viviente: el niño llora. Las Náyades lo de-
positaron sobre tiernas hierbas y lo ungieron con las
lágrimas de su madre.

La misma Envidia habría tenido que alabarlo: en
efecto, su cuerpo era como el los amorcillos desnudos

que se pintan en los cuadros, siempre que, para que no se diferenciaran en el atuendo, les quitaras a ellos la ligera aljaba, o se la pusieras a él.

El tiempo huye y pasa volando, y nada hay más veloz que los años. Aquel que ha nacido de su hermana y de su abuelo, que hace un momento estaba encerrado en el tronco, que hace un momento fue dado a luz, y poco ha era un niño bellísimo, ya es un joven, ya es un hombre, ya se supera a sí mismo en belleza, ya gusta a la misma Venus, y con ello venga la pasión de su madre.

En efecto, una vez que Cupido, el niño de la aljaba, estaba dando besos a su madre, la arañó en el pecho, sin darse cuenta, con una flecha que sobresalía. Al sentir el dolor la diosa apartó a su hijo con la mano, pero la herida era más profunda de lo que parecía, aunque al principio ella misma no lo hubiese advertido. Cautivada por la belleza del joven, ya no se interesa por las playas de Citera; no visita Pafos, ceñida de profundo mar; ni Cnido, rica en pesca; ni Amatunte, productora de metales; también prescinde del cielo: antes que el cielo prefiere a Adonis. No se separa de él, es su compañera; acostumbrada a entregarse siempre a las sombras y a aumentar y cultivar su belleza, ahora vaga por cerros y por selvas entre rocas y matorrales, con la túnica recogida sobre la rodilla a la manera de Diana, y azuza a los perros para dar caza a animales de fácil presa, como las liebres que andan inclinadas hacia adelante, los ciervos de alta cornamenta o los gamos. Se mantiene lejos de los fuertes jabalíes y evita a los rapaces lobos, a los osos armados de zarpas y a los leones que se sacian devastando el ganado. También a ti, Adonis, te previene para que les tengas miedo, por si acaso puede conseguir algo con sus consejos, y dice: «¡Sé valiente con los que huyen! La audacia no está a salvo frente a los audaces. No seas temerario, joven Adonis, puesto que es un peligro también para mí, y no provoques a las fieras a las que la naturaleza ha dotado de armas, ¡que no tenga yo que pagar cara tu gloria! Ni tu edad, ni tu aspecto, ni las demás cosas que han

conmovido a Venus podrán conmover a los leones y a
los jabalíes hirsutos de cerdas, no cautivarán los ojos y
los ánimos de las fieras. Los violentos jabalíes tienen la
rapidez del relámpago en sus encorvados colmillos, y los
leones son impetuosos y salvajes en su ira, y son una raza
a la que odio.» Al preguntarle Adonis la razón, «te lo
contaré», dijo, «y te sorprenderás del prodigio que provocó este antiguo pecado. Pero este esfuerzo al que no
estoy acostumbrada me ha fatigado, y he aquí que este
chopo nos invita con su oportuna sombra, y el césped
nos ofrece un lecho: me apetece descansar aquí contigo». Y se tendió en el suelo, recostándose sobre la
hierba y sobre él, y con la cabeza apoyada sobre el pecho
del joven, que yacía reclinado, dijo así, intercalando a
veces besos entre sus palabras:

«Tal vez hayas oído hablar de una que era capaz de
vencer en la carrera a los hombres más veloces. Ese rumor no era ninguna fábula: realmente los superaba, y no
habrías podido decir si se distinguía más por la valía de
sus pies o por los méritos de su belleza [31]. El oráculo, al
consultarle aquélla sobre el matrimonio, le respondió:
"Tú no necesitas un marido, Atalanta. Evita la experiencia conyugal. Y, sin embargo, no podrás evitarla, y aunque viva te verás privada de ti misma." Atemorizada por
el responso del dios, habita, sin casarse, en oscuros bosques, y ahuyenta a la apremiante multitud de pretendientes imponiéndoles esta terrible condición: "Nadie
me conseguirá", dice, "si antes no me vence en la carrera. Competid conmigo con vuestros pies: el que sea
veloz recibirá como premio esposa y matrimonio, los
lentos pagarán con la muerte. Estas serán las reglas de la
competición." Ella era cruel, sin duda, pero aun así
(tanto es el poder de la belleza), una temeraria muchedumbre de pretendientes acudió aceptando las condiciones. Como espectador de la desigual carrera estaba

---

[31] Se trata de Atalanta, la misma que hemos visto participar en la
cacería del jabalí de Calidón.

sentado Hipómenes, que había dicho: "¿Es que hay alguien que esté dispuesto a buscar esposa a través de tantos peligros?", y había criticado el exagerado amor de aquellos jóvenes. Pero cuando ella se quitó los velos y él pudo ver su rostro y su cuerpo, que era como el mío, o como el tuyo si fueras una mujer, se quedó pasmado, y alzando las manos exclamó: "¡Perdonadme, vosotros a los que he condenado hace un momento! Todavía no sabía cuál era el premio por el que vais a luchar." Y mientras la alaba nace en él el deseo, y desea que ningún joven corra más deprisa que ella, y lleno de envidia se acongoja. "Pero ¿por qué voy a quedarme sin probar suerte en esta carrera?", dice. "Los mismos dioses favorecen a los osados."

»Mientras Hipómenes delibera estas cosas consigo mismo, la virgen vuela como si tuviese alas en los pies. Y aunque el joven aonio [32] la ve pasar más veloz que una flecha de Escitia, admira aún más su belleza, y la misma carrera la hace bella a sus ojos. La brisa tiende hacia atrás los cordones de las sandalias, el cabello ondea sobre su espalda de marfil, como ondean también las vendas de coloreado reborde que van atadas bajo sus rodillas, y el delicado candor de su cuerpo va tomando un color rosado, como cuando un velo purpúreo tendido sobre una cándida sala le confiere falsas sombras de color. Mientras el forastero se fijaba en estas cosas, Atalanta había llegado a la última meta, y fue ceñida, vencedora, con la corona triunfal. Gimen los vencidos, y pagan su pena según lo pactado. Pero el joven, sin dejarse amedrentar por la suerte de aquéllos, se alza entre la multitud, y con los ojos fijos en la virgen, dice: "¿Por qué buscas fáciles triunfos venciendo a unos incapaces? ¡Mídete conmigo! Si la suerte me da la victoria, no te pesará haber sido vencida por un hombre de mi grandeza. En efecto, mi padre es Oncesto de Mégara, de quien es

---

[32]   Beocio.

abuelo Neptuno: así pues, soy biznieto del rey de las
aguas, y mi valor no es inferior a mi linaje. Y si soy vencido, haber vencido a Hipómenes te dará fama grande y
duradera." Mientras habla, la hija de Esqueneo le observa con ojos tiernos, no sabe si prefiere vencer o ser
vencida, y piensa: "¿Qué dios, enemigo de los hermosos,
quiere perder a éste, obligándole a aspirar a este matrimonio y poniendo en peligro su valiosa vida? A mi juicio, yo no valgo tanto. Y no es su belleza lo que me cau-
tiva, aunque bien podría haberme cautivado también su
belleza, sino el hecho de que todavía es un muchacho:
no es él lo que me conmueve, sino su edad. ¿Y qué decir
del valor que tiene y de su mente que no teme a la
muerte? ¿Qué de que sea el cuarto, en línea de descendencia, de la estirpe del rey del mar? ¿Qué decir de que
me ama y en tanto estima casarse conmigo que está dispuesto a morir, si yo, cruel, me niego a él? ¡Vete mientras puedes, extranjero, y aléjate de esta unión man-
chada de sangre! El mío es un matrimonio cruel: ninguna mujer se negará a ser tu esposa, y podrás ser
deseado por una muchacha sensata. Pero ¿por qué me
preocupo por ti cuando ya he destruido a tantos? ¡Él
verá lo que hace! ¡Que muera, puesto que la muerte de
tantos pretendientes no le sirve de escarmiento y está
cansado de vivir! Pero, entonces, ¿va a morir porque
quería vivir conmigo, y va a sufrir una muerte inmere-
cida como premio de su amor? Desde luego, no será la
mía una victoria envidiable. Pero no es culpa mía. ¡Ojalá
quisieras desistir o, puesto que estás loco, ojalá fueras
más veloz que yo! ¡Qué mirada tan virginal en ese rostro
de muchacho! ¡Ah, desdichado Hipómenes, ojalá nunca
me hubieras visto! Eras digno de seguir viviendo: si yo
fuera más afortunada y no me prohibiera el matrimonio
un triste destino, tú serías el único con quien querría
compartir mi lecho!"

»Así cavilaba e, inexperta, al ser tocada por el deseo
por primera vez no sabe lo que es, y ama, pero no sabe

que es amor. El pueblo y su padre [33] ya reclamaban la habitual carrera, cuando Hipómenes, prole de Neptuno, me invocó con voz ansiosa: "¡Que la diosa de Citera me asista en mi empresa y favorezca la pasión que me ha infundido!" Una brisa amable transportó hasta mí sus dulces ruegos, me conmoví, lo confieso, y el asunto no permitía demora. Hay un campo en la parte más bella de la tierra de Chipre que los habitantes del lugar llaman campo de Támaso: antiguamente había sido consagrado a mí por los ancianos, que ordenaron que fuera adjudicado a mi templo como regalo. En medio del campo brilla un árbol de dorada copa y doradas ramas crepitantes de oro. Casualmente volvía yo de allí llevando en la mano tres manzanas de oro que había recogido, y sin que nadie pudiera verme más que él, me acerqué a Hipómenes y le indiqué de qué forma debía utilizarlas. Las trompetas dan la señal, y ambos, agachados en la línea de salida, parten con un salto y tocan con raudo pie la superficie de la arena: dirías que podrían rozar el mar sin mojarse los pies, o correr sobre blancas mieses sin doblar las espigas. Los aplausos y el griterío alientan al joven, así como las palabras de quienes le gritan: "¡Ahora, ahora es cuando tienes que esforzarte, Hipómenes, corre! ¡Ahora tienes que emplear todas tus fuerzas! ¡No te retrases! ¡Vas a ganar!" No se sabe si estas palabras alegran más al héroe de Mégara o a la hija de Esqueneo. ¡Cuántas veces frenó cuando ya podía adelantarle, y tras contemplar largo rato su rostro le dejó atrás contra su voluntad! De la boca fatigada salía un jadeo reseco, y la meta estaba aún lejos. Entonces, por fin, el descendiente de Neptuno tiró uno de los tres frutos del árbol. La virgen se sorprendió y, codiciando la brillante manzana, desvió su carrera y cogió el pomo de oro que rodaba. Hipómenes la adelanta: las tribunas resuenan con los aplausos. Con rápida carrera ella recupera el

---

[33]   Atalanta es hija de Esqueneo, rey de Onquesto.

retraso y el tiempo perdido y vuelve a dejar al joven a su
espalda; otra vez se retrasa cuando le lanza la segunda
manzana, pero de nuevo alcanza al hombre y lo sobrepasa. Quedaba la última parte de la carrera. "¡Asísteme
ahora, diosa, tú que me has hecho el regalo!", dice, y con
fuerza lanzó el brillante oro en diagonal hacia el borde
de la pista, para que ella tardara más en regresar. La
muchacha pareció dudar si ir a buscarlo o no: la obligué
a coger la manzana, y cuando la hubo cogido aumenté
su peso, retrasándola a la vez con el peso y con la demora. Para que mi relato no se haga más largo que la
misma carrera: la virgen fue adelantada, y el vencedor se
llevó su premio.

»¿No me merecía, Adonis, que me diera las gracias y
llevara incienso a mi altar? No se acordó ni de agrade-
cérmelo ni de ofrecerme incienso. Una ira repentina se
apoderó de mí, y dolida por ese desprecio, me aseguré
de dar ejemplo para no ser despreciada en el futuro, ins-
tigándome a mí misma contra los dos. Estaban pa-
seando al lado de un templo que, dedicado tiempo atrás
a la madre de los dioses [34] por el ilustre Equión en cumplimiento de un voto, se encuentra en las profundidades
de un frondoso bosque; entonces les induje a descansar
del largo camino. Allí, incitado por mi poder, un intem-
pestivo deseo de yacer con Atalanta se apoderó de Hipómenes. Cerca del templo había un rincón apartado
semejante a una cueva, hecho de pómez natural y consagrado a la antigua religión, donde el sacerdote había
reunido muchas estatuas de madera de antiguos dioses:
allí penetra y profana el santuario con el acto prohibido.
Las estatuas sagradas volvieron los ojos, y la Madre coronada de torres [35] dudó si debía sumergir a los culpables
en las aguas estigias. Pero le pareció un castigo demasiado leve. Así pues, he aquí que una melena rojiza recubre sus cuellos que eran lisos hace un momento, los

---

[34]   Cibeles.
[35]   Cibeles, a la que se solía representar con una corona de torres.

dedos se curvan en zarpas, de los hombros nacen patas, todo el peso se desplaza hacia el pecho, y con la cola barren la arena. En su rostro se refleja la ira, en lugar de palabras emiten gruñidos, en lugar de casas habitan las selvas y, temibles para los demás, leones, tascan con mansedumbre el freno del carro de Cibeles. Huye de ellos, amado mío, así como de todas las fieras de este tipo que no presentan la espalda para huir, sino el pecho para luchar; ¡que tu valor no nos perjudique a los dos!»

Así que ella le advirtió, y tras uncir a sus cisnes emprendió el camino por el cielo. Pero la bravura es contraria a los consejos. Los perros, por casualidad, siguiendo unas huellas que se veían claramente, habían sacado de su escondrijo a un jabalí, y el joven hijo de Cíniras lo atravesó con un golpe sesgado cuando se aprestaba a salir de entre los arbustos. Inmediatamente el fiero jabalí se arrancó con el corvo hocico el venablo teñido en su propia sangre y se lanzó tras el joven que, temblando, buscaba refugio, y hundiéndole por entero los colmillos en la ingle le hizo caer, moribundo, sobre la rubia arena. Venus, transportada por el aire en su ligero carro tirado por alas de cisnes, todavía no había llegado a Chipre: desde lejos reconoció el gemido del moribundo, e hizo virar hacia allí a las blancas aves. Cuando desde las alturas vio el cuerpo exánime que se retorcía en su propia sangre, saltó del carro y a la vez se desgarró la ropa y los cabellos, y se golpeó el pecho con manos indignas de tal acto. Y quejándose de los hados, dijo: «Pero no todo caerá en vuestro poder. Quedará para siempre un testimonio de mi dolor, Adonis, y la escena de tu muerte se repetirá, escenificando cada año una representación de mi sufrimiento [36]. Y la sangre se transformará en flor. ¿O es que si a ti un día se te permitió, Perséfone, mudar femeninos miembros en perfumada

---

[36] En las fiestas Adonias.

menta [37], a mí se me va a prohibir que transforme al héroe hijo de Cíniras?» Tras decir estas palabras, esparció néctar perfumado sobre la sangre, que al contacto empezó a hincharse, como cuando surge en el barro, bajo la lluvia, una burbuja transparente. Y no había pasado una hora entera cuando de la sangre brotó una flor del mismo color que tienen habitualmente las granadas, que tantos granos esconden bajo su flexible cáscara. Su vida, sin embargo, es breve: en efecto, mal adherida a la tierra y frágil por su excesiva ligereza, es arrancada por los mismos vientos que le prestan su nombre [38].

[37] La ninfa Mente, que cuando Hades intentaba seducirla fue transformada por Perséfone en una planta de menta.
[38] La anémona, del griego *ánemos*, «viento».

LIBRO UNDÉCIMO

Con este canto el poeta de Tracia encantaba a los bosques, a las bestias y a las piedras, que le seguían; entonces, he aquí que las mujeres de los Cícones, con los pechos delirantes cubiertos de pieles de animales, divisaron desde la cumbre de un cerro a Orfeo, que acompañaba su canto con el tañido de la lira. Una de ellas, con los cabellos agitados por la leve brisa, gritó: «¡Mirad, mirad, allí está el que nos desprecia!», y arrojó su bastón contra la melodiosa boca del cantor de Apolo; aunque, al estar recubierto de hojas, sólo le dejó una señal, sin herida. Otra utiliza como arma una piedra, que tras ser lanzada, en el mismo aire fue cautivada por la melodía de la boca y de la cítara, y como pidiendo perdón por tan terrible atrevimiento se posó a sus pies. Pero ya arrecia un furioso combate, se pierde toda moderación, y reina la furibunda Erinis. Todas las armas habrían sido amansadas por el canto, pero el enorme griterío, las flautas berecintias de curvado cuerno, los tímpanos, el batir de las manos y los aullidos báquicos ahogaron el sonido de la cítara, y entonces, por fin, las piedras se tiñeron de rojo con la sangre del poeta, cuya voz ya no se oía. Primero, las Ménades exterminaron a las innumerables aves que todavía permanecían extasiadas por la voz del cantor, a las serpientes y a toda la multitud de animales salvajes, como testimonio de su triunfo sobre Orfeo. Luego se

abalanzan sobre el propio Orfeo con las manos ensangrentadas, y se agolpan igual que los pájaros cuando
ven vagar en plena luz del día al ave nocturna. Así
como el ciervo destinado a morir en el ruedo por la mañana, en medio del anfiteatro, es presa de los perros,
ellas se lanzan sobre el poeta y le arrojan sus tirsos verdes de ramas, tirsos hechos para otros usos. Ésta le
arroja terrones de tierra, aquélla ramas que arranca de
los árboles, otras le tiran piedras. Y para que no le fal-
ten armas a la locura, casualmente había unos bueyes
que iban removiendo la tierra con el peso del arado, y
no lejos de allí unos robustos campesinos labraban los
campos, ganándose el sustento con abundante sudor.
Éstos huyen al ver a la tropa de las Ménades abandonando sus instrumentos de trabajo, y azadas, pesados
rastrillos y largos azadones yacen dispersos por los
campos desiertos. Tras apoderarse de ellos y despeda-
zar, enfurecidas, a los bueyes que las amenazaban con
sus cuernos, corren de nuevo a matar al poeta, que tendiendo las manos pronunciaba por primera vez palabras sin efecto, sin que su voz pudiera ya seducir. Ellas,
sacrílegas, acaban con su vida, y por aquella boca, oh
Júpiter, que escuchaban las piedras y entendían los animales, el alma salió y se desvaneció en el viento.

Te lloraron, Orfeo, las tristes aves, te lloraron todos
los animales, te lloraron las duras piedras y los bosques
que tantas veces habían seguido tu canto, y los árboles,
perdiendo sus hojas, lucieron por ti su copa desnuda. Y
dicen que también los ríos acrecieron su caudal con sus
propias lágrimas, y que las Náyades y las Dríades recubrieron sus velos de lino con un manto oscuro, y soltaron sus cabellos. Los miembros de Orfeo yacen des-
perdigados en distintos lugares: tú, Hebro [1], recibes su
cabeza y su lira, y (¡cosa increíble!), mientras se deslizan en medio de la corriente, la lira emite no sé qué

---

[1]   Río de Tracia.

triste lamento, tristemente murmura la lengua exánime, tristemente contestan las orillas. Y ya, arrastradas hasta el mar, abandonan el río de su tierra y alcanzan la costa de Lesbos, cerca de Metimna. Allí, una fiera serpiente acomete contra la cabeza que las olas habían arrojado a esas playas lejanas, y contra los cabellos empapados de gotas de rocío. Entonces, por fin Febo interviene y retiene a la serpiente que estaba a punto de morder y congela en piedra sus fauces, endureciéndolas así como están, abiertas de par en par.

La sombra de Orfeo desciende bajo tierra, reconoce todos los lugares que había visto antes, y tras buscarla por los campos de los piadosos encuentra a Eurídice y la estrecha en un abrazo apasionado. Por allí pasean a veces los dos juntos: unas veces ella le precede y él la sigue, otras veces él va delante y, seguro ya, Orfeo se vuelve a mirar a su Eurídice.

Pero Lieo [2] no permitió que este crimen quedara impune, y dolido por la pérdida del cantor de sus ritos sagrados inmovilizó inmediatamente en los bosques, con una nudosa raíz, a todas las matronas edonias [3] que habían presenciado el sacrilegio. Allí donde cada una se encontraba, hizo que se le alargaran los dedos de los pies y que las puntas se clavaran en la dura tierra. Como un pájaro que, cuando ha metido una pata en el lazo que astutamente había escondido el cazador, bate las alas sintiéndose atrapado y con su agitación estrecha aún más las ataduras, así cada una de ellas, al verse inmovilizada, pegada al suelo, intenta huir inútilmente, llena de terror, pero la flexible raíz las retiene y frena sus saltos. Mientras se preguntan dónde están sus dedos, dónde sus pies y dónde sus uñas, ven cómo la madera va subiendo por sus lisas pantorrillas, y cuando intentan golpearse los muslos para lamentarse golpean la madera; también sus pechos se hacen de madera, ma-

---

[2] Baco.
[3] Tracias.

dera son sus hombros, y creerías que sus brazos extendidos son ramas, y lo creerías con razón.

Baco no se contentó con esto: abandonó incluso
aquellos campos, y se dirigió con séquito mejor a sus viñedos del Tmolo [4] y al Pactolo [5], aunque en aquellos
tiempos todavía no transportaba oro ni era codiciado
por su preciosa arena. Allí se reúne su acostumbrada
corte de sátiros y de bacantes, pero falta Sileno. Tambaleándose por los años y por el vino, fue capturado
por unos campesinos frigios que lo ataron con guirnaldas y lo llevaron a la presencia del rey Midas, a quien el
tracio Orfeo y el cecrópida [6] Eumolpo habían iniciado
en los ritos orgiásticos. Tan pronto como reconoció a
su amigo y compañero de culto, Midas ordenó festejar
durante diez días con sus noches la llegada del huésped. Y ya por undécima vez el Lucífero había cerrado
la retirada del sublime ejército de las estrellas, cuando
el rey llegó feliz a los campos de Lidia y entregó a Sileno a su joven pupilo. El dios, feliz por haber recuperado a aquel que le había criado, concedió a Midas la
facultad, grata pero inútil, de elegir su recompensa. Él,
haciendo mal uso del regalo, dijo: «Haz que todo aquello que toque con mi cuerpo se convierta en rubio oro.»
Líber accedió a su deseo y le concedió ese don que le
había de perjudicar, y sintió que no hubiese pedido
algo mejor.

El rey berecintio [7] se marcha satisfecho y se alegra de
su mal, y tocando una cosa tras otra pone a prueba la
veracidad de la promesa. Casi sin poder creerlo él
mismo, tiró de una verde rama que colgaba de una encina no muy alta: la rama se convirtió en oro; levantó
una piedra del suelo: también la piedra palideció con el
color del oro; tocó también un terrón de tierra: al po-

---

[4]   Monte de Lidia.
[5]   Río de Lidia, de arenas auríferas.
[6]   Ateniense.
[7]   Frigio, por el Berecinto, monte de Frigia.

der de su tacto también el terrón se convierte en una
sólida pepita; recogió unas espigas secas de trigo: fue
una cosecha dorada; toma un fruto cogiéndolo de un
árbol: creerías que se lo habían regalado las Hespérides [8]; si acerca los dedos a un alto poste, el poste se ve
resplandecer. Hasta cuando se lavaba las manos con
agua cristalina, el agua, al fluir de sus palmas, habría
podido engañar a Dánae [9]. Él mismo no puede contener su emoción y se lo imagina ya todo de oro. Mientras así se alegra, los criados le sirven la mesa llenán-
dola de manjares, entre los que no faltan cereales tostados: si coge con la mano los dones de Ceres, los
dones de Ceres se endurecen; si intenta morder la comida con ávidos dientes, al contacto con sus dientes
una lámina dorada recubre la comida; mezclaba con
transparente agua al autor de su regalo [10]: podías ver líquido oro flotar en su boca. Estupefacto ante la inesperada desgracia, rico y pobre a la vez, desea escapar a
la riqueza y odia lo que antes deseaba. La abundancia
no apacigua en nada su hambre, la garganta arde reseca por la sed y, merecidamente, es torturado por el
oro que ahora aborrece. Alzando al cielo las manos y
los brazos refulgentes, exclamó: «¡Perdóname, padre
Leneo! ¡He pecado, pero ten piedad, te lo suplico, y lí-
brame de esta brillante desgracia!»

El poder de los dioses es benévolo: Baco devuelve su
antiguo estado al que reconoce haber pecado, y le libera del don que le había concedido en cumplimiento
de su promesa. «Y si no quieres permanecer revestido
de ese oro que infaustamente deseaste», dice, «enca-
mínate hacia el río que corre junto a la gran Sardis [11] y
atraviesa las cumbres del monte en dirección contraria
a la corriente; cuando llegues al nacimiento del río, su-

---

[8]   Los frutos del jardín de las Hespérides eran de oro.
[9]   Que fue seducida por Júpiter convertido en lluvia de oro.
[10]   Baco, es decir, vino.
[11]   Ciudad de Lidia.

merge la cabeza en la espumosa fuente allí donde
mana con más abundancia, y lava a la vez tu cuerpo y tu
culpa.» El rey se puso bajo el agua como le había sido
ordenado: el poder de crear oro tiñó las aguas del río, y
del cuerpo del hombre pasó a la corriente. También
ahora, absorbida la semilla de ese viejo filón, los campos están rígidos, pálidos de terrones impregnados
de oro.

En cuanto a Midas, aborreciendo la riqueza, vivía en
los bosques y en los campos venerando a Pan, que habita siempre en las cuevas de los montes; pero siguió
teniendo el mismo ingenio tosco, y nuevamente había
de verse perjudicado por las ocurrencias de su necia
mente.

Pues bien, el Tmolo se yergue altísimo con escarpada pendiente, mirando hacia el mar, y extendiendo
sus dos pendientes termina por un lado en Sardis, y por
el otro en la pequeña Hipepas [12]. Allí Pan, cuando se
jactaba ante las dulces ninfas de su música modulando
una suave melodía con su flauta de cañas enceradas, se
atrevió a menospreciar el canto de Apolo, considerán-
dolo inferior al suyo propio, por lo que vino a medirse
con él en desigual enfrentamiento, con el Tmolo como
juez. El anciano juez tomó asiento en su montaña y liberó de árboles sus oídos; su azulada cabellera quedó
ceñida tan sólo por ramas de encina, y las bellotas colgaban rodeando sus cóncavas sienes. Entonces, mirando al dios de los rebaños, dijo: «El juez está listo.»
Pan empieza a soplar en las agrestes cañas, y con su
barbárica melodía fascina a Midas, que casualmente
también se encontraba ante el cantor. Cuando Pan terminó, el sagrado Tmolo volvió su rostro hacia el de
Febo: el bosque entero se volvió con su mirada. Apolo,
con la rubia cabellera coronada de laurel del Parnaso,
barría el suelo con un manto impregnado de púrpura

---

[12]   Aldea de Lidia.

de Tiro y sostenía en su mano izquierda la lira, incrustada de gemas y de marfil de la India; en la otra mano llevaba el plectro. Hasta la postura era la de un artista. Mientras tañe las cuerdas con experto pulgar, el Tmolo, cautivado por la dulzura de su sonido, ordena a Pan que someta las cañas a la lira. Todos aprueban el juicio y el veredicto del monte sagrado; sólo Midas protesta y considera injusta la decisión. Entonces el dios de Delos no consintió que aquellas necias orejas conservaran forma humana, e hizo que se estiraran en el aire, las llenó de vello blanquecino y las hizo móviles en la base, para que pudiese agitarlas. Todo lo demás es humano: el castigo recae en una sola parte de su cuerpo, y lleva las orejas de un asno de lento andar. Él, evidentemente, quiere ocultarlo, y avergonzándose de su deshonra trata de tapar sus sienes con tiaras purpúreas. Pero un criado, que con una cuchilla solía cortar sus cabellos cuando estaban largos, lo había visto. Como no se atrevía a revelar la deformidad que había descubierto, ansioso por divulgarla a los cuatro vientos e incapaz de contenerse, se alejó y cavó un hoyo en la tierra: allí refirió en voz baja, murmurando sobre la tierra que había sacado, cómo eran las orejas que le había visto a su amo. Luego, volviendo a echar la tierra encima, enterró sus delatoras palabras, y una vez recubierto el agujero se alejó sigilosamente. Pero en aquel lugar empezó a crecer un bosquecillo poblado de trémulas cañas que, cuando después de un año llegaron a su madurez, traicionaron al sembrador: en efecto, agitadas por el leve Austro divulgan las palabras enterradas, revelando el secreto de las orejas de su amo.

Tras haberse vengado, el hijo de Latona abandona el Tmolo, y transportado por el aire transparente llega hasta los campos de Laomedonte, más allá del estrecho que toma su nombre de Hele, hija de Néfele [13]. A la de-

---

[13]   Cfr. pág. 243, n. 6.

recha del Sigeo y a la izquierda del profundo Reteo [14], había un viejo altar consagrado a Júpiter Tonante Panonfeo [15]. Desde allí ve que Laomedonte estaba empezando a construir las murallas de la nueva Troya, y que la magna empresa avanzaba con gran fatiga y requería no pocos medios. Entonces, junto con el dios del tridente, padre del hinchado mar, tomó forma humana y erigió los muros para el tirano de Frigia, tras haber acordado un pago en oro. La obra estaba terminada: el rey niega haber pactado una compensación, y además, el colmo de la perfidia, añade a su mentira un falso juramento. «¡No quedarás impune!», gritó el señor del océano, y dirigiendo sus aguas contra las costas de la avara Troya inundó la tierra, que tomó el aspecto del mar, arrasó los bienes de los campesinos y sepultó los campos bajo las olas. Pero este castigo no le pareció suficiente: también exigió que la hija del rey fuera entregada a un monstruo marino. El Alcida [16] la salvó cuando estaba atada a las duras rocas, y luego pidió que le entregaran los caballos que le habían prometido como premio, y al serle negada la recompensa por tan gran hazaña expugnó las murallas de Troya, dos veces perjura, que cayó derrotada.

Telamón, que había tomado parte en la expedición, regresó no sin gloria, y le fue entregada Hesíone [17], que él hizo suya. Peleo, por su parte, ya era ilustre al tener a una diosa por esposa, y no se sentía menos orgulloso del nombre de su suegro [18] que del de su abuelo [19], pues si no era el único nieto de Júpiter, sí era el único que se había casado con una diosa. En efecto, el viejo Pro-

---

[14]   Sigeo y Reteo son promontorios de la Tróade.
[15]   Sobrenombre de Júpiter, del griego *panomphaios,* «autor de todos los oráculos».
[16]   Hércules.
[17]   Hija de Laomedonte.
[18]   Nereo, padre de Tetis.
[19]   Tanto Peleo como Telamón, hijos de Éaco, son nietos de Júpiter.

teo [20] le había dicho a Tetis: «Oh diosa de las olas, concibe: serás madre de un joven que cuando esté en la
plenitud de sus fuerzas superará las hazañas de su padre, y será considerado más grande que él.» Por eso,
para que en el mundo no hubiera nadie mayor que Júpiter, éste evitó unirse a la marina Tetis, aunque en su
pecho había sentido una llama en absoluto templada, y
dispuso que fuera su nieto, el Eácida [21], quien ocupara
su puesto en el matrimonio, y se entregara al abrazo de
la virgen del mar.

Hay en Hemonia un golfo que forma un arco curvado en forma de hoz: los dos brazos de tierra se extienden de forma que, si el agua fuera más profunda,
allí habría un puerto; pero las aguas apenas cubren la
superficie de la arena. Tiene una playa sólida, que ni
conserva las huellas ni dificulta el andar, ni está cubierta de algas; próximo a ella hay un bosque de mirtos
cargado de bayas bicolores. En medio del bosque hay
una caverna, no se sabe si hecha por la naturaleza o por
el arte, aunque más bien se diría hecha por un artista, a
la que tú, Tetis, solías venir a menudo, desnuda, montando un embridado delfín. Fue allí donde Peleo te
asaltó mientras yacías vencida por el sueño, y puesto
que rechazabas sus ruegos, se dispuso a forzarte ro-
deándote el cuello con ambos brazos. Y si no hubieras
recurrido a tus artes habituales, cambiando continuamente de figura, habría conseguido lo que se proponía.
Pero una vez eras un pájaro: aún así, como pájaro te tenía agarrada; otra vez eras árbol: Peleo abrazaba el árbol; la tercera forma fue la de una tigresa de piel es-
triada: entonces por fin el Eácida, aterrorizado, liberó
tu cuerpo del abrazo. Él, entonces, se pone a adorar a
los dioses del mar vertiendo vino sobre las aguas y
ofrendando vísceras de oveja y humeante incienso,

---

[20]   Dios profético del mar (cfr. pág. 105, n. 3).
[21]   Peleo, hijo de Éaco.

hasta que el adivino de Cárpatos [22], apareciendo en
medio de las olas, le dijo: «Conseguirás el matrimonio
que deseas, Eácida; tú, simplemente, cuando descanse
dormida en la gruta de piedra átala sin que se dé
cuenta con lazos y con fuertes cuerdas. Y no te dejes
engañar aunque adopte cien formas falsas, y sujétala,
sea lo que sea, hasta que vuelva a tomar su forma de
antes.» Así habló Proteo y ocultó su rostro en las aguas,
pronunciando entre sus olas las últimas palabras.

El Titán [23] se estaba poniendo, y ya se sumergía en el
mar de Hesperia inclinando el timón de su carro
cuando la bella nereida, volviendo a la cueva, entró en
el acostumbrado aposento. Apenas se había echado
Peleo sobre sus virginales miembros cuando ella empezó a cambiar de forma, hasta que se dio cuenta de
que su cuerpo estaba inmovilizado y de que sus brazos
estaban sujetos uno a cada lado. Entonces, por fin, gimió, y diciendo: «No es sin la ayuda de un dios como
consigues vencerme», se mostró como Tetis. Otra vez
ella misma, el héroe la abraza y obtiene su deseo, lle-
nándola del gran Aquiles.

Así pues, Peleo, eras feliz con tu hijo, feliz con tu esposa, y todo te había salido bien, si exceptúas el crimen
de haber degollado a Foco [24]. Manchado de sangre fraterna y expulsado de la casa de su padre, Peleo llega a
la tierra de Traquis [25]. Allí, sin violencia y sin muertes,
reinaba Ceix, hijo del Lucífero, que tenía en el rostro el
resplandor de su padre, aunque en aquellos días, triste
e irreconocible, lloraba la pérdida de su hermano. Y
allí llegó el Eácida, abatido por su crimen y fatigado
por el viaje, y entró en la ciudad acompañado de unos

---

[22]   Isla que se encuentra entre Creta y Rodas, en cuyo mar habita
Proteo.
[23]   El Sol.
[24]   Hijo de Éaco y de la nereida Psámate, era hermanastro de Telamón y de Peleo, que lo mataron por celos y por temor de que Éaco
le nombrara heredero de su reino.
[25]   Ciudad de Tesalia.

pocos, después de haber dejado los rebaños de ovejas y el ganado que traía en un oscuro valle no lejos de las murallas; obtenida licencia para presentarse ante el tirano, llevando ante sí con mano suplicante un ramo envuelto en cintas de lana, refirió quién era y de quién era hijo. Sólo ocultó su crimen y mintió sobre la razón de su marcha; pidió que le ayudaran, permitiéndole que se asentara en la ciudad o en los campos. En respuesta, el rey traquinio le dirigió estas palabras con plácido semblante: «Nuestras comodidades están al alcance también de la gente común, Peleo, y el nuestro no es un reino inhóspito. A esta disposición nuestra tú le añades poderosas razones: un nombre ilustre y Júpiter como abuelo. Así que no pierdas el tiempo suplicando: lo que quieras lo tendrás, y puedes considerar tuyo todo lo que ves. ¡Ojalá lo que vieras fuese mejor!» Y empezó a llorar. Peleo y sus compañeros le preguntaron cuál era la causa de tanto dolor, y él les contestó:

«Tal vez creáis que ese ave que vive de la rapiña y es temida por todos los demás pájaros siempre tuvo plumas: pues bien, antes fue un hombre, y tanta es la perseverancia del carácter, que ya entonces era impetuoso y fiero en la batalla, e inclinado a la violencia; su nombre era Dedalión, hijo de aquel que llama a la Aurora y abandona el cielo en último lugar [26]. Yo siempre he cultivado la paz, mi preocupación ha sido cuidar de la paz y de la familia; a mi hermano, en cambio, le gustaba la feroz guerra. Reyes y pueblos fueron subyugados por su valor, ese mismo valor que ahora, transformado, hostiga a las palomas de Tisbe [27]. Tenía una hija, Quíone, que, dotada de enorme belleza y estando en edad de matrimonio, con catorce años, tenía mil pretendientes. Un día, por casualidad, Febo y el hijo de

---

[26] El Lucífero o estrella de la mañana; Dedalión es hermano de Ceix.
[27] Ciudad de Beocia.

Maya [28] estaban regresando aquél de su Delfos y éste
de la cima del Cilene, cuando los dos a la vez la vieron,
y a la vez se enamoraron. Apolo retrasó la esperanza
de amarla hasta la noche, pero Mercurio no soportaba
la espera, y tocó la boca de la virgen con su bastón que
infunde el sueño. Ella yace vencida por el mágico toque
y es forzada por el dios. La noche había salpicado el
cielo de estrellas: Febo simula la apariencia de una anciana y toma el placer que ya le había sido arrebatado.
Cuando el vientre estuvo maduro y se hubo cumplido
el tiempo necesario, de la estirpe del alípede [29] nació
un astuto vástago, Autólico, hábil para toda clase de
travesuras, que solía hacer de lo blanco negro y de lo
negro blanco, digno heredero de las artimañas paternas; de Febo, pues Quíone había parido gemelos, nació
Filamón, insigne en el canto y en la cítara. Pero ¿de
qué le sirvió haber parido dos gemelos y haber gustado
a dos dioses, y ser hija de un padre fuerte y nieta de un
abuelo de refulgente cabellera? ¿Acaso no ha perjudicado la gloria también a muchos otros? A ella, desde
luego, la perjudicó; en efecto, ella sostuvo que era superior a Diana, y criticó el aspecto de la diosa. Aquélla,
entonces, fue presa de una violenta ira y dijo: "¡Pero
mis actos sí te gustarán!" Sin titubear, curvó el arco de
cuerno e impulsó la flecha con la cuerda, atravesando
con su saeta la lengua culpable de Quíone. La lengua
calla, las palabras que intenta pronunciar no encuentran voz, y mientras trata de hablar, la vida la abandona
junto con la sangre. Yo entonces, desdichado, sufrí en
mi corazón, abrazándola, el dolor de un padre, y dije a
mi hermano palabras de consuelo. Pero el padre de
Quíone las escucha igual que escuchan las rocas el
murmullo del mar, y llora a la hija que le ha sido arre-
batada. Cuando la ve arder, cuatro veces siente el impulso de arrojarse a la pira, y cuatro veces retenido

---

[28] Mercurio.
[29] Mercurio, de pies alados.

huye fuera de sí, semejante a un novillo que llevase clavados en el cuello los aguijones de los tábanos, y se lanza a la carrera por donde no hay camino. Ya entonces me pareció que corría más que un hombre, y habrías dicho que le habían salido alas en los pies. Así pues, escapa a todos nosotros, y con la velocidad que le da el deseo de morir alcanza la cumbre del Parnaso. Cuando Dedalión se arrojó desde la cima de la roca, Apolo, apiadándose de él, lo transformó en pájaro, y mientras caía lo sostuvo sobre unas repentinas alas, le dio un pico encorvado, le dio garras como garfios, el mismo valor que antes y mayor fuerza en el cuerpo. Y ahora es un gavilán, con todos despiadado, con todas las aves se ensaña, y en su dolor causa dolor a los demás.»

Mientras el hijo del Lucífero relata el prodigio de su hermano, Onétor el focio, guardián de los rebaños de Peleo, llega corriendo precipitadamente, y jadeando por el esfuerzo de la carrera, dice: «¡Peleo, Peleo, vengo a anunciarte una gran calamidad!» Peleo le ordena que hable, sea cual sea la noticia, y el mismo Ceix pende asustado de sus temblorosos labios. Y él cuenta: «Yo había conducido a los cansados novillos hacia la arqueada playa, y el sol, en su punto más alto, en la mitad de su camino, veía que lo que le quedaba era tanto como lo que había recorrido. Una parte de los bueyes había doblado las rodillas sobre la rubia arena y observaban recostados las llanuras del vasto mar, mientras que otra parte erraba de acá para allá con paso lento; otros nadaban sacando el cuello por encima de las aguas. Hay cerca del mar un templo, pero no resplandeciente de mármol y de oro, sino sombrío, oculto entre los troncos de un espeso y antiguo bosque: está dedicado a Nereo y a las Nereidas. Que pertenecía a los dioses del océano me lo dijo un marinero que estaba secando sus redes en la playa. Al lado del templo hay un pantano rodeado de muchos sauces, formado por agua de mar estancada. Desde allí una bestia enorme, un lobo, aterroriza con sus fragorosos rugidos los lugares vecinos, y sale de la selva palustre con el hocico de fulmíneos movimientos embadurnado de babas y manchado de sangre, y los ojos inyectados en rojo fuego. Y aunque se ensaña a la vez por rabia y por hambre, es la rabia lo que le hace más cruel. De hecho, no se cuida de poner fin a su ayuno y a su hambre espantosa, sino que ataca a toda la manada, a toda la deja tendida con odio. También algunos de los nuestros caen muertos, heridos por sus funestos mordiscos mientras intentamos hacerle frente. La playa y las olas de la orilla están rojas de sangre, así como el pantano, donde resuenan los mugidos. Pero demorarnos sería perjudicial, el asunto no permite titubeos: ¡acudamos todos mientras todavía queda algo, y las armas, tomemos las armas, y hagámosle frente juntos con nuestras lanzas!»

Así habló el vaquero, pero la catástrofe no había turbado a Peleo: recordando su crimen, intuye que la nereida Psámate, privada de su hijo, con esta desgracia ofrece a Foco las últimas exequias. El rey del Eta [30] ordena a sus hombres que vistan las corazas y empuñen los dardos impetuosos, y él mismo se dispone a irse con ellos. Pero Alcíone, su esposa, alertada por el tumulto, acude precipitadamente con el peinado todavía a medio hacer, y soltándose el cabello por completo se abraza al cuello de su marido y le suplica con palabras y con lágrimas que envíe los auxilios sin ir él mismo, y que salve así dos almas en una. El Eácida [31] le dice: «Depón, oh reina, este afectuoso y bello temor: con vuestra promesa de ayuda ya tenéis toda mi gratitud. No me gusta la idea de tomar las armas contra un prodigio desconocido. Lo que hay que hacer es adorar a las divinidades del mar.»

---

[30]   Ceix, por el Eta, monte de Tesalia.
[31]   Peleo.

Había una torre elevada en cuya cima ardía un fuego, grata señal para los barcos fatigados. Suben allí, y con un gemido ven a los toros tendidos en la playa y a la fiera asesina con la boca ensangrentada, ensangrentada también la larga pelambre. Entonces, tendiendo las manos hacia la costa del mar abierto, Peleo reza a la azulada Psámate para que le ayude y ponga fin a su ira. Pero ella no se ablanda con las suplicantes palabras del Eácida: es Tetis quien, intercediendo por su marido, consigue su perdón. Sin embargo, el lobo, llamado a abandonar la despiadada matanza, persiste en ella embravecido por el dulce sabor de la sangre, hasta que, cuando estaba aferrado al cuello de una novilla desgarrada, se convirtió en mármol. El cuerpo lo conserva todo menos el color: sólo el color de la piedra indica que ya no es un lobo, que ya no debe ser temido. No obstante, los hados no permiten que el prófugo Peleo permanezca en esta tierra: exiliado, llega errante hasta la tierra de los magnesios, y allí es purificado de su crimen por Acasto [32] de Hemonia.

Ceix, mientras tanto, turbado e intranquilo por el prodigio acaecido a su hermano y por los que habían seguido a aquél, se prepara para visitar al dios de Claros [33] y consultar los sagrados oráculos, alivio de los humanos; en efecto, el camino hacia el santuario de Delfos resultaba impracticable por culpa del profano Forbas y de los flegias [34]. No obstante, antes te confía a ti su propósito, oh lealísima Alcíone. Inmediatamente, un frío helado recorrió por dentro sus huesos, una palidez casi idéntica a la de la madera de boj se difundió en su rostro y un torrente de lágrimas bañó sus mejillas. Tres veces intentó hablar, tres veces el llanto regó su cara, e interrumpiendo con sollozos sus afectuosos lamentos,

---

[32] Rey de la ciudad de Iolco, en Magnesia.
[33] El oráculo de Apolo en Claros, ciudad de Jonia.
[34] Los flegias, con su jefe, Forbas, saqueaban y asaltaban a los viajeros de la región de Delfos.

dijo: «¿Qué culpa he cometido, querido, que ha cambiado tus sentimientos? ¿Dónde está ese amor que antes me tenías? ¿Es que ahora puedes marcharte tranquilo abandonando a Alcíone? ¿Ahora te gustan los largos viajes? ¿Ya soy más querida para ti si estoy ausente? Y espero que el viaje sea por tierra; así sólo sentiré dolor, y no también miedo, y mis preocupaciones estarán libres de temor. Me aterra el mar, el triste aspecto del océano; hace poco he visto en la playa restos de tablas rotas, y muchas veces he leído sobre las tumbas nombres sin cuerpo. Y que no invadan tu corazón falsas esperanzas por tener como suegro al hijo de Hipotas [35], que podrá aprisionar los fuertes vientos y aplacar las aguas cuando quiera. Una vez que los vientos, al ser liberados, se han adueñado del mar, nada les está prohibido, y toda la tierra y todo el océano quedan a su merced; también zarandean las nubes del cielo, y con sus violentos choques desprenden rayos dorados. Cuanto más los conozco (y desde luego los conozco, pues los veía a menudo en casa de mi padre), más me convenzo de que hay que temerlos. Pero si no hay ruegos que puedan doblegar tu propósito, amado esposo, y estás completamente decidido a ir, entonces ¡llévame contigo! Así los dos seremos zarandeados, y no habré de temer sino aquello que sufra; ¡juntos soportaremos lo que sea, juntos seremos arrastrados por el vasto mar!»

Estas palabras y las lágrimas de la hija de Eolo conmovieron al marido de sidérea estirpe: no era menor la llama que ardía en él. Pero ni quería renunciar a su propósito del viaje por mar ni quería exponer a Alcíone a los peligros, y respondió con largos razonamientos intentando consolar su asustado corazón. No por eso aprobó ella su decisión, y entonces él añadió a las anteriores también estas palabras de alivio, las únicas que

---

[35] Eolo.

doblegaron a su amorosa esposa: «Es verdad que cualquier espera será larga para nosotros, pero te juro por el fuego de mi padre que, siempre que el destino me traiga de vuelta, regresaré antes de que la luna haya llenado dos veces su disco.»

Cuando con esta promesa le ha dado esperanzas sobre su regreso, ordena inmediatamente que saquen una nave de los astilleros y que la boten al mar, y que la armen con el armamento apropiado. Al verla, Alcíone volvió a estremecerse y a verter lágrimas; como presagiando el futuro, le dio un abrazo y, por fin, desconsolada, con voz triste le dijo «adiós», y su cuerpo se desplomó. Pero los jóvenes, aunque Ceix intentaba demorarse, dispuestos en dos filas tiran de los remos hacia sus robustos pechos y cortan el mar con golpes acompasados. Ella alza los ojos húmedos, ve a su marido, que de pie en la curvada popa le envía los primeros saludos agitando la mano, y le devuelve el gesto; cuando la orilla va quedando atrás y los ojos ya no pueden reconocer los rostros, sigue con la mirada, mientras puede, la quilla que se aleja; cuando ya no puede ver ni siquiera la quilla, ya demasiado lejana, sigue mirando la vela que ondea en el mástil; cuando ya no puede ver ni la vela, regresa acongojada a su aposento vacío y se deja caer en la cama. El lecho y el lugar renuevan las lágrimas de Alcíone, y le recuerdan al que está ausente.

Ya habían salido del puerto y la brisa agitaba las jarcias; los marineros recogen los remos colgándolos de los flancos de la nave, izan los cabos de las vergas a lo alto del mástil, y despliegan todas las velas para que recojan el soplo del viento. Pero el bajel había recorrido menos de la mitad del mar, o por lo menos no más, y estaba lejos de una y otra costa, cuando por la noche el mar empezó a ponerse blanco de olas hinchadas, y el rápido Euro empezó a soplar con más fuerza. «¡Amainad deprisa las vergas más altas,» grita el piloto, «y arriad toda la vela en las antenas!» Eso es lo que or-

dena, pero la tormenta que se les echa encima impide
que se cumplan sus órdenes, y el fragor del mar no permite que se oigan las voces. No obstante, espontáneamente se apresuran algunos a subir los remos, otros a
proteger los flancos, otros a substraer la vela a los vientos; éste achica el agua y vuelve a verter el mar en el
mar, aquél baja las vergas a toda prisa. Mientras todo
esto se lleva a cabo sin orden la tempestad arrecia con
furia, y los vientos combaten impetuosamente revolviendo el mar encolerizado. El mismo piloto está asustado, él mismo reconoce que no sabe cuál es el estado
de la nave, ni qué debe ordenar o prohibir: tanta es la
envergadura del peligro, y tanto puede más que la experiencia. En efecto, todo es un fragor: gritan los hombres, chirrían las jarcias, las olas chocan pesadamente
contra otras olas, los truenos retumban en el cielo. El
océano se eleva con sus olas y parece querer igualarse
al cielo y tocar las nubes salpicándolas de espuma; unas
veces, arrastrando la amarilla arena del fondo, se torna
de su mismo color, otras es más negro que las aguas del
Estigio, y a veces se allana y se torna blanco de frago-
rosa espuma. También la nave de Traquis es arrastrada
con movimientos alternos, y tan pronto parece mirar
desde la cima de un alto monte hacia los valles del
abismo del Aqueronte, como, hundida entre cóncavas
murallas de mar, parece alzar sus ojos desde las profundidades infernales hacia el cielo lejano. Muchas veces, golpeada en el flanco por una ola, resuena con in-
gente fragor y retumba como cuando un ariete de hierro o el tiro de una catapulta sacuden y quebrantan una
muralla. Y como los feroces leones, tomando impulso
con la carrera, se abalanzan con el pecho contra las armas y las lanzas que apuntan contra ellos, así las olas,
impulsadas por las ráfagas de viento, se lanzaban contra las defensas de la nave, y eran mucho más altas que
ellas. Y ya se desprenden las clavijas, y las grietas quedan al descubierto, despojadas de su capa de pez, dejando el camino abierto a las mortales oleadas. He aquí

que las nubes se deshacen dejando caer una copiosa lluvia, y se diría que el cielo entero desciende sobre las aguas, y que el mar, hinchándose, asciende hasta las regiones del cielo. Las velas están empapadas de lluvia, y las aguas del océano se mezclan con las olas del cielo. No hay estrellas en el firmamento, y la noche se vuelve negra, oprimida por sus propias tinieblas y por las de la tormenta. Pero los relámpagos hienden esas tinieblas y lo iluminan todo con su resplandor. Las olas se encienden con el fuego de los relámpagos. Y ya alguna ola salta incluso dentro del cóncavo armazón de la nave; como cuando un soldado, más intrépido que todo un ejército, tras haber intentado una y otra vez escalar las murallas de una ciudad asediada logra por fin su propósito e, inflamado por el deseo de gloria, él sólo, entre mil, se apodera de los muros, así, después de que las olas hubieran sacudido nueve veces los altos costados, la décima ola, erigiéndose aún más colosal, se precipita impetuosa y no desiste en su asalto a la cansada nave hasta que consigue sobrepasar sus muros, y, por así decirlo, expugnarla. Entonces, mientras una parte del mar todavía intentaba invadir el barco, otra parte ya estaba dentro. Los hombres son presa del pánico, no menos de lo que es presa del pánico una ciudad cuando unos están abriendo una brecha desde fuera, mientras que otros ya se han apoderado de los muros y están dentro. La experiencia ya no sirve, los ánimos se vienen abajo y las olas que se abalanzan parecen otras tantas muertes que avanzan e irrumpen. Uno no puede contener las lágrimas, otro permanece aturdido, aquél llama benditos a los que recibirán una sepultura, éste hace votos a los dioses, y levantando inútilmente los brazos hacia un cielo que no puede ver, invoca su ayuda. Éste se acuerda de sus hermanos y de sus padres, aquél de los hijos y de la casa, y cada uno piensa en lo que ha abandonado.

Ceix piensa afligido en Alcíone, en los labios de Ceix no hay otra que Alcíone, y aunque es la única a la que añora, sin embargo se alegra de que no esté allí. También desearía poder volverse hacia las costas de su patria y dirigir los ojos hacia la casa por última vez, pero no sabe dónde se encuentra, tanto es el fervor con que el mar se agita vertiginosamente, todo el cielo permanece oculto bajo un manto de nubes negras como la pez, y el aspecto de la noche es doblemente oscuro. El mástil se rompe en pedazos bajo el choque de un torbellino de nubes, se quiebra también el timón, y una ola superviviente, orgullosa de su botín, combándose observa vencedora a las otras olas debajo de sí, y luego, con la misma violencia que si alguien arrancara al Atos [36] y al Pindo [37] de su base y los volcara enteros en el mar, cae de golpe, y a la vez con el golpe y con su peso sumerge el barco en las profundidades, y con él a gran parte de los hombres que, oprimidos por la mole de las aguas y sin poder subir a la superficie, pierden la vida. Algunos se agarran a partes y a pedazos rotos del barco, mientras que él, Ceix, con la misma mano con la que solía sujetar el cetro se sujeta a un fragmento de la embarcación, e invoca, en vano, ¡ay!, a su padre y a su suegro. Pero es su esposa Alcíone la que está más veces en su boca mientras nada: es su recuerdo el que le viene a la mente, y espera que las olas lleven su cuerpo ante los ojos de ella, y que su cadáver exánime sea enterrado por sus manos amigas. Cuantas veces las olas le permiten abrir la boca pronuncia mientras nada el nombre de Alcíone ausente, y también bajo las mismas aguas lo nombra en un murmullo. Cuando he aquí que una negra masa de agua se arquea por encima de las otras olas y se estrella, y al romperse sumerge su cabeza, hundiéndola en las profundidades. Esa mañana el Lucífero estuvo oscuro, tanto que no habrías podido

---

[36]   Monte de la Calcídica.
[37]   Monte de Tesalia.

reconocerlo, y puesto que no le estaba permitido abandonar el cielo, ocultó su rostro tras densas nubes.

La Eólide [38], mientras tanto, ignorando tan gran desgracia, iba contando las noches. Y ya se apresuraba a preparar las ropas que él se pondría, ya preparaba las que ella misma vestiría cuando él regresara, e inútilmente confiaba en su vuelta. A todos los dioses ofrendaba incienso con devoción, sí, pero sobre todo honraba el templo de Juno; por su marido, que ya no era, visitaba sus altares, y rogaba porque estuviese a salvo y porque regresara, y porque no pusiera a otra mujer en su lugar; de todos esos deseos, sólo este último podía cumplirse. Pero la diosa ya no pudo soportar que le suplicaran por un muerto, y para apartar de sus altares esas manos funestas, dijo: «Oh Iris, lealísima mensajera de mis palabras, dirígete velozmente a la soporífera morada del Sueño y ordénale que envíe a Alcíone con la figura del fallecido Ceix un sueño que le explique la verdad.» Así dijo; Iris se viste con su velo de mil colores, y dibujando un arco en el cielo se dirige, según lo ordenado, a la mansión del rey, oculta bajo un manto de nubes.

Hay, cerca del país de los Cimerios [39], una caverna en un lugar distante y apartado, una montaña hueca, morada y santuario del perezoso Sueño, a la que Febo [40], ya se levante, esté alto o se ponga, nunca puede llegar con sus rayos. De la tierra exhala una neblina tenebrosa junto con un incierto claror crepuscular. No vigila allí el ave de crestada cabeza y llama a la aurora con su canto, ni rompen el silencio con su voz los inquietos perros, o el ganso, más sagaz que los perros. Ni fieras, ni ganado, ni ramas agitadas por la brisa o el tumulto de voces humanas producen sonido alguno.

---

[38] Alcíone, hija de Eolo.
[39] Pueblo fabuloso que vivía envuelto en tinieblas, al borde del océano.
[40] Como dios del Sol.

Reina una muda quietud; sólo un riachuelo de agua del
Leteo [41] brota de las entrañas de la roca, y sus aguas,
fluyendo con un murmullo entre guijarros crepitantes,
invitan al sueño. Ante las puertas de la cueva florecen
abundantes amapolas e innumerables hierbas de cuyo
jugo la noche extrae el sopor, que luego esparce, húmeda, sobre las tierras sumidas en la oscuridad. Ninguna puerta en toda la casa, para que no chirríe al girar
las bisagras, ningún guardián en el umbral. En medio
de la caverna hay un elevado lecho de ébano con el colchón de plumas, todo del mismo color y cubierto por
un oscuro ropón, sobre el que está tendido el dios en
persona, con los miembros lánguidamente relajados.
Por todas partes yacen a su alrededor, imitando distintas formas, los vacíos ensueños, tantos cuantas son las
espigas de un campo de trigo, las hojas de un bosque,
los granos de arena que el mar arroja a la playa.

Cuando la virgen entró, apartando con ambas manos
las sombras que le cerraban el paso, la sagrada morada
se iluminó con el fulgor de sus ropas, y el dios, abriendo
con dificultad los ojos vencidos por una perezosa pe-
sadez, volviendo a caer una y otra vez, golpeándose el
pecho con la barbilla que caía y recaía, por fin se sacudió a sí mismo de encima, e incorporándose sobre el
codo le preguntó (pues la había reconocido) a qué había venido. Ella le respondió: «Oh Sueño, reposo de todas las cosas, Sueño, el más plácido de los dioses, paz
del alma, rehuida por la aflicción, que alivias los cuerpos cansados por el duro trabajo y les das fuerzas para
nuevas fatigas: ordena a un sueño de los que igualan
con su imitación a las formas reales que se presente
ante Alcíone, en la hercúlea Traquis, con la figura del
rey, tomando el aspecto de un náufrago. Así lo ordena
Juno.» Tan pronto como hubo cumplido las órdenes,
Iris se marchó; en efecto, ya no podía soportar por más

---

[41]   El río del olvido.

tiempo la fuerza del sopor, y cuando sintió que el sueño se insinuaba en su cuerpo huyó de allí, regresando por el arco por el que acababa de llegar.

Entonces el padre Sueño despierta de entre la muchedumbre de sus mil hijos a Morfeo, especialista en imitar cualquier figura. Ningún otro reproduce con más pericia, cuando se le ordena, el modo de andar, el rostro y el sonido de la voz; a esto le añade las ropas y las palabras más características de cada uno. Pero éste sólo imita el aspecto de las personas; es otro el que se convierte en animal salvaje, en pájaro o en serpiente de largo cuerpo, y a ése los dioses lo llaman Icelón, el pueblo de los mortales Fobétor. También hay un tercero, Fántaso, cuya habilidad es otra: éste se transforma engañosamente en tierra, en piedra, en agua y en tronco, y en todas las cosas que carecen de alma; también hay unos que suelen mostrar su rostro a reyes y a generales durante la noche, y otros que deambulan entre la plebe. El anciano Sueño dejó a éstos de lado, y de entre todos sus hermanos eligió sólo a Morfeo para que llevara a cabo lo que había ordenado la hija de Taumante [42], y otra vez, vencido por una suave languidez, dejó caer la cabeza y se hundió bajo la pesada manta.

Aquél vuela por el aire con alas que no hacen ruido, y tras un breve espacio de tiempo llega a la ciudad de Hemonia; despojando su cuerpo de las plumas, adopta el semblante de Ceix, y revestido de su imagen, sucio, como muerto, sin ropas, se para de pie ante el lecho de Alcíone. La barba del hombre parece húmeda, y pesados goterones fluyen de sus cabellos empapados. Entonces, inclinándose sobre el lecho, con el rostro bañado en llanto, dijo estas palabras: «¿Reconoces a Ceix, infelicísima esposa? ¿O es que mi semblante ha cambiado con la muerte? Mírame: me reconocerás, y encontrarás en lugar de tu esposo a la sombra de su es-

---

[42]   Iris.

poso. Tus ruegos, Alcíone, no me sirvieron de ayuda:
he muerto. No te ilusiones falsamente con mi regreso.
El Austro cargado de nubes sorprendió a la nave en el
mar Egeo, y sacudiéndola con su poderoso soplo la
destruyó, y las olas llenaron mi boca que en vano llamaba tu nombre. No te trae estas noticias un mensajero dudoso, esto que oyes no son vagos rumores: yo
mismo, náufrago, me presento ante ti para anunciarte
mi muerte. ¡Vamos, levántate, llora y vístete de luto, y
no me dejes ir al vacío Tártaro sin haber llorado mi
muerte!» A estas palabras Morfeo le añade una voz
que ella pueda creer que es la de su marido, el que re-
gaba su rostro también era verdadero llanto, y hacía
con las manos los mismos gestos que Ceix.

Alcíone gime y derrama lágrimas, también mueve
los brazos en medio del sueño, abraza el aire buscando
el cuerpo y exclama: «¡Quédate aquí! ¿Adónde vas?
¡Iremos juntos!» Turbada por su propia voz y por la figura de su esposo se sacude el sueño, y en primer lugar
mira a su alrededor para ver si está allí aquel al que
acaba de ver; mientras tanto los criados, alarmados por
su voz, habían entrado con una luz. Al ver que no encuentra a nadie se golpea el rostro con la mano y se
arranca la ropa del pecho, y luego se hiere el pecho
mismo; y no se preocupa de soltarse el cabello: se lo
arranca, y a la nodriza que le pregunta cuál es la causa
de su dolor, le dice: «¡Ya no existe Alcíone, ya no
existe! Ha muerto junto con su Ceix. ¡Ahorraos las palabras de consuelo! Ha muerto en un naufragio. Le he
visto y le he reconocido, y le he tendido mis manos
cuando se marchaba, intentando retenerle. ¡Era una
sombra, sí, pero una sombra clara, la verdadera sombra
de mi marido! Desde luego, no tenía, si quieres saberlo, su rostro habitual, y su semblante no resplandecía como antes. Pálido y desnudo, y con el cabello todavía mojado, infeliz de mí, es como le he visto: ¡estaba
de pie aquí, el pobre, aquí, en este mismo lugar!», y miraba en busca de algún rastro. «¡Esto, esto era lo que

yo temía, presintiéndolo en el alma, y le rogaba que no
se entregara a los vientos alejándose de mí! Y cómo me
gustaría, puesto que te ibas para morir, que me hubieras llevado contigo: hubiese sido mucho mejor para mí
irme contigo. En efecto, no tendría que pasar sin ti ningún momento de mi vida, y no estaríamos separados en
la muerte. ¡Ahora, en cambio, sin estar allí he muerto;
sin estar allí soy zarandeada por las olas, y el mar me
tiene, aunque sin mí! Más cruel que el mismo océano
sería mi mente si me esforzara por seguir viviendo por
más tiempo, si luchara por superar tanto dolor. Pero ni
voy a luchar ni te voy a abandonar, desdichado, y por lo
menos en esta ocasión te acompañaré. Y en el sepulcro, si no nos une la misma urna, nos unirá el mismo
epitafio; si no toco tus huesos con mis huesos, por lo
menos tocaré tu nombre con el mío.»

El dolor le impide decir más, los lamentos interrum-
pen todas sus palabras, y los gemidos escapan de su corazón acongojado. Era por la mañana. Sale del palacio
y camina hacia la playa, y vuelve a dirigirse, entriste-
cida, al lugar desde donde le vio marchar. Mientras
permanece allí, mientras dice: «Aquí soltó las amarras,
en este lugar de la playa me besó antes de irse», mientras recuerda cada acto que los lugares le traen a la memoria y mira el mar, ve algo en la lejanía sobre las líquidas olas, no sé, casi un cuerpo. Al principio no estaba claro qué era aquello; después, cuando las olas lo
hubieron empujado un poco más cerca y era evidente
que se trataba de un cuerpo, aunque ignoraba quién
era el presagio la turbó, al tratarse de un náufrago, y
llorándolo como a un desconocido, dijo: «¡Ay! ¡Desdichado de ti, seas quien seas, y tu esposa, si la tienes!»
Arrastrado por las olas el cuerpo se acerca; cuanto más
lo mira, más y más el sentido la va abandonando. Y ya lo
observa, empujado hacia la costa cercana, tanto que
lo podía reconocer: era su esposo. «¡Es él!», exclama, y
el rostro, el cabello, las ropas, todo lo desgarra, y tendiendo hacia Ceix sus manos temblorosas, dice: «¿Así,

esposo amadísimo, así regresas a mí, desdichado?» Había junto al agua un dique construido por la mano del hombre que refrenaba la furia inicial de las olas, debilitando el ímpetu de las aguas: allí se posa de un salto. Y fue asombroso que pudiera hacerlo: volaba, batiendo el aire ligero con las plumas que le acababan de salir, e, infeliz ave, rozaba la superficie del agua, y mientras volaba su boca, ahora un delgado pico, emitió crepitando un sonido que parecía triste y lleno de dolor. Y cuando tocó el cuerpo de él, mudo y sin sangre, abrazando los adorados miembros con sus nuevas alas en vano con su duro pico le dio fríos besos.

Si Ceix lo notó o si pareció alzar el rostro a causa del movimiento de las olas, las gentes lo dudaban; pero sí, él lo había sentido, y por fin los dioses se compadecieron y los dos fueron convertidos en pájaros [43]. También entonces persistió su amor, ligado al destino de ambos, y el lazo conyugal no se ha disuelto en aquellas aves: se aparean y se hacen padres, y durante siete plácidos días, en la estación invernal, Alcíone incuba en un nido suspendido al borde del mar. Entonces se calman las olas del océano: Eolo encierra a los vientos impidiéndoles salir, y ofrece a sus nietos una superficie tranquila.

Un anciano los observa mientras sobrevuelan juntos el vasto mar, y alaba el amor que conservaron hasta el final. Otro cerca de él, o tal vez él mismo, dijo: «También este que ves aquí, que recorre las aguas llevando las patas encogidas», y señalaba a un somormujo de largo cuello, «es de estirpe real. Son (si quieres llegar hasta él por orden de sucesión), son sus antepasados Ilo y Asáraco, Ganímedes raptado por Júpiter y el anciano Laomedonte, y Príamo, que ha reinado en Troya en estos últimos tiempos. Era éste hermano de Héctor, y si no hubiese sido objeto de un extraño destino en su

---

[43]   En alciones, o martín pescadores.

primera juventud, tal vez no tendría menos renombre
que Héctor, aunque aquél había nacido de la hija de
Dimas [44], mientras que Ésaco, según dicen, fue parido
furtivamente por Alexírroe, hija del bicorne Granico [45],
a los pies del umbroso Ida. Ésaco odiaba las ciudades y
habitaba lejos de los suntuosos palacios, en los montes
apartados y en los humildes campos, y no iba a Troya a
las asambleas sino en raras ocasiones. Sin embargo, no
tenía un corazón insensible al amor e inexpugnable, y
un día vio a Hesperia, a la que a menudo había ace-
chado por todo el bosque, que a la orilla del Cebrén, su
padre, se estaba secando al sol los cabellos que caían
sobre sus hombros. Al ser vista la ninfa huye, igual que
una cierva aterrorizada por un lobo de rojizo pelaje o
que un pato de río sorprendido por el gavilán lejos del
cañizal. El troyano la persigue y la acosa con la velocidad del amor, mientras ella huye con la velocidad del
miedo. Cuando he aquí que una serpiente oculta entre
la hierba clavó sus curvados dientes en el pie de la fu-
gitiva, inyectándole en el cuerpo su veneno. Junto con
la vida terminó también la fuga. Fuera de sí, Ésaco
abraza su cuerpo exánime y grita: "¡Me arrepiento, me
arrepiento de haberte perseguido! Pero no era esto lo
que yo esperaba ni quería ganar a este precio. Entre
dos, desdichada, hemos provocado tu perdición: la serpiente causó la herida, yo la oportunidad. Yo soy más
culpable que ella, y te ofreceré mi muerte como consuelo de la tuya." Así dijo, y saltó al mar desde un acantilado que las roncas olas roían a la base. Tetis se
apiadó y lo recogió suavemente cuando caía, y mientras
nadaba en el mar lo cubrió de plumas; la deseada
muerte no le fue concedida. El enamorado se indigna
al ver que se le obliga a vivir en contra de su voluntad,
y que a su alma, deseosa de salir de su triste sede, se le
impide hacerlo; y con las nuevas alas que habían recu-

---

[44]   Hécuba.
[45]   Río de la Tróade.

bierto sus hombros se alza en vuelo y otra vez lanza su cuerpo contra las aguas. Las plumas amortiguan la caída. Ésaco se enfurece y se sumerge de cabeza en las profundidades, y una y otra vez busca sin cesar el camino hacia la muerte. Fue el amor la causa de su delgadez: largas son las patas entre las articulaciones, largo sigue siendo el cuello, la cabeza está lejos del cuerpo. Ama el agua, y su nombre le viene de que se sumerge en ella [46]».

---

[46]   *Mergus* en latín, que viene de *mergere*, «sumergir».

LIBRO DUODÉCIMO

Ignorando que Ésaco, dotado de alas, estaba vivo,
Príamo, su padre, lloraba su muerte; también Héctor,
junto a sus hermanos, le había rendido vanas exequias
en una tumba que llevaba su nombre. Faltó en la triste
ceremonia la presencia de Paris, quien poco después
traería a la patria, junto con la esposa raptada [1], una
larga guerra: mil naves aliadas vinieron tras él, con las
fuerzas coalizadas de todos los pueblos pelásgicos. Y la
venganza no se habría demorado si los furiosos vientos
no hubiesen hecho el mar impracticable, reteniendo en
la tierra de Beocia, en Aulide [2], la rica en pesca, a la
flota lista para zarpar. Allí, cuando según las costumbres de los padres los Dánaos se aprestaban a ofrecer
un sacrificio a Júpiter, y el viejo altar se había calentado con los fuegos que habían encendido, vieron a un
dragón azulado reptar por un plátano cercano al lugar
donde se celebraba el rito. En la cima del árbol había
un nido con ocho pájaros: la serpiente los capturó, así
como a la madre que revoloteaba alrededor de los po-
lluelos que le eran arrebatados, y los hizo desaparecer
en sus ávidas fauces. Todos se quedaron pasmados de
asombro; pero el Testórida [3], adivino de certera previ-

---

[1]   Helena.
[2]   Ciudad marítima de Beocia, frente a la costa de Eubea.
[3]   Calcante, hijo de Téstor.

sión, dijo: «¡Venceremos! ¡Alegraos, pelasgos! Troya
caerá, aunque la nuestra será una empresa larga y fatigosa», e interpretó los nueve pájaros como nueve años
de guerra. La serpiente, tal como estaba, enredada en
las verdes ramas del árbol, se convirtió en piedra, y la
roca con forma de serpiente existe todavía.

Mientras tanto, Nereo sigue agitando violentamente
el mar de Aonia y no permite el traslado de las tropas,
y hay quienes piensan que Neptuno desea salvar Troya,
puesto que él ha construido las murallas de la ciudad.
Pero no el hijo de Téstor: en efecto, ni desconoce ni
oculta que hay que aplacar la ira de la diosa virgen [4]
con virginal sangre [5]. Cuando el bien común se impuso
al afecto y el rey se impuso al padre [6], cuando Ifigenia
estuvo ante el altar ante las lágrimas de los oficiantes,
lista a ofrecer su casta sangre, la diosa cedió y descorrió
una nube ante los ojos de los presentes; luego, en medio de la ceremonia, entre la multitud que asistía al rito
y las voces de los que rezaban, dicen que cambió a la
muchacha de Micenas, colocando en su lugar a una
cierva.

Así, cuando Diana se hubo apaciguado con el sacrificio apropiado, y a la vez desaparecieron su ira y la ira
del mar, las mil naves salieron con viento en popa, y
tras muchas peripecias alcanzaron las playas de Frigia.

Hay un lugar en medio del orbe, entre la tierra, el
océano y las regiones celestes, confín de los tres mun-
dos; desde allí se puede ver lo que ocurre en todas partes, aun en las regiones más alejadas, y todas las voces
llegan hasta aquellos huecos oídos. Allí habita la Fama,
y en la cumbre, en el punto más alto, ha situado su morada, dotándola de innumerables entradas y de mil
agujeros; ninguna puerta cierra los umbrales. Está

---

[4]   Diana.
[5]   Es decir, con la sangre de Ifigenia, hija de Agamenón.
[6]   Agamenón, en quien el deber de rey triunfó sobre el amor de
padre.

abierta día y noche: está hecha toda entera de sonoro bronce, y toda ella resuena, transmite las voces y repite lo que oye. Nunca hay quietud dentro de ella, en ninguna parte hay silencio, pero no es un griterío lo que se escucha, sino un murmullo de voces débiles, como suelen sonar las olas del mar cuando se escucha desde lejos, o como el sonido de los truenos lejanos, cuando Júpiter ha sacudido las negras nubes. Una muchedumbre ocupa el atrio: una multitud incorpórea va y viene, y por todas partes miles de invenciones y de rumores vagan mezclados con verdades, y revolotean palabras confusas. De ellas, unas llenan de chismes los oídos ociosos, otras llevan a otra parte lo que han escuchado, la medida de la invención crece, y cada nuevo hablante añade algo más a lo que ha escuchado. Allí está la Credulidad, allí está el temerario Error, el infundado Regocijo y los espantados Temores, la Sedición repentina y los Susurros, de incierto origen. Ella misma, la Fama, ve todas las cosas del cielo, del mar y de la tierra, y escudriña todo el mundo.

Ahora bien, la Fama había dado a conocer que las naves griegas se aproximaban con fuertes tropas, y la llegada del enemigo armado no fue inesperada. Los troyanos les impiden desembarcar y defienden la costa, y tú, Protesilao [7], eres el primero en caer, fatalmente herido por la lanza de Héctor. Se traba batalla con grandes pérdidas para los Dánaos [8], y con las muertes infligidas al enemigo Héctor se da a conocer como un valiente guerrero. Pero también los frigios [9] sintieron con no poco derramamiento de sangre cuál era el poder de la diestra de los aqueos.

Y ya las playas del Sigeo estaban teñidas de rojo, ya Cigno, el hijo de Neptuno, había dado muerte a mil

---

[7] El primero de los griegos en desembarcar de la flota, que, según estaba escrito en los hados, había de ser el primero en morir.

[8] Los griegos.

[9] Los troyanos.

hombres, y ya Aquiles los hostigaba montado en su carro, y abatía filas enteras con la punta de su lanza de madera del Pelio. Y mientras va buscando entre las tropas a Cigno o a Héctor, Aquiles se encuentra con Cigno: el encuentro con Héctor aún había de esperar nueve años. Entonces, incitando a los caballos de blancos cuellos oprimidos por el yugo, dirigió su carro hacia el enemigo, y blandiendo una lanza vibrante con su vigoroso brazo, dijo: «¡Quienquiera que seas, oh joven, recibe como consuelo de tu muerte que vas a morir a manos de Aquiles el Hemonio [10]!» Hasta aquí las palabra del Eácida [11]: la pesada lanza siguió a su voz. Pero aunque no hubo ningún error en el asta certera, nada consiguió, sin embargo, con la afilada punta de hierro: simplemente chocó contra su pecho, como si estuviese despuntada. «Oh hijo de una diosa, pues por tu fama ya te había reconocido de antemano», dijo Cigno, «¿por qué te asombras de que yo no esté herido?» (Aquiles, en efecto, estaba asombrado.) «Ni este yelmo que estás viendo, con su penacho de rojas crines de caballo, ni el cóncavo escudo que sostengo con la izquierda tienen realmente utilidad alguna: su único fin es el de adornar. También Marte suele tomar las armas sólo para eso. Aunque me quitara la protección de esta cubierta, saldría igualmente ileso. Quiere decir algo no ser hijo de una nereida, sino de aquel que gobierna al mismo Nereo, a sus hijas y al océano entero.» Así dijo, y arrojó contra el Eácida una lanza que fue a clavarse en la curvatura del escudo, atravesando el bronce y nueve pieles de buey que había detrás, pero que fue frenada por la décima. El héroe la arrancó y volvió a arrojar un asta vibrante con su poderosa mano: otra vez el cuerpo quedó intacto, sin heridas. Tampoco la tercera lanza consiguió rozar siquiera a Cigno, que se ofrecía indefenso a las armas. Aquiles se enfureció, igual que un

---

[10] Tesalio, pues Aquiles es de Ftiótide, en Tesalia.
[11] Otra vez Aquiles, como nieto de Éaco.

toro cuando en medio del anfiteatro se abalanza con la terrible cornamenta contra aquello que lo irrita, el trapo rojo, y siente que sus ataques son eludidos. No obstante, verificó si acaso la punta de hierro se había desprendido del asta: estaba clavada en la madera. «¿Entonces, es mi mano la que es débil,» dice, «y las fuerzas que antes tenía me han abandonado todas a la vez? Pues, indudablemente, yo era fuerte, tanto cuando fui el primero en derribar las murallas de Lirnes, como cuando llené de su propia sangre Ténedos y Tebas la de Etión, cuando el Caíco fluyó purpúreo por la matanza que hice en sus orillas, o cuando Télefo experimentó por dos veces el poder de mi lanza [12]. Y también aquí mi diestra, con todos estos muertos que he amontonado en la playa y que ahora veo, ha sido y es poderosa.» Así dijo, y como si no pudiera creer del todo en lo que antes había hecho, arrojó su lanza contra Menetes, un soldado plebeyo de Licia, y le desgarró la coraza y con la coraza el pecho. Mientras aquél golpeaba el duro suelo con el pecho moribundo, él mismo sacó el arma de la herida caliente, y dijo: «Esta es la mano, esta es el asta con la que acabo de vencer: las emplearé también contra él; concededme que sea con el mismo éxito.» Así habla y tira contra Cigno, y el asta de fresno no yerra; no esquivada, resuena en el hombro izquierdo y luego cae, como repelida por una roca maciza o una pared. Sin embargo, en donde Cigno había sido golpeado, se veía una mancha de sangre; Aquiles exultó en vano: no había ninguna herida, la sangre era de Menetes.

Entonces sí que, temblando de rabia, saltó impaciente del alto carro, y atacando cuerpo a cuerpo a su despreocupado adversario con la espada reluciente, ve que ésta se hunde en el escudo y en el yelmo, pero también que el hierro se quiebra contra el duro cuerpo. Ya

---

[12] Télefo, rey de Misia, que primero fue herido por la lanza de Aquiles y luego fue curado por ella.

no lo puede soportar más, y trayendo hacía sí el escudo golpea repetidamente con la empuñadura de la espada el rostro y la cóncava sien del adversario, y siguiéndole mientras retrocede, lo hostiga, lo aturde, lo atropella y, confuso ya, no le da tregua. Cigno es presa del miedo, la oscuridad nubla sus ojos, y mientras cede terreno, caminando hacia atrás, una piedra en medio del campo le cierra el paso. Empujando a Cigno boca arriba contra ella, con gran fuerza le da la vuelta y lo inmoviliza en el suelo. Entonces, oprimiéndole el pecho con el escudo y con las duras rodillas tira de las correas del casco, que pasando por debajo de la barbilla le aprietan la garganta, y le cortan la respiración y la vía del alma. Se disponía a despojar al vencido: ve las armas vacías. El dios de las aguas había transformado su cuerpo en una blanca ave, de la que ya llevaba el nombre [13].

Esta hazaña, estos combates trajeron una tregua de muchos días, y ambas partes interrumpieron la lucha y depusieron las armas. Y mientras vigilantes centinelas montaban guardia en los muros de los frigios, mientras vigilantes centinelas montaban guardia en las trincheras de los argivos, llegó el día solemne en el que Aquiles, el vencedor de Cigno, sacrificó una vaca para aplacar a Palas con su sangre; cuando hubo colocado sobre el altar las entrañas cortadas en pedazos, y su aroma, grato a los dioses, se difundió en el aire, una parte fue utilizada para los ritos, y el resto se sirvió en un banquete. Los nobles guerreros se recuestan sobre los lechos, sacian sus cuerpos con la carne asada y alivian con vino la sed y las preocupaciones. No se deleitan con cítaras, con cantos o con largas flautas de boj de muchos agujeros, sino que pasan la noche conversando, y el tema de la conversación es el valor. Narran los combates de los enemigos y los suyos propios, y se complacen en rememorar por turno los peligros arros-

---

[13]   Por *cignus,* en latín, «cisne».

trados y superados. ¿De qué otra cosa, en efecto, podría hablar Aquiles, o de qué más se podría hablar ante el gran Aquiles? Sobre todo se habló de la reciente victoria sobre el vencido Cigno: todos encuentran asombroso que el cuerpo del joven no pudiese ser atravesado por arma alguna, que resistiese a cualquier herida y que mellara el hierro. El mismo Eácida estaba sorprendido, y de ello se sorprendían también los aqueos, cuando Néstor dijo así: «En vuestra época, Cigno ha sido el único que despreciaba el hierro y que no podía ser atravesado por ningún arma; pero yo mismo vi hace mucho tiempo al perrebio Ceneo soportar mil golpes con el cuerpo intacto, a Ceneo de Perrebia [14], célebre por sus hazañas, que vivía en el Otris. Y para que la cosa fuese aún más asombrosa, había nacido mujer.» Todos los presentes son cautivados por la extrañeza del prodigio, y le ruegan que lo cuente. Entre ellos también Aquiles: «Vamos, cuéntanos, pues todos tenemos el mismo deseo de saber, oh elocuente anciano, tú que eres la sabiduría de nuestro tiempo, quién fue Ceneo, por qué se transformó en su contrario, en qué guerra, en qué batalla le conociste, y por quién fue vencido, si es que fue vencido por alguien.»

Entonces el anciano: «Aunque mi larga vejez es un obstáculo, y muchas cosas que vi en mis primeros años escapan a mi memoria, muchas las recuerdo todavía. Y no hay, de entre todas las cosas que he vivido en la paz y en la guerra, ninguna que esté más grabada en mi corazón que esta. Y si una dilatada senectud ha podido hacer a alguien espectador de muchos acontecimientos, pues bien, yo he vivido doscientos años, y estoy ahora en mi tercer siglo de vida.

»Cenis, hija de Élato, era famosa por su hermosura, siendo la más bella de las muchachas de Tesalia, y muchos próceres de las ciudades vecinas y de las tuyas

---

[14]   Comarca de Tesalia.

(pues era de tu región, Aquiles) la deseaban. Tal vez
también Peleo habría intentado casarse con ella si no le
hubiesen sido concedidas, o por lo menos prometidas,
las nupcias con tu madre. Pero Cenis no tomó marido,
y cuando recorría una playa apartada fue forzada por el
rey del mar; eso decía la gente. Cuando Neptuno hubo
gozado de ese amor inexperto, dijo: "Tus deseos, des-
cuida, no serán rechazados: elige, di qué deseas." También esto lo decía la gente. "Esta ofensa", dijo Cenis,
"ha hecho que mi mayor deseo sea el de que nunca
pueda volver a sufrir algo semejante. Concédeme dejar
de ser mujer: con eso me lo habrás dado todo." Las últimas palabras las dijo con una voz más grave, una voz
que podía parecer la de un hombre, como de hecho
era. En efecto, el dios del profundo océano ya había
consentido a su deseo, y además le concedió ser invulnerable a cualquier golpe y no poder morir por el hierro. Satisfecho del regalo, el Atrácida [15] se marchó y
dedicó su vida a actividades masculinas, recorriendo
los campos del Peneo.

»El audaz hijo de Ixión [16] se había casado con Hipodamía, y había invitado a los fieros Hijos de la Nube [17],
tras preparar una fila de mesas, a recostarse para el
banquete en su caverna bajo los árboles. Allí estaban
los nobles de toda Hemonia, yo mismo también estaba
allí, y la multitud alborotada llenaba con sus voces el
palacio en fiestas. He aquí que cantan el Himeneo, los
fuegos despiden humo en el atrio y la virgen, insigne
por su belleza, avanza rodeada de un cortejo de matronas y de jóvenes. Feliz llamamos a Pirítoo por tener esa
esposa, y casi nos equivocamos en nuestro augurio. En

---

[15]   Ceneo.
[16]   Pirítoo, hijo de Ixión, rey de los Lapitas, y de Día.
[17]   Los Hijos de la Nube son los Centauros, hijos de Ixión y de Néfele. Ixión se había atrevido a desear a la misma Juno, por lo que Júpiter le envió una Nube (Néfele, en griego) con la figura de Juno, y de
esa unión nacieron los Centauros.

efecto, tu corazón, oh Éurito, el más cruel de los crueles centauros, se inflama tanto por el vino como por la visión de la virgen, y la ebriedad y la lujuria, mezcladas, se apoderan de ti. En un momento, volcadas las mesas, el banquete es pura confusión, y la recién casada es raptada por la fuerza, asida por el cabello. Éurito rapta a Hipodamía, y los demás cada uno a la que prefería o a la que pudo: era una escena propia de una ciudad conquistada. Toda la casa resuena con gritos de mujeres. Todos nos levantamos inmediatamente, y Teseo dice el primero: "¿Qué locura te agita, oh Éurito, que atacas a Pirítoo en mi presencia, y ofendes, sin saberlo, a dos en uno?" Y para que sus palabras no fueran recordadas como vanas, el magnánimo héroe aparta a quienes se le oponen y arrebata la raptada esposa a los furiosos centauros. Éurito no le contesta: en efecto, no podría justificar con palabras semejante atropello; pero se lanza contra el rostro del vengador con la violencia de sus puños y golpea su noble pecho. Casualmente, había ahí cerca una antigua crátera con los flancos encrespados de figuras en relieve: el Egida la levanta, irguiéndose aún más alto, y la arroja a la cara de su adversario. Vomitando por la boca y por las heridas grumos de sangre mezclada con cerebro y vino, Éurito patalea tendido sobre la arena. Los hermanos biformes se enardecen ante esta muerte y gritan al unísono, con una sola voz: "¡A las armas! ¡A las armas!" El vino les daba ánimos, y la batalla comienza con un vuelo de vasos, de frágiles jarros y cóncavos aguamaniles arrojados como proyectiles, objetos destinados hace un momento al banquete, ahora aptos para la guerra y la matanza.

»Ámico, hijo de Ofión, fue el primero que no temió despojar la celda sagrada de sus dones, y fue el primero que sacó de la cámara una lámpara cargada de resplandecientes antorchas; elevándola en alto, como quien se dispone a golpear el blanco cuello de un toro con el hacha de los sacrificios, la estrella contra la frente del lapita Celadón, dejándole los huesos quebrantados en el rostro irreconocible. Los ojos saltan de sus órbitas y, triturados los huesos de la cara, la nariz se hunde hacia atrás y se clava en el paladar. Arrancando una pata de una mesa de arce, Pélates de Pela deja a Ámico tendido en el suelo con la barbilla encajada en el pecho, y con un segundo golpe le envía a reunirse con las sombras del Tártaro, haciéndole escupir los dientes mezclados con negra sangre. Grineo, que estaba ahí al lado, dice mirando con ojos terribles el altar humeante: "¿Y por qué no utilizar esto?", y levantando el inmenso altar junto con sus fuegos, lo arroja en medio del tropel de los Lapitas aplastando a dos, Bróteas y Orío. La madre de Orío era Mícale, de la que se sabía que con sus encantamientos había hecho descender muchas veces los reluctantes cuernos de la luna. "¡No quedarás impune, si sólo yo consigo un arma!", dijo Exadio, y como arma coge los cuernos de un ciervo, que estaban colgados de un alto pino como ofrenda votiva. Una bifurcada rama de aquéllos se clava en los ojos de Grineo y se los saca, quedando una parte ensartada en los cuernos, mientras la otra se desliza por la barba y queda colgando en un coágulo de sangre. Y he aquí que Reto coge del altar un tizón incandescente de ciruelo, y por el lado derecho le aplasta a Caraxo la sien, sobre la que cae una rojiza cabellera. La llama se extendió velozmente y los cabellos ardieron como espigas secas, y en la herida la sangre quemada borboteó con un espantoso estridor, como el que suele producir un hierro al rojo vivo cuando el herrero lo levanta con corvadas tenazas y lo sumerge en una cuba; el hierro rechina y silba, sumergido en el agua que se vuelve tibia. Herido, se sacude el fuego devorador de los hirsutos cabellos, y levanta hasta la altura de los hombros un umbral que arranca de la tierra, pesado incluso para un carro; el mismo peso hace que no pueda arrojarlo contra los enemigos: la mole de piedra aplasta a su compañero Cometes, que estaba demasiado cerca. Reto no puede contener su alegría: "¡Ruego a los dioses que sean igual de fuertes todos los de tu campo!", y con el madero medio quemado vuelve a abrirle la herida con otro golpe, y con otros tres o cuatro golpes violentos le fractura las junturas del cráneo, y los huesos se hunden en el líquido cerebro. Victorioso, pasa a Evagro, a Córito y a Drías, y cuando Córito, que tenía las mejillas cubiertas por el primer bozo, se desplomó, Evagro dijo: "¿Qué gloria te dará haber derribado a un muchacho?"; pero Reto no le permite decir más, y mientras el hombre habla le hunde cruelmente las trémulas llamas en la boca, y a través de la boca hasta el pecho. También a ti, despiadado Drías, te persigue volteando la antorcha por encima de su cabeza, pero contra ti no obtiene el mismo éxito: mientras se regocija por su triunfo en las muertes que va sembrando, le clavas una estaca quemada en el punto en que el cuello se une al hombro. Reto gime, y con un esfuerzo se arranca la estaca del duro hueso, y huye bañado en su propia sangre. Huyen también Orneo y Licabante, y Medonte, herido en el hombro derecho, y Taumante con Pisénor, y Mérmero, que poco antes había vencido a todos en una carrera, pero entonces, herido, iba más despacio; huyen también Folo y Melaneo, y Abante, cazador de jabalíes, y Ástilo el adivino, que en vano había desaconsejado a los suyos que lucharan. Éste también le había dicho a Neso, que temía ser herido: "¡No huyas! Tú estás reservado para el arco de Hércules." Pero ni Eurínomo ni Licidas, ni Areo ni Imbreo escaparon a la muerte, pues a todos los abatió Drías con su diestra, golpeándolos de frente; también tú, Creneo, aunque le habías dado la espalda para huir, recibiste un herida de frente: en efecto, cuando te volvías hacia atrás para mirar te clavó un pesado hierro entre los ojos, donde la nariz se une a la base de la frente. En medio de tanto estruendo, Afidas yacía dormido, con el sopor extendido por todas sus venas, sin despertarse: sostenía en la lánguida mano una copa de vino mezclado, y estaba tendido sobre una velluda piel de osa del monte Osa.

Cuando Forbas le vio desde lejos, aunque en vano no empuñaba ningún arma, metió los dedos en el amiento y dijo: "¡Beberás el vino mezclado con agua del Estigio!", y sin más demora arrojó su jabalina contra el joven; el asta de fresno con la punta de hierro penetró en su cuello, puesto que casualmente yacía boca arriba. La muerte le llegó sin que lo notara, y la sangre brotó a chorros de su garganta, derramándose en el lecho y en la misma copa.

»Yo mismo vi a Petreo cuando intentaba arrancar de raíz una encina cargada de bellotas; mientras la rodea con sus brazos y la sacude de un lado a otro, agitando el tronco ya quebrantado, la lanza de Pirítoo penetra entre sus costillas y clava su pecho en la dura madera con la que luchaba. Decían que también Lico pereció ante el valor de Pirítoo, y ante el valor de Pirítoo pereció Cromis; pero ninguno de los dos dio tanta gloria al vencedor como Dictis y Hélope: a Hélope lo atravesó con una jabalina que se abrió camino a través de su sien, y arrojada desde el lado derecho penetró hasta la oreja izquierda. Dictis, que se había despeñado por un monte de dos cimas mientras huía despavorido ante el acoso del hijo de Ixión, cayó por un precipicio y con el peso de su cuerpo partió un enorme olmo, y tras partirlo lo revistió de sus vísceras. Se adelanta Afareo para vengarle, y arrancando una roca de un monte se dispone a lanzarla: cuando va a hacerlo, el Egida [18] se le adelanta y con una rama de encina le rompe el gran hueso del codo. Y no pierde el tiempo, o no se preocupa de dar muerte a ese cuerpo ya inútil, sino que salta a la grupa del alto Biénor, no acostumbrado a llevarse sino a sí mismo, le aprieta los costados con las rodillas, y asiéndole por la melena con la mano izquierda le sujeta, y con el nudoso bastón le parte la cara, la boca que escupía amenazas y las duras sienes. Con el mismo

---

[18]   Teseo.

madero derriba a Nedimno y al arquero Licopes; a Hípaso, con el pecho protegido por la crecida barba; a Rifeo, que sobresalía por encima de las copas de los árboles, y a Tereo, que solía llevarse a casa a los osos que capturaba en los montes, aún vivos y enfurecidos.

Demoleonte ya no pudo soportar que Teseo gozara por más tiempo de su victoria en la lucha: ya hacía rato que intentaba desarraigar del suelo, con grandes esfuerzos, un viejo pino; al ver que no podía, quiebra la punta y la arroja contra su adversario. Pero Teseo se aparta esquivando el arma que se le viene encima, advertido por Palas; por lo menos, eso es lo que él quería hacernos creer. Pero el árbol no cayó sin fruto: en efecto, separa del cuello el pecho y el hombro izquierdo del alto Crántor. Aquél había sido escudero de tu padre, Aquiles; Amíntor, el rey de los Dólopes, derrotado en la guerra, se lo había entregado al Eácida [19] en prueba de paz y de lealtad. Cuando Peleo le vio desde lejos, despedazado por la tremenda herida, gritó: "¡Acepta, oh Crántor, amadísimo joven, esta ofrenda fúnebre!", y arrojó contra Demoleonte, con el vigor de su brazo y también con la fuerza de la intención, su asta de fresno; ésta le atravesó la caja torácica y se quedó clavada en los huesos, vibrando. Él se arranca con la mano la madera sin la punta, y aún la madera sale con dificultad: la punta, en cambio, se queda atrapada en el pulmón. El mismo dolor le daba fuerzas: dolorido, se yergue contra el adversario y lo pisotea con sus pezuñas de caballo. Peleo para los sonoros golpes con el escudo y con el casco, se protege los hombros y sujeta fuerte las armas con la punta hacia arriba, hasta que, a través del hombro, atraviesa de un solo golpe los dos pechos del centauro. Pero antes ya había dado muerte a Flegreo y a Hile desde lejos, y a Ifínoo y a Clanis en combate cuerpo a cuerpo. A éstos hay que añadir a Dórilas,

---

[19] Peleo.

que llevaba las sienes cubiertas con una piel de lobo, y como arma cruel llevaba los curvados cuernos de un buey enrojecidos de abundante sangre. A éste yo, pues la cólera me daba fuerzas, le grité: "¡Mira en cuánto superan mis armas a tus cuernos!", y arrojé mi jabalina: al no poder evitarla, se protegió con la diestra la frente que iba a recibir la herida. Atravesadas quedaron la frente y la mano; se levantó un griterío, y mientras permanecía inmóvil, vencido por la profunda herida, Peleo, que estaba ahí cerca, le hirió con la espada en medio del vientre. Fuera de sí avanzó de un salto, arrastrando sus vísceras por el suelo, y arrastrándolas las pisó, pisándolas las destrozó y enredó en ellas sus patas, y se desplomó sobre su vientre vacío.

»Y tampoco a ti, Cílaro, te salvó en la batalla tu belleza, si es que queremos llamar belleza a la que tienen los seres de aquella naturaleza. La barba era incipiente, su color era dorado, y dorada era la melena que caía desde sus hombros hasta la mitad de sus patas. Su rostro tenía un agraciado vigor; el cuello, los hombros, las manos, el pecho, eran semejantes a las estatuas más loadas de los artistas, y así todo lo que era hombre; y por debajo, tampoco las formas de caballo eran deformes o inferiores en belleza. Dale cuello y cabeza, y habría sido digno de Cástor, tan apto era su lomo para la monta, tan robustos eran los músculos de su pecho. Todo él era más negro que la pez, pero la cola era blanca, y blanco era también el color de sus patas traseras. Muchas de su especie lo desearon, pero sólo Hilónome lo hizo suyo; Hilónome, la más hermosa hembra de la raza de los semianimales que habitó en los profundos bosques. Esta fue la única que sedujo a Cílaro, mimándole, amándole y declarándole su amor; también con los cuidados del cuerpo, hasta donde miembros como aquellos lo permiten: se alisa el cabello con el peine, enlaza guirnaldas de romero, de rosas o de violetas, y a veces se adorna con blancos lirios; dos veces al día lava su rostro en las fuentes que manan del monte en el bosque de Págasa, dos veces baña su cuerpo en el río, y no cuelga sobre el hombro o sobre el costado izquierdo más que pieles favorecedoras, de animales escogidos. Los dos sienten el mismo amor: juntos vagan por los montes, juntos entran en las grutas, y también entonces habían acudido juntos a la morada del rey de los Lapitas, y juntos luchaban con fiereza. No se sabe quién la lanzó: una jabalina llegó por el lado izquierdo, y te atravesó, Cílaro, más abajo del punto en que se unen el cuello y el pecho. Una vez extraída el arma, el corazón, aunque sólo tenía una pequeña herida, se enfrió a la vez que el resto del cuerpo. Hilónome corrió a sostener sus miembros moribundos, y tapando la herida con su mano trata de aliviarla, y acercando sus labios a los de él intenta retener al alma que se va; cuando vio que había muerto, con palabras que el griterío impidió llegar a mis oídos, se dejó caer sobre la lanza que le había atravesado a él, y muriendo estrechó a su esposo en un abrazo.

»También puedo ver todavía ante mis ojos a aquel que había unido, anudándolas entre ellas, las pieles de seis leones, protegiendo con ellas a la vez al hombre y al caballo: Feócomes; éste, arrojando un tronco que a duras penas habrían podido mover dos yuntas de bueyes, descalabra a Téctafo, hijo de Oleno, alcanzándole en lo alto de la cabeza. Reventada la amplia redondez de la cabeza, el blando cerebro fluye por la boca y por la hueca nariz, por los ojos y por las orejas, como cuela la leche cuajada por un entramado de encina, o como mana el mosto prensado entre las mallas de un cedazo, goteando denso por los agujeros. Pero yo, cuando se disponía a despojar de sus armas al cadáver (bien lo sabe tu padre), hundí mi espada en el bajo vientre del ladrón. También Ctonio y Teléboas cayeron abatidos por mi espada; el primero empuñaba una rama bifurcada, el segundo una jabalina: con la jabalina me hizo una herida. Puedes ver la marca, todavía se aprecia la vieja cicatriz que me hizo. Entonces es cuando debían haberme enviado a conquistar Pérgamo [20], en ese momento habría podido, si no superar, por lo menos mantener a raya las armas de Héctor con las mías. Pero en aquellos tiempos Héctor no existía o era un niño, y ahora a mí, con la edad, me faltan las fuerzas.

»¿Para qué hablarte de Perifante, vencedor del biforme Pireto; para qué hablarte de Ampix, que clavó un asta de cornejo en el rostro hostil del galopante Equeclo? Macareo del Peletronio derribó a Erigdupo arrojando contra su pecho la barra de una puerta; también recuerdo que un venablo lanzado por la mano de Neso se hundió en la ingle de Cimelo. Y no creerás que Mopso, el hijo de Ampix, se limitó a pronunciar profecías: por un arma lanzada por Mopso, Hodites quedó tendido, mientras en vano intentaba hablar, con la lengua clavada en la barbilla y la barbilla en la garganta.

»Ceneo había dado muerte a cinco: Estífelo, Bromo, Antímaco, Élimo y Piractes, que iba armado de un hacha; no recuerdo las heridas, sólo se me quedaron grabados el número y los nombres. Corriendo avanza Latreo, enorme en cuerpo y estatura, armado con las armas de Haleso de Emacia, a quien él mismo había dado muerte. Su edad estaba entre la vejez y la juventud: tenía la fuerza de un joven y el cabello canoso por la edad. Imponente con su escudo, su espada y su pica de Macedonia, volviendo el rostro hacia las filas de unos y otros, galopaba en un círculo perfecto, golpeando las armas, y lleno de soberbia esparcía estas palabras en el aire: "¿También a ti, Cenis, tendré que soportarte? Porque para mí tú siempre serás una mujer, siempre serás Cenis. ¿No te sirve de advertencia tu naturaleza originaria, no te viene a la mente por qué hecho fuiste premiada, a qué precio obtuviste esa falsa apariencia de hombre? Mira cómo eras al nacer y qué fue lo que sufriste, y, anda, coge la rueca y los canasti-

---

[20]   La fortaleza de Troya.

llos e hila la lana con tus dedos; ¡deja la guerra para los hombres!" Mientras grita estas cosas, Ceneo le arroja una lanza y le atraviesa el flanco tendido por la carrera, en donde el hombre se une al caballo. Aquél se enfurece por el dolor y golpea con su pica el rostro desprotegido del joven de Filo; la pica rebota, como rebota el granizo sobre el tejado, o como cuando alguien golpea un hueco tambor con una piedrecilla. Entonces le agrede de cerca y lucha por hundirle la espada en el duro costado, pero la espada no puede penetrar por ningún sitio. "¡De todas formas, no escaparás! ¡Te cortaré en dos con el filo de la espada, ya que la punta no es suficientemente afilada!", dice, e inclinando la espada de través, abarca con un amplio movimiento de la diestra el contorno de sus caderas. El golpe produce un ruido sordo, como cuando se golpea el mármol, y la hoja salta en pedazos al chocar contra la piel callosa. Cuando ya hubo presentado suficientemente sus miembros ilesos al asombrado Latreo, Ceneo exclamó: "¡Vamos, ahora seré yo el que pruebe tu cuerpo con mi hierro!", y hundió hasta la empuñadura su espada mortal en su pecho de caballo, y a ciegas la movió y la volvió dentro de sus entrañas, abriéndole más heridas en la herida. Entonces, he aquí que los Centauros se precipitan rabiosos sobre él con gran estrépito, y dirigen o arrojan sus armas contra él, todos contra uno. Las armas caen con la punta rota, mientras Ceneo, hijo de Élato, permanece intacto bajo todos los golpes, sin perder una gota de sangre. Ese hecho inaudito los deja a todos atónitos. "¡Oh, grandísima deshonra!", exclama Mónico. "¡Nosotros, un pueblo entero, somos vencidos por un solo hombre, que a duras penas lo es! Aunque, en realidad, él sí es un hombre, mientras que nosotros, con nuestro cobarde comportamiento, somos lo que él era antes. ¿De qué nos sirven estos cuerpos imponentes? ¿De qué nuestras duplicadas fuerzas y el hecho de que una naturaleza doble haya unido en nosotros a los dos seres más fuertes del mundo? No me parece que seamos los hijos de una diosa y los hijos de Ixión, que era tan grande que incluso aspiró a unirse a la excelsa Juno; somos superados por un enemigo que sólo es medio hombre. Echadle encima peñas, troncos y montes enteros, y arrancadle su alma tenaz arrojando todo un bosque sobre él!" Así dijo, y encontrando por casualidad un tronco que había sido abatido por la violencia del furioso Austro, lo lanzó contra el gallardo adversario; aquello sirvió de ejemplo a los demás, y en un momento el Otris estaba desnudo de árboles y el Pelio ya no tenía sombra. Sepultado por ese cúmulo desmesurado, Ceneo se acalora bajo la mole arbórea y soporta sobre sus hombros los troncos que se van acumulando. Pero al final, cuando el peso fue creciendo sobre su cabeza y su rostro, y a su respiración le faltó el aire, empezó a ceder poco a poco, y a veces intentaba en vano erguirse para alcanzar el aire y desembarazarse de los árboles que le habían arrojado, y a veces los movía, como si, ¡eso es!, como si el alto Ida que ahora estamos viendo fuera sacudido por un terremoto. No se sabe bien cuál fue su final: algunos decían que su cuerpo fue empujado hacia el vacío Tártaro por el peso de la selva; pero el hijo de Ámpix dijo que no. De entre los troncos amontonados él vio salir y escapar por el aire transparente a un pájaro de alas doradas, al que también yo vi entonces por primera y última vez. Cuando Mopso lo vio sobrevolar su campamento con un suave aleteo, difundiendo a su alrededor sonoros graznidos, siguiéndole a la vez con el corazón y con los ojos, dijo: "¡Salve, gloria del pueblo de los Lapitas, oh Ceneo, antes el más grande de los hombres, y ahora un pájaro único!" La cosa fue creída, viniendo de un hombre como aquel. Entonces el dolor hizo aumentar nuestra ira: nos sentimos indignados de que uno solo hubiese sido aplastado por tantos enemigos, y no dejamos de desahogar nuestro dolor con el hierro hasta que no hubimos dado muerte a una parte, y la otra se dio a la fuga desapareciendo en la noche.»

Mientras el de Pilos [21] relataba así esta batalla entre los Lapitas y los Centauros semihumanos, Tlepólemo no pudo soportar en silencio el dolor de que el Alcida no hubiese sido mencionado, y dijo: «Resulta sorprendente, anciano, que hayas omitido las gloriosas acciones de Hércules, pues en verdad mi padre solía contarme a menudo cómo había derrotado a los Hijos de la Nube.» El de Pilos le respondió tristemente: «¿Por qué me obligas a recordar las desgracias, a abrir de nuevo una dolorosa herida que los años habían ocultado, y a confesar el odio y el resentimiento que siento por tu padre? Él, sin duda, cumplió hazañas increíbles, ¡sí, por los dioses!, y extendió su gloria por todo el mundo, cosa que ojalá yo pudiese negar. Pero nosotros no alabamos ni a Deífobo ni a Polidamante, ni a Héctor: pues ¿quién cantaría las alabanzas de un enemigo? Tu ilustre padre arrasó una vez las murallas de Mesenia y destruyó sin que lo merecieran las ciudades de Elis y de Pilos, y entró a hierro y fuego en mi propia casa. Y por no hablar de los otros a los que mató, los hijos de Neleo éramos doce, todos jóvenes distinguidos: los doce, menos uno, yo, cayeron bajo la violencia de Hércules. Y que pudiese vencer a los otros es comprensible; pero es inaudito que muriera Periclímeno, a quien Neptuno, padre de la estirpe de Neleo, había concedido la facultad de adoptar la figura que quisiera, y tras adoptarla de volverla a deponer. Después de haberse transformado inútilmente en todas las formas, Periclímeno tomó la figura del ave más querida por el rey de los dioses, la que suele llevar los rayos en sus curvadas garras. Empleando las fuerzas de esa ave, con las alas, con el corvado pico y con las garras como garfios había desgarrado el rostro de Hércules. Entonces el Tirintio tendió su arco, demasiado certero, contra él, y mientras se elevaba entre las nubes y se cernía en el

---

[21] Néstor es hijo de Neleo, rey de Pilos, ciudad costera de la Élide, en el Peloponeso.

aire le hirió en el punto en que el ala se une al costado. La herida no es grave, pero los músculos ceden lastimados por el corte, y las fuerzas para moverse y para volar le abandonan. Cae al suelo, pues las débiles plumas no se sostenían en el aire, y la flecha, que se había clavado levemente bajo el ala, penetra aún más por el mismo peso del cuerpo que queda ensartado, y entrando por la parte alta del costado sobresale a la izquierda del cuello. ¿Te parece ahora que debería elogiar las hazañas de tu Hércules, oh nobilísimo comandante de la flota de Rodas? Sin embargo, para vengar a mis hermanos me limito a silenciar sus valerosas acciones: mi amistad hacia ti sigue intacta.»

El hijo de Neleo pronunció estas palabras con rostro amable, y tras el discurso del anciano volvieron a tomar vino, don de Baco, y se levantaron de la mesa; el resto de la noche la dedicaron al sueño.

Pero el dios que gobierna con su tridente las olas del mar se dolía en su corazón de padre por su hijo transformado en el ave querida a Faetón [22], y lleno de odio hacia el cruel Aquiles, abriga una ira implacable, más de lo ordinario. Y cuando la guerra ya se había prolongado casi diez años, incita al intonso Esminteo [23] con estas palabras: «Oh tú, el más querido, con mucho, entre los hijos de mi hermano, que conmigo alzaste las vanas murallas de Troya, ¿es que no gimes al mirar esa fortaleza que está a punto de caer? ¿No te llenan de dolor los tantos miles de hombres que han muerto defendiendo sus muros? ¿Acaso, por no nombrarlos a todos, no te viene a la mente la sombra de Héctor, arrastrado alrededor de las murallas de su Pérgamo [24]? Mientras que, por el contrario, el despiadado Aquiles, más sanguinario que la misma guerra, destructor de

---

[22]   El cisne (ver II, pág. 118).
[23]   Apolo.
[24]   Tras dar muerte a Héctor, Aquiles ata el cadáver a su carro y lo arrastra alrededor de las murallas de la ciudad.

nuestra obra, sigue vivo. ¡Que se presente ante mí: le haré sentir lo que puedo hacer con mi lanza de tres puntas! Pero puesto que no se me permite enfrentarme a mi enemigo cuerpo a cuerpo, aniquílalo tú, cuando esté desprevenido, con una flecha oculta!»

El dios de Delos lo aprueba, y secundando el deseo de su tío y el suyo propio, alcanza las filas de los troyanos envuelto en una nube, y en medio de la carnicería ve a Paris, que de vez en cuando disparaba una flecha contra algún argivo desconocido. Revelándose a él, el dios le dice: «¿Por qué malgastas tus flechas con sangre plebeya? ¡Si sientes alguna preocupación por los tuyos, vuélvete contra el Eácida y venga a tus hermanos caídos!» Así dijo, y mostrándole al Pelida que abatía con su espada los cuerpos de los troyanos, volvió el arco de Paris contra él, y con su diestra mortal dirigió una flecha infalible.

Si el viejo Príamo pudo alegrarse de algo tras la muerte de Héctor, fue de esto. Así pues, Aquiles, que había vencido a tantos, fue derrotado por el cobarde raptor de una esposa griega. Pues bien, si tenías que caer víctima de afeminadas manos, habrías preferido morir bajo el hacha del Termodonte [25]. Y ya aquel que fue el terror de los frigios, gloria y defensa del nombre pelasgo, jefe insuperable en el campo de batalla, Aquiles, había ardido: el mismo dios que le había dado las armas le consumió en el fuego [26]. Ya está reducido a cenizas, y del tan ilustre Aquiles queda apenas lo suficiente para llenar una pequeña urna. Pero su gloria está viva y llena el mundo entero. Esta es la medida que corresponde a aquel hombre, y en ella el Pelida es igual a sí mismo, y no siente el vacío del Tártaro.

Incluso su escudo, para que puedas comprender la grandeza de su dueño, provoca la guerra, y por las ar-

---

[25] Es decir, a manos de Pentesilea, la reina de las amazonas, que habitaban a las orillas del río Termodonte.
[26] Vulcano, que había forjado las armas de Aquiles.

mas se toman las armas. Ni el Tídida [27], ni Ayax hijo de
Oileo, ni el menor de los Atridas [28], ni tampoco el mayor por edad y por hazañas [29], ni ningún otro se atreve
a reclamarlas: sólo el hijo de Telamón [30] y el de Laertes [31] tuvieron la presunción de aspirar a tanta gloria.
El Tantálida [32] apartó de sí el peso y el riesgo de la responsabilidad, e invitó a los jefes argivos a sentarse en
medio del campo, haciendo recaer sobre todos la tarea
de dirimir la contienda.

---

[27]   Diomedes, hijo de Tideo.
[28]   Menelao.
[29]   Agamenón.
[30]   Ayax.
[31]   Ulises.
[32]   Agamenón, bisnieto de Tántalo.

LIBRO DECIMOTERCERO

Los jefes se sentaron, y con la tropa de pie haciendo corro, se alzó ante ellos Ayax, señor del escudo de siete capas. Sin poder contener su ira, se volvió con torvo semblante a mirar la playa del Sigeo y la flota varada en la playa, y tendiendo las manos, dijo: «¡Por Júpiter! ¡Discutimos una causa ante las naves, y es Ulises quien se mide conmigo! Sin embargo, no dudó en retirarse ante el fuego provocado por Héctor, ante el que en cambio yo resistí, repeliéndolo de nuestra flota. Sin duda es más fácil luchar con palabras engañosas que combatir con las manos. Pero ni yo estoy dotado para la palabra ni él para la acción, y cuanto valgo yo en el campo de batalla, en el feroz combate, tanto vale él hablando. Y no creo que tenga que recordaros, pelasgos, cuáles han sido mis hazañas: vosotros mismos las habéis visto. Que cuente las suyas Ulises, puesto que las lleva a cabo sin testigos, y sólo la noche las conoce. Grande es el premio al que aspiro, lo reconozco, pero mi rival menoscaba el honor que ello supone: Ayax no puede sentirse orgulloso de haber obtenido aquello, aunque grande, a lo que haya aspirado Ulises. Él, en cambio, sólo con esta prueba ya ha salido ganando, pues aunque pierda, dirán de él que fue capaz de medirse conmigo. En cuanto a mí, en el caso de que mi valor fuera puesto en duda, merecería vencer por la nobleza de mi linaje, pues soy hijo de Telamón, quien en

compañía del fuerte Hércules expugnó los muros de
Troya y alcanzó las costas de la Cólquide con la nave de
Págasa. Su padre fue Éaco, que ahora dicta ley a las
sombras silentes, allí donde el eólida Sísifo empuja la
pesada roca. Y el supremo Júpiter reconoce y admite
que Éaco es hijo suyo, por lo que yo, Ayax, soy el tercero en línea desde Júpiter. Sin embargo, aqueos, no
quiero que este linaje cuente a mi favor si alguien
puede demostrar que no lo comparto con el gran Aquiles. Era como mi hermano: son bienes fraternos lo que
pido. ¿Por qué un nacido de la sangre de Sísifo [1], parecidísimo a él en los engaños y en las asechanzas, debería mezclar el nombre de otra familia con el de los
eácidas? ¿Es que se me van a negar esas armas por haberme unido al ejército antes que él, y sin que nadie me
acusara? ¿Es que le vais a considerar superior a mí por
haber sido el último en tomar las armas y haber eludido
la milicia fingiéndose loco, hasta que el Nauplíada [2],
más astuto que él, aunque perjudicándose a sí mismo,
descubrió lo que había inventado su espíritu cobarde y
lo arrastró a empuñar esas armas que había evitado?
¿Va tomar ahora las mejores porque no quiso antes tomar ninguna? ¿Y yo me veré privado de la gloria y de
los dones de mi primo por haberme enfrentado al peligro desde el principio? Pero ¡ojalá esa locura hubiera
sido cierta o, por lo menos, hubiese sido creída, y nunca
hubiese venido con nosotros hasta la fortaleza frigia
este instigador de delitos! Tú, hijo de Peante [3], no es-
tarías abandonado en Lemnos con ignominia para no-

---

[1]   Según algunos, Ulises se hacía pasar por hijo de Laertes, pero
lo era en realidad de Sísifo.
[2]   Palamedes, hijo de Nauplio. Cuando Ulises fingió estar loco
para no tener que participar en la expedición, Palamedes descubrió
que se trataba de una locura fingida, obligándole así a ir a la guerra.
[3]   Filoctetes, poseedor de las flechas de Hércules (ver IX, página 315). Fue abandonado en la isla de Lemnos por consejo de Ulises,
al haber sido mordido por una serpiente, que le hizo una herida incurable que producía un desagradable olor.

sotros, tú que ahora, según dicen, oculto en antros silvestres, conmueves a las piedras con tus lamentos y súplicas para el Laertíada [4] lo que se merece, cosa que, si los dioses existen, no tendrías que rogar en vano. Y ahora, en cambio, aquel que con nosotros juró fidelidad a las armas, uno, ¡ay!, de nuestros mejores jefes, a quien las flechas de Hércules han elegido como heredero, debilitado por la enfermedad y por el hambre se viste y se alimenta de las aves que caza, y cazando pájaros gasta las flechas destinadas a la destrucción de Troya. Pero él por lo menos vive, gracias a que dejó de tener a Ulises por compañero. También el infeliz Palamedes habría preferido ser abandonado: entonces, sin duda, aún estaría vivo, o habría tenido una muerte sin deshonor. En cambio Ulises, que recordaba demasiado el vergonzoso descubrimiento de su falsa locura, inventó que había traicionado a los dánaos, y probó el supuesto delito mostrando una cantidad de oro que había enterrado previamente. Así pues, con el exilio o con la muerte les ha restado fuerzas a los aqueos: ¡así es como combate, así es como se hace temer Ulises! Por más que supere en elocuencia hasta al fiel Néstor, no conseguirá convencerme de que abandonar a Néstor no fue un delito. Cuando éste, retardado por la herida de su caballo y agotado por el peso de los años, pidió la ayuda de Ulises, su compañero le volvió la espalda. Que no me estoy inventando esta acusación lo sabe bien el Tidida [5], que sólo consiguió detenerle tras llamarle muchas veces por su nombre, y que reprendió a su amedrentado amigo por su huida. Pero los dioses miran las vicisitudes de los mortales con ojos justos: he aquí que el que no prestó ayuda antes ahora la necesita, e igual que abandonó, así tenía que haber sido abandonado; él mismo se había dictado la ley. Llama a los compañeros: yo llego y le veo pálido y temblando de

---

[4]   Ulises.
[5]   Diomedes.

miedo, aturdido ante la muerte cercana. Puse delante
la mole de mi escudo y lo protegí mientras yacía tendido en el suelo, salvando así (poco mérito hubo en
ello) su alma cobarde. Si insistes en competir conmigo,
volvamos a ese lugar: ¡vuelve a poner al enemigo tu herida y tu acostumbrado miedo, escóndete tras mi escudo y enfréntate a mí desde ahí abajo! Pero en cuanto
conseguí arrastrarlo lejos de allí, el que no tenía fuerzas ni para tenerse en pie porque estaba herido huye
raudo sin que ninguna herida le frene. Llega Héctor y
trae consigo a los dioses al campo de batalla, y allí por
donde irrumpe no sólo a ti te aterra, Ulises, sino también a los fuertes, tanto es el miedo que arrastra con su
persona. Cuando exultaba por el éxito de su sangrienta
matanza, yo le hice caer de espaldas arrojándole desde
lejos una enorme roca; cuando desafiaba a que alguien
se le enfrentara, yo sólo me medí con él, y vosotros,
aqueos, rogasteis para que fuera yo el elegido por la
suerte, y vuestros ruegos fueron escuchados. Y si queréis saber de qué parte quedó la victoria, yo no fui vencido por él. He aquí que los troyanos se abalanzan con
hierro y fuego y con el favor de Júpiter sobre las naves
de los dánaos: ¿dónde estaba entonces el locuaz Ulises? Yo, yo protegí con mi pecho las mil naves, única
esperanza de vuestro retorno: ¡dadme las armas a cambio de las naves! Pues, si se me permite decir la verdad,
el honor es mayor para ellas que para mí, su gloria está
ligada a la mía, y son las armas las que reclaman a
Ayax, no Ayax a las armas. El itacense [6] alegará frente
a esto la muerte de Reso y del pacífico Dolón, la captura de Héleno, hijo de Príamo, y el rapto de la estatua
de Palas: nada de ello a la luz del sol, nada lo ha hecho
separado de Diomedes. Si por fin le concedéis estas armas por unos méritos tan viles, dividídlas, y que se
quede Diomedes con la parte mayor. Pero, además,

---

[6]   Ulises, rey de Ítaca.

¿para qué las quiere el itacense, que siempre lleva a cabo sus hazañas a escondidas, desarmado, y sorprende al incauto enemigo con sus engaños? El mismo brillo del casco, que reluce con el fulgor del oro, traicionará sus insidias y revelará dónde se esconde. Y ni podrá la cabeza del rey de Duliquio [7], bajo el yelmo de Aquiles, soportar tanto peso, ni podrá la pesada lanza de madera del Pelio resultar ligera para sus débiles brazos, ni el escudo sobre el que se condensa la imagen del vasto mundo está hecho para una izquierda cobarde, nacida para el hurto. ¿Por qué deseas, desvergonzado, un don que te haría débil? Si el pueblo aqueo, por error, te lo concediera, el enemigo tendría entonces una razón para intentar robarte, no para temerte, y la huida, única cosa en la que, oh miedosísimo, nos vences a todos, será lenta si tienes que llevar tanta carga. Añade que este escudo tuyo, que ha soportado tan pocos combates, está intacto, mientras que el mío, que a fuerza de parar golpes presenta mil hendiduras, necesita un nuevo sustituto. Pero, en fin, ¿para qué seguir hablando? ¡Juzguémoslo por las acciones! ¡Que arrojen las armas del fuerte Aquiles en medio de los enemigos: luego ordenadnos recuperarlas, y distinguid con ellas a aquel que las traiga!»

El hijo de Telamón había terminado, y a sus últimas palabras siguió un murmullo entre los asistentes; entonces se puso en pie el héroe hijo de Laertes, y tras fijar la mirada en el suelo durante unos instantes la alzó hacia los jefes, y abrió la boca con su esperado discurso, cuyas elocuentes palabras no carecieron de belleza.

«Si mis deseos y los vuestros se hubiesen cumplido, pelasgos, no habría dudas sobre el heredero de tan gran carga, pues tú mismo, Aquiles, disfrutarías aún de tus armas, y nosotros de tu presencia. Pero puesto que un destino injusto nos ha privado de él a vosotros y a mí

---

[7]   Duliquio, pequeña isla cercana a Ítaca, también forma parte de los dominios de Ulises.

(y con una mano se secó los ojos como si llorara), ¿quién podría ser mejor sucesor del gran Aquiles que aquel por quien el gran Aquiles se unió a los dánaos? Espero que a éste no le favorezca el hecho de que parece un inepto, como de hecho es; igualmente espero que no me perjudique a mí este ingenio que siempre os ha beneficiado, oh aqueos, y que esta locuacidad mía, si es que tengo alguna, que tantas veces ha hablado en favor vuestro y ahora lo hace en favor de su dueño, esté libre de toda hostilidad; que nadie renuncie a utilizar sus buenas cualidades. En efecto, yo me resisto a considerar como méritos propios la estirpe, los antepasados y las cosas que no hemos hecho nosotros mismos. Pero puesto que Ayax ha aducido que es bisnieto de Júpiter [8], entonces Júpiter también es el patriarca de mi estirpe, y mi grado de parentesco es el mismo. En efecto, mi padre es Laertes, el de Laertes es Arcesio, y el de Arcesio, Júpiter; y entre ellos no ha habido ningún condenado al exilio [9]. Y por parte de madre se añade también otro grado de nobleza, el dios de Cilene [10]: hay un dios en las familias de ambos. Pero yo no reclamo las armas expuestas en base a la mayor nobleza de mi nacimiento por parte de madre ni por el hecho de que mi padre no se haya manchado de la sangre de su hermano. Juzgad el caso de acuerdo con nuestros méritos, siempre que no consideréis un mérito de Ayax el hecho de que Peleo y Telamón fueran hermanos, y tampoco los lazos de sangre, y que lo que reclaméis para estos despojos sea la dignidad del valor. Pero si realmente se busca la proximidad de la sangre y el primer heredero, Aquiles tiene un padre, Peleo, y tiene un hijo, Pirro: ¿qué tiene que ver Ayax? ¡Que lleven estas armas a

---

[8]   Ayax es hijo de Telamón y nieto de Éaco, que era hijo de Júpiter.
[9]   Alude al exilio de Telamón, expulsado junto con Peleo por el asesinato de Foco.
[10]   Mercurio, abuelo de Anticlea, madre de Ulises.

Ftía o a Esciros! Y, además, Teucro no es menos primo de Aquiles que éste: ¿acaso reclama él las armas? Y si las reclamase, ¿las obtendría? Así pues, puesto que hemos de competir en base a nuestras hazañas, sin más, yo, desde luego, he llevado a cabo muchas más de las que puedo incluir en un discurso improvisado; no obstante, intentaré referirlas por orden. La nereida madre de Aquiles [11], conociendo de antemano su muerte, había disfrazado a su hijo, y los había engañado a todos, incluyendo al propio Ayax, con el falso atuendo de que le había vestido. Yo introduje entre mercancías femeninas unas armas que iban a despertar sus instintos viriles, y aún no se había despojado el héroe de sus ropas de muchacha cuando yo, mientras empuñaba el escudo y la lanza, le dije: "¡Oh hijo de diosa, la caída de Pérgamo está reservada para ti! ¿A qué esperas para destruir a la poderosa Troya?", y poniéndole la mano encima envié a aquel esforzado a cumplir esforzadas hazañas. Así pues, sus obras son también mías: yo vencí en combate a Télefo con mi lanza, y lo reanimé cuando me suplicaba, derrotado; que Tebas cayera es mérito mío; a mí tenéis que atribuirme la caída de Lesbos, a mí la de Ténedos, Crise y Cila, ciudades de Apolo, y la de Esciros; considerad que las murallas de Lirneso cayeron al suelo derruidas y abatidas por mi diestra. Y por no hablar de otros, fui yo quien os dio al único que podía destruir al cruel Héctor: ¡gracias a mí ha muerto el ínclito Héctor! Os pido estas armas a cambio de aquellas con las que descubrí a Aquiles: se las di cuando vivía; ahora, tras su muerte, las vuelvo a reclamar. Cuando el dolor de uno [12] alcanzó a todos los dánaos y mil naves se agolparon en Áulide, frente a Eubea, los vientos, largo tiempo espe-

---

[11] Tetis, hija de Nereo. Tetis sabía por una profecía que su hijo moriría si iba a Troya, por lo que le disfrazó de muchacha y le escondió entre las hijas de Licomedes, rey de Esciros.

[12] Menelao, esposo de Helena.

rados, o no soplaban o eran contrarios a la flota: un
cruel oráculo ordena a Agamenón que sacrifique a su
hija inocente a la implacable Diana. Él se niega y se enfurece con los propios dioses, pues en el rey también
está el padre. Yo, con mis palabras, vuelvo su tierno
sentimiento paternal hacia el bien público. Y ahora en
verdad lo confieso, y que el hijo de Agamenón perdone
mis palabras: defendí una causa difícil ante un juez que
no era imparcial. Sin embargo, él se dejó convencer,
por el bien del pueblo, por su hermano, por todo lo que
significaba el cetro que le había sido concedido, a pagar
la gloria con sangre. También se me envía a hablar con
la madre, a la que no tuve que exhortar, sino engañar
con astucia: si hubiese ido el hijo de Telamón las velas
todavía estarían esperando el viento. También fui enviado, en audaz embajada, a la misma ciudadela troyana, y vi la asamblea de la alta Troya, y entré: todavía
estaba llena de guerreros. Impertérrito, llevo a cabo la
misión que me había encomendado la coalición griega:
acuso a Paris, reclamo a Helena y el botín, y consigo
ablandar a Príamo y a Anténor [13], brazo derecho de
Príamo. Pero Paris y sus hermanos, y quienes bajo sus
órdenes habían perpetrado el rapto, a duras penas con-
tuvieron sus impías manos; bien lo sabes tú, Menelao;
ese fue el primer día en que compartí el peligro contigo. Sería demasiado largo referir todas las cosas útiles
que he hecho, tanto con mis consejos como con mis
manos, en el tiempo que ha durado esta larga guerra.
Tras los primeros combates los enemigos se encerraron
durante mucho tiempo dentro de las murallas, y no
hubo posibilidad de luchar en campo abierto: sólo hemos vuelto a combatir ahora, en el décimo año. ¿Qué
has hecho mientras tanto tú, que no sabes hacer otra
cosa que pelear? ¿De qué nos has servido? En cambio,
si quieres saber qué es lo que he hecho yo, pues bien:

---

[13]   Cuñado de Príamo.

tiendo insidias al enemigo, fortifico las trincheras, consuelo a los compañeros para que soporten con serenidad el tedio de esta guerra interminable, enseño de qué forma hemos de proveernos de víveres y de armas. Soy enviado allí donde la ocasión lo requiere. He aquí que, por consejo de Júpiter, engañado por la visión de un sueño, el rey nos ordena abandonar la guerra que hemos emprendido. Él puede defender su decisión con la autoridad de aquel que la ha inspirado. ¡Ayax no debería permitirlo, debería exigir la destrucción de Pérgamo y, cosa que sí sabe hacer, combatir! ¿Por qué no detiene a los que se disponen a marcharse? ¿Por qué no toma las armas y da a la tropa desorientada un ejemplo a seguir? ¡No era demasiado pedir para alguien que no dice otra cosa que fanfarronadas! Pues ¿no se dispuso a huir él mismo? ¡Vi, y me avergoncé de verlo, cómo volvías la espalda y preparabas ignominiosamente las velas! Yo, inmediatamente, dije: "¿Qué hacéis? ¿Qué locura os instiga, compañeros, a abandonar Troya, que ya está vencida? ¿Qué llevaréis a casa, tras nueve años, sino deshonor?" Con éstas y con otras palabras, en las que la misma rabia me hacía elocuente, los traje de vuelta de la flota que estaba lista para zarpar. El Atrida [14] convoca a los compañeros temerosos y amilanados; ni siquiera entonces el hijo de Telamón osó abrir la boca. Térsites, sin embargo, sí se atrevió a atacar a los reyes con sus palabras, aunque gracias a mí su desvergüenza no quedó impune. Me pongo en pie y exhorto a los asustados soldados contra el enemigo, y con mi voz les devuelvo el valor que habían perdido. Desde ese momento, todo lo que por caso pueda parecer que éste ha hecho, ha sido gracias a mí, que lo volví a traer cuando ya volvía la espalda. Y además, entre los dánaos, ¿quién te alaba o te busca? En cambio el hijo de Tideo me comunica todos sus actos, me apre-

---

[14] Agamenón, hijo de Atreo.

cia, y siempre confía en su compañero Ulises. Quiere decir algo, ser el único elegido por Diomedes entre tantos miles de griegos. En otra ocasión, no era un sorteo lo que me obligaba a ir, pero, no obstante, despreciando el peligro de la noche y del enemigo, mato al frigio Dolón, que estaba intentado lo mismo que yo [15], pero no antes de haberle obligado a traicionar y a confesar cuáles eran los planes de la pérfida Troya. Ya lo sabía todo, ya no tenía por qué seguir investigando, y podía haber regresado con la gloria asegurada. Sin embargo, no contento con ello, me dirigí a las tiendas de Reso [16], y en su mismo campamento lo asesiné a él y a sus compañeros, y así, victorioso, una vez cumplido mi propósito, me adueño de su carro y entro de vuelta en el campamento como en un glorioso desfile triunfal. Si me vais a negar las armas de aquel cuyos caballos había pedido el enemigo como recompensa por la misión de una sola noche, entonces Ayax es más benévolo conmigo que vosotros. ¿Para qué hablar de las tropas de Sarpedón que arrasé con mi espada? Dejé tendidos en un lago de sangre al ifítida Cérano, a Alástor, a Cromio, a Alcandro, a Halio, a Noemón y a Prítanis; di muerte a Toón y a Cárops con Quersídamas, a Énnomo, arrastrado por un destino despiadado, y otros menos famosos cayeron bajo mi mano al pie de las murallas. También yo he sufrido heridas, ciudadanos, gloriosas también por el sitio donde están; y no os pido que creáis en vanas palabras: ¡mirad!», y con la mano se abrió la túnica. «Este pecho siempre se ha esforzado por vuestra causa», dijo. «En cambio, en todos estos años el hijo de Telamón no ha derramado una sola gota de sangre por sus compañeros, y en su cuerpo no hay heridas. Pero ¿qué importa esto, si, como él dice, tomó las armas para defender a la flota pelásgica contra los troyanos y contra Júpiter? La defendió, lo reco-

[15]   También Dolón había salido en misión de espionaje.
[16]   Rey de Lidia, aliado de los troyanos.

nozco: en efecto, yo no suelo desacreditar maliciosa-
mente las hazañas de los demás. Pero que no se atri-
buya él solo lo que fue un trabajo común, y que os rinda
a vosotros una parte de la gloria: fue el Actórida [17]
quien, con la seguridad que le daba estar vestido de las
armas de Aquiles, rechazó a los troyanos lejos de las
naves que iban a arder junto con su defensor. También
se considera el único que se atrevió a enfrentarse a las
armas de Héctor, olvidándose de los reyes, de los jefes
y de mí; fue el noveno que se presentó para la misión, y
si fue elegido fue un don de la suerte. Y en cualquier
caso, ¿cuál fue el resultado, oh fortísimo Ayax, de vuestro combate? Héctor salió ileso, sin ninguna herida.
¡Ay de mí, con cuánto dolor me veo obligado a recordar el día en que cayó Aquiles, baluarte de los griegos!
Pero ni las lágrimas ni el dolor, ni el miedo me impidieron rescatar su cuerpo, levantándolo del suelo. Sobre
estos hombros, sobre estos hombros, digo, cargué a la
vez el cuerpo y las armas de Aquiles, armas que todavía
ahora lucho por llevar. Tengo la fuerza necesaria para
soportar un peso como ese, y tengo sin duda un espíritu
capaz de apreciar el honor que me haríais. ¡Oh, claro!
¿Es que la azulada Tetis se afanó por su hijo precisamente para eso, para que esos dones del cielo, objetos
de un arte tan excelso, los lleve ahora un soldado rudo
y sin sensibilidad? Ni siquiera sabría reconocer lo que
hay cincelado en el escudo: el océano, la tierra y el alto
cielo con las estrellas, las Pléyades, las Híades y la Osa
que nunca toca las aguas, las ciudades opuestas [18] y la
brillante espada de Orión. ¡Pide que se le entreguen
unas armas que no comprende! ¿Y qué decir de que
me acusa de que, huyendo de los duros deberes de la
guerra, me incorporé tarde a una empresa ya comen-
zada, sin darse cuenta de que así habla mal también del
magnánimo Aquiles? Si llamas crimen a haber fingido,

---

[17]   Patroclo, nieto de Áctor.
[18]   Una en paz, la otra en guerra.

hemos fingido ambos; si la demora se considera una culpa, yo llegué antes que él. A mí me retuvo mi devota esposa, a Aquiles su devota madre, y a ellas les dimos ese primer período, a vosotros todo lo demás. Y no me asustaría, suponiendo que no pudiera defenderme, tener un crimen en común con un hombre tan grande; en cualquier caso, él fue descubierto por el ingenio de Ulises, pero Ulises no fue descubierto por el ingenio de Ayax. Pero no debe sorprendernos que difunda calumnias sobre mí con su estúpida lengua, puesto que también a vosotros os echa en cara cosas vergonzosas. Pues si fue vil que yo acusara a Palamedes de un falso crimen, ¿acaso fue decoroso que vosotros le condenaseis? Pero el Nauplíada no fue capaz de defenderse de un fraude tan grande y tan evidente, y vosotros no oísteis el crimen que había en ello: lo visteis, y las pruebas del pago eran patentes. Y tampoco merezco que se me considere culpable de que el hijo de Peante esté en Lemnos, la isla de Vulcano; defended vosotros vuestra decisión, puesto que disteis vuestro consentimiento. Y no voy a negar que yo le persuadí para que se substrajera a las fatigas de la guerra y del viaje e intentara aliviar con el reposo sus tremendos dolores. Me hizo caso, y está vivo. Mi consejo no sólo fue leal, sino también feliz, aunque la lealtad ya habría sido suficiente. Y si ahora los adivinos le reclaman para la destrucción de Pérgamo, no me mandéis a mí: que vaya mejor el hijo de Telamón, que con su elocuencia apaciguará sin duda al héroe enloquecido por la ira y por la enfermedad, o, siendo tan astuto, ya encontrará algún otro artificio para traerle. Pero el Simois [19] fluirá hacia atrás, el Ida se alzará sin bosques y Acaya prometerá ayuda a Troya antes de que, si yo dejo de preocuparme por vuestros problemas, el ingenio del estúpido Ayax sirva a los dánaos de alguna ayuda. Ensáñate si quieres con

---

[19] Río de la Tróade, afluente del Janto o Escamandro.

tus compañeros, con el rey y conmigo, despiadado Filoctetes; impreca contra mí si quieres, maldice sin fin mi persona, desea que la suerte me entregue a ti y a tu dolor para que puedas beberte mi sangre, y que, como dispuse yo de ti, puedas disponer tú de mí: a pesar de todo iré a buscarte y me esforzaré por traerte de vuelta conmigo, y me apoderaré, si la fortuna me asiste, de tus flechas, igual que me apoderé del adivino de los dárdanos [20], al que capturé, igual que hice que me revelara los responsos de los dioses y el destino de Troya, igual que robé de Frigia la estatua sagrada de Minerva de entre medias de los enemigos [21]. ¿Y Ayax quiere compararse conmigo? Todos sabemos que los hados prohibían la toma de Troya sin esa estatua. ¿Dónde está el fuerte Ayax? ¿Dónde están las grandilocuentes palabras del gran hombre? ¿Por qué en esta ocasión tienes miedo? ¿Por qué, en cambio, Ulises sí se atreve a pasar entre los centinelas y a entregarse a la noche, y a penetrar entre espadas feroces no sólo dentro de las murallas de Troya, sino hasta la cima de la ciudadela, y a llevarse a la diosa de su templo y, una vez raptada, traerla de vuelta cruzando las filas enemigas? Si yo no lo hubiese hecho, en vano el hijo de Telamón llevaría en el brazo izquierdo las pieles de siete toros. Esa noche yo decidí la caída de Troya, en ese momento yo vencí a Pérgamo, cuando forcé que pudiera ser vencida. Y deja de indicarnos con tus miradas y tus murmullos a mi querido Tidida: él tiene su parte de gloria en ello. Pero tampoco tú estabas solo cuando embrazabas tu escudo para defender la flota de la coalición: a ti te acompañaba una entera multitud, a mí un solo hombre. El cual, si no supiera que el hombre belicoso es inferior al inteligente, y que no se trata de premiar

---

[20] Héleno, hijo de Príamo.
[21] El Paladio, estatua de Atenea custodiada en la ciudadela de Troya. Mientras aquella estatua permaneciera en la ciudad, Troya sería inexpugnable.

una diestra indómita, él mismo reclamaría estas armas;
las reclamaría también el otro Ayax [22], más moderado,
y el fiero Eurípilo, y el hijo del ilustre Andremón, e
igualmente Idomeneo [23] y su compatriota Meriones, y
las reclamaría el mayor de los hermanos Atridas [24],
pues, sin duda, también sus brazos son fuertes y no son
inferiores a ti en el campo de batalla; pero ellos se han
retirado ante mi sabiduría. Tú tienes una diestra eficaz
en la batalla, pero una inteligencia que necesita ser
guiada por mí; tú ejercitas la fuerza sin pensar, yo me
preocupo por el futuro; tú sabes combatir, pero el
Atrida consulta conmigo el momento del combate; tú
eres útil sólo con el cuerpo, yo con la mente, y de
cuanto el que gobierna la nave supera al simple re-
mero, de cuanto un general es más importante que un
soldado, en igual medida yo soy superior a ti. Y no es
que en mi cuerpo la inteligencia sea más poderosa que
la mano: es que toda mi fuerza reside en ella. Así pues,
vosotros, oh jefes, entregad el premio al que vela por
vosotros, concededme este honor por la solícita dedicación de todos estos años y en pago por todos mis méritos. Nuestras fatigas ya tocan a su fin: yo he eliminado
los obstáculos del destino, y haciendo que Pérgamo pudiese ser vencida, la vencí. ¡Ahora yo os ruego, por las
esperanzas de la coalición, por las murallas de Troya
condenadas a caer, por esos dioses que hace poco arre-
baté al enemigo, por aquello, si es que queda algo, en
lo que haya que actuar con sabiduría, si todavía queda
algo que abordar con audacia y con arrojo, si creéis que
todavía falta algo para el final de Troya: acordaos de
mí! ¡O, si no me dais las armas a mí, dádselas a ella!» Y
señaló a la fatídica estatua de Minerva.

La asamblea de los jefes se quedó impresionada, y el
hecho demostró cuán grande es el poder de la palabra:

---

[22] Ayax, hijo de Oileo.
[23] Rey de Creta.
[24] Agamenón.

las armas del gran héroe se las quedó el más elocuente. Aquel que había resistido él solo al ataque de Héctor, que tantas veces había resistido al hierro, al fuego y a Júpiter, no pudo resistir a la cólera: el héroe invicto fue vencido por el dolor. Aferró la espada y dijo: «Ésta, por lo menos, sí es mía, ¿o es que también va a reclamarla Ulises? ¡Ésta es la que tengo que usar contra mí mismo; la que tantas veces se tiñó con la sangre de los frigios, ahora se teñirá con la muerte de su dueño, para que nadie pueda vencer a Ayax más que Ayax!» Así dijo, y en el pecho, que entonces por fin recibió una herida, se clavó, por donde el hierro pudo abrirse camino, la espada mortal. Ninguna mano fue capaz de sacar el arma clavada: la misma sangre la expulsó, y de la tierra empapada nació entre la verde hierba una flor, que ya antes había nacido de la herida del Ebalio [25]. En los pétalos hay escritas unas letras que valen para el muchacho y para el hombre, para éste su nombre, para aquél un lamento.

El vencedor pone rumbo a la patria de Hipsípile y del noble Toante, tierra funestamente célebre por el exterminio de la antigua población masculina [26], a fin de recuperar las flechas del Tirintio [27]. Cuando se las hubo traído de vuelta a los griegos, junto con su dueño, por fin se dio la última mano a aquella guerra demasiado larga. A la vez caen Troya y Príamo; la infeliz esposa de Príamo [28], tras haberlo perdido todo, perdió también la forma humana, y con insólitos ladridos aterrorizó los cielos de una tierra extraña, allí donde el largo Helesponto se cierra en un estrecho.

Ilión ardía, el fuego todavía no se había extinguido, y el altar de Júpiter se había empapado de la exigua san-

---

[25]   Jacinto. Ver X, pág. 343.
[26]   La isla de Lemnos. Las mujeres de Lemnos mataron a todos los hombres de la isla, a excepción del rey Toante, que fue salvado en secreto por su hija Hipsípile.
[27]   Las flechas de Hércules, que estaban en poder de Filoctetes.
[28]   Hécuba.

gre del viejo Príamo. Arrastrada por los cabellos, la sacerdotisa de Febo [29] tendía inútilmente sus palmas al
cielo. Las mujeres dardánidas, que encerradas en los
templos se abrazan, mientras pueden, a las estatuas de
sus dioses, son arrastradas, codiciado botín, por los
griegos vencedores. Astíanax [30] es arrojado desde la
misma torre desde la que tantas veces había visto a su
padre, que su madre le señalaba, luchar por él y defender el reino de sus antepasados. Y ya Bóreas invita a
emprender el camino y las velas suenan agitadas por su
soplo favorable; los marineros dicen que hay que apro-
vechar el viento. «¡Adiós, Troya! ¡Nos llevan!», gritan
las troyanas, besan la tierra y abandonan las casas aún
humeantes de su patria. La última en embarcar en la
flota es Hécuba (dolorosa escena), a la que han encontrado entre las tumbas de sus hijos; mientras abraza los
túmulos y besa los huesos, manos duliquias [31] se la llevan de allí. Pero de uno, de Héctor, consiguió llevarse
las cenizas: las sacó y se las llevó escondidas contra su
pecho; en el túmulo de Héctor deja canosos mechones
de su cabeza, pobre ofrenda de cabellos y lágrimas.

Hay un país frente a las costas de Frigia, donde estaba Troya, habitado por hombres bistonios [32]. Allí sur-
gía el rico palacio de Polimnéstor, a quien tu padre te
había encomendado secretamente, Polidoro [33], para
alejarte de la guerra de Frigia: sabia decisión, si no hubiese añadido también un rico tesoro, buen botín para
un delito, estímulo para un espíritu codicioso. Cuando
cayó la fortuna de los frigios, el sacrílego rey de los tracios empuñó su espada y cortó el cuello de su protegido
y, como si los crímenes se pudieran hacer desaparecer

---

[29]   Casandra, hija de Príamo, que tenía, como su hermano Héleno, el don de la profecía.
[30]   Hijo de Héctor y de Andrómaca.
[31]   De los soldados de Ulises, señor de Duliquio.
[32]   Tracios.
[33]   El hijo menor de Príamo y Hécuba.

con el cuerpo, arrojó su cadáver al mar desde un acantilado.

El Atrida [34] había hecho amarrar la flota frente a la costa tracia hasta que el mar estuviese en calma y los vientos fuesen más favorables. Allí, de repente, tan imponente como cuando estaba vivo, Aquiles surgió de una gran grieta en la tierra, y tenía la misma mirada amenazadora que aquella vez que, feroz, injustamente había agredido a Agamenón con su espada. Y dijo: «¿Os marcháis sin acordaros de mí, oh aqueos? ¿Es que también está enterrada junto a mí la gratitud que le debéis a mi valor? ¡No lo hagáis! ¡Y para que mi sepulcro no quede sin los debidos honores, disponed que Políxena [35] sea sacrificada a los manes de Aquiles!»

Así dijo; los compañeros, para apaciguar a la despiadada sombra, la arrancan de los brazos de su madre, para la que ya era casi el único consuelo, y, fuerte y desventurada y más que mujer, conducen al túmulo a la doncella, que se convierte en víctima expiatoria del cruel difunto. Consciente de sí misma, cuando la acercaron al sangriento altar y advirtió que preparaban para ella el feroz sacrificio, y vio a Neoptólemo [36] de pie, espada en mano, mirarla fijo a los ojos, dijo: «¡Sírvete ya de mi noble sangre! Yo estoy lista: tú, ¡húndeme la espada en la garganta o en el pecho!», y se descubrió a la vez el pecho y la garganta. «¿Acaso creéis que Políxena estaría dispuesta a ser esclava de alguien? ¿O que con este sacrificio vais a aplacar a alguna sagrada divinidad? Sólo me gustaría que mi madre no se enterara de mi muerte; es mi madre la que me preocupa y la que disminuye la alegría que siento al morir, aunque en realidad no debería llorar ella por mi muerte, sino por su vida. Pero vosotros, para que pueda ir libre a reunirme con las sombras estigias, manteneos

---

[34] Agamenón.
[35] Hija de Príamo y Hécuba.
[36] Hijo de Aquiles.

lejos de mí, si es que es justo lo que pido, y no toquéis
mi cuerpo de virgen con vuestras manos de hombres.
Mi sangre será mas grata para aquel, quienquiera que
sea el que queréis aplacar con mi sacrificio, si es libre.
Y si las últimas palabras de mi boca pueden conmover
a alguien (pues es la hija de Príamo la que os suplica, y
no la prisionera), devolvedle a mi madre mi cuerpo sin
rescate, para que no tenga ella que comprar con oro el
triste derecho de sepultarme, sino que le baste con sus
lágrimas. Antes, cuando todavía podía, lo compraba
también con oro.» Así dijo, y la gente no podía contener las lágrimas, que ella, en cambio, contenía. El
mismo sacerdote, llorando también y contra su voluntad, le clava el hierro desgarrándole el pecho que ella le
presentaba. Desplomándose sobre la tierra cuando le
fallaron las rodillas, conservó un intrépido semblante
hasta el último momento, y también entonces, mientras caía, tuvo cuidado de cubrirse las partes que debía
ocultar, salvando el decoro de su casto pudor.

Las troyanas recogen su cuerpo y recuerdan a todos
los hijos de Príamo a los que han llorado, toda la sangre
que una sola casa ha vertido. Y lloran por ti, virgen, y
por ti, que hace poco eras la consorte real, que eras llamada madre de reyes, símbolo de la riqueza de Asia, y
ahora eres una parte despreciable hasta en un botín, a
quien el victorioso Ulises no querría como suya si no
fuera porque pariste a Héctor. ¡A duras penas consigue
Héctor un dueño para su madre! Abrazada al cuerpo
ahora vacío de un alma tan fuerte, vierte también sobre
ésta las lágrimas que tantas veces ha vertido por su patria, por sus hijos, por su esposo; derrama sus lágrimas
sobre la herida y cubre de besos su boca, golpea su pecho, ya acostumbrado, y arrastrando sus canas sobre la
sangre coagulada, con el pecho desgarrado, dice muchas cosas, y entre ellas, éstas: «Hija, último dolor de tu
madre (¿pues qué más me queda?), hija, tú yaces y yo
veo tu herida, que es mi herida también. Así es: para
que no perdiera a ninguno de los míos sin una muerte

violenta, también tú llevas una herida. Pero a ti, al ser mujer, yo te creía a salvo del hierro; sin embargo, también tú, aunque mujer, has muerto bajo el hierro. El mismo que mató a todos tus hermanos, Aquiles, ruina de Troya y asesino de los míos, es el mismo que te ha matado a ti. Y sin embargo, cuando fue alcanzado por la flecha de Paris y de Febo dije: "Ahora, por lo menos, ya no hay que temer a Aquiles." ¡También ahora debí haberle temido! ¡Hasta convertido en cenizas y sepultado se ensaña contra esta familia, hasta desde el túmulo hemos sentido su enemistad! ¡Para el Eácida [37] he sido yo fecunda! La gran Ilión yace arrasada, con una enorme catástrofe ha llegado a su fin la ruina de un pueblo, pero por lo menos ha acabado; sólo para mí Pérgamo sigue existiendo, y mi dolor aún no ha cesado. Yo, que era hasta hace poco la más poderosa, engrandecida por tantos yernos, hijos y nueras, y por mi marido, ahora soy arrastrada al exilio, pobre, arrancada de los túmulos de los míos, como regalo para Penélope, que me señalará a las matronas de Ítaca mientras hilo la lana que me habrá asignado, y dirá: "Esta es la famosa, la ilustre madre de Héctor, esta es la esposa de Príamo." Tras haberlos perdido a todos, ahora tú, la única que aliviabas mi luto de madre, has sido sacrificada al alma de un enemigo. ¡He parido ofrendas fúnebres para un enemigo! ¿Por qué resisto, dura como el hierro? ¿Para qué sigo viviendo? ¿Para qué me reservas, añosa vejez? ¿Con qué fin, oh dioses crueles, mantenéis en vida a una anciana que ha vivido demasiado, si no es para que vea otros lutos? ¡Quién iba a decir que a Príamo se le habría llamado feliz tras la destrucción de Pérgamo! Pues él es feliz porque ha muerto: él no te ha visto asesinada, hija mía, y a la vez perdió el reino y la vida. Seguro que se te concederán honores fúnebres, joven princesa, y que tu cuerpo será

---

[37] Aquiles, nieto de Éaco.

enterrado en la tumba de tus antepasados. Pero no es
esta la suerte de nuestra casa: tus ofrendas serán el
llanto de tu madre y un puñado de arena extranjera.
Todo lo he perdido. Sólo me queda, como razón para
soportar la vida un poco más, un hijo, queridísimo para
mí, que era el menor de mis hijos varones: Polidoro,
entregado en estas mismas costas al rey del Ismaro [38].
¿Pero a qué espero mientras tanto a lavar con agua
la cruel herida y el rostro cruelmente salpicado de
sangre?»

Así dijo, y se dirigió hacia la orilla con su paso senil,
desgarrándose los blancos cabellos. «Dadme una va-
sija, troyanas», había pedido la infeliz, para coger las
aguas transparentes; entonces ve el cuerpo de Polidoro
tirado en la orilla, y las tremendas heridas causadas por
las armas tracias. Las troyanas gritan. Ella enmudece
de dolor, y el dolor mismo le devora por dentro la voz y
las lágrimas que afloran. Semejante en todo a una dura
piedra, se queda inmóvil, y ora fija con la mirada la tierra bajo sus ojos, ora levanta hacia el cielo una torva
mirada, ora observa el rostro de su hijo tendido, ora las
heridas, pero sobre todo las heridas, y se arma y se
carga de ira. Cuando se hubo enardecido con la cólera,
como si siguiera siendo reina, decidió vengarse, y toda
su mente se volvió a meditar el castigo. Como se enfurece una leona a la que han arrebatado un cachorro
lactante, y tras encontrar las huellas de los pies persigue a un enemigo al que no ve, así Hécuba, cuando la
ira se hubo mezclado al dolor, sin olvidar su fiereza
pero olvidando sus años, va a ver a Polimnéstor, autor
del sangriento crimen, y pide una entrevista con él,
pues desea mostrarle un tesoro que aún queda oculto
para que se lo entregue a su hijo. El tracio la cree y, con
su acostumbrada codicia por el botín, acude al encuentro secreto. Entonces, astutamente, le dice con dulces

---

[38]   Monte de Tracia.

palabras: «Olvida tus dudas, Hécuba, entrégame el regalo para tu hijo. Te juro por los dioses que lo que me das ahora, como lo que me diste antes, será todo para él.» Ella lo observa con aire feroz mientras habla y jura en falso, y se enciende de creciente ira; y así, agarrándolo, llama a la turba de las cautivas, y hunde los dedos en sus pérfidos ojos y se los arranca de las mejillas (la ira la hace arrojada), y hunde sus manos manchadas de sangre culpable y excava, no en los ojos, pues nada queda ya de ellos, sino en el lugar de los ojos. Las gentes de Tracia, encolerizadas por el asesinato de su tirano, empezaron a atacar a la troyana arrojándole armas y piedras; pero ella, con un ronco gruñido, persigue las piedras que le lanzan intentando morderlas, y con las fauces preparadas para decir palabras, cuando intentaba hablar ladró. Aquel lugar es un lugar elevado, y ha tomado su nombre de aquel suceso [39]. En cuanto a ella, durante mucho tiempo siguió aullando triste por los campos de Tracia, recordando las pasadas desgracias. Su suerte conmovió a sus compatriotas troyanos y a sus enemigos pelasgos, y conmovió también a los dioses: hasta tal punto los conmovió a todos, que la misma esposa y hermana de Júpiter reconoció que Hécuba no merecía tal fin.

Pero la Aurora no tiene tiempo para conmoverse por las calamidades y el fin de Troya y de Hécuba, aunque había estado de parte de sus tropas. Una pena más cercana, un luto familiar afligía a la diosa: la muerte de Memnón [40], a quien su madre, la diosa anaranjada, había visto morir en los campos de Frigia bajo la lanza de Aquiles. Lo vio, y el color con el que se enrojecen las horas de la mañana palideció, y el cielo quedó oculto bajo una capa de nubes. Pero la madre no pudo soportar la vista de su cuerpo colocado sobre el fuego de la pira, y con los cabellos sueltos, así como estaba, no le

---

[39] *Kynós sema*, «túmulo del perro», en el Quersoneso.
[40] Hijo de la Aurora y de Titono.

pareció indigno postrarse de rodillas ante el gran Júpiter y añadir a sus lágrimas estas palabras: «Aunque inferior a todas las diosas que habitan en el dorado cielo, pues hay poquísimos templos dedicados a mí repartidos por el mundo, como diosa he venido, pero no para que me des santuarios, días en los que se me ofrezcan sacrificios y altares calentados por el fuego; no obstante, si te pararas a considerar cuál es el servicio que te presto, aunque mujer, cuando al nacer el día guardo los confines de la noche, reconocerías que deberías darme una recompensa. Pero no es eso lo que aflige a la Aurora, ni se halla en condición de pedir los honores que merece. Vengo privada de mi Memnón, que sin fruto empuñó con valor las armas en favor de su tío [41], y en su primera juventud cayó, así lo quisisteis, a manos del fuerte Aquiles. ¡Concédele, te lo ruego, algún honor que le consuele en su muerte, oh supremo señor de los dioses, y alivia el dolor de su madre!»

Júpiter asintió en el mismo momento en que la elevada pira de Memnón se derrumbaba entre altas llamaradas, y negras volutas de humo oscurecieron el día, como cuando los ríos exhalan las nieblas que nacen de sus aguas y el sol no puede atravesarlas. Las negras cenizas vuelan por el aire, y aglomerándose se condensan en un solo cuerpo, que toma forma y absorbe del fuego calor y vida. Su ligereza le da alas, y primero algo parecido a un pájaro, luego un pájaro verdadero, hizo sonar sus alas; al mismo tiempo se oyó el aleteo de innumerables hermanos, todos nacidos de la misma manera. Tres veces sobrevuelan la hoguera, y tres veces se difunde en el aire un unánime graznido; en la cuarta pasada se dividen en dos campos: entonces, partiendo de lados opuestos, ambos bandos se lanzan a un ataque feroz, desfogan su ira con sus picos y sus garras encorvadas y fatigan sus alas y sus pechos unos contra otros,

---

[41]   Memnón es sobrino de Príamo, que era hermano de Titono.

y sus cuerpos fraternos caen como fúnebres ofrendas a las cenizas sepultadas, recordando que habían nacido de un valeroso guerrero. Los improvisados seres alados toman su nombre de su progenitor: por él son llamados memnónides, y cuando el sol ha recorrido los doce signos vuelven a luchar y a morir en una batalla funeraria.

Así pues, a algunos les pareció digno de lástima que la hija de Dimas ladrara, pero la Aurora estaba dedicada a su propio luto, y todavía hoy vierte piadosas lágrimas, cubriendo todo el mundo de rocío.

Pero los hados no permiten que junto con las murallas de Troya se destruyan también sus esperanzas. El héroe citereo [42] toma consigo las sagradas imágenes y, segunda cosa sagrada, a su padre [43], a quien, venerable carga, lleva sobre sus hombros. Ese botín y a su Ascanio [44] es lo que elige el piadoso Eneas de entre todas sus riquezas, y zarpando desde Antandro [45] huye por el mar con su flota, deja atrás los impíos confines de los tracios y la tierra de la que mana la sangre de Polidoro, y con vientos propicios y corrientes favorables entra con sus compañeros en la ciudad de Apolo [46]. Allí Anio, que como rey de hombres y sacerdote de Apolo gobernaba con justicia, le recibe en el santuario y en su palacio, y le enseña la ciudad, los famosos templos y los dos troncos a los que se había agarrado Latona al dar a luz. Tras ofrecer incienso en los altares y verter vino sobre el incienso, una vez quemadas según el rito las entrañas de los bueyes inmolados, se dirigen a la morada del rey, y tras disponer unas mullidas alfombras se alimentan con los dones de Ceres y con líquido Baco. Entonces el buen Anquises: «Oh distinguido sacerdote de Apolo, ¿me equivoco, o cuando visité por primera vez

---

[42]   Eneas, hijo de Venus o Citerea.
[43]   Anquises.
[44]   Ascanio o Iulo, hijo de Eneas.
[45]   Ciudad costera de Misia.
[46]   Delos.

esta ciudad tú tenías, según recuerdo, un hijo y cuatro
hijas?» Anio, sacudiendo las sienes envueltas en blancas vendas, le respondió tristemente: «No te equivocas,
oh héroe grandísimo; viste como padre de cinco hijos al
mismo que ahora (tanta es la inestabilidad de las cosas
que trastorna a los hombres) ves casi sin ninguno. Pues,
¿en qué me puede ayudar un hijo ausente que en cambio de vivir con su padre vive en la tierra de Andros,
que de él ha tomado el nombre, y allí habita y reina? A
éste el dios de Delos [47] le dio la facultad de predecir el
futuro, y al resto de mi estirpe, a las hembras, Líber [48]
les concedió un don que superaba todo deseo y toda
credibilidad. En efecto, tocadas por mis hijas todas las
cosas se convertían en mieses, en vino o en el fruto de
Minerva [49], y así poseían una facultad preciosa. Cuando
lo vino a saber el Atrida [50], destructor de Troya (para
que veas que también a nosotros, desde alguna parte,
nos han llegado noticias de vuestra tempestad), empleando la violencia de las armas las arrancó por la
fuerza del regazo de su padre, y les ordenó que prove-
yeran de víveres a la flota argólica empleando su divino
don. Ellas huyen, cada una a donde puede: dos se dirigen a Eubea y otras tantas a la fraterna Andros. Los
soldados se presentan allí y amenazan con la guerra si
no se las entregan. El miedo vence al amor fraternal:
entregó a sus hermanas al castigo. Pero hay que per-
donar su miedo: no estaba allí Eneas para defender
Andros, no estaba allí Héctor, gracias a quien resistis-
teis hasta el décimo año. Y ya preparaban las cadenas
para atar sus brazos: ellas, tendiendo hacia el cielo los
brazos todavía libres, dijeron: "¡Ayúdanos, padre
Baco!", y el que les había concedido el don las ayudó, si
es que a destruirlas de un modo prodigioso se le puede

---

[47]   Apolo.
[48]   Baco.
[49]   La aceituna.
[50]   Agamenón.

llamar ayuda. Y ni pude saber entonces ni puedo decir ahora de qué manera perdieron su figura. Sólo conozco la conclusión del drama: les salieron plumas y se transformaron en las aves de tu consorte, en blancas palomas.»

Tras haber llenado el banquete con ésta y otras conversaciones, una vez quitada la mesa se fueron a dormir. Se levantan con el día y van a consultar al oráculo de Febo, que les ordena buscar a la antigua madre, las costas de sus antepasados. El rey los acompaña y les ofrece regalos antes de la partida: a Anquises un cetro, a su nieto una clámide y una aljaba, y a Eneas una crátera que en otro tiempo le había enviado desde las costas de Aonia su huésped ismenio [51] Terses. Terses se la había enviado, pero la había fabricado el hileo [52] Alcón, que había cincelado en ella una larga historia. Había una ciudad, y se podían ver siete puertas: éstas cumplían la función del nombre, e indicaban de qué ciudad se trataba [53]. Delante de la ciudad, funerales, tumbas, hogueras y piras, y madres con el cabello desordenado y el pecho descubierto son indicios de luto; también se ve a ninfas que lloran y se lamentan porque las fuentes se han secado; los árboles se yerguen desnudos, sin hojas, y las cabras roen las hierbas en secos pedregales. Y he aquí que representa a las hijas de Orión en el centro de Tebas: aquí se las ve herir su cuello desnudo con valor viril; allí, tras hundirse la espada en la garganta inerte, mueren por su pueblo y son llevadas a través de la ciudad en un espléndido funeral, y son quemadas en un lugar abarrotado de gente. Entonces, de las cenizas de las vírgenes, para que su estirpe no muera, nacen dos jóvenes, a quienes la leyenda da el nombre de Coronas, y conducen en procesión las cenizas de sus madres. Hasta aquí llegaban las refulgentes

---

[51]   Tebano.
[52]   De Hile, en Beocia.
[53]   Tebas.

figuras de la antigua crátera de bronce, cuyo borde superior estaba cincelado con doradas hojas de acanto. Los troyanos ofrecen a cambio dones no menos preciosos, y entregan al sacerdote un incensario donde guardar el incienso, una pátera y una corona refulgente de oro y piedras preciosas.

Desde allí, los teucros [54], recordando que descendían de la sangre de Teucro [55], se establecieron en Creta; pero no pudieron soportar mucho tiempo el clima del lugar, y abandonando sus cien ciudades optaron por alcanzar los puertos de Ausonia [56]. Se desencadena una tempestad y zarandea a los hombres que se refugian en los inseguros puertos de las Estrófadas [57], de donde los espanta la alada Aelo. Y ya habían dejado atrás los puertos de Duliquio, Ítaca, Same y las casas de Nérito, reino del insidioso Ulises; ven Ambracia [58], que los dioses se disputaron en litigio, y la roca con el semblante del juez que fue transformado [59]; Ambracia que ahora es famosa por el Apolo de Accio, y la tierra de Dodona con la encina parlante [60], y el golfo de Caonia, donde los hijos del rey de los molosos escaparon a un impío incendio recubriéndose de alas. Luego se dirigen a los vecinos campos de los feacios, cubiertos de fecundos frutales [61]; desde allí se dirigen al Epiro, a Butroto, una imitación de Troya, donde reina el adivino frigio [62]. Luego, seguros ya del futuro, pues todo les había sido

---

[54] Troyanos.
[55] Primer rey de la Tróada, hijo del río Escamandro y de la ninfa del monte Ida. Era suegro de Dárdano y procedía de Creta.
[56] Italia.
[57] Las Estrófades eran dos islas del mar Jonio en las que habitaban las harpías, una de las cuales era Aelo.
[58] Ciudad de Epiro.
[59] El pastor Cragaleo, que elegido como juez de la disputa adjudicó la ciudad a Heracles, por lo que fue transformado en roca por Apolo.
[60] El santuario de Dodona, en Epiro, con la encina oracular.
[61] La isla de Corcira.
[62] Héleno, hijo de Príamo.

profetizado por el priámida Héleno con certera predicción, entran en las aguas de Sicania [63].

Ésta extiende en el mar tres cabos, de los que el Paquino se vuelve hacia el lluvioso Austro, Lilibeo está expuesto al templado Céfiro y el Péloro mira hacia las Osas, que nunca se sumergen en el océano, y hacia Bóreas. Por esta parte se avecinan los teucros, y con la fuerza de los remos y una marea propicia, al caer la noche la flota atraca en la playa de Zancle [64]. A la derecha infesta el mar Escila; a la izquierda, sin descanso, Caribdis: ésta devora y regurgita las naves que ha absorbido, aquélla tiene el negro vientre rodeado de feroces perros, bajo un rostro de virgen, y si no es falso todo lo que dicen los poetas, en algún momento fue realmente una virgen.

Muchos pretendientes la codiciaron; ella los rechazaba e iba a ver a las ninfas del mar, pues era queridísima para las ninfas del mar, y les contaba cómo escapaba al amor de los jóvenes. Un día Galatea, mientras le ofrecía su cabello para que la peinara, le dirigió entre suspiros estas palabras: «A ti, por lo menos, oh virgen, te desea una raza de hombres apacibles y, como de hecho haces, puedes negarte a ellos sin peligro. Pero a mí, que soy hija de Nereo, que me parió la azulada Dóride, que estoy protegida por toda una multitud de hermanas, no me fue posible rehuir el amor del Cíclope sino con dolor», y las lágrimas entrecortaron su voz mientras hablaba. La virgen, tras secarlas con su pulgar tan blanco como el mármol y reconfortar a la diosa, dijo: «Cuéntame, querida, y no escondas (puedes confiar en mí) la causa de tu dolor.» En respuesta a estas palabras, la nereida prosiguió diciéndole a la hija de Crateide [65]:

---

[63] Sicilia.
[64] Antiguo nombre de la ciudad de Mesina.
[65] Madre de Escila.

«Acis era hijo de Fauno y de una ninfa del Simeto [66], y sin duda hacía la felicidad de su padre y de su madre, pero aún más hacía la mía; en efecto, sólo a él me había unido. Bello, tenía dieciséis años, y un incierto bozo sombreaba sus tiernas mejillas. A él le deseaba yo, y a mí me deseaba sin descanso el Cíclope, y si quieres saber si en mí era más fuerte el odio por el Cíclope o el amor por Acis, te lo diré: ambos eran igual de intensos. ¡Oh, cuánto es el poder de tu reino, propicia Venus! En efecto, aquel ser cruel, que infunde pavor a los mismos bosques y que ningún forastero puede encontrarse y salir impune, que desprecia a los dioses y al gran Olimpo, empieza a sentir qué es el amor, y arde vencido por una poderosa pasión, olvidando sus rebaños y sus cavernas. Y ahora te preocupas por tu belleza, te preocupas por gustar, Polifemo, y peinas con rastrillos tus erizados cabellos, y ya te complace recortar con una hoz tu hirsuta barba y observar y acicalar tu fiero rostro reflejado en el agua. Desaparecen el placer de matar, la ferocidad y la desmesurada sed de sangre, y los barcos van y vienen en paz. Un día Télemo, arrastrado hacia el Etna de Sicilia; Télemo, el hijo de Éurimo, que nunca se había equivocado al interpretar el vuelo de un ave, se dirige al terrible Polifemo y le dice: "Ese único ojo que llevas en medio de la frente, Ulises te lo robará." Él soltó una carcajada y dijo: "Oh el más necio de los adivinos, te equivocas: otra me lo ha quitado ya." Así se burla de quien en vano le advierte de la verdad, y o bien oprime las playas caminando con pasos gigantescos, o bien se refugia cuando está cansado en oscuras cavernas.

»Hay un monte que forma un saliente en el mar como una larga cuña afilada; las olas del mar fluyen a su alrededor por ambos lados. Allí subió el salvaje Cíclope, y se sentó en medio; los lanudos rebaños, sin que nadie los guiara, le siguieron. Tras depositar a sus pies el pino

---

[66]   Río de Sicilia.

que le servía de báculo, un pino apto para llevar vergas, y coger la zampoña, formada por cien cañas unidas, escucharon su pastoril silbido todos los montes, lo escucharon las olas. Yo, escondida tras una roca, sentada en el regazo de mi Acis, capté desde lejos su canto en mis oídos, y grabé en mi memoria las palabras: "¡Oh Galatea, más blanca que el pétalo del níveo ligustro, más florida que los prados, más esbelta que el alto chopo, más brillante que el vidrio, más juguetona que un tierno cabritillo, más tersa que las conchas desgastadas por el continuo movimiento de las olas, más grata que el sol en invierno y la sombra en verano, más majestuosa que el fresno, más vistosa que un alto plátano, más diáfana que el hielo, más dulce que la uva madura, más suave que las plumas de un cisne y que la leche cuajada, y, si no huyeras, más hermosa que un huerto de regadío; pero, tú misma, Galatea, más brava que los indómitos novillos, más dura que una encina vieja, más engañosa que las olas, más resbaladiza que los sarmientos del sauce y de la clemátide, más insensible que estos escollos, más impetuosa que un río, más soberbia que el admirado pavo real, más rabiosa que el fuego, más áspera que el abrojo, más fiera que una osa que acaba de parir, más sorda que las olas del mar, más cruel que la serpiente que ha sido pisada y, lo que más me gustaría poder arrancar de ti, más veloz no sólo que un ciervo acosado por penetrantes ladridos, sino más veloz que el viento y que la brisa ligera! Pero, si me conocieras bien, te arrepentirías de haber huido; tú misma condenarías el tiempo que has perdido, y harías todo lo posible por retenerme. Yo poseo cavernas con la bóveda de roca viva, en las que ni se siente el sol en medio de la canícula ni se siente el invierno. Tengo frutas que cargan las ramas con su peso, tengo uvas que parecen de oro en los largos pámpanos, y también uvas purpúreas: para ti he guardado tanto las unas como las otras. Tú misma cogerás con tus manos tiernas fresas nacidas en las sombras de los bosques, tú misma coge-

rás los otoñales frutos del cornejo y las ciruelas, no sólo
las moradas, de negro jugo, sino también las buenas,
que parecen de cera fresca. Y tampoco te faltarán,
siendo yo tu esposo, ni castañas ni madroños: todos los
árboles estarán a tu servicio. Todos estos rebaños son
míos; muchos vagan también por los valles, muchos están bajo el cobijo de los bosques, muchos permanecen
encerrados en cuevas; y si por casualidad me preguntaras cuántos son, no te lo podría decir. ¡De pobres es
contar el ganado! En cuanto a sus cualidades, no tienes
que creerme a mí: tú misma en persona puedes ver
cómo las patas apenas pueden contener las hinchadas
ubres. En cuanto a las crías más pequeñas, hay corderos en tibios establos, y también hay, en otros establos,
cabritillos de la misma edad. Siempre tengo leche
blanca como la nieve: una parte se reserva para beber,
la otra se endurece mezclándola con cuajo. Y no reci-
birás sólo regalos corrientes, diversiones fáciles, como
gamos, liebres o cabras, una pareja de palomas o un
nido robado de la copa de un árbol: he encontrado en
la cima de las montañas, para que puedan jugar contigo, dos cachorros de una velluda osa, tan parecidos
que apenas podrías distinguirlos; los encontré y dije:
'Éstos los reservaré para mi señora.' ¡Así que, vamos,
Galatea, saca tu bella cabeza por encima de las azules
aguas, vamos, ven, y no desprecies mis regalos! Yo me
conozco, sabes, y hace poco me he visto reflejado en el
agua transparente, y al mirarme me ha gustado mi aspecto. ¡Mira qué grande soy: ni siquiera Júpiter en el
cielo (pues vosotros soléis hablar de un tal Júpiter que
es el rey) tiene un cuerpo mayor que este! Una copiosa
cabellera cae sobre mi torvo semblante y da sombra a
mis hombros, como un bosque. Y no consideres feo el
hecho de que mi cuerpo esté abundantemente recubierto de duro vello: feo es el árbol sin hojas, feo es el
caballo si rubias crines no velan su cuello; los pájaros
están cubiertos de plumas, la lana es la belleza de las
ovejas: a los hombres les sienta bien la barba y el vello

hirsuto en el cuerpo. Hay un solo ojo en medio de mi frente, pero es igual a un enorme escudo. Y además, ¿qué pasa? ¿Acaso no ve el Sol todas estas cosas desde el vasto cielo? Y sin embargo, también el Sol tiene un solo ojo. Añade también que es mi padre quien reina en vuestro océano [67]: yo te lo doy como suegro. Tú simplemente compadécete y escucha los ruegos de quien te suplica, pues tú eres la única ante la que me rindo. Yo, que desprecio a Júpiter y al cielo y al rayo que todo lo atraviesa, te temo a ti, nereida: tu ira es más violenta que el rayo. Y yo soportaría mejor este desprecio tuyo si los rehuyeras a todos; pero ¿por qué rechazas al Cíclope y amas a Acis, y prefieres a Acis antes que mis abrazos? Sin embargo, que se guste a sí mismo, si quiere, y te guste a ti, Galatea, aunque yo no lo querría: pero sólo deja que se me presente la oportunidad, y le haré sentir que mi fuerza es proporcional a mi inmenso cuerpo. Le arrancaré las entrañas aún vivas y esparciré sus miembros descuartizados sobre los campos y (¡que se una así contigo!) sobre tus olas. ¡Me abraso, sí, y mi pasión, herida, arde aún con más violencia, y siento como si el Etna se hubiese trasladado y yo lo llevara en mi pecho con toda su potencia! Y tú, Galatea, no te conmueves."

»Tras estos vanos lamentos (yo todo lo estaba viendo), se puso de pie, e igual que un toro furibundo al que le han quitado la vaca, no puede estarse quieto y vaga por las selvas y por las gargantas que él bien conoce. Cuando he aquí que, enfurecido, nos ve a mí y a Acis, que, desprevenidos, no nos temíamos nada semejante, y grita: "¡Os he visto, y voy a hacer que este sea vuestro último encuentro amoroso!" La potencia de su voz fue tanta como la que tenía que tener un cíclope furioso: el clamor hizo estremecerse al Etna. Entonces yo, aterrorizada, me sumerjo en el mar cercano;

---

[67]   Los Cíclopes son hijos de Neptuno.

el héroe del Simeto había vuelto la espalda y se había
dado a la fuga, diciendo: "¡Ayúdame, Galatea, te lo suplico! ¡Ayudadme, padres, y admitidme, puesto que
voy a morir, en vuestro reino!" El Cíclope le persigue y
arrancando un pedazo de montaña se lo tira encima, y
aunque sólo le alcanzó la punta de un extremo de la
roca, sepultó a Acis por completo. Nosotros (lo único
que el destino nos permitía hacer) hicimos que Acis
absorbiera las fuerzas heredadas de su abuelo. De la
mole de piedra manaba roja sangre; tras breves momentos el color rojo empezó a desvanecerse, y primero
tomó el color de un río enturbiado por la lluvia, y luego
se fue limpiando. Entonces la roca se resquebraja y se
fractura, y de las grietas surgen frescas y altas cañas, y
la boca hueca de la piedra resuena con el gorgoteo de
las aguas: hecho prodigioso, de repente un joven con
dos nuevos cuernos ceñidos de flexibles cañas se irguió
hasta la mitad del abdomen, un joven que, salvo porque era más grande y tenía un rostro todo azulado, era
Acis. Pero aun así era Acis, convertido en río, y el río
conservó su antiguo nombre.»

Galatea había acabado de hablar; disuelta la reunión, las nereidas se van y nadan entre las plácidas olas.
Escila se marcha, pero no se atreve a confiarse a las
aguas del mar, y o bien pasea sin ropas sobre la arena
porosa, o bien, cuando está cansada, tras encontrar algún rincón apartado, refresca sus miembros en las
aguas que allí se recogen.

Y he aquí que cortando el mar llega Glauco, nuevo
habitante del profundo océano, cuyos miembros se habían transformado recientemente en la euboica Ante-
dón [68], y al ver a la muchacha, cautivado por el deseo de
poseerla, le dice todas aquellas palabras con las que
cree poder frenar su huida. Sin embargo, ella huye, y
con la velocidad que le da el miedo alcanza la cumbre

---

[68]   Ciudad de Beocia, en la costa del mar de Eubea.

de un monte situado junto a la playa. De cara a las olas hay un inmenso saliente abovedado cubierto de árboles, que, culminando en un solo pico, se extiende sobre las aguas. Allí se detuvo, y pareciéndole que era un lugar seguro, dudando si se trataba de un ser monstruoso o de un dios, observa asombrada el color y la cabellera que le recubre los hombros y la espalda, más abajo, y se admira de que la ingle se prolongue en una sinuosa cola de pez. Glauco se dio cuenta, y apoyándose en una roca que había cerca, dijo: «Yo no soy ni un prodigio ni una bestia feroz, muchacha, sino una divinidad de las aguas, y en el mar ni Proteo, ni Tritón, ni Palemón, hijo de Atamante, superan mi poder. Pero antes fui un mortal, aunque en realidad mi vida ya estaba consagrada al profundo mar, pues ya entonces trabajaba en él. En efecto, unas veces arrastraba las redes que arrastraban a los peces, y otras, sentado sobre una roca, manejaba el hilo con la caña. Bordeando un verde prado hay una playa que por una parte se extiende hasta las olas y por la otra hasta unas hierbas que nunca han sido dañadas por los dientes de ninguna cornuda novilla, de las que nunca habéis pacido vosotras, plácidas ovejas e hirsutas cabritillas. Ninguna abeja se ha llevado de allí entre sus patas el polen recolectado, nunca nadie ha coronado su cabeza con guirnaldas festivas ni han pasado nunca manos armadas de hoces. Yo fui el primero en sentarme en ese césped, mientras dejaba secar las redes empapadas, y sobre él dispuse por orden, para contarlos, los peces que había capturado, que la casualidad había conducido a mis redes, o su credulidad al sinuoso anzuelo. La cosa parece inventada: pero ¿de qué me serviría mentir? Al contacto con la hierba mis presas empezaron a moverse, a saltar sobre uno y otro costado y a avanzar sobre la tierra como si estuvieran en el agua; mientras yo estoy pasmado de asombro toda la manada se escapa y regresa a sus olas, abandonando la playa y a su nuevo amo. Me quedé estupefacto, y durante un largo rato permanecí incrédulo, preguntándome la

causa, si es que por ventura lo había hecho un dios, o lo
había hecho el jugo de una hierba. "¿Pero qué hierba
puede tener ese poder?", me pregunto, y con la mano
arranqué un puñado del prado y tras arrancarlo le hin-
qué el diente. Apenas había absorbido la garganta los
desconocidos jugos cuando sentí de repente que mi corazón se agitaba dentro de mí, y que la pasión por otra
naturaleza arrebataba mi pecho. No pude permanecer
quieto por más tiempo, y diciendo: "¡Tierra que nunca
volveré a pisar, adiós!", sumergí mi cuerpo bajo el
agua. Los dioses del mar me acogen y me hacen el honor de considerarme un compañero, y ruegan a Tetis y
a Océano que me quiten todo lo mortal que hay en mí.
Ellos me purifican, y tras recitarme nueve veces un
conjuro que borra toda impureza, me ordenan colocar
mi pecho bajo el chorro de cien ríos. En seguida, ríos
que se precipitan desde lugares distintos vierten toda
su masa de agua sobre mi cabeza. Esto es todo lo que
puedo contarte de ese extraordinario suceso, porque
sólo hasta aquí lo recuerdo; tras ello perdí el conocimiento. Cuando volví en mí me sentí otro en todo mi
cuerpo respecto al que era poco antes, y tampoco volví
a ser el mismo en la mente. Entonces vi por primera
vez esta barba verde como la herrumbre y esta cabellera que voy arrastrando por las largas llanuras del
mar, y mis grandes hombros, y los brazos azulados, y las
piernas que se curvan en su extremo en aletas de pez.
Pero ¿de qué me sirve tener este aspecto, de qué haber
caído en gracia a los dioses del mar, de qué me sirve ser
un dios si a ti no te importan estas cosas?»

   Mientras decía estas cosas, y se disponía a decir más,
Escila dejó plantado al dios. Él se enfurece, e irritado
por el rechazo se dirige al palacio encantado de Circe
la titánide [69].

---

[69]   La maga Circe, hija del Sol o Titán.

LIBRO DECIMOCUARTO

Y ya el euboico habitante del hinchado mar [1] había dejado atrás el Etna, que recubre la boca del gigante [2], y los campos de los Cíclopes, que desconocen los rastrillos y el uso del arado, y nada le deben a los bueyes uncidos; había dejado atrás también Zancle y frente a ella las murallas de Regio, y el estrecho que hace naufragar a los barcos, y que, encerrado entre las costas de Ausonia y de Sicilia, marca la frontera entre ambas tierras. Desde allí, deslizándose con grandes brazadas por el vasto mar Tirreno, Glauco llega a los herbosos cerros y a la morada, llena de los más variados animales, de Circe, la hija del Sol. Cuando la vio, tras dar y recibir un saludo, dijo: «¡Oh diosa, te lo ruego, ten piedad de un dios! En efecto, sólo tú puedes aliviar, si me consideras digno, este amor. Nadie, Titánide, sabe cuánto poder tienen las hierbas mejor que yo, que fui transformado por ellas. Pero para que sepas cuál es la razón de mi violenta pasión: en una playa de Italia, frente a las murallas de Mesenia, he visto a Escila. Me da vergüenza repetirte las promesas, las súplicas, las lisonjas y todas las palabras que ella despreció; pero tú, si los conjuros tienen algún poder, pronuncia un conjuro con tus sagrados labios, o, si las hierbas son más eficaces, sírvete

---

[1]   Glauco.
[2]   Tifeo.

de la probada virtud de alguna hierba poderosa. Y no te digo que me cures a mí ni que sanes esta herida; no necesito que le pongas fin: ¡que sienta ella también su parte de este fuego!» Y Circe (pues ninguna tiene una naturaleza más propensa a sentir estas llamas, ya sea que la causa esté en ella misma, ya que lo haya provocado Venus, ofendida por la delación de su padre [3]) le dice estas palabras: «Mejor sería que pretendieses a una que estuviera dispuesta, que lo deseara, que estuviera poseída por la misma pasión. Es más, tú eras digno de que te rogaran a ti, y sin duda podría haber sido así; es más, si concedes esperanzas, créeme, te rogarán. Y para que no lo dudes y tengas confianza en tu belleza, pues bien, yo, que soy una diosa, que soy hija del brillante Sol, que tengo tanto poder con los encantamientos como con las hierbas, deseo ser tuya. Desprecia a la que te desprecia, corresponde a la que te pretende y dale a ambas lo que merecen en una sola vez.» Así le tentaba Circe, pero Glauco respondió: «Crecerán ramas en el mar y algas en las montañas antes de que yo, estando viva Escila, cambie el objeto de mi amor.»

La diosa se indignó, y puesto que no podía perjudicarle a él ni lo deseaba, pues estaba enamorada, se ensaña con aquella a la que han preferido en su lugar; al momento, ofendida al ver rechazado su amor, tritura inmundas hierbas de repugnantes jugos, y una vez machacadas las mezcla con conjuros de Hécate, se reviste de un velo azul y cruza el palacio entre una muchedumbre de animales que le dan muestra de servil adoración. Dirigiéndose a Regio, frente a los escollos de Zancle, se mete en las olas que hierven agitadas, posando sobre ellas las plantas de sus pies como si se tratara de tierra firme, y se desliza sobre la superficie del mar con los pies secos.

---

[3]   El Sol había delatado el adulterio de Venus con Marte (ver IV, págs. 168-169).

Había una pequeña cala que se combaba en forma de arco, refugio predilecto de Escila; allí se retiraba para huir del ardor del mar y del cielo, en la hora en que el sol, en la mitad de su recorrido, calentaba con más fuerza, y desde las alturas reducía las sombras al mínimo. La diosa emponzoña esta cala y la contamina con venenos portentosos, esparciendo sobre ella jugos destilados de una maléfica raíz, y nueve veces por tres murmura con su boca de hechicera un conjuro misterioso, un circunloquio de palabras enigmáticas. Llega Escila, y se ha sumergido hasta la mitad del vientre cuando ve que monstruosos perros que ladran infestan sus caderas. Al principio, no pudiendo creer que formen parte de su propio cuerpo, rehúye e intenta ahuyentar, asustada, los procaces hocicos de los perros. Pero a la vez que huye los arrastra consigo, y cuando busca dónde están sus muslos, sus pantorrillas y sus pies, no encuentra en su lugar más que fauces de Cérberos. Se alza sobre los perros rabiosos, e irguiéndose desde el abdomen y las ingles mutiladas, mantiene unidos debajo de sí los lomos de las bestias.

Glauco lloró, pues la amaba, y rehuyó la unión con Circe, que había utilizado el poder de las hierbas con demasiada crudeza. Escila permaneció en aquel lugar, y la primera vez que tuvo ocasión desahogó su odio hacia Circe despojando a Ulises de sus compañeros. Más tarde, de la misma forma habría sumergido las naves de los teucros si antes no hubiese sido transformada en un escollo, que aún hoy se yergue pedregoso; también convertida en escollo, es evitada por los marineros.

Las naves troyanas ya se habían librado a fuerza de remos de ésta y de la hambrienta Caribdis, y se encontraban cerca de las costas de Ausonia cuando de nuevo fueron empujadas por el viento hacia las playas de Libia. Acoge allí a Eneas, en su casa y en su corazón, la mujer sidonia [4], que luego no podría soportar sepa-

---

[4] Dido, reina de Cartago, que era una colonia fenicia. Enamorada de Eneas, Dido se suicidará al ser abandonada por él.

rarse de su esposo frigio, y sobre una pira preparada con la excusa de un sacrificio, se arroja sobre una espada: engañada, a todos engaña. Y de nuevo, alejándose de las nuevas murallas de aquella desértica región, de vuelta en la tierra del Érix [5], donde se encontraba el fiel Acestes [6], Eneas celebra un sacrificio y rinde honores al túmulo de su padre [7]. Luego zarpa con las naves que habían estado a punto de ser incendiadas por Iris, la mensajera de Juno, y deja atrás el reino del Hipótada [8], las tierras humeantes de caliente azufre y los escollos de las Sirenas, hijas del Aqueloo. La embarcación, privada de su piloto [9], pasa frente a Inárime, a Próquite y a las Pitecusas, situadas en un yermo monte y llamadas así a causa de sus habitantes. En efecto, un día el padre de los dioses, exasperado por la perfidia, los perjurios y las maldades de los Cércopes, gentes deshonestas, transformó a los hombres en un feo animal, de manera que a la vez pudieran parecer semejantes al hombre y distintos a él: redujo el tamaño de su cuerpo, aplastó su nariz achatándola desde la frente y surcó sus rostros con seniles arrugas, y tras recubrir todo su cuerpo de amarillenta pelambre los envió a este lugar. Pero antes les quitó el uso de la palabra y las lenguas nacidas para el horrible perjurio: sólo les dejó la posibilidad de quejarse con un ronco chillido [10].

Cuando hubo rebasado estas islas, dejando a la derecha las murallas de Parténope [11] y a la izquierda el túmulo del melodioso Eólida [12] y los lugares infestados

---

[5]   Monte de Sicilia.
[6]   Rey de Sicilia.
[7]   Anquises, que había muerto en el anterior periplo de Sicilia.
[8]   Las islas Eolias.
[9]   Palinuro, que había caído al mar.
[10] Los transforma en monos, *píthekoi* en griego.
[11] Nápoles.
[12] Miseno, hijo de Eolo. Trompeta del ejército y compañero de Eneas, un cabo de la Campania toma su nombre en el lugar donde cayó al mar.

de aguas pantanosas, llegó a las costas de Cumas y al
antro de la decrépita Sibila, y le suplicó que le condu-
jera a través del Averno hasta la sombra de su padre.
Ella, tras permanecer largo rato con la mirada clavada
en el suelo, la levantó al fin, poseída por la presencia
del dios, y dijo: «Grande es lo que pides, oh héroe excelso por tus hazañas, que demostraste la fuerza de tu
diestra entre las armas y tu bondad entre las llamas.
Pero no temas, troyano: obtendrás lo que pides, y conducido por mí visitarás el último de los reinos del
mundo y el querido espectro de tu padre. Ningún camino le está cerrado a la virtud.» Así le dijo, e indicán-
dole una brillante rama de oro que había en el bosque
de la Juno del Averno [13], le ordenó que la arrancara del
tronco. Eneas obedeció, y vio el poder del terrible
Orco [14], a sus antepasados y a la anciana sombra del
magnánimo Anquises; aprendió también las leyes de
aquellos lugares y cuáles peligros tendría que arrostrar
en nuevas guerras. Después, avanzando con paso cansado por el sendero que tenía delante, alivia la fatiga
conversando con su guía cumana.

Mientras recorre el pavoroso camino a través de una
oscuridad crepuscular, dice: «Tanto si eres una diosa
de verdad como si eres una elegida de los dioses, para
mí siempre serás como una divinidad, y reconoceré que
estoy en deuda contigo, que me has permitido descender al país de la muerte y, tras verlo, huir del país de la
muerte. Por estos favores, cuando haya regresado al
aire libre, bajo el cielo, te construiré un templo y te
honraré con incienso.» La profetisa le miró, y suspirando profundamente le dijo: «Ni soy una diosa ni debes dignar a un ser humano con el honor del sagrado
incienso. Y para que no cometas un error en tu ignorancia, a mí me habría sido concedida luz eterna e imperecedera si mi virginidad se hubiese abierto a Febo,

_____
[13]   Perséfone.
[14]   El Averno.

que estaba enamorado de mí. Pero él, con la esperanza
de conseguirlo, con el anhelo de corromperme con sus
regalos, me dijo: "Expresa un deseo, virgen cumana: lo
que desees lo tendrás." Yo le mostré un puñado de
polvo y le pedí, insensata, que me concediera tantos
años cuantos granos de polvo había; en el momento no
se me ocurrió pedirle que fuesen también años de juventud. De todas formas, él me habría concedido también la eterna juventud si le hubiese abierto mi amor.
Al haber despreciado la oferta de Febo me he quedado
soltera; pero la edad más bella ya me ha vuelto la espalda, y con paso tembloroso avanza la penosa vejez,
que tendré que soportar mucho tiempo todavía. En
efecto, como ves ya he cumplido siete siglos; para igualar el número de los granos de polvo todavía tengo que
ver las mieses de trescientos veranos y el mosto de trescientos otoños. Llegará un día en que la larga existencia hará pequeño todo este cuerpo, y mis miembros
consumidos por la vejez serán reducidos a una carga
mínima. No parecerá que un día fui amada y que le
gusté incluso a un dios; probablemente, ni siquiera el
mismo Febo podrá reconocerme, o negará haberme
deseado. Hasta ese punto llegará mi transformación;
sin embargo, cuando ya para todos sea invisible, todavía se me podrá reconocer por la voz; la voz, los hados
me la dejarán.» Mientras la Sibila rememoraba estas
cosas por el empinado camino, el troyano Eneas
emerge desde la sede estigia a la ciudad euboica [15].
Ofrecidos, según la costumbre, unos sacrificios propi-
ciatorios, llega a la playa que aún no llevaba el nombre
de su nodriza [16].

   Allí también se había detenido, tras los afanes de largas peripecias, Macareo de Nérito, compañero del in-
genioso Ulises. Y he aquí que reconoce a Aqueméni-

---

[15]   Cumas, que era una colonia eubea.
[16]   La actual Gaeta, que deriva su nombre de Cayeta, la nodriza
de Eneas.

des, que tiempo atrás había sido abandonado entre las rocas del Etna, y sorprendido de encontrarlo inesperadamente vivo, le dice: «¿Qué casualidad o qué dios te ha salvado, Aqueménides? ¿Por qué viaja un griego en una nave bárbara? ¿A qué país se dirige vuestro barco?» Ante tales preguntas, Aqueménides, ya sin su tosco atavío, ya dueño de sí mismo, con ropas que ya no iban cosidas con espinas, le responde: «Que vuelva a ver a Polifemo y aquellas fauces chorreantes de sangre humana si este navío no es más querido para mí que mi casa de Ítaca, y si venero a Eneas menos que a un padre. Aunque tuviera ocasión de hacerlo todo por él, nunca le estaría lo bastante agradecido. Si ahora estoy hablando, y respiro, y veo el brillo del sol, ¿podría acaso mostrarme desagradecido y olvidar? Gracias a él esta alma no acabó en la boca del Cíclope, y si ahora abandonara yo la luz de la vida estaría sepultado en una tumba o, en cualquier caso, no en aquel vientre. ¿Cuáles crees que fueron mis pensamientos, si es que el miedo no me había anulado por completo los pensamientos y el sentido, cuando os vi dirigiros hacia alta mar dejándome abandonado? Quise gritar, pero tuve miedo de descubrirme al enemigo; también los gritos de Ulises estuvieron a punto de provocar la destrucción de vuestro barco. Vi cuando, arrancando de un monte una peña descomunal, la arrojó en medio de las olas; también le vi cuando lanzaba con su brazo gigantesco enormes piedras que parecían impelidas por la fuerza de una catapulta, y temí que el oleaje o el viento hicieran zozobrar la nave, olvidándome ya de que yo no estaba en ella. Por fin, cuando la huida os libró de una muerte atroz, pues bien, él va deambulando por todo el Etna, tantea los bosques con las manos, ciego de su ojo tropieza contra las rocas, y tendiendo hacia el mar los brazos manchados de sangre maldice al pueblo aqueo, y dice: "¡Oh, si la casualidad volviera a traer ante mí a Ulises o a alguno de sus compañeros para que pudiera desahogar mi cólera, para que pudiera devorar sus en-

trañas, para que pudiera desgarrar su cuerpo con mis
propias manos, que su sangre corriera por mi garganta
y sus miembros hechos pedazos palpitaran entre mis
dientes, entonces qué insignificante, qué pequeño sería
el daño de haber perdido mi ojo!" Furioso, decía estas
y más cosas. Yo estoy lívido, el terror me invade mientras observo su rostro aún ensangrentado por la matanza, sus manos crueles y la órbita vacía de su ojo, y
sus miembros, y la barba incrustada de grumos de sangre coagulada. Tenía la muerte ante los ojos, y, sin embargo, la muerte era el menor de los males. Y ya me parecía que me atrapaba y que hundía mis vísceras en las
suyas; tenía clavada en mi mente la escena de aquella
vez cuando le vi golpear contra el suelo tres y cuatro veces los cuerpos de dos de mis compañeros, y cuando recostándose encima, igual que un león de hirsuta melena, encerraba en su voraz vientre las entrañas, las carnes, los huesos con su blanca médula y los miembros
todavía medio vivos. Me puse a temblar: estaba paralizado, pálido, abatido, y viendo cómo masticaba y cómo
se le caía de la boca comida ensangrentada y vomitaba
bocados amasados con vino, me imaginaba que también a mí, desdichado, me esperaba ese mismo final.
Durante muchos días permanecí escondido, estreme-
ciéndome con cada ruido, temiendo la muerte y a la vez
deseando morir, ahuyentando el hambre con bellotas y
hierbas acompañadas de hojas, solo, sin recursos, sin
esperanzas, abandonado a la muerte y al sufrimiento;
hasta que tras largo tiempo divisé a lo lejos esta nave,
les rogué con gestos que me sacaran de allí, corrí a la
playa, y se apiadaron de mí: y un navío troyano tomó a
bordo a un griego. Pero ahora cuéntame tú también,
queridísimo compañero, cuáles han sido las vicisitudes
del jefe y del resto del grupo que junto a ti se confió a
las aguas.»

Él le habla de Eolo, que reina sobre el profundo mar
Tirreno; Eolo, hijo de Hipotas, que refrena a los vientos encerrándolos en una cárcel; de cómo el jefe duli-

quio [17] recibió dichos vientos, memorable regalo, encerrados en una piel de buey, y con su soplo favorable navegó nueve días y llegó a avistar la tierra deseada. Y de cómo después del noveno día, cuando surgió la siguiente aurora, los compañeros, sucumbiendo a la envidia y a la codicia y creyendo que se trataba de oro, soltaron las ataduras que contenían a los vientos; con ellos la nave volvió hacia atrás por las mismas aguas por las que acababa de venir, y regresó al puerto del rey de las Eolias. «Desde allí», prosigue, «llegamos a la antigua ciudad de Lamo el Lestrigón [18]: Antífates reinaba en aquellas tierras. Yo fui enviado a su presencia acompañado de otros dos hombres, y a duras penas uno de mis compañeros y yo pudimos ponernos a salvo con la huida; el tercero de nosotros tiñó con su sangre la impía boca del Lestrigón. Mientras huimos Antífates nos persigue de cerca y nos echa encima al ejército: todos juntos nos arrojan rocas y troncos, y mandan a pique hombres y barcos. Un barco, sin embargo, el que llevaba a Ulises y me llevaba a mí, consigue escapar. Afligidos por haber perdido una parte de nuestros compañeros, tras muchos lamentos atracamos en aquellas tierras que puedes ver allí a lo lejos. Créeme, de lejos es como hay que ver la isla que yo he visto; y tú, el más justo de los troyanos, hijo de diosa (pues ya, acabada la guerra, no tengo por qué llamarte enemigo, oh Eneas), hazme caso: ¡aléjate de las costas de Circe! También nosotros, cuando hubimos amarrado la nave frente a sus playas, nos negábamos a ir y a entrar bajo un techo desconocido, pues nos acordábamos de Antífates y del salvaje Cíclope. Fuimos elegidos a suerte, y la suerte nos envió a la morada de Circe a mí, al fiel Polites, a Euríloco, a Elpénor, inmoderado en el vino, y a otros dieciocho compañeros. Tan pronto como llega-

---

[17] Ulises.
[18] Los Lestrigones eran gigantes antropófagos que devoraban a los extranjeros.

mos allí y nos quedamos parados en el umbral del palacio, mil lobos y, mezclados con los lobos, osos y leonas nos asustaron viniendo hacia nosotros; pero no teníamos nada que temer, ninguno habría hecho una sola herida en nuestros cuerpos; al contrario, moviendo amistosamente la cola en el aire acompañan nuestros pasos, mimosos, hasta que las criadas nos reciben y nos conducen hasta su señora a través de una sala revestida de mármol.

»Ella está sentada en una bella habitación, sobre un solemne trono; viste una túnica brillante y se envuelve en un manto dorado. Hay junto a ella ninfas y nereidas, que no hilan copos de lana con el movimiento de sus dedos ni estiran sus hilos: clasifican hierbas y ordenan en cestillos flores esparcidas en desorden y tallos de diferentes colores. Ella misma examina la labor que éstas realizan, ella sabe qué utilidad tiene cada hoja y cuál es la armonía de las mezclas y controla atentamente las dosificaciones. Tan pronto como nos vio, dichas y recibidas palabras de saludo, distendió el rostro y nos trató según nuestros deseos. Sin tardanza ordena preparar una mezcla de granos tostados de cebada, miel y vino puro con leche tratada con cuajo, y le añade a escondidas jugos que no se notan bajo todo ese dulzor. Nosotros aceptamos las tazas que nos ofrece su diestra sagrada. Tan pronto como las vaciamos, pues estábamos sedientos y con la boca seca, y la terrible diosa rozó con una varita nuestros cabellos (me avergüenza, pero lo diré), empecé a cubrirme de cerdas hirsutas, a no poder hablar más, a emitir roncos gruñidos en vez de palabras y a inclinarme hacia adelante, con toda la cara hacia al suelo; sentí que mi rostro se endurecía en un chato hocico calloso y que mi cuello se hinchaba de músculos, y con los miembros con los que poco antes había tomado la taza, con ellos imprimí mis huellas en el suelo. Junto con los demás, a quienes les había ocurrido lo mismo (¡tanto es el poder de las pociones!), fui encerrado en una pocilga; sólo Euríloco, según vimos, se libró de la figura de cerdo; sólo él había rechazado la taza que le había sido ofrecida. Si no la hubiese evitado ahora yo todavía seguiría formando parte de la hirsuta piara, pues Ulises no habría sido informado por él de esa gran desgracia y no habría venido a la morada de Circe para salvarnos. El dios del Cilene [19], que trae la paz, le había entregado una flor blanca: los dioses la llaman moly; se sostiene sobre una negra raíz. Protegido por ella y también por los consejos celestiales, Ulises entra en la casa de Circe. Invitado a beber de la insidiosa taza, cuando Circe intentaba rozarle con la varita la detuvo, y empuñando la espada la asustó y la hizo desistir. Luego, cuando ella le hubo dado su palabra y su diestra, fue acogido por Circe en su tálamo conyugal, y pidió como dote los cuerpos de sus compañeros. Somos rociados con los jugos de una hierba más benigna, nos tocan en la cabeza con el extremo opuesto de la varita, se pronuncian palabras contrarias a las pronunciadas anteriormente: a medida que ella va cantando los conjuros, nosotros nos vamos irguiendo, nos levantamos del suelo, caen las cerdas, desaparece la hendidura de las pezuñas bifurcadas, vuelven los hombros, y bajo los brazos están los antebrazos. Le abrazamos mientras llora, llorando nosotros mismos, nos echamos al cuello de nuestro jefe, y nuestras primeras palabras no fueron sino para testimoniarle nuestra gratitud. Allí nos detuvimos durante un año, y durante ese largo tiempo muchas fueron las cosas que presencié yo mismo y muchas las que llegaron a mis oídos, y entre muchas otras también esta, que me contó en secreto una de las cuatro siervas dedicadas a dichos ritos. En efecto, mientras Circe se entretenía a solas con mi jefe, ella me mostró la estatua de blanco mármol de un joven que llevaba sobre la cabeza un pájaro carpintero, que se hallaba en una capilla sagrada y estaba

---

[19]   Mercurio.

adornada con muchas guirnaldas. Ante mis preguntas y mi deseo de saber quién era, por qué razón se le veneraba en una capilla y por qué llevaba ese pájaro, ella me dijo: "Escucha, Macareo, y aprende también de esto cuánto es el poder de mi ama. Presta atención a mis palabras:

"Pico, hijo de Saturno, era un rey de las tierras de Ausonia, aficionado a los caballos que sirven para la batalla. Su aspecto era tal cual le estás viendo: tú mismo puedes apreciar su belleza y juzgar por esta imagen falsa cuál fue la verdadera. Su naturaleza era igual a su belleza, y todavía no había llegado a ver cuatro veces los juegos que cada cinco años se celebran en Grecia, en la Élide [20]. En él habían puesto sus ojos las dríades nacidas en los montes del Lacio, a él le deseaban las divinidades de las fuentes, las náyades que habitaban en el Álbula, en el Numicio, en el Anio y en el Almón de brevísimo curso, o en el impetuoso Nar y en el Fárfaro de negra corriente, y las que viven en el boscoso reino de Diana Escitia y en el lago limítrofe [21]. Pero él, despreciándolas a todas, ama sólo a una ninfa, aquella que, según se dice, un día dio a luz Venilia para el jónico Jano [22] en el monte Palatino. Tan pronto como llegó a la edad de casarse fue entregada al laurentino [23] Pico, que fue preferido a todos los demás; su belleza era sin duda excepcional, pero aún más excepcional era el arte con que cantaba, por lo que la llamaban Canente. Con su canto solía conmover a los bosques y a las piedras, amansar a las fieras, detener a los largos ríos y retener a los pájaros viajeros. Un día, mientras ella entonaba un canto con su femínea voz, Pico había salido de la casa y se había dirigido a los campos de Laurentio a cazar los jabalíes de la región; montaba a la

---

[20]   Las Olimpiadas.
[21]   El actual lago de Nemi.
[22]   Uno de los dioses más antiguos del panteón romano.
[23]   De la ciudad de Laurento.

grupa de un fogoso caballo, y llevaba dos jabalinas en
su izquierda y una clámide purpúrea sujeta por un broche de amarillo oro. La hija del Sol, abandonando los
campos que por su nombre son llamados circeos, también se había dirigido a ese mismo bosque con la intención de recoger nuevas hierbas en esos frondosos montes. Cuando vio al joven, oculta tras unos arbustos, se
quedó pasmada: las hierbas que había recogido se le
cayeron de las manos, y le pareció que una llama la recorría por toda la médula. Cuando su mente se recuperó de tan violenta turbación quiso decirle cuánto le
deseaba, pero la velocidad del caballo y la presencia a
su alrededor de los hombres de su séquito le impidieron acercarse. 'Pero no podrás huir', dijo, 'ni aunque
te lleve el viento, si es que me conozco, si no se ha des-
vanecido todo el poder de las hierbas, y si mis conjuros
no me fallan.' Así dijo, y creando la imagen incorpórea
de un falso jabalí, hizo que pasara corriendo ante los
ojos del rey, y que pareciera que se metía en una parte
muy espesa del bosque, donde la vegetación es más
densa y el caballo no puede penetrar. Pico, sin saberlo, se lanza inmediatamente tras el fantasma de su
presa, salta veloz del dorso de su espumeante ca-
balgadura, y persiguiendo una vana esperanza se
encamina a pie por el profundo bosque. Ella recita
unas oraciones y pronuncia fórmulas de brujería, y ado-
ra a dioses desconocidos con desconocidos cantos,
los mismos con los que suele ofuscar el rostro de la
blanca luna y correr una cortina de nubes impregnadas
de agua ante la cara de su padre. También en aquella
ocasión, cuando ella hubo entonado su canto el cielo
se oscureció y una niebla se desprendió de la tierra, los
compañeros siguieron vagando sin rumbo por oscuros
caminos y el rey se quedó sin escolta. Tras encontrar el
lugar y el momento oportuno, le dijo: '¡Oh, por esos
ojos tuyos que me han cautivado, por esta belleza, oh
hermosísimo, que hace que yo, una diosa, me dirija a ti
suplicante, ten consideración por este ardor que siento

y acepta como suegro al Sol, que todo lo ve, y no desprecies con crueldad a Circe la titánide!' Así dijo; él, despiadado, la rechaza a ella y a sus súplicas, y contesta: 'Quienquiera que seas, yo no soy tuyo. Hay otra que me tiene cautivo, y ruego a los dioses que así siga siendo por mucho tiempo. Mientras los hados me conserven a Canente, hija de Jano, no violaré con un amor extraño el pacto conyugal que me une a ella.' Tras haber intentado conmoverle, inútilmente, una y otra vez, Circe dijo: '¡No saldrás impune de esto y no volverás a ver a Canente! ¡Aprenderás con hechos de qué es capaz una que está ofendida, que está enamorada y que es mujer, y Circe es una mujer, está enamorada y está ofendida!' Entonces, dos veces se volvió hacia el poniente y dos hacia levante, tocó tres veces al joven con su vara y pronunció tres conjuros. Él huye, pero se asombra al ver que corre más deprisa de lo acostumbrado; ve plumas sobre su cuerpo, e indignado por tener que habitar, así de repente, en los bosques del Lacio, convertido en ave nueva, agujerea los agrestes robles con su duro pico y abre heridas, airado, en las largas ramas. El plumaje toma el color púrpura de la clámide; lo que había sido la fíbula de oro que mordía su túnica se convierte en pluma, y de rubio oro queda ensortijado su cuello; nada sino el nombre conserva Pico de lo que era antes.

"Sus compañeros, mientras tanto, tras llamar inútilmente a Pico por los campos sin encontrarlo en ninguna parte, se encuentran con Circe (pues ya había atenuado la calima y había dejado que el viento y el sol rasgaran las nubes), la acosan con justas acusaciones y reclaman a su rey, y recurriendo a la violencia se disponen a atacarla con armas despiadadas. Ella esparce ponzoñas maléficas y jugos venenosos, convoca desde el Érebo y desde el Caos a la Noche y a los dioses de la Noche, e invoca a Hécate con largos aullidos; entonces las selvas (¡cosa increíble!) saltaron de su sitio, el suelo gimió, los árboles cercanos palidecieron y los prados

que había rociado se impregnaron de gotas de sangre;
se oyó a las piedras emitir roncos mugidos y a los perros ladrar, se vio a la tierra cubrirse de negras serpientes, se vieron revolotear fantasmas incorpóreos de
muertos silenciosos. Toda la comitiva se echa a temblar, y mientras tiemblan ella toca con su vara mágica
sus rostros estupefactos. Bajo su toque los jóvenes se
convierten prodigiosamente en fieras de distintas especies; ninguno conservó su figura.

"Febo, en su ocaso, ya había difundido su luz sobre las
playas de Tarteso, y en vano Canente había atendido a
su esposo con los ojos y con el corazón. Los criados y el
pueblo rastrean todos los bosques y van con antorchas
a su encuentro. Pero a la ninfa no le basta con llorar,
desgarrar sus cabellos y golpearse el pecho: también
hace todas estas cosas, sí, pero además huye precipitadamente y vaga fuera de sí por los campos del Lacio.
Seis noches y otros tantos días traídos por el sol la vieron errar así, sin dormir y sin comer, por montes, por
valles, por donde la casualidad la conducía. El Tíber
fue el último que la vio cuando, agotada ya por el dolor
y por el camino, dejaba caer su cuerpo junto a la larga
orilla. Allí, llena de tristeza, vertía con débil sonido,
junto con sus lágrimas, palabras moduladas por su
mismo dolor, como cuando el cisne, ya moribundo, en-
tona su fúnebre canto. Por fin, consumida por la tristeza hasta la blanda médula, se disolvió desvaneciéndose poco a poco en la brisa ligera. La fama de lo sucedido, sin embargo, quedó grabada en aquel lugar, al
que las antiguas Camenas [24], con razón, llamaron Canente por el nombre de la ninfa."

»Muchas cosas como esta me fueron relatadas, muchas cosas vi durante ese largo año. Luego, perezosos y
apoltronados por la inacción, recibimos la orden de hacernos otra vez a la mar, de desplegar otra vez las velas.

---

[24]　Ninfas de los manantiales en la religión romana.

La Titania nos había hablado de la inseguridad de las rutas y del largo viaje, y de los peligros que aún nos esperaban en el cruel ponto. Yo me asusté, lo reconozco, y en cuanto encontré esta playa me establecí en ella.»

Macareo había acabado de hablar. Mientras tanto, la nodriza de Eneas, sepultada en una urna de mármol, ya tenía un breve epitafio sobre su tumba: «Aquí mi pupilo, de conocida bondad, me incineró a mí, Cayeta, con el fuego debido, tras salvarme del fuego de los argivos.» Sueltan las amarras atadas al herboso terraplén, y lejos de las insidias, dejan atrás la morada de la impopular diosa y se dirigen hacia los bosques en los que el Tíber, oscurecido por nieblas y sombras, se precipita hacia el mar arrastrando sus rubias arenas. Eneas consigue llegar a la casa de Latino, hijo de Fauno [25], y consigue también a su hija [26], aunque no sin lucha: se entabla una feroz guerra con un pueblo belicoso, y Turno [27] se enfurece por la novia prometida. Toda Tirrenia acude al Lacio en tropel, y durante mucho tiempo se persigue con agitados combates una ardua victoria. Unos y otros aumentan sus fuerzas con aliados del exterior, muchos apoyan a los rútulos y muchos al campamento troyano. Y Eneas no alcanzó en vano el territorio de Evandro [28], pero Vénulo sí se dirigió en vano a la ciudad del prófugo Diomedes.

Éste, en efecto, había fundado bajo el reinado de Dauno una grandísima ciudad en la región de Iapigia [29], y gobernaba las tierras que su esposa había recibido en dote. Pero cuando Vénulo, cumpliendo el encargo de Turno, le pidió ayuda, el héroe etolio se la negó, aduciendo como motivos que no quería involucrar en la guerra al pueblo de su suegro y que no tenía hombres

---

[25]   Rey de los latinos.
[26]   Lavinia.
[27]   Rey de los rútulos.
[28]   Rey de la ciudad de Palanteo, en el monte Palatino.
[29]   Comarca de Apulia.

suyos a los que armar: «Y para que no creas que se trata de una excusa inventada, aunque los recuerdos amargos renuevan los lutos soportaré el dolor de recordar. Después del incendio de la noble Ilión, cuando ya Pérgamo había alimentado las llamas de los dánaos y el héroe de Naricia [30] había hecho recaer sobre todos el castigo que él solo habría merecido, por raptar a la virgen del altar de otra virgen [31], nosotros los dánaos nos disgregamos, y arrastrados por los vientos sobre las hostiles aguas del mar tuvimos que padecer rayos, oscuridad, lluvias, la ira del cielo y del mar y la inmensa desgracia del cabo Cafareo [32]. No voy a entretenerme contándoos punto por punto todas las calamidades; sólo os diré que en esos momentos el mismo Príamo habría considerado a Grecia digna de llanto. A mí, sin embargo, me salvó arrebatándome a las olas el favor de la belicosa Minerva. Pero luego volví a ser expulsado de las tierras de mi patria, y la gran Venus me hizo pagar el castigo en venganza por la herida que un día le infligí [33], y tuve que soportar tantos sufrimientos en alta mar, tantos en los combates en tierra, que muchas veces llamé felices a aquellos a quienes el peligroso Cafareo y la tormenta que a todos arrastró sumergieron en las aguas, y hubiese querido ser uno de ellos. Mis compañeros, que habían soportado ya los mayores males en la guerra y en el mar, abandonan y piden que se ponga fin a ese vagar sin rumbo. Pero Acmón, de carácter impetuoso, y que se había vuelto aún más rudo con las calamidades, exclamó: "¿Queda algo que vuestra tolerancia no sea capaz de soportar, oh guerreros? ¿Qué le queda por hacer a la diosa de Citera [34], supo-

---

[30]   Ayax, hijo de Oileo.
[31]   Ayax se había llevado a Casandra del templo de Palas.
[32]   Cabo rocoso en el sudeste de Eubea.
[33]   Cuando Venus protegía a Paris, en el décimo año de la guerra de Troya.
[34]   Venus.

niendo que quiera, más de lo que ya nos ha hecho? En efecto, cuando se temen cosas peores, todavía queda lugar para las heridas, pero cuando la suerte es la peor que se pueda imaginar, el temor se puede pisotear: en el colmo de los males se puede estar tranquilos. ¡Que me oiga si quiere, y que odie, como de hecho hace, a todos los hombres que están bajo el mando de Diomedes: nosotros nos reímos de su odio, aunque su gran potencia nos vaya a costar cara!" Con estas enconadas palabras Acmón de Pleuronia provoca a Venus y vuelve a suscitar su vieja ira. Pocos aprueban sus palabras. La gran mayoría de sus amigos reprendemos a Acmón, y cuando intenta respondernos a la vez se le atenúan la voz y la vía de la voz, sus cabellos se transforman en plumas, plumas recubren su cuello transformado, su pecho y su espalda, los antebrazos toman unas plumas más largas y los codos se curvan en forma de leves alas; una extensa membrana invade sus dedos, y sus labios se endurecen en un rígido pico de afilada punta. Lico le mira estupefacto, le mira Idas, y Nicteo con Rexénor, le mira Abante, y mientras miran asumen su mismo aspecto. La mayor parte de la tropa emprende el vuelo y vuela alrededor de los remos batiendo las alas. Si quieres saber cuál era la forma de estas aves nacidas de repente, no era la de un cisne, aunque sí se parecía a la de un blanco cisne. Y he aquí que yo, como yerno de Dauno, a duras penas voy gobernando con una mínima parte de los míos esta ciudad y los áridos campos de Iapigia.»

Hasta aquí habló el nieto de Eneo. Vénulo abandona el reino calidonio, el golfo de Peucetia y los campos de Mesapia. En ellos ve unas cuevas ensombrecidas por una selva espesa, semiocultas entre leves cañas oscilantes, en las que ahora habita Pan semicabrío, pero en las que hace tiempo habitaban unas ninfas. Un pastor de Apulia las asustó haciéndolas huir de aquella región; al principio les inspiró un repentino terror, pero luego, cuando recuperaron la calma, sintieron

desprecio por su persecutor y se pusieron a bailar en
círculo, moviendo rítmicamente los pies. El pastor se
burla de ellas, y tras imitarlas con toscos saltos las cubre además de groseros insultos y de palabras obscenas, y su boca no guardó silencio sino cuando la corteza
ocultó su garganta. En efecto, ahora es un árbol, y por
su jugo se puede reconocer cuál fue su carácter. De hecho, el acebuche muestra en sus bayas amargas una
clara señal de su lengua: la aspereza de las palabras ha
penetrado en ellas.

Cuando los legados regresaron de allí con la noticia
de que los etolios [35] les negaban sus huestes, los rútulos
acometen sin esos refuerzos la guerra que ya estaba
empezada, y mucha sangre es derramada por ambas
partes. He aquí que Turno arroja voraces antorchas
contra las quillas de pino, y aquellas que han sido per-
donadas por las aguas, ahora han de temer al fuego.
Múlciber [36] ya estaba quemando la pez, las ceras y
todo lo que podía servir de alimento a las llamas, iba
subiendo por los altos mástiles hasta las velas, y los
bancos de las cóncavas quillas echaban humo; entonces
la sagrada madre de los dioses [37], recordando que
aquellos pinos habían sido talados en la cumbre del
monte Ida, llenó el aire con un tañido de bronces per-
cutidos y un murmullo de flautas de boj, y transportada
por el aire suave por sus leones domesticados, dijo:
«¡En vano vas provocando incendios con tu sacrílega
diestra, Turno! ¡Yo me llevaré estas partes y miembros
de mis bosques, y no toleraré que las consuma el fuego
voraz!» Mientras la diosa hablaba sonó un trueno, y
después del trueno cayó un fuerte chaparrón acompañado de saltarín granizo, y los hermanos hijos de Astreo [38] turbaron el cielo y el mar y entablaron batalla.

---

[35] Los hombres de Diomedes, que era de Calidón, en Etolia.
[36] Vulcano.
[37] Cibeles.
[38] Los vientos Céfiro, Bóreas y Noto, hijos de Astreo y de la Aurora, según Hesíodo.

Utilizando las fuerzas de uno de ellos, la gran Madre rompió las amarras de cáñamo de la flota frigia, y llevándose de allí a las naves con la proa inclinada hacia adelante, las mandó a pique en alto mar. La madera se ablanda y se transforma en cuerpos: las curvadas popas se convierten en rostros y cabezas, los remos se vuelven dedos y piernas que nadan, lo que eran flancos ahora son costados, las quillas colocadas bajo la línea media de los navíos toman la función de espina dorsal, las velas se tornan blandos cabellos, las vergas brazos. Su color es azulado, como antes: náyades marinas, ahora agitan con sus juegos de muchachas las mismas aguas que antes temían. Nacidas en los duros montes, habitan el blando mar, y no piensan en su origen; sin embargo, no han olvidado todos los peligros que tuvieron que soportar en el despiadado ponto, y muchas veces colocan sus manos bajo las naves que están a punto de zozobrar, salvo si llevan aqueos. Recordando todavía la derrota frigia, odian a los pelasgos, y con semblante feliz vieron los fragmentos de la nave de Nérito [39], con semblante feliz vieron endurecerse el navío de Alcinoo y transformarse de madera en roca [40].

Al haberse convertido los barcos en ninfas marinas, se esperaba que los rútulos abandonaran la guerra asustados por el prodigio; sin embargo, insisten, y ambas partes tienen a sus dioses y, lo que equivale a los dioses, tienen valor. En efecto, ya no es por un reino en dote, por el cetro de un suegro, o por ti, virgen Lavinia, por lo que pelean, sino por la victoria, y hacen la guerra por el pudor de deponer las armas. Al fin, Venus ve victoriosas a las armas de su hijo, y Turno cae; cae también Ardea, a la que se llamó poderosa mientras Turno estuvo en vida. Cuando el fuego de los dárdanos la arrasó y las casas quedaron ocultas bajo un manto de

---

[39]   La nave de Ulises, rey de la isla de Nérito, cercana a Ítaca.
[40]   Rey de los Feacios. Poseidón, molesto por la ayuda que los Feacios prestaron a Ulises, convirtió su nave en piedra.

cenizas calientes, un ave vista entonces por primera vez salió volando de entre los escombros, sacudiendo la ceniza con el batir de sus alas. Su voz, su delgadez, su palidez, todo corresponde a una ciudad conquistada, y de la ciudad también conservó el nombre: la misma Ardea que lamenta su suerte golpeándose con sus alas [41].

La virtud de Eneas ya había obligado a todos los dioses, y entre ellos a la misma Juno, a deponer su ira, y estando ya bien asentado el creciente poder de Iulo [42], el héroe citereo ya estaba en sazón para el cielo. Venus había asediado a los dioses con sus súplicas, y abrazada al cuello de su padre le había dicho: «Padre, tú que en ningún momento has sido duro conmigo, ahora deseo que seas más benévolo que nunca: a mi Eneas, quien, al ser de mi sangre, te hizo abuelo, otórgale, oh grandísimo, la majestad divina, aunque sea sólo un poco. Ya basta con que haya visto una vez el desapacible reino de los muertos y que haya cruzado una vez los ríos estigios.» Los dioses dieron su consentimiento, y la consorte real no mantuvo un rostro impasible, sino que asintió con semblante apaciguado. Entonces el padre Júpiter: «Sois dignos del don del cielo, tanto tú que lo solicitas como aquel para quien lo solicitas: recibe, hija, lo que deseas.» Había hablado. Ella se alegra y da las gracias a su padre, y transportada a través del aire por palomas uncidas al yugo se dirige a la costa laurentina, donde el Numicio, serpenteando oculto entre las cañas, vierte sus aguas fluviales en el cercano mar. A éste le ordena que lave todo aquello de Eneas que esté sujeto a la muerte y que lo arrastre hasta las profundidades del mar con su taciturna corriente. El cornígero [43] río ejecuta las órdenes de Venus y purifica todo lo que en Eneas era mortal, bañándolo en sus aguas: sólo

---

[41]   Una garza, *árdea* en latín.
[42]   El hijo de Eneas.
[43]   El Numicio, como todos los ríos, es una divinidad representada con cuernos.

quedó su parte mejor. Cuando estuvo purificado, su madre ungió su cuerpo con un ungüento divino y puso en sus labios ambrosía mezclada con dulce néctar, y lo convirtió en un dios, al que el pueblo de Quirino [44] llama Indiges [45] y honra con un templo y con altares.

Después, Alba [46] y el reino del Lacio estuvieron bajo el dominio de Ascanio, el de los dos nombres [47]. A éste le sucedió Silvio, cuyo hijo Latino heredó después, además del mismo nombre que su abuelo, el antiguo cetro. A Latino le siguió el ilustre Alba, y tras éste su hijo Épito. Después Cápeto y Capis, pero antes Capis. De ellos heredó el reino Tiberino, quien, al ahogarse en el río etrusco, dio su nombre a las aguas. De él nacieron Rémulo y el fiero Ácrota. Rémulo, más maduro en edad, murió alcanzado por un rayo, él que al rayo imitaba; Ácrota, más moderado que su hermano, transmitió el cetro al fuerte Aventino, que yace enterrado en el mismo monte en el que reinó, y al monte ha dado su nombre. Y ya era Procas quien tenía el gobierno del pueblo del Palatino.

En tiempos de este rey vivió Pomona: ninguna otra entre las hamadríadas latinas cultivó los jardines con más pericia que ella, ninguna otra fue más aficionada a los frutos de los árboles; de allí le viene su nombre [48]. No ama las selvas ni los ríos, sino la campiña y las ramas cargadas de feraces frutos. No lleva en la diestra una jabalina, sino una corvada hoz, con la que unas veces detiene la vegetación exuberante y poda las ramas que se extienden unas contra otras, y otras hace una incisión en la corteza e injerta una ramita, ofreciendo la linfa a un retoño ajeno. Y no deja que sientan la sed, y

---

[44]   Los romanos, por Quirino, nombre de Rómulo divinizado.
[45]   Se convierte, pues, en uno de los Indigetas, divinidades nacionales de los romanos que correspondían a héroes divinizados.
[46]   La ciudad de Alba Longa, fundada por Ascanio.
[47]   Ascanio-Iulo.
[48]   De *pomus,* «fruto» en latín.

riega con chorros de agua las fibras retorcidas de las esponjosas raíces. Esta es su pasión, esta su actividad. Y tampoco siente ningún deseo amoroso. Sin embargo, teme la brutalidad de los campesinos, por lo que cierra por dentro los huertos de frutales, rehúye a los hombres y les prohíbe la entrada.

¡Qué no hicieron los Sátiros, juventud hecha para los bailes, y los Panes de cuernos coronados de ramas de pino, y Silvano, siempre más juvenil que sus propios años, y aquel dios que asusta a los ladrones ya con la hoz, ya con el pene [49]! Pero a todos éstos los superaba en su amor Vertumno [50], aunque no con más suerte que los demás. ¡Oh, cuántas veces disfrazado de rudo segador llevó espigas en una cesta, y era la imagen perfecta de un segador! Muchas veces, con las sienes ceñidas de heno fresco, podía parecer que había estado volteando hierba recién cortada; otras veces llevaba un aguijón en la ruda mano, de forma que habrías jurado que acababa de desuncir a los fatigados bueyes. Le dabas una hoz y era un podador de vides; se ponía una escalera al hombro y habrías creído que iba a recoger fruta; con una espada era un soldado, si cogía una caña era un pescador. En fin, cambiándose en figuras distintas con frecuencia encontraba la forma de entrar, para disfrutar admirando la belleza de Pomona.

Pues bien, una vez se ciñó las sienes con una mitra de colores, y apoyándose en un bastón, cubiertas de canas las sienes, simuló el aspecto de una anciana y entró en el cuidado huerto, y se quedó admirando los frutos. Luego dijo: «¡Poderosa por todo esto!», y tras alabarla le dio muchos besos, más de los que nunca le habría dado una anciana de verdad; luego se sentó, encorvada, sobre un montón de tierra, y se quedó observando las ramas combadas por el peso de los frutos del

---

[49]   Príapo. Sus estatuas, que se ponían en huertos y jardines para guardar la fruta, estaban dotadas de un descomunal miembro viril.

[50]   Dios etrusco que presidía los cambios de estación.

otoño. Había frente a ella un olmo adornado de resplandecientes racimos; tras encomiar el olmo y la vid
que era su compañera, dijo: «Pero si ese tronco estuviera célibe, sin los sarmientos, no tendría nada por lo
que ser admirado más que las hojas; y también esta vid
que reposa sobre el olmo al que está unida, si no estuviese entrelazada a él, yacería caída en el suelo. Sin embargo, a ti no te afecta el ejemplo de este árbol, rehúyes
el concúbito y no te preocupas por unirte a un hombre.
¡Y ojalá quisieras! Helena no estuvo tan solicitada por
los pretendientes, ni tampoco aquella que provocó la
batalla de los Lapitas [51], ni tampoco la esposa del mie-
doso, o según otros audaz Ulises [52]. También ahora,
mientras rehúyes y rechazas a los que te buscan, mil
hombres te desean, y semidioses, y dioses, y cuantas
deidades habitan los montes Albanos. Pero tú, si eres
sensata, si quieres casarte bien y hacerle caso a esta anciana que te quiere más que todos los demás, más de lo
que tú crees, no aceptes un matrimonio corriente, y
elige a Vertumno como compañero de lecho. Por él tómame a mí como garantía; yo le conozco tan bien como
él se conoce a sí mismo. No es de los que vagabundean
aquí y allá, recorriendo todo el mundo; habita estos
vastos lugares, y a diferencia de la mayor parte de los
pretendientes, no se enamora de toda aquella que ve.
Tú serás para él el primer y el último amor, a ti sola te
dedicará la vida. Añade además que es joven, que tiene
el don natural de la belleza, que es capaz de adoptar
con exactitud cualquier forma y que se convertirá en
aquello que le ordenes, aunque se lo ordenaras todo. ¿Y
qué me dices de que os gustan las mismas cosas? ¿De
que él es el primero en recibir los frutos que tú cultivas
y que felizmente sostiene tus dones en su diestra? Pero
ahora ya no desea ni los frutos cogidos del árbol ni las
verduras con sus tiernos jugos que tu huerto alimenta,

[51] Hipodamía.
[52] Penélope.

ni ninguna otra cosa que no seas tú. Apiádate de aquel que arde por ti y haz como si fuera él mismo aquí presente el que te rogara por mi boca lo que pide. Y ten cuidado con los dioses de la venganza, con la diosa del Idalio [53], que odia los corazones insensibles, y con la rencorosa ira de la diosa ramnusia [54]. Y para que las temas aún más, te voy a contar (pues la vejez me ha hecho conocer muchas cosas) una historia bien conocida en toda Chipre, para que puedas ceder y amansarte más fácilmente.

»Ifis, nacido de familia humilde, había visto a Anaxáretes, una muchacha noble de la antigua estirpe de Teucro; la había visto y había sentido una llama abrasarle hasta los huesos. Tras haber luchado mucho tiempo, cuando vio que la razón no podía vencer su ciega pasión fue a suplicar ante su puerta. Y unas veces, tras confesarle a la nodriza su desdichado amor, le rogaba por el bien de la muchacha que no fuera dura con él; otras, halagando a alguno de los muchos sirvientes, les pedía con voz acongojada que le prestasen su ayuda. Con frecuencia confiaba sus cariñosas palabras a unas tablillas de cera, y en ocasiones colocaba ante la puerta guirnaldas empapadas del rocío de sus lágrimas, y tendiendo su blando costado sobre el duro umbral recriminaba al severo cerrojo. Ella, más cruel que el mar que se embravece cuando se ponen las Cabrillas, más dura que el hierro forjado por el fuego nórico [55] y que la roca viva que se agarra con sus raíces, se ríe y le desprecia, y a su insensible comportamiento añade, despiadada, palabras de soberbia, arrebatando al enamorado joven hasta la esperanza. Ifis no pudo soportar el tormento de ese prolongado sufrir, y ante la puerta pronunció estas últimas palabras: "Tú ganas, Anaxáretes, y por fin ya no tendrás que soportar nin-

---

[53]   Venus.
[54]   Némesis, diosa de la venganza.
[55]   Del Nórico, región al sur del Danubio.

guna molestia por mi parte. Prepara un gozoso triunfo,
canta un himno de victoria y corónate de brillante laurel. En efecto, has vencido, y muero por propia voluntad. ¡Alégrate, mujer de hierro! Por lo menos te verás
obligada a alabar algo de mí, habrá algo que me puedas
agradecer y reconocerás mi mérito. Pero recuerda que
mi amor por ti no se apagará sino con la vida, y que tendré que verme privado a la vez de dos luces. Y no será
la fama la que te traiga la noticia de mi muerte; yo
mismo, no lo dudes, estaré presente, bien a la vista,
para que alimentes tus crueles ojos con mi cuerpo exánime. Sin embargo, oh dioses, si es verdad que veis las
cosas de los mortales, acordaos de mí (la lengua ya no
es capaz de seguir suplicando) y haced que se hable de
mí por mucho tiempo. ¡Concededle a la fama el tiempo
que le habéis quitado a mi vida!" Así dijo, y alzando sus
ojos húmedos y sus pálidos brazos hacia los batientes
que tantas veces había adornado con guirnaldas, tras
atar el nudo de la soga a lo alto de la puerta, exclamó:
"¿Son éstas las guirnaldas que te gustan, cruel y despiadada?" Luego, siempre mirando hacia ella, metió la cabeza en el lazo y se quedó colgado, triste carga, estrangulado. La puerta, golpeada por el movimiento de sus
pies, pareció producir un sonido como de lamento y,
abriéndose, dejó ver lo sucedido. Los criados gritaron y
lo bajaron de allí, ya en vano, y lo llevaron a la casa de
su madre (pues su padre había muerto). Ella lo estrechó contra su pecho, abrazó los miembros fríos de su
hijo, y tras pronunciar las palabras propias de los padres afligidos y hacer las cosas propias de las madres
afligidas, llorando guió el funeral por las calles de la
ciudad, llevando el lívido cadáver en el féretro destinado a la pira. Casualmente, la casa se encontraba
cerca del lugar por el que pasaba la triste comitiva, y el
sonido de los llantos llegó a oídos de la insensible Anaxáretes, a quien ya acechaba un dios vengador. Al fin,
tras algún titubeo, dijo: "Vamos a ver ese triste funeral", y subió al tejado, donde había unos amplios ven-

tanales. Apenas había distinguido ante sí a Ifis tendido
sobre el féretro cuando sus ojos se quedaron inmóviles,
el calor de la sangre desapareció de su cuerpo que se
cubrió de palidez, y cuando intentó mover hacia atrás
los pies se quedó clavada en donde estaba. Intentó volver el rostro y tampoco eso pudo hacerlo, y la roca que
ya antes había en su duro corazón fue invadiendo poco
a poco el resto de sus miembros. Y para que no pienses
que es mentira, en Salamina [56] aún se conserva la estatua con la imagen de su dueña, y también hay un templo que tiene el nombre de Templo de la Venus Aso-
mada. Así pues, ninfa mía, ten presentes estas cosas,
abandona, te lo ruego, tu indiferente altanería y únete
a quien te ama. Y ojalá que una helada de primavera
no te queme los frutos que están naciendo, y que los
vientos impetuosos no te arranquen las flores.»

Cuando el dios hubo dicho inútilmente estas cosas,
camuflado en su aspecto de anciana, volvió a transformarse en joven, se quitó los atributos de vieja y apareció ante ella tal como aparece la imagen del sol
cuando, venciendo a las nubes que lo ocultaban, reluce
con todo su esplendor, sin que ninguna ya lo oscurezca.
Y se dispuso a emplear la fuerza, pero la fuerza no fue
necesaria: la ninfa quedó cautivada por la figura del
dios, y ella sintió también la misma herida.

Seguidamente, fue el gobierno militar del injusto
Amulio el que rigió el poder en Ausonia; el anciano
Númitor recuperó por obra de sus nietos [57] el reino
perdido, y durante las fiestas en honor de Pales [58] se levantaron las murallas de la ciudad [59]. Tacio y los jefes
de los sabinos [60] declararon la guerra, y Tarpeya, que
les había abierto el camino hacia la fortaleza, perdió la

---

[56] Ciudad de la isla de Chipre.
[57] Rómulo y Remo.
[58] Divinidad rústica romana, protectora de la tierra.
[59] De Roma.
[60] Pueblo del Lacio, al noreste de Roma.

vida, que bien merecía el castigo, bajo un cúmulo de armas [61]. Luego, los hijos de la ciudad de Cures [62], sigilosamente, a la manera de los lobos, reprimen sus voces y atacan los cuerpos vencidos por el sueño, y alcanzan las puertas que el hijo de Ilia [63] había atrancado con sólidas barras. Una de ellas, sin embargo, fue abierta por la misma Saturnia [64], y no hizo ningún ruido al girar sobre sus goznes. Sólo Venus se dio cuenta de que las barras de la puerta habían caído, y las habría vuelto a cerrar ella misma si no fuera porque a los dioses nunca les está permitido deshacer lo que otro dios ha hecho. Unas náyades ausonias habitaban un lugar próximo al templo de Jano, regado por un gélido manantial; a ellas les pidió auxilio. Las ninfas no pudieron rechazar las justas súplicas de la diosa, e hicieron brotar todas las venas y los chorros de su fuente. No obstante, la entrada al templo de Jano, que entonces estaba abierto, todavía era accesible, y el agua no había cerrado el camino. Entonces pusieron amarillo azufre bajo el copioso manantial e incendiaron con humeante betún la cavidad de las venas. Con estos y con otros medios el vapor penetró hasta las profundidades del manantial, y vosotras, aguas, que antes osabais competir con el hielo de los Alpes, no erais menos ardientes que las mismas llamas. Los dos batientes echan humo bajo la lluvia de fuego, y la puerta, inútilmente prometida a los severos sabinos, fue obstruida por esa fuente nunca vista, mientras los soldados de la estirpe de Marte [65] se revestían de sus armas. Y cuando con las armas hubo salido Rómulo al ataque, cuando la tierra romana estuvo recubierta de cadáveres de sabinos y de cadáveres de sus

---

[61]   Tarpeya, hija del guardián del Capitolio, entregó la fortaleza a los sabinos, tras lo cual fue castigada por el mismo Tacio, que ordenó a sus soldados que la sepultaran bajo sus escudos.

[62]   Ciudad de los sabinos.

[63]   Rómulo, hijo de Ilia y de Marte.

[64]   Juno.

[65]   Los soldados romanos, por Rómulo, hijo de Marte.

propios soldados, y cuando las espadas impías hubieron mezclado la sangre de los yernos con la sangre de los suegros [66], por fin se consideró oportuno suspender la guerra y hacer la paz, sin combatir hasta lo último con la espada, y asociar a Tacio al poder.

Tacio ya había muerto, y tú, Rómulo, administrabas justicia a los dos pueblos por igual, cuando Marte se quitó el yelmo y se dirigió con estas palabras al padre de los dioses y de los hombres: «Ha llegado el momento, padre, una vez que el poder de Roma basa su fuerza en un sólido fundamento y que depende de un único gobernante, de que concedas el premio que nos prometiste a mí y a tu distinguido nieto, y de que llevándotelo de la tierra, lo pongas en el cielo. Una vez, en presencia del concilio de los dioses, me dijiste (pues recuerdo bien tus benévolas palabras, que están grabadas en mi mente): "Habrá uno al que traerás a las azules regiones del cielo"; que se cumpla todo lo que dijiste.» Asintió el omnipotente, ocultó el cielo bajo negros nubarrones y estremeció la tierra con truenos y relámpagos. Cuando Gradivo [67] sintió que aquellas señales autorizaban el rapto prometido, apoyándose en la lanza subió al carro, cuyos caballos sentían impávidos el peso del timón ensangrentado, y los azotó con el látigo; bajando en picado por el aire se posó en la cima del boscoso Palatino y raptó al Ilíada [68], que ya gobernaba como un rey sobre sus quirites [69]. El cuerpo mortal se disolvió a su paso por el aire ligero, igual que se consume al cruzar el aire una bala de plomo arrojada por una ancha honda. Sustituye al cuerpo una nueva belleza, más digna de los cojines de los escaños del cielo, en la forma del togado Quirino [70].

---

[66] Puesto que los romanos estaban casados con mujeres sabinas.
[67] Marte.
[68] Rómulo, como descendiente de Eneas.
[69] Los romanos.
[70] Dios sabino, identificado con Rómulo después de su muerte.

Su esposa le lloraba como si le hubiese perdido. Entonces la regia Juno ordenó a Iris que descendiera por
su arco hasta donde se encontraba Hersilia, y que así le
refiriese a la viuda su mandato: «Oh matrona, máximo
ornato del pueblo latino y del pueblo sabino, que fuiste
antes la dignísima consorte de un hombre tan grande y
ahora lo eres de Quirino: contén tu llanto, y si deseas
volver a ver a tu esposo sigue mis pasos hasta el bosque
que cubre de verde el monte Quirinal y que envuelve
en la sombra el templo del rey de Roma.» Iris obedeció, y dejándose caer hasta la tierra por su arco de colores, se dirige a Hersilia con las palabras que le han
sido ordenadas. Ella, levantando apenas los ojos con
púdico semblante, dijo: «¡Oh diosa (pues aunque así de
pronto no sabría decir quién eres, está claro que eres
una diosa), guíame, sí, guíame y muéstrame el rostro
de mi esposo! Pues si los hados me conceden la oportunidad de verle, aunque sólo sea una vez, diré que me
han concedido el cielo.» Sin más demora se encamina al monte de Rómulo con la virgen taumantea [71].
Allí una estrella cayó hasta la tierra bajando del cielo, e
incendiada por su fulgor la cabellera de Hersilia se disolvió en el aire junto con la estrella. El fundador de la
ciudad de Roma la acoge entre los brazos que ella bien
conocía, y a la vez le cambia el antiguo cuerpo y el
nombre, y la llama Hora, que ahora es una diosa cercana a Quirino.

---

[71]   Iris.

LIBRO DECIMOQUINTO

Mientras tanto, se busca a alguien que sobrelleve el peso de tan gran carga y que sea capaz de suceder a un rey tan grande. La Fama, profético nuncio de la verdad, destina al poder al ilustre Numa; éste no se conforma con conocer las costumbres de las gentes sabinas: en su mente capaz concibe cosas mayores, e investiga la naturaleza de las cosas. Precisamente el amor por esta afición hizo que, tras abandonar su Cures natal, se encaminara hasta la ciudad del anfitrión de Hércules [1]. Al preguntar quién había fundado esa ciudad griega en tierras itálicas, uno de los ancianos del lugar, que conocía bien los tiempos antiguos, le respondió así: «Dicen que el hijo de Júpiter, rico en bueyes de Iberia, llegó desde el mar con tranquila travesía hasta las costas lacinias [2], y que mientras sus rebaños vagaban por los tiernos pastos él entró en la casa del gran Crotón, acogedora morada, y con el descanso se repuso de sus largas fatigas. Y al marcharse dijo así: "En la época de tus nietos aquí surgirá una ciudad"; y sus promesas se hicieron realidad. En efecto, hubo un tal Míscelo, hijo de Alemón de Argos, el hombre más querido por los dioses de toda aquella época. Inclinándose sobre él

---

[1]   Crotona, bañada por el Jonio.
[2]   Por el promontorio de Lacinio, a la entrada del golfo de Tarento.

cuando estaba vencido por un sueño profundo, Hércules, portador de la clava, le habló así: "Abandona tu patria, vamos, y busca la pedregosa corriente del lejano Ésar", y añadió muchas y temibles amenazas si no le obedecía. Tras ello desaparecen a la vez el sueño y el dios. El Alemónida se levanta y en silencio repasa en su mente la reciente visión, y durante mucho tiempo debate la decisión en su interior: el dios le ordena partir, las leyes le prohíben marcharse, y está decretada la pena de muerte para quien quiera abandonar la patria.

»El sol luminoso había ocultado en el mar su cabeza resplandeciente, y la noche oscura había sacado su cabeza estrellada: el mismo dios se le aparece en sueños y le vuelve a ordenar la misma cosa, y añade más y mayores amenazas si no le obedece. Míscelo se asustó, y se dispuso a transferir a la nueva sede también el hogar paterno: un murmullo recorre la ciudad, y se le acusa de despreciar las leyes. Cuando se hubo celebrado la primera parte del juicio y el crimen quedó patente, probado sin necesidad de testigos, el reo, desharrapado, alzando los brazos y el rostro hacia los dioses, exclamó: "¡Oh tú, a quien los doce trabajos hicieron digno del cielo, ayúdame, te lo suplico! ¡Después de todo, tú eres el culpable de mi crimen!" Era una antigua costumbre emplear piedrecitas blancas y negras, éstas para condenar a los acusados, aquéllas para absolver sus culpas; también aquella vez se emitió así la funesta sentencia, y todas las piedrecitas introducidas en la despiadada urna fueron negras. Pero cuando la urna fue volcada y dejó salir las piedrecillas para el recuento, el color de todas ellas cambió de negro a blanco, y la blanca sentencia, por divino poder de Hércules, absolvió al Alemónida. Éste da las gracias al Anfitrioníada [3], su protector, y con vientos favorables surca el mar Jonio, rebasa la espartana Tarento, Síba-

---

[3]   Hércules.

ris, Véreto de los salentinos, el golfo de Turis, Crímisa y los campos de Iapigia. Y apenas había recorrido las tierras que miran al mar cuando encontró la fatídica orilla del río Ésar, y no lejos de allí un túmulo bajo el que estaban enterrados los sagrados huesos de Crotón. Allí, según lo ordenado, hundió en la tierra los cimientos de las murallas, y transfirió a la ciudad el nombre del sepultado.» Esos habían sido, según constaba por segura tradición, los orígenes del lugar y de esa ciudad situada en tierras de Italia.

Había allí un hombre que era nativo de Samos, pero había huido a la vez de Samos y de los señores de la isla, y por odio hacia la tiranía vivía voluntariamente en el exilio [4]. Éste se acercó con la mente a los dioses, aunque muy lejanos en las regiones del cielo, y percibió con los ojos del intelecto lo que la naturaleza negaba a la mirada del hombre. Y cuando lo hubo escrutado todo detenidamente con el pensamiento y con atento empeño, lo daba a conocer a todos, y a las multitudes de hombres que en silencio escuchaban admirados sus palabras les explicaba los principios del vasto mundo y las causas de las cosas, y qué es la naturaleza, qué es dios, cómo se forma la nieve, cuál es el origen de los relámpagos, si es Júpiter el que truena o son los vientos al rasgar las nubes; qué es lo que hace temblar la tierra, según qué leyes se mueven las estrellas, y todo aquello que está oculto.

Fue el primero en denunciar la costumbre de servir carne de animales en la mesa, y también fue el primero en pronunciar con su boca, sabia sin duda, aunque no escuchada, estas palabras: «¡Absteneos, mortales, de contaminar vuestros cuerpos con alimentos impíos! Están los cereales, están las frutas que inclinan las ramas con su peso, y los hinchados racimos de uva en las vides; hay verduras sabrosas y las hay que pueden ablan-

---

[4] Pitágoras.

darse y suavizarse con la cocción, y ni la leche ni la miel
perfumada de flor de tomillo os están vetadas. La tierra
generosa os proporciona un sinfín de fecundos alimentos pacíficos, y os ofrece banquetes sin necesidad de
matanza y de sangre. Son los animales los que sacian su
hambre con carne, y ni siquiera todos: el caballo, los rebaños y el ganado viven de hierba. Son los de índole
salvaje y feroz, los tigres de Armenia y los iracundos
leones, los lobos y los osos, los que gozan con manjares
sangrientos. ¡Ah, qué gran delito es hundir vísceras en
las vísceras y engordar el cuerpo insaciable llenándolo
con otro cuerpo, y que un ser vivo viva de la muerte de
otro ser vivo! ¿Es que realmente, en medio de toda la
abundancia que produce la tierra, la mejor de las madres, no te gusta nada que no sea masticar con diente
cruel pobres carnes desgarradas, imitando a las fauces
de un cíclope? ¿Y no podrás aplacar el hambre de un
vientre voraz y mal acostumbrado si no es destruyendo
a otro ser? Y, sin embargo, aquella antigua edad a la
que hicimos de oro con el nombre fue feliz con los frutos de los árboles y con las hierbas que nacen del suelo,
y no se manchaba la boca de sangre. En aquella época
los pájaros podían agitar tranquilos sus alas en el aire,
la liebre vagaba sin temor por los campos y el pez no
quedaba atrapado en el anzuelo por su propia ingenuidad: todo estaba libre de insidias, libre de miedo al engaño y lleno de paz. Pero luego un perjudicial instigador, no sé quién, sintió envidia de la comida de los
leones y enterró en su ávido vientre alimentos corpó-
reos, abriendo así el camino hacia el delito. Al principio,
según creo, el hierro se templó y se manchó con la sangre de bestias feroces; con eso habría sido suficiente:
reconozco que no es impío dar muerte a unos seres
que buscan nuestra muerte. ¡Pero si había que darles
muerte, no por eso había que comérselos! Tras aquello
el sacrilegio llegó mucho más lejos, y se cree que la primera víctima que mereció morir fue el cerdo, porque
con su corvo hocico desenterraba las semillas, esca-

moteando así las esperanzas de todo un año. Se dice
que el macho cabrío fue inmolado frente a los altares
de Baco vengador por haber mordido una vid: a ambos
les perjudicó su propia culpa. Pero ¿qué mal habéis
merecido vosotras, ovejas, plácido ganado nacido para
beneficiar a los hombres, que lleváis néctar en vuestras
ubres henchidas, que nos dais suaves vestiduras con
vuestra lana y que nos sois más útiles vivas que muertas? ¿Qué mal ha merecido el buey, animal sin fraude y
sin engaño, inofensivo, bonachón, nacido para soportar la fatiga? Ingrato es al fin, e indigno del don de las
mieses, aquel que fue capaz de matar al que le culti-
vaba la tierra, recién liberado del peso del corvo arado;
aquel que golpeó con el hacha ese cuello despellejado
por el trabajo, con el que tantas veces había vuelto a
preparar el duro campo y había almacenado tantas cosechas. Y no les bastó con cometer semejante delito;
implicaron en el crimen a los mismos dioses, creyendo
que las divinidades del cielo disfrutan con la muerte del
laborioso novillo. La víctima sin tacha, la más insigne
por su belleza (en efecto, es peligroso gustar), adornada con vendas y oro, es colocada ante el altar y escucha sin comprender las plegarias del oficiante, ve
cómo le ponen sobre la frente, entre los cuernos, los
productos que ella misma ha cultivado, y golpeada tiñe
de sangre el cuchillo que tal vez había visto reflejado en
el agua transparente. Inmediatamente examinan las
entrañas arrancadas de su pecho aún vivo, y buscan en
ellas las intenciones de los dioses. ¿Y de ello (tanta es
el hambre de manjares prohibidos que tiene el hombre) osáis alimentaros vosotros, oh género humano?
¡No lo hagáis, os lo ruego, y haced caso de mis advertencias; y cuando os llevéis a la boca los miembros de
un buey sacrificado, sabed y sentid que os estáis comiendo a vuestro propio labrador!

»Y puesto que es un dios quien mueve mis labios, a
este dios que mueve mis labios yo lo seguiré devotamente, y abriré mi Delfos y el mismo cielo, y descubriré

las sentencias de la augusta sabiduría. Cantaré grandes cosas que no fueron investigadas por la inteligencia de nuestros predecesores y que han quedado ocultas durante mucho tiempo: ¡qué placer moverse por los astros sublimes, qué placer abandonar la sede inerte de la tierra y dejarse transportar por una nube, y posándose sobre los fuertes hombros de Atlas, observar desde lejos a los hombres que vagan aquí y allá, tan necesitados de la razón, asustados y temerosos ante la muerte, y así exhortarles y explicar la sucesión de los acontecimientos del destino! ¡Oh estirpe atónita ante el terror de la muerte glacial! ¿Por qué teméis al Estigio, por qué teméis las tinieblas y los nombres vacíos, materia para los poetas, peligros de un mundo irreal? No creáis que los cuerpos, una vez que la pira con sus llamas o el tiempo con la descomposición los han destruido, puedan sufrir algún mal: las almas no mueren, y siempre, tras abandonar su sede anterior, son acogidas en nuevas moradas en las que viven y habitan. Yo mismo (de hecho lo recuerdo), en tiempos de la guerra de Troya era Euforbo, hijo de Panto, a quien un día le atravesó el pecho la pesada lanza del menor de los Atridas. Hace poco reconocí en el templo de Juno, en Argos, la ciudad de Abante, el escudo que entonces llevaba en mi brazo izquierdo. Todo se transforma, nada perece. El espíritu anda errante, va de allá para acá y de acá para allá y se adueña de cualquier cuerpo, y de los animales pasa a los cuerpos humanos y de nosotros a los animales, y nunca muere. Y como la blanda cera se plasma en nuevas figuras, y no permanece como era ni conserva las mismas formas, y, sin embargo, sigue siendo ella misma, así yo enseño que el alma es siempre la misma, pero transmigra a figuras distintas. Así pues, para que el respeto no quede vencido por la voracidad del vientre, absteneos, así os digo en nombre de los dioses, de arrancar con impía matanza unas almas que son hermanas vuestras; que la sangre no se alimente de sangre.

»Y ya que soy arrastrado por el vasto mar y que he confiado a los vientos mis velas desplegadas: nada hay que dure en todo el universo. Todo fluye, todas las cosas reciben formas inestables. Hasta el propio tiempo corre con un movimiento continuo, igual que un río. En efecto, ni el río ni la hora fugaz pueden detenerse, sino que, como una ola es empujada por otra ola, y aquella que llega es impelida a la vez que impele a la que le precede, así los instantes huyen y a la vez persiguen, y siempre son nuevos; en efecto, lo que antes fue queda atrás, lo que no era acontece, y los instantes se renuevan continuamente. Tú ves cómo las noches, una vez recorrido su curso, se aproximan al día, y cómo este brillante resplandor sucede a la negra noche; y el color del cielo tampoco es el mismo cuando todas las cosas, cansadas, yacen sumidas en el sueño, y el refulgente Lucífero sale sobre su caballo blanco; y una vez más es distinto cuando la Palantíade [5], que precede al día, tiñe el mundo antes de confiárselo al Sol. El mismo disco de dicho dios se tiñe de rojo por la mañana, cuando surge sobre el horizonte, así como se tiñe de rojo cuando se esconde tras el horizonte; cuando está en el punto más alto es blanco, porque allí la naturaleza del aire es mejor, y no está al alcance del influjo de la tierra. Tampoco la forma de la nocturna Diana [6] puede ser nunca igual, o sea, la misma, y la de hoy siempre es menor que la que le sigue si es creciente, y mayor si es decreciente. Y además, ¿no ves cómo el año transcurre en cuatro fases, imitando así nuestras edades? En efecto, al llegar la primavera es delicado y lactante, parecidísimo a la edad de un niño: entonces la hierba brillante, todavía sin fuerza, es jugosa y tierna, y deleita a los campesinos esperanzados. Todo florece entonces, y el fértil campo juega con los colores de las flores, y todavía no hay vigor en las hojas. Después de la primavera, el año, for-

---

[5] La Aurora.
[6] La luna.

talecido, pasa al verano y se convierte en un vigoroso
joven; en efecto, no hay estación más robusta, más feraz ni más ardiente. Le sigue, depuesto ya el fervor de
la juventud, el otoño, maduro y sosegado, a medio camino por su moderación entre el joven y el viejo, con
canas también en las sienes. Después llega con paso
tembloroso el invierno, senil y ajado, despojado de sus
cabellos o, si alguno tiene, canoso. También nuestros
propios cuerpos se transforman continuamente, sin
pausa, y ni lo que fuimos ni lo que somos lo seremos
mañana. Atrás quedó aquel tiempo en que, no más que
una semilla y una primera esperanza de hombres, vivía-
mos en el útero materno. La naturaleza intervino con
sus manos creadoras: no quiso que el cuerpo encerrado
en las tensas entrañas de la madre se ahogara, y lo hizo
salir desde esa morada al aire libre. Salido a la luz, el
niño permaneció tendido, sin fuerzas; luego arrastró
sus miembros a la manera de los animales, a cuatro patas, y poco a poco, vacilando, con las rodillas inseguras,
se puso de pie, ayudando sus músculos con algún
apoyo; después se hizo ágil y robusto y atravesó la
etapa de la juventud, y por fin, transcurridos también
los años de la mediana edad, desciende hacia el ocaso
por el declive camino de la vejez. Ésta mina los cimientos y destruye las fuerzas de la edad anterior: llora el
anciano Milón [7] al ver cómo cuelgan débiles y blandos
esos bíceps de sus brazos que un día por su masa y su
dureza parecían los de Hércules. Llora también la Tin-
dáride [8] al observar en el espejo sus seniles arrugas, y a
sí misma se pregunta cómo pudo ser raptada dos veces.
Tú, Tiempo, devorador de todas las cosas, y tú, envidiosa Vejez, todo lo destruís y todo lo consumís poco a
poco, roído por los dientes de la edad, en una lenta
muerte.

---

[7]   Famoso atleta de Crotona.
[8]   Helena, hija putativa de Tindáreo, que fue raptada primero por
Teseo y luego por Paris.

»Tampoco persisten las cosas que nosotros llamamos
elementos: ahora os explicaré (prestadme atención)
cuáles son las vicisitudes que padecen. El universo
eterno está formado por cuatro elementos generado-
res. Dos de ellos son pesados, la tierra y el agua, y su
propio peso los arrastra hacia abajo, mientras que los
otros dos, el aire y el fuego, más puro que el aire, carecen de peso, y si nada los oprime tienden hacia las alturas. A pesar de que están separados en el espacio, todas las cosas nacen de ellos y a ellos vuelven a caer: la
tierra, disolviéndose, se enrarece en líquida agua, el líquido atenuado se transforma en vapor y en aire, y el
aire a su vez, liberado de su peso, vuelve a saltar, lige-
rísimo, hacia el fuego de las alturas. Luego vuelven
atrás, y se repite el mismo proceso en orden inverso; es
decir, el fuego, espesándose, se convierte en denso
aire, éste en agua, y el agua se aglutina y se condensa en
tierra. Ni siquiera el aspecto de las cosas permanece intacto, y la naturaleza renovadora produce unas figuras
partiendo de otras. Y, creedme, en todo el universo no
hay nada que perezca, sino que todo cambia y renueva
su forma; llamamos nacer a empezar a ser algo distinto
de lo que se era antes, y morir a dejar de ser eso mismo.
Aunque eso se traslade aquí y esto allí, la suma del
todo permanece igual.

»Así es, yo me inclino a creer que nada conserva por
mucho tiempo el mismo aspecto: así vosotras, edades
del mundo, del oro llegasteis al hierro, y así también ha
cambiado tantas veces la suerte de los lugares. Yo he
visto ser mar lo que antes era solidísima tierra, y he
visto tierras que han nacido del mar; lejos del mar se
han desenterrado conchas marinas, y en las cumbres de
las montañas han encontrado antiguas anclas. Lo que
antes era un campo el descenso de las aguas lo ha convertido en un valle, montes enteros han sido arrastrados al mar por las inundaciones, y la tierra que era pan-
tanosa es un desierto de áridas arenas, mientras que
zonas que estaban sedientas están impregnadas del

agua estancada de los pantanos. Aquí la naturaleza ha hecho surgir nuevos manantiales, allí los ha cerrado, y los ríos, o bien brotan removidos por los temblores de las profundidades de la tierra, o bien se detienen, obstruidos. Así el Lico [9], tragado por una vorágine del terreno, reaparece lejos de allí, y vuelve a nacer de otra boca; así el gran Erasino [10], primero es absorbido, y luego, tras fluir con su corriente bajo tierra, vuelve a aparecer en los campos de Argos. Y dicen que el Caíco de Misia se arrepintió de su manantial y de sus anteriores orillas, y ahora sigue otro recorrido. Y el Amenano, que arrastra las arenas de Sicilia, unas veces fluye y otras, al ahogarse sus fuentes, se seca. Antes se podía beber; ahora el Anigro [11] lleva unas aguas que harás bien en no tocar, después de que los centauros (si no hemos de quitarle toda la fe a los poetas) lavaran allí las heridas que les había hecho el arco de Hércules, portador de la clava. ¿Y qué? ¿Acaso el Hípanis nacido en las montañas de Escitia, que era dulce, no está ahora contaminado por amarga sal? Antisa [12], Faros [13] y la fenicia Tiro estaban bañadas por las aguas, y ahora ninguna de ellas es una isla. Los antiguos habitantes vivían en una Léucade [14] pegada a la tierra firme; ahora la rodea el océano. Se dice que también Zancle [15] estuvo unida al continente, hasta que el mar se llevó las tierras que servían de confín, e introduciéndose en medio con sus olas separó las costas. Si buscas Hélice y Buris, ciudades de Acaya, las encontrarás bajo el agua: los marineros todavía acostumbran a enseñar las fortalezas derrumbadas con sus murallas sumergidas. Cerca de la Trecén de Piteo hay un túmulo escarpado,

---

[9]   Río de Frigia.
[10] Río de la Argólida.
[11] Río de Tesalia.
[12] Ciudad de la isla de Lesbos.
[13] Península de Egipto, cerca de Alejandría.
[14] Isla de Acarnania.
[15] Mesina.

sin árboles, que tiempo atrás fue una llanura completamente plana, y hoy es un túmulo; en efecto (cosa es-
peluznante de relatar), la impetuosa violencia de los
vientos, apresada en cuevas sin salida, ansiosa por escapar por algún lugar y tras haber luchado en vano por
gozar del espacio más libre del cielo, al no haber ni una
rendija en toda esa cárcel ni vía alguna por la que dar
salida a su soplo, hinchó la tierra tensando su superficie, de la misma manera que la boca, al soplar, infla un
saco hecho con la vejiga o con la piel de un bicorne macho cabrío. El lugar conservó la hinchazón y tiene la
forma de un alto monte, que se ha endurecido con el
tiempo. Aunque se me ocurren muchos ejemplos que
he conocido o que he oído decir, sólo añadiré unos pocos más. ¿Y qué? ¿Acaso el agua no da y no toma también nuevas figuras? Durante el día, bicorne Amón [16],
tus olas están heladas, mientras que al alba y al anochecer se calientan. Cuentan que cuando el disco de la
luna se reduce al mínimo los Atamanes [17] prenden
fuego a la madera echándole agua. Los Cícones [18] tienen un río que, si se bebe en él, transforma las entrañas
en piedra, así como recubre de piedra las cosas que
toca. El Cratis y el Síbaris, aquí cerca, que limita con
nuestros campos, vuelven los cabellos parecidos al
electro y al oro. Y lo que es aún más asombroso, hay lí-
quidos que no sólo son capaces de cambiar el cuerpo,
sino también el espíritu. ¿Quién no ha oído hablar de
Sálmacis [19], de siniestras aguas, o de los lagos de Etiopía? Cualquiera que llene su boca en ellos o bien en-
loquece o bien es presa de un asombroso y profundo
sopor. Cualquiera que haya saciado su sed en la fuente
de Clítor [20] rehúye el vino y se complace, abstemio, del

---

[16]   El dios egipcio venerado en forma de carnero.
[17]   Los habitantes de la cuenca alta del río Aqueloo, en Epiro.
[18]   Pueblo de Tracia.
[19]   Ver IV, pág. 173.
[20]   Fuente de Arcadia.

agua pura, bien porque haya en dichas aguas una
fuerza contraria al cálido vino, bien porque, como recuerdan las gentes del lugar, el hijo de Amitaón [21], tras
haber liberado de la locura a las enajenadas hijas de
Preto con hierbas y con conjuros, vertiera en aquellas
aguas el líquido con el que había purificado sus mentes,
y el odio hacia el vino permaneció en las aguas. Con
efecto contrario a éste fluye el río de la Lincéstide [22];
cualquiera que haya tomado de él un sorbo un poco
abundante se tambaleará como si hubiese bebido vino
puro. Hay un lago en Arcadia, que los antiguos llamaron Feneo, del que se desconfía por sus aguas sospe-
chosas, que harás bien en temer durante la noche: be-
bidas por la noche son perjudiciales, en cambio de día
se pueden beber sin daño alguno. Así, ríos y lagos pueden poseer los más variados poderes. Y hubo un
tiempo en que Ortigia [23] navegó sobre las olas; hoy está
fija. La Argos temió a las Simplégadas salpicadas por
los choques de las olas que se estrellaban sobre ellas,
mientras que ahora permanecen inmóviles y ofrecen
resistencia a los vientos. Tampoco el Etna, que arde
por sus cráteres sulfúreos, será siempre de fuego; de
hecho no siempre lo fue. En efecto, o bien la tierra es
un animal, y está viva, y tiene respiraderos que exhalan
llamas en muchos lugares, y puede cambiar las vías por
las que respira, y cada vez que se mueve puede cerrar
estas cavernas y abrir otras; o bien hay vientos veloces
apresados en los recesos más profundos que hacen
chocar piedras contra piedras y sustancias que contie-
nen las semillas del fuego, y éstas se incendian con el
frotamiento, de forma que cuando los vientos se calman las cavernas vuelven a quedarse frías. O tal vez
sean sustancias bituminosas las que se prenden, o sea
amarillo azufre el que arde con escaso humo; en este

---

[21]   Melampo.
[22]   El Lincesto, en Macedonia.
[23]   Delos.

caso, cuando la tierra, una vez consumidas estas energías en el curso de los siglos, deje de proporcionar comida y pingüe alimento a las llamas, la naturaleza voraz se verá privada de su sustento, no podrá soportar el hambre y, abandonada, abandonará al fuego.

»Se dice que en la hiperbórea Palene [24] los hombres suelen ver recubiertos sus cuerpos de ligeras plumas cuando se han sumergido nueve veces en el lago Tritón [25]. Yo, por mi parte, no lo creo. Cuentan que también las mujeres de Escitia practican las mismas artes, untando sus miembros con ungüentos mágicos. Pero si hay que concederle algún crédito a las cosas probadas, ¿no ves cómo cualquier cadáver, una vez que el tiempo o el calor que derrite lo han descompuesto, se transforma en pequeños animalitos? Mata unos toros escogidos y entiérralos en una fosa; de sus vísceras podridas (se sabe por experiencia) nacen por todas partes abejas recogedoras de polen, que a la manera de sus progenitores habitan los campos, aman el trabajo y se esfuerzan para el futuro; el batallador caballo, si se le entierra, da origen al tábano. Si le quitas las arqueadas pinzas al cangrejo del litoral y pones lo demás bajo tierra, de la parte sepultada saldrá un escorpión que te amenazará con su cola encorvada; los gusanos del campo que suelen tejer entre las ramas sus blancos hilos (cosa que ha sido observada por los campesinos) cambian su figura en la de una fúnebre mariposa. El barro contiene semillas que generan a las verdes ranas, y las genera mutiladas, sin pies; luego les da unas patas aptas para nadar, y para que sean aptas también para los largos saltos, la longitud de las posteriores supera la de las anteriores. También el osezno, cuando la osa lo acaba de parir, no es sino carne apenas viva; es la madre la que lamiéndole moldea sus miembros, y los reduce a una forma como la que ella misma posee. ¿No ves cómo los pequeños de las abejas productoras de miel, a los que recubre una pieza de cera hexagonal, nacen como cuerpos sin miembros y adquieren patas y alas más tarde? El ave de Juno, que lleva estrellas en su cola [26], el ave armígera de Júpiter [27], las palomas de la diosa de Citera [28] y todas las especies de pájaros, si no supiésemos que ocurre así, ¿quién podría imaginarse que nacen de la parte central del huevo? Hay quien cree que cuando la espina dorsal se ha podrido dentro del sepulcro, la médula humana se transforma en serpiente. Todos estos seres, sin embargo, tienen su origen en otros seres. Sólo hay un ave que se vuelve a sembrar y a generar a sí misma: los asirios la llaman fénix. No se alimenta de cereales ni de hierbas, sino de lágrimas de incienso y del jugo del amomo; cuando ha cumplido cinco siglos de vida, al punto sube a las ramas más altas de una cimbreante palmera y con sus garras y su pico incontaminado se construye un nido. En cuanto ha recubierto el fondo con casia y espigas de suave nardo, con canela desmenuzada y con rubia mirra, se tiende encima y termina su existencia inmerso en perfumes. Entonces, dicen, del cuerpo del padre renace un pequeño fénix que ha de vivir otros tantos años. Cuando la edad le ha dado fuerzas y es capaz de soportar la fatiga, libera las ramas del elevado árbol del peso del nido, y devotamente se lleva lo que fue cuna suya y sepulcro paterno; tras llegar a través del aire ligero a la ciudad de Hiperión [29], lo deposita en el templo de Hiperión ante las puertas sagradas. Pero si en todo esto hay algo extraordinario y asombroso, asombrémonos de la hiena que alterna su condición, y unas veces como hembra es montada por el macho, y otras veces es ma-

---

[26]   El pavo real.
[27]   El águila.
[28]   Venus.
[29]   Heliópolis.

cho. Como también de ese animal que se alimenta de
viento y de aire, y que en seguida imita cualquier color
con el que entra en contacto [30]. La India subyugada dio
linces a Baco portador de racimos: cualquier cosa que
haya salido de sus vejigas, según cuentan, se convierte
en piedra y se congela a contacto con el aire. De la
misma manera también el coral se endurece en el momento en que toca el aire por primera vez: bajo las olas
era blanda hierba.

»El día llegará a su fin y Febo sumergirá sus jadeantes
caballos en las profundidades del mar, antes de que yo
pueda enumerar con palabras todas las cosas que han
asumido un nuevo aspecto. Así vemos que los tiempos
cambian, y que allí unos pueblos se hacen poderosos
mientras aquí otros decaen. Así, Troya fue grande en
riquezas y en hombres, y pudo dar tanta sangre durante
diez años; ahora, arrasada, no muestra más que viejas
ruinas y, como única riqueza, las tumbas de sus antepasados. Ilustre fue Esparta, fuerte fue la gran Micenas, y así también las ciudades de Cécrope [31] y de Anfión [32]: Esparta es ahora un terreno sin valor, la noble
Micenas cayó, ¿y qué es, sino un nombre, la Tebas de
Edipo? ¿Qué queda, sino el nombre, de la Atenas de
Pandión? Ahora también corre la noticia de que está
surgiendo de los descendientes de Dárdano una Roma
que, próxima a las orillas del Tíber, hijo de los Apeni-
nos, está fundando los cimientos de un enorme poder.
Así que también ésta, creciendo, cambia de forma, y un
día será la capital del inmenso mundo. Según dicen,
eso afirman los adivinos y los oráculos; y por lo que recuerdo, cuando la suerte de Troya era incierta, Héleno,
el hijo de Príamo, ya le había dicho a Eneas, que lloraba y dudaba de la salvación: "Hijo de diosa, si conoces suficientemente bien los presagios de mi mente,

---

[30]   El camaleón.
[31]   Atenas.
[32]   Tebas.

Troya no caerá del todo, pues tú estarás vivo. Las llamas y el hierro abrirán un camino para ti; partirás, y arrebatando los manes de Pérgamo te los llevarás contigo hasta que Troya y tú encontréis un suelo lejano, más amigo que el de la patria. También veo que los nietos de los frigios deberán fundar una ciudad como no la hay, ni la habrá, ni se ha visto en los tiempos pasados. Durante largos siglos otros próceres la harán poderosa, pero será un nacido de la estirpe de Iulo quien la haga dueña del mundo; cuando la tierra se haya servido de él, de él gozarán las sedes etéreas, pues al final de su vida estará el cielo." Estas cosas le predijo Héleno a Eneas, portador de los penates, según recuerdo bien, y me alegro de que crezcan unas murallas con las que estoy hermanado, y de que la victoria de los pelasgos haya sido útil para los frigios.

»Sin embargo, para no desviarnos demasiado de nuestra meta, arrastrados por unos caballos que la han olvidado, el cielo, y todo lo que hay debajo de él, cambia de forma, y así la tierra y todo lo que hay en ella. También cambiamos nosotros, que somos parte del mundo, puesto que no somos sólo cuerpos, sino también almas aladas, y podemos ir a habitar en fieras salvajes o escondernos en los cuerpos de animales domésticos. Permitamos que vivan seguros e intactos esos cuerpos que podrían contener las almas de padres, hermanos, o personas unidas a nosotros por cualquier otro vínculo, y no colmemos de vísceras mesas de Tiestes [33]. ¡Qué mala costumbre adquiere, cómo se prepara a verter despiadadamente sangre humana aquel que corta con su espada el cuello del ternero y presta oídos sordos a sus mugidos! ¡O aquel que es capaz de degollar al cabritillo que emite vagidos como los de un niño, o de alimentarse de un ave a la que él mismo echó de comer! ¿Cuánto es lo que falta en todo esto para llegar al

---

[33] Alusión al banquete que Atreo preparó para su hermano Tiestes, en el que le sirvió como manjar a sus propios hijos.

crimen pleno? ¿Adónde vamos a llegar desde aquí? Que el buey are y que pueda imputarle su muerte a los años de la vejez; que la oveja nos proporcione las armas para defendernos del helado Bóreas, y que las cabras ofrezcan sus ubres llenas a las manos que las ordeñan. Quitad las redes, las trampas, los lazos y todos los demás artificios ilusorios, no engañéis a los pájaros con varas enligadas, no burléis a los ciervos con espantajos de plumas, ni escondáis bajo un cebo falaz el gancho del anzuelo. Matad a los que os hagan algún daño, pero aun a éstos matadlos solamente; que vuestras bocas no reciban esos manjares y tomen sólo alimentos pacíficos.»

Dicen que, aleccionado por estos y otros discursos, Numa regresó a su patria, y es más, aceptó tomar las riendas de los pueblos del Lacio, tal como le rogaron. Felizmente casado con una ninfa y bajo la guía de las camenas, enseñó los ritos de los sacrificios y convirtió a las artes de la paz a unas gentes acostumbradas a la feroz guerra. Cuando luego, ya muy viejo, llegó al fin de su reinado y de su vida, las mujeres latinas, el pueblo y los ancianos lloraron su muerte. En cuanto a su esposa, abandonó la ciudad y se escondió, ocultándose en las pobladas selvas del valle de Aricia, y con sus gemidos y sus lamentos estorbaba el culto de Diana traído por Orestes [34]. ¡Ah, cuántas veces las ninfas del bosque y del lago le aconsejaron que no lo hiciera y le dijeron palabras de consuelo! Cuántas veces el héroe hijo de Teseo le dijo al verla llorar: «¡Cálmate! En efecto, tu suerte no es la única digna de llanto. Fíjate en otros casos parecidos que le han ocurrido a los demás: soportarás esto con más resignación. ¡Y ojalá pudieran aliviarte sólo los ejemplos de los demás! Pero también mi ejemplo puede hacerlo. Si hablando ha llegado alguna vez a tus oídos un tal Hipólito, que murió por culpa de

---

[34] Diana de Aricia, cuya imagen, según se decía, había sido traída por Orestes.

la credulidad de su padre y de las calumnias de su mal-
vada madrastra, tú te sorprenderás, y yo difícilmente
podré probártelo, pero aquel Hipólito soy yo [35]. Un día
la hija de Pasífae, tras haberme tentado en vano para
profanar el lecho paterno, invirtió las culpas, misera-
ble, y me acusó (¿más por miedo a ser delatada o por la
ofensa del rechazo?) de desear lo que ella había deseado. Mi padre me expulsó de la ciudad sin que yo
fuera culpable de nada, y mientras me marchaba im-
precó contra mí una funesta maldición. Desterrado,
me dirigía en mi carro a la pitea Trecén, y ya avanzaba
por la costa del mar de Corinto cuando el mar empezó
a hincharse: se vio una inmensa mole de agua encor-
varse como una montaña, y crecer, y luego emitir un
mugido y abrirse en la cima de la cresta. De allí un as-
tado toro surgió entre las olas rasgadas, y erigiéndose
hasta el pecho en el aire ligero vomitó todo un mar por
la nariz y por la boca abierta. A mis compañeros se les
encoge el corazón; yo permanecí impertérrito, pues ya
tenía bastante con mi exilio, cuando he aquí que los caballos impetuosos vuelven hacia el mar sus cuellos, ponen tiesas las orejas y erizan las crines y, asustados por
el monstruo, se espantan y despeñan el carro por los
abruptos escollos. Con mano vana yo lucho por dominar los bocados cubiertos de blanca espuma, y echán-
dome hacia atrás tiro de las flexibles riendas. Y la fogosidad de los caballos no habría superado a mis fuerzas si no fuera porque una rueda chocó con un tronco y
se partió en el punto en que gira con movimiento continuo alrededor de su eje, rompiéndose en pedazos.
Salgo despedido del carro, y entonces habrías visto
cómo mis vísceras eran arrastradas mientras mis brazos
estaban enredados en las riendas, cómo los músculos

---

[35]   Hijo de Teseo y de la amazona Hipólita. Cuando la segunda
esposa de Teseo, Fedra, se enamoró de él e intentó seducirle, él la rechazó, y ella, en venganza, le acusó a su vez de haber buscado sus favores.

quedaban enganchados en los sarmientos, cómo mis
miembros en parte eran llevados lejos y en parte quedaban atrás, atrapados; cómo los huesos rotos crujían
con un ruido sordo, y cómo mi alma cansada expiraba,
y ninguna parte de mi cuerpo era ya reconocible, y todo
él era una única llaga. ¿Acaso, ninfa, puedes u osas
comparar tu desgracia con la mía? También vi el reino
sin luz y alivié mi cuerpo lacerado en el agua del Flegetonte, y de no haber sido por el poderoso fármaco
del hijo de Apolo [36] no habría vuelto a la vida. Cuando
la hube recuperado, ante la indignación de Dis, gracias
a la fuerza de las hierbas y al arte de Peón [37], entonces
Cintia [38] me ocultó en una densa nube para que al rea-
parecer no suscitara envidia por el don recibido; y para
que estuviera seguro y pudiera dejarme ver sin peligro
añadió años a mi edad y me dio un rostro irreconocible.
Mucho tiempo dudó entre hacerme vivir en Creta o en-
viarme a Delos; luego, rechazando tanto Creta como
Delos, me trajo aquí, y al mismo tiempo me ordenó
que abandonara mi nombre, que podía recordar a los
caballos [39], y me dijo: "Tú que fuiste Hipólito, ahora serás Virbio." Desde entonces habito en este bosque y,
una divinidad más entre los dioses menores, me oculto
bajo el poder de mi señora y formo parte de él.»

Pero las desgracias de los demás no sirven para aliviar el dolor de Egeria. Tendida al pie de una montaña
se deshacía en lágrimas, hasta que la hermana de Febo,
apiadándose de su dolor, hizo de su cuerpo un fresco
manantial, disolviendo sus miembros en agua eterna.

El prodigio impresionó a las ninfas y asombró al hijo
de la amazona [40], igual que cuando aquel labrador tirreno vio en mitad de los campos cómo un terrón se-

---

[36] Esculapio.
[37] Otro nombre de Esculapio.
[38] Diana.
[39] Hipólito = el que desata los caballos.
[40] Hipólito.

ñalado por el hado primero se movía espontáneamente, sin que nadie lo empujara, y luego tomaba la
forma de un hombre, perdiendo la forma de terrón, y
abría la boca recién formada desvelando el porvenir.
Los habitantes del lugar le llamaron Tages, y fue el primero que enseñó al pueblo etrusco cómo prever el futuro. O igual que Rómulo el día en que vio cómo de
repente una lanza clavada en el monte Palatino se llenaba de ramas, una lanza que no estaba sujeta por la
punta de hierro, sino por una raíz recién nacida, y que
siendo no ya un arma, sino un árbol de flexibles ramas,
ofrecía a quienes lo miraban con asombro inesperada
sombra. O como Cipo, cuando vio sus cuernos reflejados en las aguas de un río.

En efecto los vio, pero, creyendo que la imagen le
engañaba, tocaba lo que veía llevándose una y otra vez
los dedos a la frente. Luego, dejando de culpar a sus
ojos, se detuvo, y tal como volvía, vencedor, tras haber
derrotado al enemigo, alzó al cielo los ojos, así como
los brazos, y exclamó: «¡Sea lo que sea lo que anuncia
este prodigio, oh dioses, si es un suceso feliz, que lo sea
para la patria y para el pueblo de Quirino, y si es peligroso, que lo sea para mí!» Y aplaca a los dioses quemando incienso en herbosos altares hechos de verde
césped, liba vino en páteras y consulta las vísceras palpitantes de ovejas sacrificadas para saber qué le pro-
nostican. Tan pronto como el arúspice, un etrusco, las
miró, vio en ellas que se preparaban grandes acontecimientos, sin duda, aunque no estaban claros. Pero
cuando levantó su penetrante mirada de las entrañas
de la oveja a los cuernos de Cipo, dijo: «¡Salve, oh rey!
Pues a ti, Cipo, a ti y a tus cuernos obedecerán estos lugares y las fortalezas del Lacio. Tú, sencillamente, evita
toda tardanza y apresúrate a entrar por las puertas que
ahora están abiertas. Así lo ordenan los hados. En
efecto, una vez que Roma te haya acogido serás rey, y
sin peligro te apoderarás del cetro para siempre.» Él
retrocedió unos pasos, y apartando la mirada ensom-

brecida de las murallas de la ciudad, exclamó: «¡Ah, lejos, lejos de mí aparten los dioses estas predicciones! ¡Mucho más justo será que termine mi vida en el exilio, antes de que el Capitolio me vea rey!» Así dijo, e inmediatamente convocó al pueblo y al noble Senado; antes, sin embargo, oculta los cuernos con ramas de laurel de la paz, y subiéndose a un terraplén construido por los fuertes soldados, tras invocar según la costumbre a los antiguos dioses, dijo: «Hay aquí un hombre que, a menos que no lo expulséis de la ciudad, se convertirá en rey. No os diré quién es por su nombre, sino por una señal: lleva cuernos en la frente. El adivino nos anuncia que si ese hombre entra en Roma, os gobernará como a siervos. En realidad, podría haber irrumpido a través de las puertas abiertas, pero yo se lo impedí, a pesar de que nadie está tan ligado a él como yo mismo. Vosotros, quirites, mantenedle alejado de la ciudad o, si os parecerá que lo merece, atadlo con pesadas cadenas o poned fin a vuestro miedo matando a ese tirano designado por el destino.» Entre el pueblo resuena un murmullo como el que recorre los pinares de remangadas copas cuando el Euro impetuoso silba entre medias, o como el que producen las olas del mar cuando alguien las escucha desde lejos. Pero entre el confuso alboroto de la gente airada un grito se alza sobre los demás: «¿Quién es?», y se miran a la frente y buscan los cuernos que les han dicho. Entonces, una vez más Cipo les dice: «Aquí tenéis al que estáis buscando», y quitándose la corona de la cabeza, mientras la multitud intentaba impedírselo, mostró las sienes en las que despuntaban los dos cuernos. Todos bajaron la mirada y emitieron un gemido: de mala gana (¿quién habría podido creerlo?) miraron esa cabeza ilustre por sus méritos, y sin poder soportar por más tiempo que careciera de honores, le impusieron una corona triunfal. Y aunque te estaba prohibido entrar en la ciudad, los jefes te concedieron, Cipo, en señal de reconocimiento, tanta campiña como podías abarcar haciendo un surco con el arado, arrastrado por bueyes uncidos, desde el amanecer hasta el ocaso; y en las puertas de bronce esculpieron unos cuernos que reproducían la forma del prodigio, que habían de durar largos siglos.

Ahora, oh Musas, divinidades que asisten a los poetas, reveladnos (pues vosotras lo sabéis, y no os traicionan los largos tiempos pasados) de dónde llegó a la isla rodeada por el profundo Tíber [41] el culto del hijo de Coronis [42], que se sumó a los cultos de la ciudad de Rómulo. En los tiempos antiguos una terrible pestilencia contaminó el aire del Lacio, y los cadáveres blanquecinos se descomponían, lívidos de podredumbre. Cansados de funerales, cuando vieron que de nada servían los intentos humanos, de nada el arte de los médicos, buscaron el auxilio divino; se dirigieron a Delfos, que se encuentra en el centro del mundo, y rogaron al oráculo de Febo que quisiera poner remedio con un salutífero responso a tanta miseria, y que pusiera fin a la calamidad que sufría una ciudad tan grande. Un temblor recorrió a la vez el lugar, el laurel y el carcaj que lleva el propio dios, y desde el fondo del santuario el trípode les devolvió estas palabras, llenando de pavor los corazones: «Lo que buscas aquí, romano, debiste haberlo buscado más cerca, y ahora búscalo más cerca. No es a Apolo a quien necesitáis para que alivie vuestro dolor, sino al hijo de Apolo. Marchaos con buenos auspicios y llamad a nuestro hijo.»

El sabio Senado, cuando le fue comunicada la orden del dios, investigó para saber en qué ciudad se encontraba el joven hijo de Febo, y encargó a unos hombres que, llevados por los vientos, se dirigieran a las costas de Epidauro. Cuando los enviados tocaron tierra con las curvadas quillas, se dirigieron al consejo de los padres griegos, y les rogaron que les entregasen al dios cuya presencia pondría fin a la muerte de las gentes de

---

41   La isla Tiberina.
42   Esculapio, hijo de Apolo y de Coronis (ver II, pág. 127).

Ausonia; así decía un oráculo infalible. Las opiniones son múltiples y discordes: una parte piensa que no hay que negarles la ayuda, mientras que otros muchos aconsejan retener a su divinidad y no enviarla fuera ni entregarla a otros. Mientras permanecían indecisos el crepúsculo expulsó a la última luz del día; las sombras habían arropado en tinieblas al orbe terrestre cuando en sueños viste al dios aparecer ante tu lecho, oh romano, pero tal cual suele mostrarse en el templo. Con un tosco bastón en la izquierda, acariciándose con la diestra la barba larga y poblada, emitió desde su plácido pecho estas palabras: «Olvida tu miedo: yo vendré, y abandonaré mis imágenes. Tú solamente fíjate en esta serpiente que con sus espirales se enrosca en mi bastón, y obsérvala bien para que puedas reconocerla. Me transformaré en ella, pero seré más grande y mi aspecto será tan grandioso como es propio de un cuerpo divino cuando se transforma.» Y en seguida junto con la voz se fue el dios, y con la voz y con el dios se fue el sueño, y tras la desaparición del sueño vino la luz, que da la vida. La siguiente Aurora ya había puesto en fuga los fuegos de las estrellas; inciertos sobre lo que habían de hacer, los dignatarios se reúnen en el benéfico templo del dios requerido, y le ruegan que sea él mismo quien indique con una señal celeste en qué sede desea habitar.

Apenas habían acabado de hablar cuando el dios, en forma de serpiente dorada coronada de crestas, anunció su presencia con silbidos, y con su llegada hizo temblar su estatua, el altar, las puertas, el suelo de mármol y los techos de oro, e irguiéndose hasta el pecho, altísima, se paró en medio del templo y paseó a su alrededor sus ojos llameantes. La multitud, sobrecogida, está llena de terror. El sacerdote, con los castos cabellos ceñidos por una venda blanca, reconoció al dios y exclamó: «¡Es el dios! ¡Es el dios! ¡Expresad vuestra devoción de corazón y de palabra, vosotros que os halláis presentes! ¡Que tu aparición sea propicia, oh glorioso!

¡Favorece a los que veneran tus ritos!» Todos los presentes adoran a la divinidad que tienen ante sus ojos, y todos repiten las palabras del sacerdote; también los Enéadas [43] lo aclaman con la voz y con la mente. El dios les manifiesta su asentimiento y da señales de aprobación agitando sus crestas y emitiendo silbidos con su lengua vibrante. Luego desciende por los pulidos peldaños y vuelve la cabeza para mirar por última vez los antiguos altares, y saluda al templo en el que ha vivido, su morada de tantos años. Entonces se arrastra, inmenso, por el suelo cubierto de flores que la gente arroja, y enroscando sus anillos atraviesa la ciudad y se dirige al puerto, dotado de un muelle arqueado. Allí se detiene, y parece despedirse con plácido semblante de sus adeptos y del afecto de la multitud que le ha seguido, tras lo cual sube al navío de Ausonia. Y el navío sintió la carga de la divinidad, y la quilla se hundió un poco con el peso del dios. Los Enéadas están llenos de regocijo, y tras sacrificar un toro en la playa sueltan las enroscadas amarras de la nave coronada de guirnaldas.

Una leve brisa impulsaba la nave: el dios sobresale por encima, y con la cabeza apoyada en la corva popa observa las azules aguas. Tras atravesar el mar Jonio con un céfiro moderado, al nacer la sexta Aurora la nave entra en aguas de Italia y pasa frente al cabo Lacinio [44], célebre por el templo de la diosa, y frente al cabo Escilaeo [45]. Deja atrás la Iapigia y huye con veloz boga de los escollos anfrisios a su izquierda y de las escarpadas rocas celenias a su derecha; costea Romecio, Caulón y Naricia, rebasa el estrecho del siciliano Péloro y pone rumbo a la morada del rey hijo de Hipotas, a las minas de Témesa, a Leucosia y a las rosaledas de la templada Paestum. Luego bordea Capri y el pro-

---

[43]   Los romanos, por Rómulo, descendiente de Eneas.
[44]   Promontorio del Brutium donde había un famoso templo consagrado a Juno.
[45]   Promontorio de Calabria.

montorio de Minerva, las colinas de Sorrento, ricas en
vides, la ciudad de Hércules [46], Estabia y Parténope,
nacida en el ocio, y tras ella, el templo de la Sibila de
Cumas. Después alcanzan los manantiales calientes y
Literno, plantado de lentiscos, y el Volturno, que
arrastra mucha arena en su corriente, y Sinuesa, poblada de níveas palomas, y la malsana Minturna, y la
nodriza enterrada [47], y la morada de Antífates, y Tracas
rodeada de pantanos, y el territorio de Circe [48] y Ancio
de compacto litoral.

Allí, los marineros amarran el velero (pues el mar estaba agitado), y en seguida el dios despliega sus anillos,
y deslizándose con apretadas espirales y grandes re-
pliegues entra en el templo de su padre, al borde la rubia playa. Cuando el mar se hubo aplacado, el Epidau-
rio abandonó los altares paternos, y tras haber gozado
de la hospitalidad de la divinidad con la que estaba emparentado, surcó la arena de la playa arrastrando sus
crepitantes escamas. Apoyándose en el timón de la
nave posó su cabeza sobre la alta popa, hasta que llegó
a Castro, a las sagradas sedes de Lavinio y a la desem-
bocadura del Tíber. Allí, por todas partes corre a su encuentro una multitud de gentes de todo tipo, de matronas, de ancianos, y también aquellas que guardan tu
fuego, oh Vesta [49] troyana, y saludan al dios con gritos
de júbilo. A medida que el bajel remonta veloz la corriente el incienso crepita desde los altares erigidos en
fila en las orillas, y desde uno y otro lado el humo per-
fuma el aire; las víctimas, atravesadas, templan los cu-
chillos con su sangre.

Y ya había hecho su entrada en la ciudad de Roma,
la capital del mundo. La serpiente se yergue, y enroscada en la cima del mástil mueve su cuello buscando la

---

[46]   Herculano.
[47]   Gaeta.
[48]   El promontorio circeo.
[49]   Diosa romana que preside el fuego del hogar doméstico.

sede más conveniente para su persona. Hay un lugar
que el río, dividiéndose en dos partes, rodea con su corriente (recibe el nombre de Isla); la tierra está en el
medio, y el río extiende sus brazos por igual a uno y
otro lado. Allí desembarcó del navío del Lacio la serpiente de Febo, y una vez retomada su forma divina
puso fin a los lutos y se estableció en la ciudad, dispen-
sadora de salud.

No obstante, éste llegó como extranjero a nuestros
templos: César, en cambio, es dios en su propia ciudad.
Excelso en la guerra, excelso con la toga, más que las
guerras culminadas en triunfos, que las hazañas cumplidas en Roma o la gloria fulgurante de su carrera, fue
su progenie la que le convirtió en una nueva estrella, en
un cometa. Y en verdad, de entre las gestas de César
no hay hazaña mayor que la de haber sido padre de
éste [50]. Haber subyugado a los marítimos britanos, haber guiado a las naves victoriosas por las siete bocas del
Nilo donde crece el papiro, haber añadido al pueblo de
Quirino a los rebeldes númidas, a Juba del Cínife, o el
Ponto hinchado por los nombres de tantos Mitridates;
haber merecido muchos triunfos y haber celebrado
sólo algunos, ¿realmente cuenta más que haber generado a un hombre tan grande? Dándole a este hombre
el gobierno del mundo, oh dioses, habéis favorecido
generosamente al género humano. Pero, luego, para
que éste no naciera de estirpe humana, había que con-
vertir a aquél en dios.

Cuando la áurea madre de Eneas se dio cuenta, y vio
también que se preparaba una trágica muerte para el
pontífice [51] y que se tramaba una conjuración armada,
palideció, y a todos los dioses con los que se encontraba les iba diciendo: «Mira qué mole de insidias pre-
paran contra mí, con cuánta perfidia se atenta contra
esa cabeza, lo único que me queda del dardanio Iulo.

[50]   Augusto.
[51]   Julio César, que ocupaba el cargo de pontífice máximo.

¿Es que siempre voy a ser yo la única atormentada por justas preocupaciones? Ahora herida por la lanza calidonia del hijo de Tideo [52], luego angustiada por las murallas de Troya, que apenas puede defenderse, viendo cómo mi hijo es arrastrado en un largo periplo sin rumbo, zarandeado por el mar, cómo entra en la morada de los muertos y cómo combate contra Turno, o, si hemos de decir la verdad, contra Juno. Pero ¿por qué estoy recordando las viejas desgracias de mi descendencia? Este temor de ahora no permite acordarse de los anteriores: podéis ver cómo afilan contra mí espadas criminales. ¡Frenadlas, os lo suplico, impedid el delito, y no extingáis las llamas de Vesta con el asesinato de su sacerdote!» Acongojada, Venus profiere inútilmente palabras como estas por todo el cielo, y conmueve a los dioses. Éstos, aunque no pueden infringir los férreos decretos de las antiguas hermanas [53], envían señales certeras del inminente luto. Dicen que un clangor de armas entre negras nubes y el terrible resonar de trompetas y de cuernos en el cielo anunciaron el delito. También el disco del sol, ensombrecido, ofrecía una pálida luz a la tierra amedrentada. Muchas veces se vieron arder antorchas entre las estrellas, y muchas veces entre la lluvia cayeron gotas de sangre; el Lucífero estaba oscuro, con el rostro manchado de parda herrumbre, y manchado de sangre estaba el carro de la luna. En mil lugares emitió su fúnebre canto de mal agüero el búho infernal, en mil lugares derramó lágrimas de marfil, y dicen que en los bosques sagrados se escucharon cánticos y palabras de amenaza. Ninguna víctima da buenos presagios, las entrañas advierten la inminencia de grandes desórdenes, y en las vísceras se encuentra la cabeza mutilada [54]. Y dicen que en el foro y alrededor de las casas y de los templos de los dioses aulla-

---

[52] Diomedes de Calidón.
[53] Las Parcas.
[54] El lóbulo superior del hígado.

ron perros por la noche y vagaron sombras de muertos silenciosos, y la ciudad fue sacudida por temblores.

Sin embargo, las premoniciones de los dioses no podían vencer las insidias y el destino que se avecinaba: espadas desenvainadas son llevadas a un templo. En efecto, el lugar de la ciudad elegido para el delito, para el tremendo crimen, no fue otro sino la Curia. Entonces fue cuando realmente la diosa de Citera se golpeó el pecho con ambas manos y pensó en ocultar al Enéada en una nube, como aquella en la que anteriormente Paris había sido substraído al fiero Atrida [55] y Eneas había escapado a la espada de Diomedes. Pero su padre le habló con estas palabras:

«¿Tú sola, hija, pretendes cambiar el destino inevitable? ¡Entra si quieres tú misma en la morada de las tres hermanas! Allí verás en una inmensa mole de bronce y de sólido hierro el archivo del mundo, que no teme ni las sacudidas del cielo ni la ira del rayo, ni, seguro y eterno, ninguna otra ruina. Allí encontrarás el destino de tu descendencia grabado en metal indestructible. Yo mismo lo he leído y lo grabé en mi memoria, y te lo referiré para que no sigas desconociendo el futuro. Éste por quien te afanas, Citerea, ha llegado al fin de su tiempo, una vez cumplidos los años que le debía a la tierra. Accederá al cielo convertido en dios y ocupará un lugar en los templos por obra tuya y de su hijo, quien, heredero de su nombre, sostendrá él solo la carga que le ha sido impuesta, y, poderosísimo vengador de la muerte de su padre, nos tendrá a su lado en la guerra. Bajo sus auspicios, las murallas derrotadas de la asediada Módena pedirán la paz, Farsalia sentirá su presencia, la emacia Filipos volverá a bañarse en sangre y un gran nombre será derrotado en las aguas de Sicilia [56]; la esposa egipcia de un general romano [57],

---

[55] Menelao.
[56] Sexto Pompeyo Magno.
[57] Cleopatra, esposa de Marco Antonio.

erróneamente confiada en su matrimonio, caerá, y en vano habrá amenazado con esclavizar nuestro Capitolio a su Canope [58]. ¿Para qué voy a enumerarte los países bárbaros, los pueblos situados junto a ambos océanos? Todo territorio habitable que sostenga la tierra le pertenecerá, y también el mar estará bajo su mando. Tras pacificar la tierra volverá su atención hacia el gobierno de la vida civil y promulgará leyes justísimas. Regirá las costumbres con su ejemplo, y mirando por las edades futuras y por las generaciones que le han de seguir ordenará al hijo nacido de su venerable esposa [59] que lleve a la vez su nombre y sus obligaciones, y sólo cuando, ya anciano, habrá igualado los años del de Pilos [60], alcanzará la sede celeste y los astros con los que está emparentado. Tú, mientras tanto, arrebata esta alma a su cuerpo asesinado y conviértela en una estrella, para que Julio divinizado pueda contemplar para siempre, desde su excelsa morada, nuestro Capitolio y el foro.»

Apenas había pronunciado estas palabras cuando Venus, invisible, se posó en medio de la sede del Senado y sacó de los miembros de su César el alma reciente, y sin permitir que se disolviera en el aire la llevó hacia los astros celestes. Mientras la llevaba sintió cómo se hacía luminosa y ardía en llamas, y le dejó ir de su seno: el alma voló más alto que la Luna, y arrastrando tras de sí la larga estela de su llameante cabellera brilla, convertida ya en estrella, y viendo las buenas obras de su hijo reconoce que son mayores que las suyas, y se alegra de ser superado por él.

Éste prohíbe que se antepongan sus hazañas a las de su padre, pero no obstante la fama, que es libre y no reconoce las órdenes de nadie, aun contrariándole le considera superior, y sólo en esto se le opone. Así cede

---

[58]   Ciudad del Bajo Egipto.
[59]   Tiberio, hijo de Livia, a quien Augusto adoptó como hijo.
[60]   Es decir, la edad de Néstor, que vivió muchos años.

Atreo ante los grandes títulos de Agamenón, así vence
Teseo a Egeo y Aquiles a Peleo. En fin, para usar un
ejemplo digno de ellos, así también Saturno es menor
que Júpiter. Júpiter gobierna la ciudad celeste y los reinos del mundo triforme, la tierra está bajo el poder de
Augusto: ambos son padres y guías.

Oh dioses compañeros de Eneas, ante quienes cedieron la espada y el fuego, y vosotros, dioses Indigetes, y
Quirino, padre de la Urbe, y Gradivo, padre del invicto
Quirino, y Vesta, venerada entre los penates de César,
y con la cesárea Vesta tú, doméstico Febo, y Júpiter,
que riges en las alturas las cumbres tarpeyas, y todos
aquellos a quienes a un poeta le es lícito y devoto invocar, os lo suplico: que llegue tarde e incluso más
tarde que mi muerte el día en que la persona de Augusto,
tras abandonar el mundo que ahora gobierna, entrará
en el cielo y ayudará, ausente ya de entre nosotros, a
quienes le rezan.

Y ya he dado término a una obra que ni la ira de Júpiter ni el fuego, ni el hierro, ni el tiempo devorador
podrán destruir. Ese día, que, sin embargo, no tiene poder más que sobre mi cuerpo, pondrá fin cuando quiera
al incierto espacio de mi existencia; pero yo volaré,
eterno, por encima de las altas estrellas con la parte
mejor de mí, y mi nombre persistirá imborrable. Y allá
por donde el poder de Roma se extienda sobre las tierras sometidas, los labios del pueblo me leerán, y por
todos los siglos, si algo de verdad hay en las predicciones de los poetas, gracias a la fama yo viviré.

ÚLTIMOS TÍTULOS PUBLICADOS
EN COLECCIÓN AUSTRAL